Musikwirtschafts- und Musikkulturforschung

Reihe herausgegeben von
Carsten Winter, Hannover, Deutschland
Martin Lücke, Berlin, Deutschland
Matthias Rauch, Ludwigshafen, Deutschland
Peter Tschmuck, Wien, Österreich

Die neue Reihe *Musikwirtschafts- und Musikkulturforschung* [MMF] ist programmatisch explizit überdisziplinär angelegt. Die Bände diskutieren Musikkultur und Musikwirtschaft als „Laboratorien" unserer Kultur und Wirtschaft, in deren komplexen Zusammenhängen Leute neue Lebensweisen und UnternehmerInnen u. a. neue Geschäftsmodelle und Formen der Schöpfung von kulturellen, sozialem und ökonomischem Kapital innovieren. Die Reihe publiziert aktuelle Forschung sowie historische und systematische Studien und ist dabei fachlich, theoretisch und methodisch offen für Beiträge, die auch jenseits der Kultur- und Wirtschaftswissenschaften empirisch und konzeptuell zu einem Verständnis von Musikkultur und Musikwirtschaft beitragen z. B. mit Blick auf ihre rechtlichen, ästhetischen oder politischen, medialen oder auch ethischen Bedingungen und Voraussetzungen.

Weitere Bände in der Reihe http://www.springer.com/series/15572

Peter Tschmuck

Ökonomie der Musikwirtschaft

Peter Tschmuck
mdw – Universität für Musik und
darstellende Kunst Wien
Wien, Österreich

ISSN 2569-1430   ISSN 2569-1422 (electronic)
Musikwirtschafts- und Musikkulturforschung
ISBN 978-3-658-29294-2   ISBN 978-3-658-29295-9 (eBook)
https://doi.org/10.1007/978-3-658-29295-9

Die Deutsche Nationalbibliothek verzeichnet diese Publikation in der Deutschen Nationalbibliografie; detaillierte bibliografische Daten sind im Internet über http://dnb.d-nb.de abrufbar.

© Springer Fachmedien Wiesbaden GmbH, ein Teil von Springer Nature 2020
Das Werk einschließlich aller seiner Teile ist urheberrechtlich geschützt. Jede Verwertung, die nicht ausdrücklich vom Urheberrechtsgesetz zugelassen ist, bedarf der vorherigen Zustimmung des Verlags. Das gilt insbesondere für Vervielfältigungen, Bearbeitungen, Übersetzungen, Mikroverfilmungen und die Einspeicherung und Verarbeitung in elektronischen Systemen.
Die Wiedergabe von allgemein beschreibenden Bezeichnungen, Marken, Unternehmensnamen etc. in diesem Werk bedeutet nicht, dass diese frei durch jedermann benutzt werden dürfen. Die Berechtigung zur Benutzung unterliegt, auch ohne gesonderten Hinweis hierzu, den Regeln des Markenrechts. Die Rechte des jeweiligen Zeicheninhabers sind zu beachten.
Der Verlag, die Autoren und die Herausgeber gehen davon aus, dass die Angaben und Informationen in diesem Werk zum Zeitpunkt der Veröffentlichung vollständig und korrekt sind. Weder der Verlag, noch die Autoren oder die Herausgeber übernehmen, ausdrücklich oder implizit, Gewähr für den Inhalt des Werkes, etwaige Fehler oder Äußerungen. Der Verlag bleibt im Hinblick auf geografische Zuordnungen und Gebietsbezeichnungen in veröffentlichten Karten und Institutionsadressen neutral.

Planung/Lektorat: Barbara Emig-Roller
Springer VS ist ein Imprint der eingetragenen Gesellschaft Springer Fachmedien Wiesbaden GmbH und ist ein Teil von Springer Nature.
Die Anschrift der Gesellschaft ist: Abraham-Lincoln-Str. 46, 65189 Wiesbaden, Germany

für Conny und Magdaléna

Vorwort

Anfang August 2015 habe ich vom Gründer und Geschäftsführer des britischen Verlags Agenda Publishing die Anfrage bekommen, ob ich nicht Interesse hätte, für die Serie „Economics of Big Business" einen Beitrag zur Musikwirtschaft zu verfassen. Dieser Einladung bin sehr gerne nachgekommen und 2017 wurde dann „The Economics of Music" publiziert. Das Buch hat den Anspruch, wissenschaftlich fundiert die komplexen Verflechtungen in der Musikwirtschaft einem breiten LeserInnen-Kreis verständlich zu erklären. Auch wenn das Buch nicht explizit als Lehrbuch zur Musikökonomie verfasst wurde, hat es sich im englischsprachigen Raum als Standardwerk in der Musikwirtschaftsausbildung etablieren können, was den Verlag veranlasst hat, für 2020 eine 2. Auflage zu planen.

Schon zum Veröffentlichungszeitpunkt haben mich viele Anfragen erreicht, ob das Buch bald auch in deutscher Übersetzung verfügbar wäre. Da es keinen Plan zur Übersetzung gab und es aufgrund der schwindenden Aktualität auch nicht sinnvoll erschien, einen solche zu machen, habe ich den Entschluss gefasst, „The Economics of Music" quasi in Deutsch noch einmal neu zu schreiben und dabei die aktuellen Entwicklungen der letzten 3 bis 4 Jahre zu berücksichtigen. „Die Ökonomie der Musikwirtschaft" ist daher keine simple Übertragung der englischen Vorlage ins Deutsche, sondern ein eigenständiges Werk, das seinen Fokus auch auf die Musikwirtschaft in den sogenannten GSA-Markt – Germany, Switzerland und Austria – legt, aber sehr wohl internationale Bezüge und Vergleiche, vor allem mit den USA, herstellt. Der Anpruch der wissenschaftlichen Fundierung besteht weiterhin und dennoch sollen die ökonomischen Grundlagen des Musikbusiness verständlich und nicht allzu abstrakt vermittelt werden. Das Buch adressiert daher nicht nur MusikwirtschaftsforscherInnen und BrancheninsiderInnen, sondern ganz bewusst auch einen breiteren LeserInnenkreis, der sich für die ökonomischen Hintergründe der Musikwirtschaft interessiert. In diesem Sinn wünsche ich eine anregende Lektüre.

Wien   Peter Tschmuck
am 20. Dezember 2019

Inhaltsverzeichnis

1	**Einleitung**	1
1.1	Musikindustrie – Musikwirtschaft	1
1.2	Die ökonomische Relevanz der Musikwirtschaft	6
1.3	Inhalt und Gliederung des Buches	9
2	**Eine kurze Musikwirtschaftsgeschichte**	13
2.1	Die Ära des Musik-Mäzenatentums	14
2.2	Die Ära des Musikverlagswesens	18
2.3	Die Ära des Rundfunks	27
2.4	Die Ära der phonografischen Industrie	32
2.5	Die Ära der digitalen Musikwirtschaft	36
3	**Die Mikroökonomie der Musik: Musik als ökonomisches Gut**	47
3.1	Die ökonomischen Grundlagen der Musikmärkte	47
3.2	Der Preisanstieg von Konzerttickets – sind CDs und Konzerttickets Komplementärgüter?	54
3.3	Ist Filesharing ein Substitut für Tonträgerverkäufe?	55
3.4	Musikmärkte und Marktversagen	56
4	**Die Ökonomie des Musikurheberrechts**	69
4.1	Die Rechtfertigungen für ein Musikurheberrecht	69
4.2	Urheberrecht und Marktstrukturen	71
4.3	Urheberrecht und Vertragsökonomie	75
4.4	Monopolmacht und die optimale Dauer der Schutzfrist von Urheberrechten	78

5	**Der Musikverlagsmarkt**	83
5.1	Funktionen und Aufgaben des Musikverlagswesens	83
5.2	Der Musikverlagsmarkt und die Struktur des Musikverlagswesens	92
6	**Der phonografische Markt**	103
6.1	Funktionen und Aufgaben der phonografischen Industrie	103
6.2	Der phonografische Markt und die Struktur der phonografischen Industrie	127
7	**Der Musikveranstaltungsmarkt**	145
7.1	Funktionen und Aufgaben im Musikveranstaltungswesen	145
7.2	Der Musikveranstaltungsmarkt und die Struktur des Musikveranstaltungswesens	155
8	**Sekundäre Musikmärkte**	171
8.1	Der Radiomarkt	171
8.2	Der TV- und Musik-TV-Markt	176
8.3	Der Markt für Kinofilme	181
8.4	Der Werbemarkt	183
8.5	Der Videospielemarkt	185
8.6	Sponsoring- & Branding-Partnerschaften	187
8.7	Der Merchandisingmarkt	189
9	**Die Musikarbeitsmärkte**	193
9.1	Superstartheorien	195
9.2	Theorien zu MusikerInnen-Arbeitsmärkten	198
9.3	Überschussangebot auf KünstlerInnen-Arbeitsmärkten	200
9.4	Empirische Belege zum MusikerInnen-Arbeitsmarkt	203
9.5	Sekundäre Musikarbeitsmärkte	213
10	**Die Ökonomie des digitalen Musikbusiness**	217
10.1	Die Ökonomie des Musikstreamings	219
10.2	Das Wertschöpfungsnetzwerk der digitalen Musikwirtschaft	230
Literatur		241

Abbildungsverzeichnis

Abb. 1.1	Die Struktur der Musikindustrie.	3
Abb. 1.2	Die Musikwirtschaft im Überblick.	5
Abb. 1.3	Die ökonomische Relevanz der deutschen Musikindustrie/-wirtschaft.	7
Abb. 1.4	Die ökonomische Relevanz der britischen Musikindustrie.	8
Abb. 2.1	Organisationsstruktur der Universal Music Group, 2019.	41
Abb. 2.2	Organisationsstruktur der Sony Music Entertainment, 2019.	42
Abb. 2.3	Organisationsstruktur der Warner Music Group, 2019.	43
Abb. 3.1	Das grundlegende Marktmodell.	48
Abb. 3.2a	Der Effekt zusätzlicher Nachfrage auf die Ticketpreise eines Konzerts.	49
Abb. 3.2b	Der Effekt eines zusätzlichen Angebots auf den Ticketpreis eines Konzerts.	50
Abb. 3.3a	Die Preiselastizität der Nachfrage für Hardcore-Fans.	51
Abb. 3.3b	Die Preiselastizität der Nachfrage für Nicht-Fans.	51
Abb. 3.4	Der Einfluss von Preissteigerungen bei elastischer Nachfrage.	52
Abb. 3.5	Durchschnittliche Entwicklung für Hochpreis- und Niedrigpreistickets sowie des Konsumentenpreisindex, 1981–2003.	54
Abb. 3.6	Die Internalisierung positive externer Effekte durch Subventionierung.	58
Abb. 3.7	Die Ineffizienz des natürlichen Monopols.	61

Abb. 3.8	Eine Typologie von Musik als ökonomisches Gut	67
Abb. 4.1	Die Ineffizienz des Monopols	72
Abb. 4.2	Langfristige Gewinnmaximierung bei monopolistischer Konkurrenz	73
Abb. 4.3	Das Entscheidungskriterium zwischen Markt und Hierarchie	76
Abb. 4.4	Die Beziehung zwischen Urheberrecht, Verträgen und Marktstruktur	77
Abb. 4.5	Die optimale Länge des Urheberrechtsschutzes	79
Abb. 5.1	Der globale Wert des Musikverlagsmarktes 2014	93
Abb. 5.2	Die globalen Erträge am Musikverlagsmarkt, 1994–2014	94
Abb. 5.3	CISAC-Einnahmen für Musikwerke, weltweit 2008–2018	95
Abb. 5.4	Der Anteil der musikbezogenen Vergütungsformen an den CISAC-Einnahmen, 2012 und 2018	95
Abb. 5.5	Die Umsatzentwicklung der Universal Music Publishing, 2002–2018	96
Abb. 5.6	Die Umsatzentwicklung der Sony/ATV Music Publishing, 2012–2019	97
Abb. 5.7	Die Umsatzentwicklung der Warner/Chappell, 2003–2018	98
Abb. 5.8	Die Umsatzentwicklung von Warner/Chappell nach Segmenten, 2005–2018	99
Abb. 5.9	Die Umsatzanteile der Warner/Chappell nach Segmenten, 2005 und 2018	99
Abb. 5.10	Der globale Marktanteil der Musikverlagsunternehmen, 2013–2018	101
Abb. 6.1	Die A&R-Kosten im phonografischen Geschäftsbereich der Warner Music Group, 2005–2018	105
Abb. 6.2	Das A&R-Investment in eine internationale Major-KünstlerIn	106
Abb. 6.3	Die Einnahmen- und Ausschüttungsentwicklung der GVL, 2012–2018	117
Abb. 6.4	Lizenzierungsstruktur für das digitale Leistungsschutzrecht auf Musikaufnahmen in den USA	118
Abb. 6.5	Marktanteile für Musikvertriebsschienen in Deutschland, 2001–2018	122

Abbildungsverzeichnis

Abb. 6.6	Marktanteile für Musikhandelsformen in Deutschland, 2001 und 2018	123
Abb. 6.7	Der globale phonografische Markt (zu Großhandelspreisen in Mio. US$), 1997–2018	127
Abb. 6.8	Der globale CD-Markt von 1991–2018 (Absatz in Mio.)	128
Abb. 6.9	Die Änderungsraten des CD-Marktes in ausgewählten Ländern, 2000–2018	129
Abb. 6.10	Die durchschnittlichen Änderungsraten am CD-Markt in ausgewählten Ländern, 2000–2005, 2005–2010, 2010–2018	130
Abb. 6.11	Die Absatzentwicklung von Longplay-Formaten am globalen phonografischen Markt, 1973–2018	133
Abb. 6.12	Die Absatz-Entwicklung der Longplay- und Single-Formate im Vergleich, 1973–2018	135
Abb. 6.13	Der globale Digitalmusikmarkt, 2010–2018	136
Abb. 6.14	Der Digitalmusikmarkt in Deutschland, 2005–2018	136
Abb. 6.15	Der phonografische Markt in Deutschland nach Formaten, 2012 und 2018.	137
Abb. 6.16	Die Einkommensquellen (ohne Musikverlag) der Universal Music Group, 2002–2018	139
Abb. 6.17	Der Einkommens-Mix der Universal Music Group (ohne Musikverlag), 2008 und 2018	140
Abb. 6.18	Die Einkommensquellen (ohne Musikverlag) der Warner Music Group, 2001–2018	141
Abb. 6.19	Der Einkommens-Mix der Warner Music Group (ohne Musikverlag), 2008 und 2018	142
Abb. 7.1	Das Prinzip der Economies-of-Scale	147
Abb. 7.2	Musikveranstaltungsstätten, die Live Nation besitzt, mietet und exklusiv bucht (2005 und 2018)	151
Abb. 7.3	Der deutsche Musikveranstaltungsmarkt und der phonografische Markt im Vergleich, 1995–2017	156
Abb. 7.4	Der deutsche Musikveranstaltungsmarkt 2017 nach Genres (Umsatz in Prozent).	157
Abb. 7.5	Der deutsche Musikveranstaltungsmarkt 2017 nach Altersgruppen und Genres (Umsatz in Prozent)	158
Abb. 7.6	Die Anzahl der von Live Nation veranstalteten Events und deren BesucherInnen-Zahlen, 2010–2018.	163

Abb. 7.7	Die Umsatzentwicklung von Live Nation nach Geschäftsbereichen, 2010–2018	165
Abb. 7.8	Die Entwicklung des Ergebnisses der operativen Geschäftstätigkeit von Live Nation, 2010–2018	166
Abb. 7.9	Die Umsatzentwicklung von CTS Eventim nach Geschäftsbereichen, 2000 und 2018	168
Abb. 7.10	Die Gewinnentwicklung (EBIT) von CTS Eventim nach Geschäftsbereichen, 2000 und 2018	169
Abb. 8.1	Die Einnahmen der GEMA aus dem Bereich Hörfunk, 2015–2018	174
Abb. 8.2	Die Ertragsquellen der GEMA, 2018	176
Abb. 8.3	Die Einnahmen der GVL aus dem Bereich Hörfunk, TV und Videoclips, 2012–2018	177
Abb. 8.4	Die Einnahmen der GEMA aus dem Bereich TV, 2015–2018	178
Abb. 8.5	Die Top-5 musikbezogenen Videospiele, 2005–2016	186
Abb. 8.6	Ausgaben für Musiksponsoring in Nordamerika, 2011–2017	188
Abb. 8.7	Die Verteilung von Einnahmen aus dem Verkauf eines Merchandising-Artikels	191
Abb. 9.1	Die „Billboard Money Makers List 2018", Top-10 KünstlerInnen (in US$)	194
Abb. 9.2	Die konvexe Nachfragefunktion nach Talent	196
Abb. 9.3	Das Überschussangebot auf KünstlerInnen-Arbeitsmärkten	201
Abb. 9.4	Die Einkommenssituation Musikschaffender in Österreich, 2017	204
Abb. 9.5	Das Durchschnittseinkommen Musikschaffender in Österreich, 2017	205
Abb. 9.6	Die Einkommenssituation Musikschaffender in Österreich nach Alter und Geschlecht, 2017	207
Abb. 9.7	Die Einkommenssituation von US-amerikanischen MusikerInnen 2017. [a]Der Anteil am musikbezogenen Einkommen errechnet sich als durchschnittlicher Anteil jeder Einkommensquelle über alle MusikerInnen hinweg.	209
Abb. 9.8	Durchschnittlicher Anteil musikbezogener Einkommensarten	210

Abb. 9.9	Durchschnittlicher Anteil musikbezogener Einkommensarten nach Einkommensgruppe	211
Abb. 9.10	Durchschnittlicher Anteil musikbezogener Einkommensarten nach Genre	212
Abb. 9.11	Der Arbeitsmarkt der deutschen Musikwirtschaft, 2014. ªBeschäftigte in öffentlich finanzierten Musiktheatern und Orchestern sind nicht inkludiert, ᵇBeschäftigte in öffentlich finanzierten Musikschulen und Musikhochschulen bzw. Konservatorien sind nicht inkludiert	214
Abb. 10.1	Die internationalen Musikstreamingmärkte 2011	220
Abb. 10.2	Die internationalen Musikstreamingmärkte 2018	221
Abb. 10.3	Die Entwicklung der Musikstreamingmärkte in Deutschland, Österreich und Schweden im Vergleich, 2011–2018	222
Abb. 10.4	Die Aktienanteile der phonografischen Unternehmen an Spotify 2008	226
Abb. 10.5	Die Ertrags- und Umsatzkostenentwicklung von Spotify, 2012–2018	228
Abb. 10.6	Die Ausgabenentwicklung von Spotify, 2012–2018	229
Abb. 10.7	Die Ergebnisentwicklung von Spotify, 2012–2018	229
Abb. 10.8	Die Entwicklung der Umsatzkosten von Spotify, 2012–2018	230
Abb. 10.9	Das traditionelle Wertschöpfungsnetzwerk in der Musikwirtschaft	232
Abb. 10.10	Das digitale Wertschöpfungsnetzwerk in der Musikwirtschaft	233
Abb. 10.11	Die Erlösanteile für Imogen Heaps „Tiny Human" auf ujomusic	237

Einleitung 1

1.1 Musikindustrie – Musikwirtschaft

Wer den Begriff „Musikindustrie" in Google eingibt, bekommt an erster Stelle folgenden Wikipedia-Eintrag:

> „Als **Musikindustrie** oder **Tonträgerindustrie** werden heute Unternehmen bezeichnet, die Musik auf Tonträgern produzieren, bewerben und vertreiben. Der Begriff beinhaltet sprachlich, dass Musik industriell produziert wird. Industrielle Fertigung setzt voraus, dass Tonträger massenhaft mit standardisierten, maschinellen Verfahren hergestellt werden. Die Musikindustrie selbst bezeichnet sich als Musikwirtschaft, Musikbranche oder Musikbusiness."[1]

Diese Definition ist nicht nur veraltet, weil sie noch auf die Tonträgerindustrie referenziert, sondern auch viel zu kurz greifend. Wesentlich breiter ist die Definition auf der englischen Wikipedia-Seite:

> „The music industry consists of the companies and individuals that make money by creating and selling live music performances, sound recordings and music videos of songs and instrumental pieces. Among the many individuals and organizations that operate in the industry are: the songwriters and composers who create new music; the singers, musicians, conductors and bandleaders who perform the music; the companies and professionals who create and sell recorded music and/or sheet music (e.g., music publishers, producers, recording studios, engineers, record labels, retail and online music stores, performance rights organizations); and those that help

---

[1]Wikipedia, „Musikindustrie": https://de.wikipedia.org/wiki/Musikindustrie (abgerufen: 7. August 2018).

organize and present live music performances (booking agents, promoters, music venues, road crew)."[2]

In dieser Definition werden vor allem die AkteurInnen der Musikindustrie aufgelistet, wie SongwriterInnen, KomponistInnen, InterpretInnen, DirigentInnen, BandleaderInnen aber auch Unternehmen der phonografischen Industrie, Musikverlage, Live-Musikunternehmen und all jene Berufe, die in diesen Bereichen ausgeübt werden. Allerdings liefert diese Auflistung noch keine Informationen über die Prozesse und Strukturen der Musikindustrie. Abhilfe schafft dabei die prozessorientierte Definition zur Musikindustrie im Oxford Music Online-Lexikon: „*The music industry consists of a network involving the production, distribution, dissemination, and consumption of music in a variety of forms, as well as the promotion of live music performances.*"[3] Führt man die beiden letztzitierten Definitionen zusammen, können drei eng verzahnte Sektoren der Musikindustrie identifiziert werden: 1) die phonografische Industrie, 2) das Musikverlagswesen und 3) der Musikveranstaltungssektor. In einigen Definitionen wird daher auch bewusst nicht von DER Musikindustrie gesprochen, sondern von Musikindustrien, weil die genannten Sektoren jeweils eine unterschiedliche Produktions-, Distributions- und Rezeptionslogik aufweisen (z. B. Nordgard 2018). Das ändert aber nichts an der engen Verknüpfung von phonografischer Industrie, Musikverlagswesen und Musikveranstaltungssektor. So besitzen phonografische Unternehmen neben einem oder mehreren Labels auch noch Musikverlage, weil erstere die Urheberrechtslizenzen letzterer für die Musikproduktion benötigen. Der Musikveranstaltungssektor ist nicht nur zur wichtigsten Einnahmequelle für Musikschaffende geworden, sondern ist auch ein wesentlicher Promotionskanal für den Musikverkauf (physisch wie auch digital). Ökonomische Studien belegen zudem, dass der phonografische Markt und der Musikveranstaltungsmarkt sich durch komplementäre Güter auszeichnen (Krueger 2005). Deshalb bevorzuge ich eine Definition der Musikindustrie, die nicht von mehreren Industrien ausgeht, sondern aus drei unterschiedlichen aber eng verbundenen Sektoren besteht (Abb. 1.1).

Zusätzlich zu den drei Kernsektoren sind natürlich auch die Verwertungsgesellschaften ein integraler Bestandteil der Musikindustrie. Sie bilden die institutionelle

---

[2]Wikipedia, „music industry": https://en.wikipedia.org/wiki/Music_industry (abgerufen: 7. August 2018).
[3]Oxford Music Online, „music industry": https://www.oxfordmusiconline.com/subscriber/article/grove/music/A2262804 (abgerufen: 7. August 2018).

1.1 Musikindustrie – Musikwirtschaft

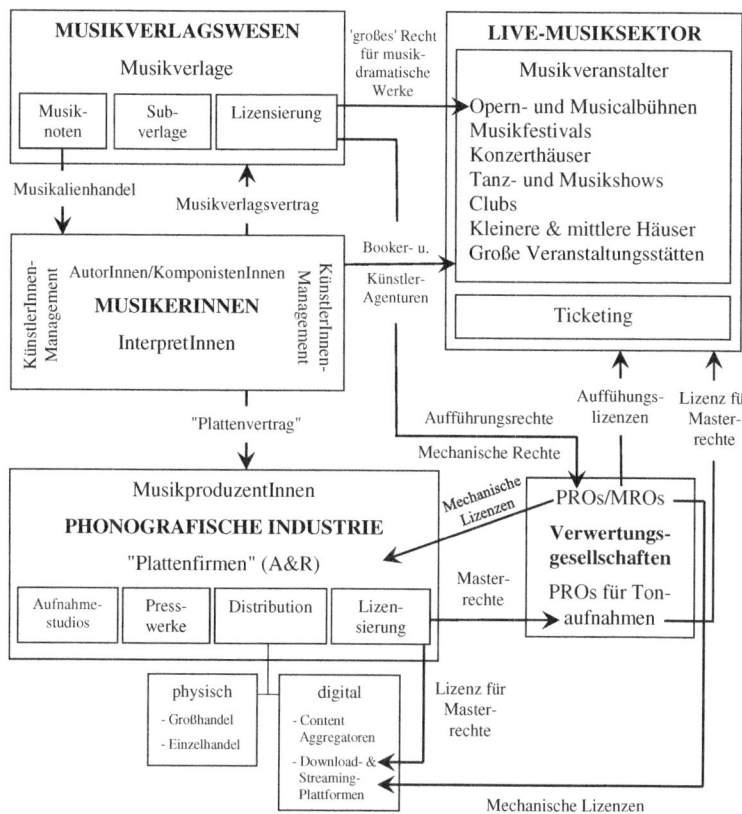

PRO ... Performing Rights Organization (Verwertungsgesellschaft für das Aufführungsrecht)
MRO ... Mechanical Rights Organization (Verwertungsgesellschaft für das mechanische Recht)

Abb. 1.1 Die Struktur der Musikindustrie. (Quelle: Eigene Darstellung)

Klammer zwischen Musikschaffenden und den genannten Sektoren, sind aber auch ein Bindeglied zwischen den Sektoren. Als Agenturen zur kollektiven Rechtelizenzierung verwalten Verwertungsgesellschaften treuhändisch die Rechte der AutorInnen und KomponistInnen, aber auch die Musikverlagsrechte. Die Hauptaufgabe der Verwertungsgesellschaften für das Aufführungsrecht sowie dem mechanischen Recht besteht darin, die Musiklizenzen an Musikveranstalter, Medienunternehmen und andere kommerzielle Musiknutzer zu vergeben.

Zusätzlich verfügen die Unternehmen der phonografischen Industrie, die immer noch gern als „Plattenfirmen" oder „Labels" bezeichnet werden, über Rechte an den von ihnen gemachten Musikaufnahmen, die sie über spezielle Verwertungsgesellschaften für das Leistungsschutzrecht an Rundfunkbetreiber (Radio, TV, Online) und andere öffentliche Nutzungen der Aufnahmen (in Clubs, Bars, Restaurants, Geschäftslokale, Hotels etc.) lizenzieren. Darüber hinaus verwerten die „Plattenfirmen" diese Masterrechte direkt an digitale Musikanbieter (Download- und Streamingservices) wie auch für die Nutzung der Aufnahmen in TV- und Kinofilmen, Videospielen und in der Werbung. In ähnlicher Art und Weise lizenzieren Musikverlage diese sogenannten Synchronisationsrechte direkt an Werbeagenturen, Videospiele-Entwickler sowie an Film- und TV-Produzenten.

Diese kommerziellen Musiknutzer sind aber nicht Teil der Kernbereiche der Musikindustrie, sondern bilden sekundäre Musikmärkte zur weiteren Auswertung von Musikurheberrechten. Andere sekundäre Musikmärkte sind zudem mit dem Musikveranstaltungssektor verbunden, wie z. B. Musikinstrumentenhersteller und -handel, ergänzende Dienstleister im Musikveranstaltungsbusiness (technische Ausrüster, Tontechnik, Videoproduktion, Lichttechnik, Transportlogistik, Beherbergungsbetriebe, Kostüm- und Bühnendesigner, Eventkonzeption und -durchführung, Pyrotechnik, Security, Catering, Reinigungsfirmen etc.) wie auch Hersteller und Händler von Merchandisingartikel. Branding- und Sponsoringpartner für KünstlerInnen und Musikveranstalter bilden darüber hinaus rasch wachsende zusätzliche Sekundärmärkte für Musik, wobei der Markenwert von Stars und Musikveranstaltungen auf Konsumgüter und vice versa übertragen werden. Die Musikindustrie und die mit ihr verbundenen sekundären Musikmärkte sind in der Musikwirtschaft einbettet, die zusätzlich noch die Musikausbildung, Interessenvertretungen, Musikexport wie auch private und öffentliche Musikfördereinrichtungen umfasst (Abb. 1.2).

Obwohl Musikförderung, Musikexport, Musikausbildung und Musiklobbying auch ökonomische Aspekte implizieren, bilden sie keine primären und sekundären Musikmärkte aus. Deshalb beschäftigt sich dieses Buch nur am Rande mit diesen Bereichen der Musikwirtschaft und fokussiert auf die Musikindustrie im engeren Sinn und auf die mit ihr verbundenen Sekundärmärkte.[4] „Die Ökonomie der Musikwirtschaft" unterzieht nicht nur die Organisationsstrukturen in den

---

[4]Die Musikinstrumentenherstellung und der Musikinstrumentenhandel bilden sehr spezifische Sektoren, die einer andersgearteten Produktions-, Distributions- und Rezeptionslogik folgen. Eine vertiefende Analyse dieser Sektoren würde den Rahmen dieses Buches sprengen.

1.1 Musikindustrie – Musikwirtschaft

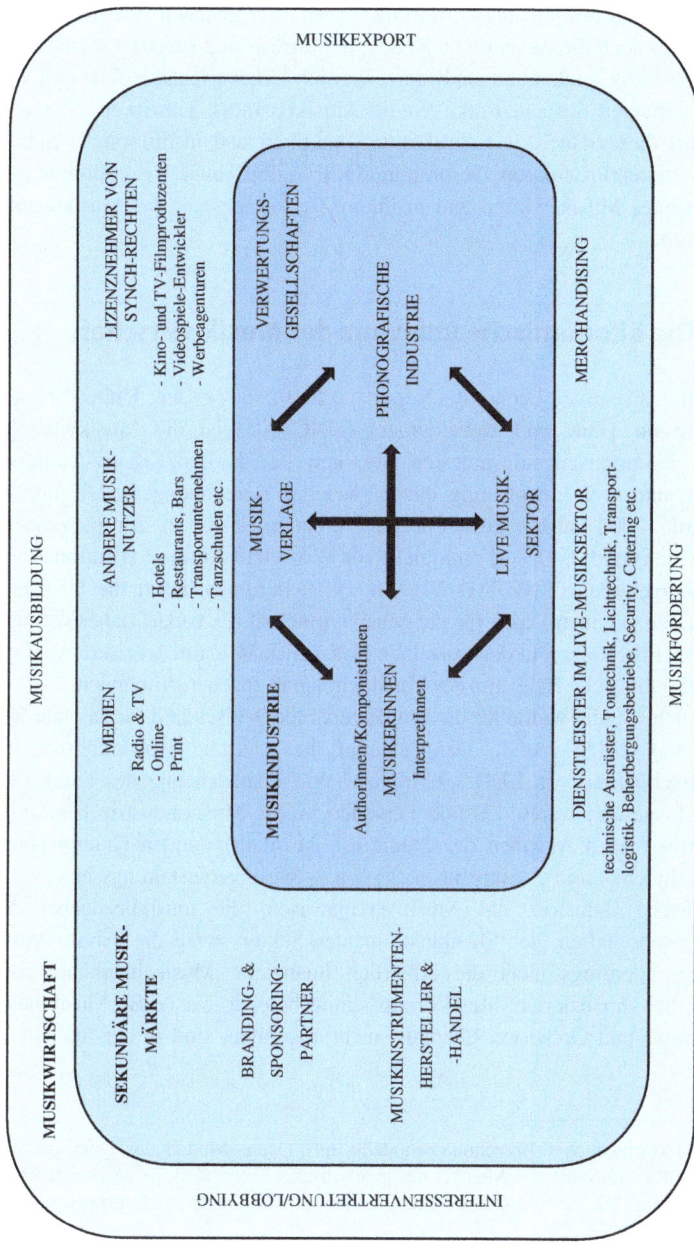

Abb. 1.2 Die Musikwirtschaft im Überblick. (Quelle: Eigene Darstellung)

drei Sektoren und die jeweiligen Marktprozesse einer genauen Analyse, sondern berücksichtigt auch die wesentliche Rolle, die Verträge und Lizenzvereinbarungen im Musikbusiness spielen und analysiert, wie sich Urheberrechtsregime und Wettbewerbsregelungen auf die Praktiken im Musikbusiness auswirken. In diesem Sinn erklärt dieses Buch, wie Strukturen, Praktiken und institutionelle Settings auf das Schaffen/Produktion, Verbreitung/Distribution sowie Rezeption/Konsum des Kulturgutes Musik wirken und in ihrem Zusammenspiel das Musikbusiness konstituieren.

1.2 Die ökonomische Relevanz der Musikwirtschaft

Nach dem „Creative Economy Report" (2010, S. 7) der United Nations Conference on Trade and Development (UNCTAD) ist die Musikwirtschaft einer der ökonomisch relevantesten Sektoren der Kultur-/Kreativ-/Copyright Industrien, und zwar unabhängig davon, welches Berechnungsmodell zugrunde gelegt wird.[5] 2008 hat der kulturelle bzw. kreative Sektor in Europa zwischen 0,20 % (Malta) und 3,40 % (Frankreich) zur Wirtschaftsleistung (Bruttonationalprodukt) beigetragen (UNCTAD 2010, S. 29). Allerdings liefert die UNCTAD-Statistik keine genauen Daten für die Musikwirtschaft. Es bedarf daher spezieller statistischer Erhebungen in den einzelnen Nationalstaaten, um präzisere Aussagen über die ökonomische Relevanz der Musikwirtschaft machen zu können.

Eine solche Studie wurde für die Bundesrepublik Deutschland für das Jahr 2014 (Seufert et al. 2015) erstellt. Demnach hat die deutsche Musikindustrie eine Bruttowertschöpfung von EUR 3,9 Mrd. zur Wirtschaftsleistung des Landes beigetragen. Insgesamt waren 127.600 Personen in der Musikindustrie beschäftigt. Diese umfasst nach Angaben der Studie die Musikschaffenden (InterpretInnen, KomponistInnen und AutorInnen), den Musikveranstaltungssektor, die phonografische Industrie, das Musikverlagswesen, die musikbezogenen Verwertungsgesellschaften, der Musikinstrumenten-Sektor sowie die private Musikausbildung, allerdings nicht die öffentlich finanzierte Musikausbildung sowie den öffentlich finanzierten Musikveranstaltungsbereich wie z. B. Musiktheater, Konzerthäuser und Orchester. Ebenfalls nicht abgebildet sind in der Statistik die

---

[5]Die UNCTAD listet vier Berechnungsmodelle auf: 1) das Modell des Department for Culture, Media and Sport (DCMS), 2) das symbolische Textmodell, 3) das konzentrische Kreismodel und 4) das Copyright-Modell der World Intellectual Property Rights Organization (WIPO).

1.2 Die ökonomische Relevanz der Musikwirtschaft

Musikindustriesektor	Bruttowertschöpfung (in Mio. EUR)	in %	Beschäftigung	in %
Musikveranstaltungssektor	1.040	26,6	32.629	25,6
Phonografische Industrie	880	22,5	19.866	15,6
Musikinstrumentensektor	764	19,5	14.795	11,6
Musikschaffende	573	14,6	27.895	21,9
Private Musikausbildung	384	9,8	28.506	22,3
Musikverlagswesen	190	4,9	2.855	2,2
Verwertungsgesellschaften	85	2,2	1.070	0,8
Gesamt	3.916	100	127.616	100

Abb. 1.3 Die ökonomische Relevanz der deutschen Musikindustrie/-wirtschaft. (Quelle: Eigene Darstellung nach Seufert et al. 2015, S. 14–15)

Musik- Interessensvertretungen. Von den genannten Sektoren war die Musikveranstaltungswirtschaft mit einer Bruttowertschöpfung von EUR 1,04 Mrd. (26,6 %) 2014 der größte Teilsektor der deutschen Musikindustrie. An zweiter Stelle rangiert die phonografische Industrie (inkl. Tonstudios und MusikproduzentInnen) mit einer Wirtschaftsleistung von EUR 880 Mio. (22,5 %), gefolgt vom Musikinstrumentensektor (Herstellung und Handel) mit EUR 764 Mio. (19,5 %). Die Musikschaffenden erzeugten 2014 eine Bruttowertschöpfung von EUR 573 Mio. (14,6 %) und der private Musikschulbereich, der nicht zum Kernbereich der Musikindustrie zählt, trug noch EUR 384 Mio. (9,8 %) an Bruttowertschöpfung bei. Damit ist dieser Bereich doppelt so groß wie das Musikverlagswesen mit einer Wirtschaftsleistung von EUR 190 Mio. (4,9 %). Den kleinsten Wertschöpfungsbereich der deutschen Musikindustrie bilden die musikbezogenen Verwertungsgesellschaften mit EUR 85 Mio. (2,2 %) (Abb. 1.3).

Als Vergleich zu den deutschen Zahlen können die Studien der UK Music herangezogen werden, die seit 2013 regelmäßig publiziert werden. Allerdings beinhaltet die Statistik für das Vereinigte Königreich neben den Musikschaffenden nur die Kernbereiche der Musikindustrie (Musikveranstaltungssektor, phonografische Industrie und Musikverlagswesen) inklusive MusikproduzentInnen und Tonstudios sowie die Musik-Interessensvertretungen.

Musikindustrie-Sektor	Bruttowertschöpfung (in Mio. £)	in %	Beschäftigung	in %
Musikschaffende	2.000	45,3	91.153	62,5
Musikveranstaltungssektor	991	22,4	28.659	19,7
Phonografische Industrie	700	15,8	9.641	6,6
Musikverlagswesen	505	11,4	1.049	0,7
ProduzentInnen & Tonstudios	122	2,8	13.029	8,9
Musik-InteressensvertreterInnen	99	2,2	2.284	1,6
Gesamt	4.417	100	117.320	100

Abb. 1.4 Die ökonomische Relevanz der britischen Musikindustrie. (Quelle: Eigene Darstellung nach UK Music 2018, S. 8–9)

In den Reports nicht berücksichtigt werden die musikbezogenen Verwertungsgesellschaften sowie der gesamte Musikausbildungsbereich. Somit ist die britische Statistik weniger breit angelegt als die deutsche.

Nach dem „Measuring Music"-Report 2018 waren in der britischen Musikindustrie 2017 mehr als 145.815 Personen auf Vollzeitbasis beschäftigt und der gesamte Sektor erzielte eine Bruttowertschöpfung von £4,5 Mrd. (UK Music 2018, S. 6), was einer Steigerung gegenüber 2012 von fast 30 % entspricht (UK Music 2017, S. 13) (Abb. 1.4).

Die britische Musikwirtschaft trug somit 0,25 % zur Wirtschaftsleistung des Landes bei und der Anteil an der Gesamtbeschäftigung lag bei 0,45 %. Die Musikschaffenden erzeugten 2017 die höchste Wertschöpfung von rund £2,0 Mrd. (45,3 %), gefolgt vom Musikveranstaltungssektor mit £991 Mio. (22,4 %), der phonografischen Industrie mit £700 Mio. (15,8 %), dem Musikverlagswesen mit £505 Mio. (11,4 %), den Tonstudios gemeinsam mit den MusikproduzentInnen mit £122 Mio. (2,8 %) und den Musik-Interessenvertretungen mit £99 Mio. (2,2 %) (UK Music 2018, S. 8). Die Mehrheit der Beschäftigten in der britischen Musikindustrie – nämlich 91.153 Personen (62,5 %) – sind EinzelkünstlerInnen (InterpretInnen, KomponistInnen und AutorInnen). Der Musikveranstaltungssektor weist mit 28.659 (19,7 %) Beschäftigen die zweitgrößte Personenanzahl auf. Zudem sind 13.029 Personen (8,9 %) als MusikproduzentInnen bzw. in Tonstudios beschäftigt. Vergleichsweise wenig Beschäftigte, nämlich rund 9.641 (6,6 %), sind in der phonografischen Industrie tätig und weitere 2.284 (1,6 %) in den Interessensvertretungen der Musikindustrie. Schließlich sind noch 1049 Personen (0,7 %) im Musikverlagswesen beschäftigt (ibid.: 9).

Trotz unterschiedlicher Erfassungsmethoden und Definitionen zur Abgrenzung der Musikindustrie lässt sich aus beiden Studien die ökonomische Relevanz der Musikindustrie bzw. Musikwirtschaft für die Wirtschaftsleistung eines Landes herauslesen. Die UK Musik-Studie zeigt, dass die Kernbereiche der Musikindustrie im Vergleich zu anderen Industrien klein sind. Wenn aber der Fokus auf die gesamte musikwirtschaftliche Verwertung erweitert wird, stellt die Musikwirtschaft einen durchaus relevanten Wirtschaftsbereich eines Landes dar. In Deutschland liegt die Musikwirtschaft (ohne dem öffentlich finanzierten Bereich) hinter den Presseverlagen und den Fernseh-Veranstaltern an dritter Stelle der Wertschöpfung und ist somit größer als die Filmwirtschaft, das Buchverlagswesen und die Hörfunk-Veranstalter (Seufert et al. 2015, S. 10). Würde also der öffentliche finanzierte Musiksektor (Musiktheater, Konzerthäuser, Orchester, Musikschulen, Musikhochschulen und Konservatorien sowie Musikförderverwaltung) in die Statistik integriert werden, dann wäre die Musikwirtschaft ein sehr bedeutender Sektor der deutschen Wirtschaft.

1.3 Inhalt und Gliederung des Buches

Dieses Buch versteht sich als Basisliteratur zum besseren Verständnis der ökonomischen Grundlagen der Musikwirtschaft und basiert vor allem auf bereits existierenden Quellen und Statistiken. Nach dieser Einleitung, bietet Kap. 2 – „Eine kurze Musikwirtschaftsgeschichte" – einen historischen Überblick über die Entwicklung der Musikwirtschaft seit der Antike. Es werden darin die wirtschaftlichen Aspekte des europäischen Musiklebens des Mittelalters kurz dargestellt und die erste wirtschaftliche Revolution, die der Notendruck am Beginn des 16. Jahrhunderts ausgelöst hat, beschrieben. Darauf folgt eine Darstellung des Opern- und Konzertbetriebs und des damit zusammenhängenden Musikverlagswesens im 18. und 19. Jahrhundert. Eng damit verknüpft war die Entwicklung eines modernen Urheberrechts, das auf das Statute of Anne 1709/1710 zurückgeführt werden kann. In der Folge wurden in vielen Teilen der sich industrialisierenden Welt Urheberrechtsgesetze verabschiedet, die wiederum zur Gründung von Verwertungsgesellschaften geführt haben. Das Kapitel beschäftigt sich auch mit der

Geschichte der phonografischen Industrie, die sich seit der Erfindung des Phonografen durch Thomas A. Edison 1877, herausgebildet hat. Ebenso wird ein Überblick über die Geschichte des Live-Musikentertainments geboten, das heute von großen Konzernen wie Live Nation, AEG und CTS Eventim dominiert wird.

Das dritte Kapitel – „Die Mikroökonomie von Musik: Musik als ökonomisches Gut" – legt die Basis zum Verständnis, welches Wirtschaftsgut Musik sein kann. Ausgehend von der mikroökonomischen Literatur, wird Musik als öffentliches Gut (Samuelson 1954) definiert, das teilweise privatisiert im Konzertbusiness zum Club- bzw. Mautgut (Buchanan 1965) mutieren oder durch technische Mittel, wie im Fall der Tonaufnahme, sogar vollständig zum privaten Gut werden kann. Allerdings kann Musik seinen öffentlichen Gutscharakter durch technologische Revolutionen wie im Fall des Rundfunks oder der Digitalisierung wiedererlangen, was Probleme des Trittbrettfahrens und der Online-„Musikpiraterie" zur Folge haben kann. Musik kann aber auch als meritorisches Gut (Musgrave 1957) sowie auch als Informations- und Erfahrungsgut (Shapiro und Varian 1998) beschrieben werden, das mit starken Netzwerkexternalitäten im digitalen Zeitalter einhergeht. Eingebettet ist die Güteranalyse für Musik in der mikroökonomischen Beschreibung von grundlegenden Marktmechanismen (Preiselastizitäten) aber auch Formen des Marktversagens (externe Effekte und natürliches Monopol).

Der erste Teil des vierten Kapitels – „Die Ökonomie des Musikurheberrechts" – erklärt die wirtschaftlichen Grundlagen des Musikurheberrechts, das monopolistische Marktstrukturen bzw. monopolistische Konkurrenz hervorbringt. Das Urheberrecht ist dabei die Basis für vertragliche Regelungen im Musikbusiness, die im zweiten Kapitelteil im Kontext des Property-Rights-Ansatzes (Coase 1937; Williamson 1975) und der Vertragsökonomie (siehe z. B. Caves 2000) thematisiert werden. Die aus der Urheberrechts- und Vertragsökonomik gewonnenen Erkenntnisse werden dann abschließend mit der Theorie zu den Marktformen verknüpft, um die Oligopolisierung von Musikmärkten verständlich zu machen (Tschmuck 2009).

Kap. 5 – „Der Musikverlagsmarkt" – wird mit einer Darstellung der Aufgaben und Funktionen des Musikverlagswesens eröffnet und schließt eine Analyse des internationalen und einigen wichtigen nationalen Musikverlagsmärkten an. Dabei wird auch die ökonomische Rolle der großen Industrieverlage Universal Music Publishing, Sony/ATV und Warner/Chappell Music sowie der wesentlich kleineren Independent-Verlage beleuchtet. Als Bindeglied der Musikverlage zu den KomponistInnen/AutorInnen, die den Primärmarkt bilden als auch zu den sekundären Musikmärkten, dient die Musiklizenzierung, die kollektiv von den Verwertungsgesellschaften wahrgenommen wird. Deshalb wird die

1.3 Inhalt und Gliederung des Buches

Funktionsweise wie auch die ökonomische Relevanz der Verwertungsgesellschaften für das Aufführungsrecht und das mechanische Recht in diesem Kapitel beschrieben.

In ähnlicher Weise werden im Kap. 6 – „Der phonografische Markt" – die Funktionsweise und Struktur des Marktes für Musikaufnahmen analysiert. Dabei wird auch der Wandel von einem Tonträgermarkt (Vinyl-Schallplatte, Musikkassette, CD, DVD) zum digitalen Musikmarkt, der gegenwärtig vor allem vom Streaming bestimmt wird, dargestellt und mit Zahlenmaterial für den internationalen und den deutschen Markt unterlegt. Die verfügbaren Daten belegen einen Paradigmenwechsel von einem Besitzmodell für Musik zu einem Zugangsmodell in Form von Musikstreaming. Der damit verbundene Wandel des Produktions-, Distributions- und Rezeptionssystems wird am Beispiel der großen Unternehmen der phonografischen Industrie, den Majors, sichtbar gemacht.

Während der phonografische Markt in den letzten beiden Jahrzehnten dramatisch geschrumpft ist, boomte zur gleichen Zeit der Musikveranstaltungsmarkt aufgrund eines sich ändernden Musikkonsumverhaltens und tiefgreifender struktureller Änderungen, die durch das Entstehen von Musikveranstaltungskonzernen erklärbar sind. Kap. 7 – „Der Musikveranstaltungsmarkt" – erzählt somit auch die Geschichte von Live Nation, das zum gegenwärtig weltgrößten Musikveranstalter und Ticketingunternehmen geworden ist, wodurch der einstmals dezentral organisierte Musikveranstaltungsmarkt zu einem milliardenschweren Geschäft wurde, das nunmehr von wenigen international agierenden Oligopolunternehmen kontrolliert wird. Ergänzend dazu werden in diesem Kapitel auch noch die verschiedenen Funktionsbereiche des Live-Business wie Musikveranstaltung, Booking, Ticketing und unterstützende Dienstleistungen dargestellt.

Musik spielt natürlich nicht nur in den primären Musikmärkten eine wichtige Rolle, sondern auch in Sekundärmärkten. Musik ist immer noch ein hochrelevanter Inhalt im Radio und im Musik-TV, ist aber auch in TV- und Kinofilmen sowie Dokumentationen nicht wegzudenken. Musik ist auch zentral in Videospielen und spricht die Menschen auf emotionaler Ebene in der Werbung an. Kap. 8 – „Sekundäre Musikmärkte" – widmet sich daher der Musiknutzung in den genannten Bereichen und betrachtet dabei auch die Lizenz- und Vertragsregelungen. Darüber hinaus beschäftigt sich das Kapitel auch noch mit der immer wichtiger werdenden Rolle von Musik-Branding und -Sponsoring sowie dem Merchandisingmarkt.

Das Musikbusiness ist nicht nur eine Einkommensquelle für KünstlerInnen und Musikunternehmen, sondern bildet auch Arbeitsmärkte aus. Kap. 9 – „Musikarbeitsmärkte" – widmet sich daher den unterschiedlichen Berufsfeldern und Karrieremöglichkeiten in den jeweiligen Sektoren der Musikindustrie. Dabei werden auch empirische Daten zu den musikbezogenen Arbeitsmärkten aufbereitet und unterschiedliche Einkommensströme für Musikschaffende analysiert. Da die MusikerInnen nur in Ausnahmefällen mit den Einnahmen aus den Primärmärkten der Musikindustrie ihren Lebensunterhalt bestreiten können, spielen sekundäre Musikarbeitsmärkte in der Musikausbildung, der Interessensvertretung/dem Lobbying und dem Musikexport eine wichtige Rolle.

Das Kap. 10 – „Die Ökonomie des digitalen Musikbusiness" – beschließt mit einer profunden Analyse der ökonomischen Relevanz digitaler Musikformate (Download, Mobile Music, Streaming) dieses Buch. In diesem letzten Kapitel werden die neuen digitalen Geschäftsmodelle wie Musikdownload- und Musikstreamingdienste, Mobile Music-Provider und Cloud-Musikservices dargestellt und der mögliche Einfluss der Blockchain-Technologie auf das Musikbusiness eingeschätzt. Es wird auch die Rolle neuer Player im Musikbusiness wie z. B. von Apple, Google und Amazon diskutiert sowie treibende Kräfte der Digitalisierung – Medienkonvergenz, Prosumption und Disintermediation – thematisiert.

Alles in allem ist „Die Ökonomie der Musikwirtschaft" ein grundlegendes Werk zum Verständnis der fundamentalen Strukturen und Prozesse in der Musikwirtschaft im Allgemeinen und der Musikindustrie im Besonderen. Es zeigt die ökonomischen Gesetzmäßigkeiten, die dem Musikbusiness zugrunde liegen auf, indem Musik als ökonomisches wie auch Kulturgut verstanden wird, das durch urheberrechtliche Normen in seiner Nutzung reglementiert ist. Das Buch richtet sich nicht nur an Studierende aller Ausbildungszweige und -ebenen, die an musikwirtschaftlichen Fragen Interesse haben, sondern auch an ProfessionalistInnen des Musikbusiness und all an jene, die mehr über die ökonomischen Prinzipien der Musikwirtschaft erfahren wollen.

Eine kurze Musikwirtschaftsgeschichte 2

Die Erfindung und Markteinführung des Phonographen durch Thomas Alva Edison (1847–1931) im Jahr 1877 markiert den Beginn der modernen Musikindustrie mit der Massenproduktion von Tonträgern und der Entstehung einen globalen Distributionsnetzwerks für Musikzylinder und Schallplatten. Allerdings war Musik schon vor der Entstehung der phonografischen Industrie ein ökonomisches Gut. Bereits antike Quellen belegen, dass Musikprodukte und Musikdienstleistungen schon Jahrhunderte vor Christi Geburt gehandelt wurden. Vom griechischen Dichter Pindar (522–518 v. Chr. – 442–435 v. Chr.) ist bekannt, dass er im 5. Jahrhundert vor Christus 470 Liedtexte von seiner Heimatstadt Theben an den Tyrannen Hieron im 5. Jahrhundert nach Sizilien geschickt hat (Baierle 2009, S. 51). Pindar war aber nicht nur ein Autor von Liedtexten, sondern ein früher Musik-Entrepreneur. Da die lyrischen Verse stets von Musik- und Tanzdarbietungen begleitet waren, sorgte er auch für die Choreografie der Tänze, die seine Oden begleiteten. In der ganzen antiken griechischen Welt war Pindar ein sehr gefragter „Impresario", wie Quellen belegen (Carey 2007, S. 199–210). Pindar kann daher als ein frühes Beispiel für einen Künstler genannt werden, der durch wohlhabende und mächtige Mäzene finanziell unterstützt wurde und so seinen Lebensunterhalt bestreiten konnte.

Es lassen sich grob fünf verschiedene historische Abschnitte in der Musikwirtschaftsgeschichte unterscheiden:

1. Die Ära des Musik-Mäzenatentums von der Antike bis ins späte 18. Jahrhundert
2. Die Ära des Musikverlagswesens vom späten 18. Jahrhundert bis in die 1920er-Jahre
3. Die Ära des Rundfunks von den 1920er- bis zu den 1950er-Jahren

4. Die Ära der phonografischen Industrie von den 1950er-Jahren bis zum Millenium
5. Die Ära des digitalen Musikwirtschaft seit 2000

2.1 Die Ära des Musik-Mäzenatentums

2.1.1 Vom Mittelalter bis zur Renaissance

Die Ära des frühen Musik-Mäzenatentums umfasst in Europa die gesamte antike Epoche bis hin zum Mittelalter, als die katholische Kirche zum wichtigsten Förderer der Künste, und somit auch der Musik, wurde. Musik war und ist natürlich noch integraler Bestandteil der Liturgie und der Begriff „Kapelle" leitet sich vom sakralen Raum in den Kirchen und Klöstern ab, in dem Musik praktiziert wurde. Die klösterlichen Domschulen (z. B. jene in der Abtei St. Gallen in der Schweiz) und die mittelalterlichen Kathedralen (z. B. Notre Dame de Paris) waren die Zentren der Musikpflege und so gut wie alle mittelalterlichen KomponistInnen geistlicher Musik erhielten dort ihre Ausbildung[1]. Das profane Musikschaffen wurde hingegen im Römisch-deutschen Kaiserreich von MinnesängerInnen sowie in Frankreich und Spanien von TroubadourInnen, die meist den höheren sozialen Schichten entstammten (z. B. Guillaume IX von Aquitaine [1071–1126] und Oswald von Wolkenstein [ca. 1376–1445]) getragen, die ihre Kunst an den Fürstenhöfen vortrugen. Einige diese KünstlerInnen zählten hingegen zum so genannten „fahrenden Volk", das auf Dorffesten und anderen Volksbelustigungen auftraten und damit ihren Lebensunterhalt bestritten. Nur wenigen dieser KünstlerInnen, wie z. B. Walther von der Vogelweide (ca. 1200–?), gelang der soziale Aufstieg dank ihrer Kunst.[2]

Während die sakrale Musikausbildung in Klöstern, Domschulen und Kathedralen organisiert war, gab es bis zum 13. Jahrhundert für das profane Musikschaffen keine geregelte Ausbildung bis sich städtische Musikergilden etablierten und begannen, die Kompositionstätigkeit zu reglementieren. Allerdings wurde das Schreiben von Musik weniger als Kunstform, sondern als Handwerk angesehen. Das begann sich allmählich im Laufe der Renaissance

---

[1]Eine kompakte Übersicht zur mittelalterlichen Musikpflege liefert der Eintrag „Medieval" von Page im Grove Music Online.
[2]Mehr zum Thema „Minnesang" kann bei Brunner (1997) und zu „Troubadours, Trouvères" bei Räkel und Aubrey (2016) im MGG Online nachgelesen werden.

zu ändern, als Musik eine wichtige Funktion im religiösen und militärischen Kontext an den Fürstenhöfen erhielt. Die Hofsänger wurden in der Hofkapelle, die Instrumentalisten – hauptsächlich Trompeter und Schlagwerker – in der Hofmusik, die in der Regel Teil des Hofstallamtes waren, ausgebildet (Tschmuck 2001a).[3]

In der Renaissance ging das Musik-Mäzenatentum von der Kirche auf die Fürstenhöfe über. Die Herausbildung von meist absolutistisch regierten Zentralstaaten im Europa des 17. und 18. Jahrhunderts (siehe Elias 1969), ließ eine höfische Gesellschaft entstehen, in der Musik zum integralen Bestandteil der Selbstinszenierung von BarockfürstInnen und zum Instrument staatlicher Repräsentation wurde. So beschäftigte Kaiser Leopold I. (1640–1705) an seinem Wiener Hof nicht nur mehr als 100 MusikerInnen (KomponistInnen und InterpretInnen), sondern war auch selbst ein sehr talentierter Komponist. Anlässlich seiner Vermählung mit Margherita von Spanien im Jahr 1666 gab er bei seinem Hofkomponisten Antonio Cesti (1623–1669) die Oper „*Il pomo d'oro*" *in Auftrag*. Die Aufführung nahm zwei Tage in Anspruch und war Teil der weitreichenden Hochzeitsfeierlichkeiten, die über zwei Jahre lang dauerten.[4] Die Oper wurde in diesem höfischen Kontext nicht als autonome Kunstform gesehen, sondern als integraler Bestandteil von höfischen Feiern und Festlichkeiten, über die sich die höfische Gesellschaft im 17. Jahrhundert definierte.

2.1.2 Das Opern-Business

Im gleichen Zeitraum entwickelte sich ausgehend von Italien ein marktorientiertes Opern-Business. Das erste öffentliche, für Eintrittsgeld besuchbare Opernhaus – San Cassiano in Venedig – wurde 1637 mit der Oper „Andromeda" von Benedetto Ferrari (1603–1681) und Francesca Manelli (1597–1664) während der Karnevalssaison eröffnet. Es handelte sich dabei um ein rein kommerziell orientiertes Unternehmen, das nicht mehr von adeligen Mäzenen, sondern von „*(…) the artists themselves who took on the risks and obligations of production*" (Piperno 1984, S. 9) finanziert wurde.

---

[3]Die besoldete Musikausübung bei Hof war in der Renaissance eine reine Männerdomäne. Hohe Stimmlagen wurden nicht von Frauen gesungen, sondern von Chorknaben bzw. Kastraten.
[4]Siehe dazu den Beitrag „Il pomo d'oro" von Schmidt im The New Grove Dictionary of Opera Online.

Die Hofoper und die kommerzielle Oper existierten somit seit dem späten 18. Jahrhundert Seite an Seite. Während die Hofoper neben der Unterhaltung auch eine repräsentative Funktion erfüllte und von der Hofbürokratie regelrecht verwaltet wurde, übernahm die kommerzielle Oper das Impresario-Modell, das sich von Italien aus rasch in ganz Europa ausbreitete. Der Impresario/die Impresaria war eine gewinnorientierte EntrepreneurIn, die alle finanziellen Risiken der Aufführung selbst zu tragen hatte. Sie/er musste vorab die Geldmittel für die Opernproduktion inklusive Auftragsvergabe an KomponistInnen und LibrettistInnen, Vertragsverhandlungen mit den SängerInnen und den OrchestermusikerInnen aufbringen. Während eine höfische Oper in der Regel nur einmal für ein bestimmtes Ereignis aufgeführt wurde, wurde eine kommerzielle Opernproduktion auf Tournee geschickt. Bereits am Ende des 17. Jahrhunderts existierte in Europa ein dichtes Netzwerk an Opernhäusern, die in Konkurrenz zueinander um die beliebtesten Opernproduktionen standen. Dazu entstand ein intensiver Wettbewerb um beliebte SängerInnen, die als frühe Superstars, astronomisch anmutende Gagen verlangen konnten. *„Top castrati such as Farinelli*[5]*, Caffarelli, and Senesino earned season fees of £ 1,000 to 1,500 per season in the best-paying London market– at the lower bound, 35 times the annual earnings of English building craftsmen"* (Scherer 2004, S. 97). Aber nicht nur die SängerInnen profitierten vom boomenden Opern-Business, auch Opern-LibrettistInnen und –KomponistInnen waren im 17. Jahrhundert sehr gefragt und gut bezahlt.

Georg Friedrich Händel (1685–1759), der seine Musikerlaufbahn in Hamburg begonnen hatte, übersiedelte 1712 nach London, um sich dort als freischaffender Opernkomponist niederzulassen. 1719 wurde er Musikdirektor der soeben erst gegründeten Royal Academy of Music, einer privat finanzierten Gesellschaft zur Aufführung italienischer Opern in London. Händels Dienstpflichten bestanden nicht nur im Komponieren von Opernwerken, sondern umfassten auch die Anwerbung von SängerInnen und OrchestermusikerInnen sowie die Leitung der gesamten Opernproduktion. Als einflussreiche Adelige ihre finanzielle Unterstützung für die Royal Academy of Music einstellten, brach das Opernunternehmen zusammen. Daraufhin investierte Händel einen Teil seines durch Opernkomposition und Finanzspekulation erworbenen Vermögens, um gemeinsam mit dem aus der Schweiz stammenden Johann Jacob Heidegger (1659–1749) eine neue Operngesellschaft ins Leben zu rufen. Das

---

[5]Farinelli war der Künstlername des aus Apulien stammenden Kastraten Carlo Broschi (1705–1782).

2.1 Die Ära des Musik-Mäzenatentums

Projekt warf zwischendurch auch Gewinne ab, rutschte dann aber in die Verlustzone, die nur mit Hilfe von Subventionen durch die königliche Familie verlassen werden konnte. Als dann 1733 auch noch mit der Opera of the Nobility eine konkurrierende Operngesellschaft, der es gelangt, den in ganz Europa gefeierten Farinelli nach London zu bringen, entstanden war, wurden dem Händel & Heidegger Joint-Venture die besten SängerInnen abgeworben. Heidegger beendete 1734 seine geschäftlichen Beziehungen zu Händel, wodurch auch die gemeinsame Operngesellschaft Geschichte war. Händel ließ sich aber erneut nicht entmutigen, und startete ein neues Unternehmen, das sich ganz der Produktion und Aufführung von Oratorien verschrieb. Trotz anfänglicher Rückschläge fuhr das „Oratorien-Business" bald Gewinne ein und rettete Händel vor dem finanziellen Ruin. Er starb als wohlhabender Mann in seinem repräsentativen Londoner Stadthaus im Jahr 1759 (mehr über Händels wirtschaftliche Aktivitäten kann bei Scherer (2004, S. 4, 62) nachgelesen werden). Georg Friedrich Händel ist ein sehr gutes Beispiel dafür, wie ein Komponist im 17. Jahrhundert vom kommerziellen Opern-Business leben und damit sogar wohlhabend werden konnte. Händel, der als städtischer und später höfischer Angestellter seine Musikerkarriere begonnen hatte, war später als freischaffender Komponist tätig, der sich zu einem privat finanzierten Musikdirektor wandelte und schließlich als erfolgreicher Entrepreneur seine berufliche Laufbahn beendete.

Allerdings war eine solche Karriere nur im boomenden Opern-Business möglich. Die große Mehrheit von KomponistInnen und MusikerInnen war weiterhin von Anstellungen an Fürstenhöfen oder von freigiebigen MäzenatInnen abhängig. Als beispielsweise Joseph Haydn (1732–1809) von Fürst Paul Anton von Esterházy (1711–1762) als Vize-Kapellmeister für den bereits altersschwachen Kapellmeister Gregor Joseph Werner (1693–1766) engagiert wurde, führte der Arbeitsvertrag in Paragraf 4 aus, dass Haydn verpflichtet sei, alle vom Fürsten gewünschten Werke exklusiv für ihn zu komponieren und darüber nicht mit Dritten zu sprechen oder Kopien von den Kompositionen anzufertigen. Darüber hinaus war es Haydn insgesamt untersagt, für Dritte zu komponieren, sofern er nicht vorab die Zustimmung vom Fürsten eingeholt hat (Somfai 1989, S. 272). Ein solcher Arbeitsvertrag war nichts Ungewöhnliches im Zeitalter fürstlicher Hoforchester, denn die MusikerInnen vom Hofkapellmeister abwärts wurden als Bedienstete am Fürstenhof gesehen. In diesem Sinn ist auch Paragraf 5 von Haydns Arbeitsvertrag zu verstehen, in dem er angewiesen wird, täglich in der Früh im Antechambre des Fürsten zu erscheinen, um die Aufträge, die tagsüber zu erledigen waren, vom Fürsten entgegenzunehmen (ibid.).

Dennoch wurde das Geschäftsmodell für kommerzielle Opernproduktionen in der zweiten Hälfte der 18. Jahrhunderts allmählich auch auf öffentliche Musikveranstaltungen übertragen. Schon vor 1750 gab es vereinzelte öffentliche Konzerte, die gegen Eintritt besucht werden konnten, man denke nur an die Konzertserie im Kaffeehaus Zimmermann in Leipzig, die von Georg Philipp Telemann (1681–1767) und Johann Sebastian Bach (1685–1750) veranstaltet wurde oder an die Konzerte in Hickford's Soho Square Room in London und auch an die Concerts Spirit022 in Paris, aber das kommerziell orientierte Musikveranstaltungsbusiness nahm mit den Konzerten der beiden Komponisten Carl Friedrich Abel (1723–1787) und Johann Christian Bach (1735–1782) im Carlisle House in London zwischen 1765 und 1783 konkrete Gestalt an. Die sogenannten „Bach-Abel-Konzerte" wurden durch Subskriptionen – einer Frühform des Crowdfundings – vorfinanziert, wobei der Veranstalter das gesamte wirtschaftliche Risiko trug. Obwohl das Unternehmen von Abel und Bach im finanziellen Ruin endete, wurde es zum Vorbild für öffentliche Konzerte außerhalb von London und zum wichtigen Vorläufer des bürgerlichen Konzertbetriebs im 19. Jahrhundert (siehe McVeigh 1993, S. 167–175).

2.2 Die Ära des Musikverlagswesens

Die rasche Verbreitung des kommerziellen Konzertwesens erhöhte gleichzeitig auch die Nachfrage nach Musiknoten und verwandelte das Handwerk des Musikdruckens in eine Industrie. Musiknoten wurden bereits kurz nach Erfindung des Buchdrucks mit beweglichen Lettern Mitte der 1450er-Jahre durch Johannes Gutenberg gedruckt. Allerdings war der Notendruck wesentlich zeitaufwendiger als der Buchdruck und nur wenige VerlegerInnen wie z. B. Ottaviano Petrucci (1466–1539) in Venedig oder John Rastell (1475–1536) in London waren in der Lage, eine größere Anzahl von Musikdrucken herzustellen (Scherer 2004, S. 158). Um billige Nachdrucke der Originalnotendrucke zu verhindern, versuchten die VerlegerInnen monopolistische Druckprivilegien bei den Landesfürsten zu erwirken. Im Römisch-deutschen Kaiserreich oblag es ausschließlich dem Kaiser selbst, solche geistigen Eigentumsrechte zu garantieren. So wurden im Verlaufe des 16. und 17. Jahrhunderts mehr als 1000 kaiserliche Musikverlagsrechte vergeben (Pohlmann 1966, Sp. 1168). Das kaiserliche Privileg schützte die VerlegerInnen und in weiterer Folge auch die AutorInnen vor unautorisiertem Nachdrucken, indem die Raubdrucke konfisziert und die NachdruckerInnen bestraft wurden.

2.2 Die Ära des Musikverlagswesens

Mit der Inkraftsetzung des Statute of Anne (Copyright Act von 1709) durch das britische Parlament im Jahr 1710, wurde das erste moderne Urheberrecht geschaffen und machte London zu einem wichtigen Zentrum des frühen Musikverlagswesens. Das Verlagshaus Walsh & Hare stellte um 1730 die ersten hochqualitativen Musikdrucke her und Longman & Broderip waren die ersten Musikverleger, die sich unter den Schutz des Statute of Anne begaben, indem sie ihre Drucke in der Stationers Hall – der in London ansässigen Buchbinder- und Buchhändlergilde hinterlegten. Diesem Beispiel folgten bald viele andere MusikverlegerInnen, wodurch die Zahl der Musikverlagsgeschäfte sprunghaft anstieg (Baierle 2009, S. 64).

In Kontinentaleuropa konnte sich ein modernes Musikverlagswesen erst in den späten 1770er-Jahren herausbilden, weil bis dahin KomponistInnen exklusiv für ihre fürstlichen Dienstherren arbeiten mussten und nur in Ausnahmefällen verlegerisch tätig werden konnten. Als die Adelshäuser ab Mitte des 18. Jahrhunderts in die wirtschaftliche Krise schlitterten und zahlreiche Hoforchester aufgelöst werden mussten, drängten die freigesetzten MusikerInnen in den rasch wachsenden kommerziellen Konzertbetrieb. Das ließ wiederum die Nachfrage nach Musiknoten steigen, was die Industrialisierung des Musikverlagswesens in den europäischen Großstädten wie Wien, Paris und Leipzig beschleunigte. Während in Wien zwischen 1700 und 1778 weniger als 60 Musikwerke im Druck erschienen waren, erhöhte sich der Verlagsoutput nach 1778 drastisch. Verantwortlich dafür war auch der flämisch-stämmige Kupferstecher Antoine Huberty (1722–1791), der in diesem Jahr sein Verlagsunternehmen von Paris nach Wien verlegte. Im August 1778 begannen auch die Brüder Carlo und Francesco Artaria (1747–1808 bzw. 1744–1808), die seit 1768 in Wien Kupferstiche handelten, Musiknoten zu drucken. In den Folgejahren explodierte die Zahl der Musikverlagshäuser in Wien durch den Zuzug weiterer Musikverleger wie Christoph Torricella (1715–1798), Joseph Eder (1760–1835), Ignaz Sauer (1759–1833), Hieronymus Löschenkohl (1753–1807), Carlo Mechetti (ca. 1745/1748–1811), Tranquillo Mollo (1767–1837), Ignaz Pleyel (1757–1831), Tobias Haslinger (1787–1842) und Anton Diabelli (1781–1858) (siehe Weinmann 1956).

Ähnlich war die Entwicklung in Leipzig, das, nachdem dort Bernhard Christoph Breitkopf (1695–1777) 1754 ein Verlagshaus gegründet hatte, zum europäischen Zentrum des Musikverlagswesens wurde. 1795 schloss sich Gottfried Christoph Härtel (1763–1827) in einem Joint-Venture mit dem Breitkopf-Verlag zusammen, woraus der einflussreichste Musikverlag im deutschsprachigen Raum entstand. Breitkopf & Härtel verlegten so gut wie alle großen deutschsprachigen Komponisten wie Joseph Haydn (1732–1809), Wolfgang Amadeus Mozart (1756–1791), Ludwig van Beethoven (1770–1827),

Franz Schubert (1797–1828), Felix Mendelssohn-Bartholdy (1809–1847), Robert Schumann (1810–1856) und Richard Wagner (1813–1883) (Baierle 2009, S. 71–72).

Die Erfindung des lithografischen Druckverfahrens durch den bayrischen Autor und Schauspieler Alois Senefelder (1771–1834) im Jahr 1796 ermöglichte die kostengünstige Reproduktion von Theater- und Musikwerken. Während beim Kupferstechen maximal 100 Kopien angefertigt werden konnte, erlaubte die Lithografie die nahezu unbegrenzte Vervielfältigung von Musikdrucken. Senefelders Erfindung wurde rasch von allen relevanten Musikverlagen in Europa übernommen und war die Basis für massenhafte Herstellung von Musiknoten (Wicke 1998, S. 16–17).

2.2.1 Professionalisierung und Kommerzialisierung des MusikerInnen-Berufs

Mit dem Aufstieg des Bürgertums zur herrschenden sozialen Schicht begann sich der MusikerInnen-Beruf im Laufe des 19. Jahrhunderts zu professionalisieren. Die Entwicklung wurde auch durch adelige und bürgerliche Salons getragen, in denen Musikaufführungen integraler Bestandteil waren. Das führte wiederum zu einer stark steigenden Nachfrage nach privater Musikausbildung und befeuerte die Musikinstrumentenherstellung, vor allem aber die Klavierproduktion. Es ist kein Zufall, dass sich das moderne Klavier im Laufe des späten 18. Jahrhundert etablierte und Cembalos, Spinette und Clavicorde ersetzte. Hersteller wie Erard (seit 1785) und Pleyel (seit 1807) in Paris sowie Bösendorfer (seit 1828) in Wien verbesserten die Mechanik und führten wichtige technische Verbesserungen ein. Um 1850 produzierten die großen Klavierhersteller in Europa jährlich rund 800 Stück dieser Instrumente, die einen immer größer werdenden Kreis an AbnehmerInnen fanden (Ehrlich 1990, S. 110).

Neben den immer zahlreicher werdenden AmateurmusikerInnen, wuchs auch die Berufsgruppe bezahlter OrchestermusikerInnen an, die vom sich ausbreitenden kommerziellen Konzertbetrieb aufgenommen wurden. Dafür war aber die Professionalisierung des MusikerInnen-Berufs erforderlich, was die Emanzipierung der KomponistInnen und MusikerInnen vor allem nach der Französischen Revolution (1789–1799) zur Folge hatte. Nachdem viele der Hoforchester am Ende des 18. Jahrhunderts aufgelöst worden waren, mussten sich die MusikerInnen am freien Arbeitsmarkt behaupten und KomponistInnen strebten nun danach, dass ihre Werke öffentlich aufgeführt wurden. Beide Faktoren

2.2 Die Ära des Musikverlagswesens

begünstigten die Herausbildung eines privat organisierten, kommerziellen Konzertbetriebs.

Die Vorlage dafür lieferte das Leipziger Gewandhaus, das 1780/1781 in eine Konzerthalle umgewandelt wurde. Bereits 1743 hatten sich Leipziger Kaufleute zum Konzertverein „Großes Konzert" zusammengeschlossen, um ein Musikensemble zu finanzieren, das an unterschiedlichen Orten in der Stadt öffentliche Konzerte gab und schließlich seine Heimstätte im Gewandhaus fand. Damit wurde 1781 erstmals im deutschsprachigen Raum ein Konzerthaus von einem professionellen Orchester regelmäßig bespielt (Döhring 1990, S. 149–151).

Im revolutionären Paris endete 1789 das königliche Musikmäzenatentum durch das Schließen der Chapelle Royal, die ohnehin nur mehr ein Schattendasein fristete. Aber auch die Concert Spirituel wurden 1791 wurden nach 66 Jahren ununterbrochener Konzerttätigkeit eingestellt. Das Pariser Konservatorium, das noch im Ancien Regime 1784 als „École Royale de Chant et de Déclamation" gegründet worden war, wurde 1793 reformiert und trat als Veranstalter öffentlich zugänglicher Instrumentalkonzerte seit der Revolution in Erscheinung (Locke 1990, S. 61).

In Wien wurde 1812 die „Gesellschaft der Musikfreunde in Wien" ins Leben gerufen, die ursprünglich Benefizkonzerte in repräsentativen Räumlichkeiten in der Hofburg und in der Hofoper organisierte. Es mussten noch 30 Jahre ins Land ziehen, bis Otto Nicolai (1810–1849) die erste Serie philharmonischer Konzerte ins Leben rief, für die Eintritt zu entrichten war (siehe Wiesmann 1990, S. 93).

Im Januar 1813 fand sich eine Gruppe von MusikerInnen, KomponistInnen und MusikverlegerInnen in London zusammen, um die Philharmonic Society zu gründen, deren Aufgabe es war, Orchesterkonzerte zu organisieren. Zwar waren die ersten Konzerte ursprünglich nur für Vereinsmitglieder und Familienangehörige zugänglich, später durften aber auch wohlhabende SubskribentInnen die Konzerte besuchen. Ab der dritten Saison 1815 wurde das Orchester in einen professionell organisierten Klangkörper umgewandelt, der ausschließlich von Eintrittskartenerlösen finanziert wurde (Sachs 1990, S. 210–214).

Die philharmonischen Gesellschaften dienten nicht nur als Plattform für Konzerte, sondern initiierten auch eine professionelle MusikerInnen-Ausbildung außerhalb der Fürstenhöfe. Bereits 1814 hat die „Gesellschaft der Musikfreunde in Wien" in ihren Statuten die Gründung eines Musikkonservatoriums vorgesehen, das vier Jahre später unter der Leitung von Hofkapellmeister Antonio Salieri (1750–1825) als „Conservatorium der Gesellschaft der Musikfreunde" seine Tätigkeit aufnahm (Wiesmann 1990, S. 99). In London lobbyierte die Philharmonic Society ebenfalls für die Gründung eines Konservatoriums, das 1823 mit finanzieller Unterstützung durch das Königshaus als Royal Academy of Music seinen Betrieb aufnehmen konnte (Sachs 1990, S. 216–217). In Leipzig gründete 1843 der künstlerische Leiter des Gewandhaus-Orchesters, Felix Mendelssohn-Bartholdy, in Kooperation mit der Gewandhausgesellschaft das Leipziger Konservatorium (Döhring 1990, S. 153). Viele weitere Konservatoriumsgründungen folgten in ganz Europa und schließlich auch in den USA.

2.2.2 Der Aufstieg des kommerziellen Konzertbusiness

Gemeinsam mit dem Opernbetrieb war das Konzertbusiness eine tragende Säule des bürgerlichen Musiklebens des 19. Jahrhunderts. Das Netzwerk an Opern- und Konzerthäuser diente zudem als Plattform für reisende Virtuosen wie Nicolò Paganini (1782–1840), Franz Liszt (1811–1886) und Sigismond Thalberg (1812–1871). Die philharmonischen Konzerte wurden vor allem von der wohlhabenden bürgerlichen Oberschicht nachgefragt, die sich die vergleichsweisen hohen Eintrittspreise leisten konnte.

Da die professionellen Konzertveranstalter die Nachfrage nach preiswerten Konzerten kaum befriedigen konnten, boten Kaffeehäuser, Restaurants und andere Vergnügungsstätten Musikdarbietungen im Rahmen von Tanzveranstaltungen an. Obwohl der Walzer auch schon vor 1800 in Wien praktizierte wurde, machte ihn der Wiener Kongress zum Exportschlager. Die Anzahl der Ballsäle in Wien nahm rasch in der nach-napoleonischen Zeit zu (Fantel 1971, S. 36). Joseph Lanner (1801–1843) und Johann Strauß Vater (1804–1849) waren dabei die unbestrittenen Walzerkönige. Johann Strauß Vater agierte dabei als cleverer Geschäftsmann und ließ sich in einer Nacht von einer Tanzveranstaltung zur anderen kutschieren, um gleich mehrere seiner Orchester dirigieren zu können (Scherer 2004, S. 47).

Die populäre Tanzmusik eines Johann Strauß wurde vor allem von der rasch wachsenden Wiener Bevölkerung, die nicht der adeligen und bürgerlichen Oberschicht entstammte, konsumiert und führte in der Folge dazu, dass es zu einer Ausdifferenzierung von „populärer", d. h. bei den Volksmassen beliebter Musik und „klassischer" Kunstmusik der sozialen Oberschichten kam, die das 19. und 20. Jahrhundert prägen sollte. In diesem Zusammenhang etablierten sich vor allem in Kontinentaleuropa zwei Geschäftsmodelle: 1) der von der öffentlichen Hand subventionierte Konzert- und Opernbetrieb und 2) das den Marktkräften überlassene Popmusik-Business.

2.2.3 Das Musikverlagswesen im Zentrum der Musikindustrie

Der Aufstieg des öffentlichen, bürgerlichen Konzertbetriebs verbesserte auch die ökonomische Lage der KomponistInnen, die nun selbstbewusst das Urheberrecht an ihren Werken einforderten und mit Vehemenz gegen die unautorisierte Vervielfältigung und Verbreitung ihrer Werke durch Raubdrucke vorgingen (Tschmuck 2002, S. 217). Sie nahmen auch an der Praxis der Musikverlage, in die Werke vereinfachend einzugreifen, damit sie für AmateurmusikerInnen leichter zu spielen waren, Anstoß. Allerdings waren die Verlage aufgrund der sich im Laufe des 19. Jahrhunderts ständig ändernder Musikmoden nicht am Schutz der Persönlichkeitsrechte der UrheberInnen und an langen Schutzfristen für die Kompositionen interessiert (Hunter 1986). Dem standen die Interessen der KomponistInnen und LibrettistInnen gegenüber, die nach der Französischen Revolution immer nachdrücklicher den Schutz ihrer Persönlichkeitsrechte einforderten.

Dennoch führte die steigende Relevanz der KomponistInnen für das Geschäftsmodell der Musikverlage dazu, dass schrittweise ein stärker AutorInnen-zentriertes Urheberrecht im deutschsprachigen Raum nach dem Vorbild des französischen Urheberrechtsgesetzes von 1793[6] kodifiziert wurde. Noch während der Napoleonischen Besetzung wurde der Baden Civil Code 1809[7] verabschiedet, der erstmals das Eigentumsrecht der AutorInnen an ihren Werken über die wirtschaftlichen Interessen der Verlage stellte. Das preußische Urheberrechtsgesetz von 1837[8] stellte dann das erste moderne Gesetz im Römisch-deutschen Kaiserreich dar, in dem die Autorenschaft erstmals als schutzwürdig anerkannt wurde. Werke wurden nicht mehr allein in ihrer materiellen Ausformung geschützt, sondern bereits als immaterielle geistige Leistung. In diesem Sinn wurde der gesetzliche Schutz auch auf Bearbeitungen und die Aufführung von dramatischen und musikalischen Werken erweitert. Ähnlich gelagerte Urheberrechtsgesetze wurden 1844 im Königreich

---

[6]Siehe Originaltext und Kommentar zum französischen Urheberrechtsgesetz von 1793 in Primary Sources on Copyright (1450–1900): http://www.copyrighthistory.org/cam/tools/request/showRecord?id=commentary_f_1793 (abgerufen: 27.08.2018).

[7]Siehe Originaltext und Kommentar zum Landrecht des Großherzogthums Baden von 1809 in Primary Sources on Copyright (1450–1900): http://www.copyrighthistory.org/cam/tools/request/showRecord?id=commentary_d_1809 (abgerufen: 27.08.2018).

[8]Siehe Originaltext und Kommentar zum preußischen Urheberrechtsgesetz von 1837 in Primary Sources on Copyright (1450–1900): https://www.copyrighthistory.org/cam/tools/request/showRecord?id=commentary_d_1837a (abgerufen: 27.08.2018).

Sachsen[9] und zwei Jahre später im österreichischen Kaiserreich[10] eingeführt. Mit der Vereinigung der norddeutschen und süddeutschen Staaten zu einem gemeinsamen Deutsche Kaiserreich im Jahr 1871, wurde das Urheberrechtsgesetz des Norddeutschen Bundes aus dem Jahr 1870 für den Gesamtstaat übernommen, das noch auf der preußischen Gesetzesmaterie beruhte.[11]

Auch wenn der Schutz der Urheberrechte und damit verbunden auch der Schutz der Persönlichkeitsrechte im Laufe des 19. Jahrhunderts in vielen Staaten Europas gesetzlich verankert worden war, fehlte es weiterhin an einer Instanz durch Durchsetzung dieser Rechte, z. B. wenn ein Musikwerk öffentlich aufgeführt wurde.

Das war der Fall, als 1847 der französische Komponist Ernest Bourget (1814–1864) eines seiner Musikstücke in den Café Concerts des Pariser Kaffeehauses Les Ambassadeurs spielen hörte. Demonstrativ verweigerte er die Bezahlung der Rechnung mit dem Argument, dass der Kaffeehausbesitzer von der Darbietung seiner Musik profitieren würde, ohne dafür zu bezahlen. Wie zu erwarten, wurde Bourget vom Restaurantbesitzer auf Zechprellerei verklagt und der Fall landete vor Gericht, welches nach einem langwierigen Verfahren auf Basis des französischen Urheberrechtsgesetzes im April 1849 im Sinn des Komponisten urteilte. Damit wurde zum ersten Mal von einem Gericht das Recht einer UrheberIn, über die Nutzung ihrer Werke zu entscheiden, anerkannt und eine finanzielle Abgeltung für die Werknutzung zugesprochen. Um die finanziellen Ansprüche effizienter durchsetzen zu können, gründete Bourget mit drei Mitstreitern 1850 eine Gesellschaft der AutorInnen, KomponistInnen und MusikverlegerInnen, um Aufführungsentgelte für öffentlich dargebotene Musik einzuheben, um diese dann unter den Mitgliedern zu verteilen. Ein Jahr später wurde daraus die weltweit erste Verwertungsgesellschaft, die bis heute bestehende Société des Auteurs, Compositeurs et Éditeurs de Musique (SACEM) (siehe https://societe.sacem.fr/en/history).

---

[9]Sächsisches Urheberrechtsgesetz von 1844 in Primary Sources of Copyright (1450–1900): https://www.copyrighthistory.org/cam/tools/request/showRecord?id=commentary_d_1844 (abgerufen: 27.08.2018).

[10]Urheberrechtsgesetz des österreichischen Kaiserreichs von 1846 in Primary Sources of Copyright (1450–1900): https://www.copyrighthistory.org/cam/tools/request/showRecord?id=commentary_d_1846b (abgerufen: 27.08.2018).

[11]Urheberrechtsgesetz des Norddeutschen Bundes von 1870 und des Deutschen Kaiserreichs von 1871 in Primary Sources of Copyright (1450–1900): https://www.copyrighthistory.org/cam/tools/request/showRecord?id=commentary_d_1870 (abgerufen: 27.08.2018).

2.2 Die Ära des Musikverlagswesens

Die Urheberrechtsgesetzgebung in vielen europäischen Ländern und in den USA und die damit verbundene stärkere die Position der KomponistInnen und AutorInnen führten im Laufe des 19. Jahrhunderts zu einer engeren Verbindung zwischen den Musikveranstaltern und dem Musikverlagswesen. Das Musikbusiness wurde dadurch auch arbeitsteiliger organisiert und es bildete sich ein Wertschöpfungsnetzwerk mit UrheberInnen, die den musikalischen Input lieferten, Musikverlagen, die für die Verbreitung der Musik in Form von Noten an ein Massenpublikum sorgten und Musikverstaltern aus, die die Musik durch die öffentliche Aufführung promoteten. Auf diese Art und Weise wurde der Musikgeschmack einer immer stärker wachsenden Bevölkerung in den europäischen Metropolen geprägt und eine massenhafte Nachfrage nach Musikprodukten erzeugt, die von den Musikverlagen bedient werden konnte.

Die perfekte Ausprägung dieser musikindustriellen Strukturen war schließlich die Tin Pan Alley, so benannt nach mehreren Straßenzügen rund um den New Yorker Union Square, wo sich zahlreiche Musikverlage angesiedelt hatten. Den Begriff „Tin Pan Alley" hatte ein Journalist geprägt, um damit das Klanggewirr zu beschreiben, das im Sommer durch die geöffneten Fenster der Musikverlage drang, wo KomponistInnen auf den meist verstimmten Klavieren ihre neuesten Werke vorspielten, um sie an die Musikverlage zu verkaufen. Das Tin Pan Alley-Produktionssystem *„(…) turned song-writing and music publishing into specialized and standardized occupations"* (Suisman 2009, S. 20). Die wachsende Nachfrage nach Unterhaltungsmusik durch die Vaudeville- und Minstrel-Shows förderte die Industrialisierung des Musikverlagswesens in den 1880er-Jahren. In den 1890er-Jahren war das Verlegen von Musik in New York City zum ganz großen Geschäft geworden. Der Songwriter Charles K. Harris (1867–1930), der 1891 seinen eigenen Musikverlag gegründet hatte, landete mit dem Song „After the Ball" zwischen 1892 und 1895 den ersten Millionenseller (ibid.: Pos. 330). Harris gelang es daraufhin, ein Musikverlagsimperium aufzubauen, das eine Vielzahl an KomponistInnen, SongwriterInnen und Song-PluggerInnen beschäftigte. Letztere hatten die Aufgabe, die neuesten Songs den Musikveranstaltern schmackhaft zu machen, damit sie in der nächsten Show dargeboten wurden. Harris bezahlte sogar reisende InterpretInnen, damit diese seine Songs in Vaudeville-Shows an der gesamten US-Ostküste zu Gehör brachten (ibid.). Viele weitere Musikverleger wie Isidore Witmark & Sons, Harry von Tilzer, Edward B. Marks und Leo Feist traten erfolgreich in den florierenden Verlagsmarkt ein und machten mit dem Verkauf von Notenblättern gutes Geld. Von populären Songs wie „All By Myself" und „Nobody Knows" konnten innerhalb von 75 Wochen an die 2,4 Mio. Stk. bzw. 2 Mio. Stk. abgesetzt werden (Goldberg 1930, S. 218).

2.2.4 Die Entstehung der phonografischen Industrie

Mitten im Boom des Musikverlagswesens trat ein neuer Akteur auf, der die Wertschöpfung in der Musikindustrie nachhaltig verändern sollte. Im Jahr 1877 hatte Thomas A. Edison den Phonografen quasi als Nebenprodukt der sich herausbildenden Telefonindustrie erfunden. Nach erfolglosen Versuchen den Phonografen als Diktaphon oder Telefonanrufbeantworter zu vermarkten (siehe Gelatt 1955, S. 33), stellte sich rasch heraus, dass die neue Technologie perfekt für die Aufnahme und Wiedergabe von Musik geeignet war. Nach Experimenten mit einer Art von Vorläufern der Jukebox – auch Coin-in-the-Slot-Maschinen genannt –, mit denen Musikwalzen an öffentlichen Orten wie Restaurants, Salons, Zug- und Fährstationen usw. abgespielt werden konnten (siehe Tschmuck 2003, S. 27) – war die Erfindung der Schallplatte durch den deutschen Immigranten Emile Berliner (1851–1921) im Jahr 1887 der Durchbruch für die phonografische Industrie. Ab diesem Zeitpunkt war es möglich, Schallplatten massenhaft über Matrizen zu vervielfältigen (ibid.: 28–31).

Im letzten Jahrzehnt des 19. Jahrhundert etablierten sich in den USA neben Edisons Unternehmen, die Columbia Phonograph und die Victor Talking Machine, die aus Emile Berliners unternehmerischen Aktivitäten entstanden war, zwei weitere Tonträgerkonzerne, auch Majors genannt. Die US-Firmen gründeten schon bald Tochtergesellschaften in Europa und in anderen Teilen der Welt, wodurch sich bereits zu Beginn des 20. Jahrhundert die phonografische Industrie globalisierte. In den USA stieg der Zahl der Tonträgerunternehmen (kurz Labels genannt) von 3 im Jahr 1913 auf 73 drei Jahre später an, nachdem die wichtigsten phonografischen Patente ausgelaufen waren (ibid.: 34).

Musikverlage beobachteten den Aufstieg der Tonträgerindustrie argwöhnisch, weil die neuen Unternehmen ihre Musik nutzten, ohne dafür zu bezahlen. Zudem fürchteten die MusikverlegerInnen, dass die Tonträger den Verkauf von Notenblättern substituieren könnten. Deshalb forderten die Verlage eine Revision der Urheberrechtsgesetze ein, in der die Vergütung der mechanischen Reproduktion von Musik festgeschrieben werden sollte. Unterstützt durch die großen Verlagshäuser, tat sich der Bandleader und Tonträger-Pionier John Philip Sousa (1854–1932) mit dem erfolgreichen Songwriter Victor Herbert (1859–1924) zusammen, um für eine Neugestaltung des US-Copyrights zu lobbyieren, was sich schließlich erfolgreich im US-Copyright Act von 1909 niederschlug. Eine wesentliche Änderung im neuen Gesetz war die Festschreibung eines Entgelts von 2 US-Cents, das für jede Aufnahme auf Musikwalze, Schallplatte und Notenrolle für mechanische Klaviere zu entrichten war (ibid.: 43). Um die gesetzlich vorgeschriebenen Zahlungen auch einheben zu können, gründeten Sousa und

Herbert 1914 mit der American Society of Composers, Authors and Publishers (ASCAP) die erste US-Verwertungsgesellschaft, die zugunsten ihrer Mitglieder Geld für die Musiknutzung einhob (Kornfeld 2011: pos. 289–292).

In anderen Ländern wurde das US-amerikanische Beispiel zum Vorbild für die Neugestaltung der Urheberrechtsgesetze genommen. 1911 wurde im Vereinigten Königreich ein neuer Copyright Act vom Parlament beschlossen, in dem ebenfalls die Vergütung mechanischer Reproduktion von Musik verankert wurde, zu deren Einhebung die Mechanical-Copyright Protection Society (MCPS) gegründet wurde, die sich 1924 mit der bereits bestehenden Performing Rights Society (PRS) verband.[12]

In Deutschland wurde 1902 nach Inkrafttreten eines neuen Urheberrechtsgesetzes von der Genossenschaft Deutscher Tonsetzer ein Jahr später die Anstalt für musikalisches Aufführungsrecht (AFMA) gegründet, um Entgelte der öffentlichen Aufführung von Musik einzuheben. Nach der Gründung der AKM (Autoren, Komponisten und Musikverleger) 1897 in Österreich, war das die zweite Verwertungsgesellschaft für Musik im deutschsprachigen Raum. Wichtige Proponenten der AFMA-Gründung waren die Komponisten Hans Sommer (1837–1922), Friedrich Rösch (1862–1925) und der damals schon weltbekannte Richard Strauss (1864–1949) (siehe ausführlich: Schmidt 2005, S. 437–441). Erst nach dem Zweiten Weltkrieg entstand die bis heute tätige „Gesellschaft für musikalische Aufführungs- und mechanische Vervielfältigungsrechte – GEMA".

Die neue Urheberrechtsgesetzgebung, die Hand in Hand mit der Gründung von Verwertungsgesellschaften ging, ließ ein neues Wertschöpfungsnetzwerk entstehen, in dem die Aktivitäten der Musikverlage, phonografischen Unternehmen und Musikveranstaltern untrennbar miteinander verbunden wurden, woraus die moderne Musikindustrie des 20. Jahrhunderts erwuchs.

2.3 Die Ära des Rundfunks

2.3.1 Die Konsolidierung der phonografischen Industrie

In Europa setzte der Erste Weltkrieg dem Boom der phonografischen Industrie ein abruptes Ende. Die jeweiligen Tochtergesellschaften der Tonträgerkonzerne

---

[12]Für eine kurze Geschichte der MCPS und PRS for Music siehe: https://www.prsformusic.com/aboutus/ourorganisation/ourhistory/Pages/timeline.aspx (abgerufen: 27.08.2018).

im nunmehrigen „Feindesland" wurden nationalisiert und die Majors verloren den Zugang zu den jeweiligen Märkten. Nach dem Krieg kontrollierten nur mehr wenige Unternehmen die nationalen Märkte: Lindström AG und Polyphon (gemeinsam mit der Deutschen Grammophon, die eine enteignete Tochtergesellschaft der britischen Gramophone Co. war) in Deutschland, Pathé Frères in Frankreich sowie die Gramophone Company und die Columbia Graphophone im Vereinigten Königreich (Tschmuck 2003, S. 50).

In den USA waren bis 1913, als wichtige phonografische Patente ausliefen, nur drei Unternehmen in der phonografischen Industrie tätig: die Edison Phonograph Co., die nur Musikwalzen herstellte, die Columbia Phonograph Co., mit einer Doppelstrategie der gleichzeitigen Herstellung von Walzen und Schallplatten und die Victor Talking Machine, die nur Schallplatten produzierte. Die Schallplatte sollte sich aber als der Industriestandard etablieren, auch wenn es Edison gelungen war, eine Musikwalze für die Massenproduktion zu entwickeln. Im Laufe der 1920er verschwand die Musikwalze allmählich vom Markt und die Edison Phonograph stellte 1929 die Produktion von Tonträgern endgültig ein (ibid.: 91).

Nach 1913 stieg die Anzahl phonografischer Unternehmen in den USA sprunghaft von 3 auf 166 im Jahr 1919 an (Gelatt 1955, S. 190–191). Neue Akteure wie die Sonora Company, Aeolian-Vocalion, Gennett Records, Brunswick-Balke and Collender, Paramount Records, und OKeh Records drängten auf den nunmehr heiß umkämpften Markt. 1921 erreichte der Umsatz mit Tonträger in den USA mit US $106 Mio. einen historischen Höchstwert (Tschmuck 2003, S. 61). In den folgenden vier Jahren ging aber ein Marktvolumen in von 44,3 % wegen Überproduktion, des zögerlichen Aufgreifens neuer Musikstile wie Jazz und Blues sowie des Aufstiegs des kommerziellen Rundfunks verloren. Kleinere Labels spürten die Krise zuerst und mussten entweder ihre Geschäftstätigkeit einstellen oder wurden von den Majors aufgekauft (ibid.: 70–71).

Aber auch die Tonträgerkonzerne gerieten in wirtschaftliche Turbulenzen. 1923 musste die Columbia Phonograph Konkurs anmelden und wurde durch das Eingreifen der wichtigsten Gläubiger neu gegründet und reorganisiert (Gelatt 1955, S. 209). Die britische Gramophone Company hatte auch mit finanziellen Problemen zu kämpfen und wurde durch ihre US-Schwestergesellschaft, Victor Talking Machine, aufgefangen, die sich 1920 mit 50 % an ihre beteiligte (Tschmuck 2003, S. 71). Der Hauptkonkurrent der Gramophone Co. in Europa, die Columbia Graphophone, hatte die wirtschaftlich schwierigen Zeiten besser gemeistert, indem sie auf Technologieführerschaft setzte. Als 1924 die Bell

2.3 Die Ära des Rundfunks

Laboratories das elektrische Aufnahmeverfahren entwickelt hatten, zeigte sich nur die US Columbia Phonograph an den Patenten interessiert. Die Victor Talking Machine und ihr Gründer Eldridge Johnson (1867–1945) lehnten die neue Technologie als zu ähnlich dem Rundfunk ab, dem sie die Hauptschuld an den eigenen Umsatzverlusten zuschrieben. Allerdings fehlte der Columbia Phonograph das nötige Kapital, um die Patente auszuwerten. An diesem Punkt sprang nun die frühere britische Graphophone Co. ein, die sich mit 60 % an ihrer früheren Muttergesellschaft, der US Columbia Phonograph, beteiligte, und ihr so die finanziellen Mittel verschaffte, um das elektrische Aufnahmeverfahren implementieren zu können. Die Markteinführung „elektrischer Schallplatten" war ein großer Erfolg und stabilisierte die US-Columbia, die nun unter dem gemeinsamen Konzerndach der Columbia International Ltd. firmierte. Ein Jahr später kaufte die Columbia International den in eine finanzielle Notlage geratenen deutschen Lindström-Konzern, der mit Niederlassungen in ganz Europa und in Lateinamerika internationale sehr gut verankert war (Tschmuck 2003, S. 76–77).

Das elektrische Aufnahmeverfahren revolutionierte auch die Filmindustrie, die nun eng mit der Musikindustrie kooperierte. Die neue Technologie wurde von der Western Electric, der Muttergesellschaft der Bell Laboratories, aufgegriffen, um unter dem Vitaphone-Trademark Stummfilme mit einer Tonspur zu synchronisieren. Als erstes Hollywood-Filmstudio lizenzierten die Warner Bros. das Vitaphon-System, um 1926 den ersten Tonfilm – „The Jazz Singer" mit dem Broadway-Star Al Jolson (1886–1950) in der Hauptrolle – zu produzieren. „The Jazz Singer" war ein so großer kommerzieller Erfolg, dass die Warner Bros. weitere Tonfilme in Auftrag gaben und zu diesem Zweck zahlreiche New Yorker Musikverlagshäuser aufkaufte, um einen kostengünstigen Zugriff auf die Kompositionen für die populären Film-Musicals zu bekommen. Die anderen großen Hollywood-Studios taten es den Warner Bros. gleich und kauften sich ebenfalls ins Musikverlagsgeschäft ein (Tschmuck 2003, S. 100–101). Ryan (1985, S. 77) stellt die Berechnung an, dass die Musikverlage, die von den Hollywood-Studios kontrolliert wurden, 1937 rund 65 % aller Ausschüttungen der ASCAP erhielten.

Die Filmstudios akquirierten aber nicht nur Musikverlage, sondern stiegen auch direkt in die phonografische Industrie ein. So kauften 1930 die Warner Bros. die Tonträgerfirma des Bowling-Equipment-Herstellers Brunswick-Balke-Collender, und gründete ein Jahr später die Brunswick Record Corporation, die aber gleich weiter verkauft wurde und zwar an die Consolidated Film Industries Inc., die 1929 ein ganzes Portfolio an Plattenfirmen unter dem Dach der American Record Corporation (ARC) besaß (Tschmuck 2003, S. 91–92).

2.3.2 Die Musikindustrie als Radioindustrie

Der strukturelle Wandel in der phonografischen Industrie, der die Rundfunknetzwerke in den USA ins Zentrum der Musikwertschöpfung rückte, hatte aber bereits früher eingesetzt. 1926 verkaufte Eldridge Johnson, Gründer und Mehrheitseigentümer der Victor Talking Machine, sein Aktienpaket an ein New Yorker Bankhaus, das den Rest der an der Börse notierenden Aktien ebenfalls aufkaufte. Im Januar 1929 verkauft die Bank aber die gesamte Victor Talking Machine an die Radio Corporation of America (RCA) weiter, die wenig Interesse an der Herstellung von Phonografen und Schallplatten hatte, sondern die Produktionsstätten und Vertriebswege der Victor Talking Machine nutzen, um ihre Radiogeräte herzustellen und zu vertreiben. Die Schallplatte wurde dadurch zu einem Nebenprodukt der boomenden Radioindustrie (Sanjek und Sanjek 1991, S. 23).

Als wenige Monate später die Börse der New Yorker Wall Street kollabierte und die gesamte Weltwirtschaft mit in den Abgrund riss, brachen auch die Umsatzzahlen der Tonträgerverkäufe drastisch ein. 1933 konnten mit dem Verkauf von Tonträgern nur mehr US $6 Mio. in den USA verdient werden, was einem Rückgang von 92 % im Vergleich zum Jahr 1929 entsprach. Natürlich gerieten auch die Tonträgerunternehmen in arge wirtschaftliche Bedrängnis. Die beiden Hauptkonkurrenten am britischen Markt, die Gramophone Co. und die Columbia Graphophone Co., waren gezwungen, sich 1931 zur Electrical and Musical Industries Ltd. (EMI) zu vereinigen (Martland 1997, S. 136). Um für die Fusion die Zustimmung der US-Wettbewerbsbehörde zu bekommen, verkaufte die EMI die US Columbia Phonograph an ein Bankkonsortium, das aber 1934 bankrottging. Die American Record Corporation (ARC) kaufte daraufhin die Columbia Phonograph aus der Konkursmasse, um sie ihrer Labelgruppe hinzuzufügen. Da es der ARC nicht gelang, nachhaltig profitabel zu werden, verkaufte die Consolidated Film ihre Tonträgersparte 1938 an die Columbia Broadcasting System (CBS) (Tschmuck 2003, S. 91–92).

Damit war Ende der 1930er-Jahre die US-amerikanische Phono-Industrie unter die Kontrolle der großen Rundfunknetzwerke RCA und CBS geraten, sieht man einmal von der 1934 durch die britische Decca gegründete US-Decca ab (ibid.: 91). Die Rundfunkindustrie stärkte ihre Marktposition zusätzlich durch die Gründung der Broadcast Music Incorporated (BMI) im Jahr 1939 als neue Musik-Verwertungsgesellschaft, nachdem die Radiostationen sich mit der ASCAP nach jahrelangem Streit nicht über die Lizenzbedingungen einigen konnten (siehe Ryan 1985).

2.3 Die Ära des Rundfunks

In Europa sahen die Tonträgerunternehmen im Radio auch einen Konkurrenten, der für die rückläufigen Schallplattenverkäufe verantwortlich gemacht wurde. So versuchten die deutschen Plattenfirmen den aufstrebenden Reichsrundfunk mit einem Schallplattenboykott zu bekämpfen. Der Konflikt wurde mit einem Kompromiss beendet. Dem Reichsrundfunk wurde erlaubt, in jedem seiner Sendebezirke 60 min statt wie früher 120 min lang Schallplattenmusik zu senden (Schulz-Köhn 1940, S. 138). Das belegt, dass die Tonträgerunternehmen nicht an einen Promotionseffekt des Radios für den Schallplattenverkauf glaubten, sonst hätten sie wohl gefordert, dass Schallplattenmusik mehr Sendezeit im Radio bekommen sollte.

Nachdem die NationalsozialistInnen 1933 in Deutschland die Macht übernommen hatten, wurde der Reichsrundfunk verstaatlicht und das Propagandaministerium ordnete einen Stopp der Lizenzzahlungen an die Plattenfirmen an. Das war aber ein klarer Verstoß gegen die Berner Übereinkunft zum Schutz von Werken der Literatur und Kunst, die 1928 mit der Vereinbarung von Rom revidiert worden war. Darin war eine Vergütungspflicht für Leistungsschutzrechte an Musik, die im Rundfunk gespielt wurde, klar festgeschrieben worden. In weiterer Folge weigerten sich nun auch Rundfunkbetreiber in anderen europäischen Ländern, die Schallplattennutzung im Radio zu vergüten. Um ihre Rechte durchzusetzen, gründeten die Tonträgerunternehmen 1933 die International Federation of the Phonographic Industry (IFPI), die einen in der Schweiz tätigen, deutschen Anwalt, Alfred Baum (1881–1967), beauftragte, den Reichsrundfunk zu klagen. Wie im totalitären NS-Staat zu erwarten, wurde die Klage in den ersten beiden Instanzen abgewiesen, und es kam daher einer Sensation gleich, als das Reichsgericht in Leipzig im Sinne des IFPI entschied und dem Reichsrundfunk empfindlich hohe Entschädigungszahlungen an die Tonträgerunternehmen auferlegte (Riess 1966, S. 277). Allerdings war das Urteil ein Pyrrhus-Sieg für die Plattenfirmen. Reichspropaganda-Minister Joseph Goebbels (1897–1945) war nicht gewillt, den Spruch des Gerichts zu akzeptierten und polemisierte wild gegen den „Juden Alfred Baum" und das „Schallplatten-Monopol", das als Handlanger ausländischer jüdischer Kapitalinteressen gebrandmarkt wurde (Tschmuck 2003, S. 103–104). Mit einer höchstpersönlich von Goebbels ausgearbeiteten Verordnung vom 17. Dezember 1937 holte das Propagandaministerium zum Gegenschlag aus. Darin wurde jede von jüdischen KomponistInnen und von JüdInnen auf Schallplatte ausgeführte Musik verboten und bereits bestehende Schallplatten und Matrizen mussten vernichtet werden. Zudem wurde eine Musikprüfstelle eingerichtet, der alle neuen Schallplattenaufnahmen zur Bewilligung vorgelegt werden mussten. Damit waren Schallplattenaufnahmen mit Werken von Gustav

Mahler, Felix Mendelssohn-Bartholdy, Jacques Offenbach, Irving Berlin und vieler anderer KomponistInnen und InterpretInnen im Deutschen Reich verboten (Fetthauer 2000, S. 34–36). Zusätzlich wurde die Deutsche Grammophon Gesellschaft 1937 liquidiert und als Tochtergesellschaft der Telefunken GmbH – einem Joint-Venture zwischen AEG und Siemens – neu gegründet. Das sollte aber nur ein Zwischenschritt zur absoluten Gleichschaltung der deutschen phonografischen Industrie sein, die ähnlich wie der Reichsrundfunk, unter dem Dach der Uniphongesellschaft organisiert werden sollte, was aber kriegsbedingt nicht mehr umgesetzt wurde (Elste 1984, S. 111). Dennoch zeigt das deutsche Beispiel, wie die Schallplattenfirmen der Logik des Rundfunks untergeordnet wurde, was allerdings ein Resultat massiven politischen Drucks und nicht Ergebnis marktwirtschaftlicher Prozesse wie in den USA war.

Das Ergebnis war interessanterweise das gleiche. So kontrollierten am Ende des Zweiten Weltkriegs große Rundfunkunternehmen die Tonträgerkonzerne. In den USA hatte sich ein neues Geschäftsmodell herausgebildet, in dem Musik im Radio meist live gespielt und gesendet wurde, wobei die Sendungen werbefinanziert waren. So sponserte die National Biscuit Company im Dezember 1934 ein Musikprogramm unter dem Titel „Let's Dance", in dem erstmals auch der Swingmusik Sendezeit eingeräumt wurde. Damit war die perfekte Radiomusik gefunden. Die Besetzung einer Swing-Band von 3 Trompeten, 2 Posaunen, 4 Saxophonen und einer 4-köpfigen Rhythmus-Gruppe war durch Experimente des Rundfunks, wie Swingmusik am besten im Radio klang, festgelegt worden. Am erfolgreichsten agierte dabei Benny Goodman mit seinem Orchester, der zwischen 1936 und 1939 jede Woche in der Camel Caravan Show, die vom Tabakkonzern Reynolds finanziert wurde, auf CBS live zu hören war. Die Konzerte wurden mitgeschnitten und dann auf Schallplatte zweitverwertet. Damit war die phonografischen Industrie eindeutig dem Rundfunk-Geschäftsmodell untergeordnet und es kann daher zwischen Mitte der 1930er bis Mitte der 1950er-Jahre von der Musikindustrie als Radio- bzw. Rundfunkindustrie gesprochen werden.

2.4 Die Ära der phonografischen Industrie

2.4.1 Die Rock 'n' Roll-Revolution

Nachdem die Maßnahmen zur Kriegsbewirtschaftung in den USA aufgehoben worden waren, wuchs der Umsatz mit Tonträgerverkäufen von US $109 Mio. im Jahr 1945 auf US $218 Mio. im Folgejahr (Tschmuck 2012, S. 101). Ein weiteres Wachstum, das aufgrund der allgemeinen konjunkturellen Lage in den

2.4 Die Ära der phonografischen Industrie

USA zu erwarten gewesen wären, blieb aber aus und so stagnierte der Umsatz der phonografischen Industrie bis 1954. In diesem Zeitraum kontrollierte ein Oligopol von vier Tonträgerkonzernen – zwei davon im Eigentum großer Rundfunknetzwerke – das gesamte Wertschöpfungsnetzwerk in der Musikindustrie: vom Artist & Repertoire (A&R), Musikverlagswesen, Tonträgerherstellung und -vertrieb bis hin zum Marketing und dem Radio-Airplay (Peterson und Berger 1975, S. 160).

Im Gegensatz zur Zwischenkriegszeit wurde das Radio-Airplay von aktuellen Platten-Releases in der Nachkriegszeit zu einem zentralen Promotionsinstrument für die phonografischen Unternehmen, was vor allem dem Aufkommen der Disk Jockeys (DJs) zu verdanken war. Die DJs waren vor allem bei kleinen FM-Radiostationen tätig, die nach der Entscheidung der US-Rundfunkregulierungsbehörde – Federal Communications Commission (FCC) – im Jahr 1947, den Rundfunkmarkt in den USA zu liberalisieren, wie Pilze aus dem Boden schossen. Statt drei bis fünf Sendelizenzen pro Bundesstaat für die meist großen Networks (ABC, CBS, NBC) zu erteilen, erlaubte die FCC ab 1947 vielen kleinen lokalen FM-Radios den Sendebetrieb aufzunehmen. Die finanzschwachen Indie-Radiostationen konnten sich allerdings die Übertragung der aufwendigen Live-Musikshows der Networks nicht leisten, und griffen daher auf das Airplay von R'n'B-Schallplatten kleiner Indie-Plattenlabels zurück. Die R'n'B-Labels waren natürlich über diese Form der Gratis-Promotion ihrer Schallplatten hocherfreut, weil die Rundfunknetzwerke ihre Schallplatten boykottierten (Peterson 1990). Der Effekt war, dass die Zahl der Indie-Plattenlabels von 11 im Jahr 1949 auf über 200 fünf Jahre später regelrecht explodierte (im Detail siehe dazu Tschmuck 2003, S. 132–141). Indie-Labels wie z. B. Atlantic, Imperial, Chess, Mercury und Sun Records traten dabei in einen hochkompetitiven Markt ein, auf dem sie nur mit musikalischen Experimenten und Innovationen überleben konnten. Ein solche Innovation war der Rhythm & Blues (R'n'B), der von den Indies mit Country & Western sowie dem elektrifizierten Südstaaten-Blues letztendlich zum Rock 'n' Roll amalgiert wurde. Die USA wurden damit in der ersten Hälfte der 1950er-Jahre zu einem einzigartigen Musiklabor, das zuerst das Vereinigte Königreich und schließlich ganz Westeuropa beeinflusste.

Im Nachkriegseuropa konnten nur zwei Tonträgerunternehmen, die EMI und Decca, die beide in London ansässig waren, den US-Konzernen (RCA-Victor, CBS-Columbia, US-Decca und Capitol Records) die Stirn bieten. 1950 erwarb allerdings der niederländische Glühbirnenhersteller Philips die holländischen und französischen Niederlassungen der britischen Decca und wurde damit in kürzester Zeit zu einem wichtigen Akteur der europäischen Tonträgerindustrie, nicht zuletzt weil 1951 die CBS-Columbia ihre langjährige Kooperation mit der EMI aufkündigte und mit Philips einen neuen Partner in Europa fand, was Philips wiederum den einträglichen US-Markt öffnete (Chapple und Garofalo 1977, S. 194–195). Nachdem die EMI ihr Vertriebsnetz in den USA sowie das einträgliche Geschäft mit dem Columbia-Pop-Repertoire an die Philips verloren hatte, kaufte der britische Major 1955 den US-Mini-Major Capitol Records mit Sitz in Los Angeles auf (Tschmuck 2003, S. 163).

Das gefiel wiederum der RCA-Victor gar nicht und kündigte seinerseits die seit der Gründung der Victor Talking Machine bestehende Zusammenarbeit auf. Damit verlor die EMI die Hälfte ihres Musikkatalogs und musste dies durch den Abschluss zahlreicher Vertriebsdeals mit US-Indies zu kompensieren versuchen. Auf diese Art und Weise gelangten schon früh die innovativen Rock 'n' Roll-Platten nach Großbritannien, wo sie rasch auf große Resonanz unter den Jugendlichen stießen. Es waren dann vor allem britische Bands, die begierig den neuen Sound aus den USA aufsogen und mit lokalen Musikpraktiken wie z. B. den Skiffle verbanden, um daraus innovative Rockmusik-Stile zu entwickeln. Mithilfe der EMI bzw. Capitol Records und ihren US-Vertriebspartnern wurden die musikalischen Innovationen Anfang der 1960er-Jahre als „Britisch Invasion", angeführt von den Beatles, in den USA reimportiert. Die britische Decca sollte mit den Rolling Stones rasch nachfolgen, und zu einer ernstzunehmenden Herausforderung für die US-Majors werden.

2.4.2 Die Oligopolisierung der phonografischen Industrie in den 1960er- und 1970er-Jahren

Das durch den Rockmusik-Boom ausgelöste Marktwachstum bot auch Raum für neue Plattenfirmen wie den Warner Bros. Records, die 1958 von den gleichnamigen Hollywood-Filmstudios gegründet wurden. Ursprünglich als Verwertungsvehikel für Filmmusik geplant, stieg Warner Bros. Records fünf Jahre später mit der Akquisition des Reprise-Labels von Frank Sinatra in das Pop- und Rockmusik-Business ein. In einem Überraschungscoup kaufte 1967 die in New York ansässige Filmproduktionsfirma Seven Arts Warner Bros. Records/Reprise auf fügte noch im selben Jahr die für die Entstehung des Rock 'n' Roll essenzielle Atlantic Records hinzu. Zwei Jahre später verkauft Seven Arts bereits das neu entstandene Label-Konglomerat an die Kinney Corporation, die daraus Warner Communications formte, nachdem sie die Warner Bros. Corporation samt Filmstudios aufgekauft hatte. 1970 wurde dann noch das durch die Psychodelic Rockband erfolgreiche Elektra-Label erworben und drei Jahre später auch noch Asylum Records von David Geffen. Ursprünglich waren Warner-Reprise, Elektra-Asylum und Atlantic Records mehr oder weniger autonome

2.4 Die Ära der phonografischen Industrie

Labelgruppen mit eigenen A&R-, Marketing- und Vertriebsabteilungen. Im Laufe der 1970er-Jahre wurde allerdings nicht nur das Vertriebsnetz, sondern auch das Label-Business unter dem Dach der WEA (W für Warner, E für Elektra und A für Atlantic) zentralisiert (Tschmuck 2003, S. 170–171).

Neben Warner konnten sich in den 1960er-Jahren noch zwei weitere Tonträger-Majors etablieren. Die Music Corporation of America (MCA), die 1924 ursprünglich als KünstlerInnenagentur in Chicago gegründet worden war, kaufte 1962 eine Kontrollmehrheit an der US-Decca. Schnell wurde das Label-Portfolio durch Kapp Records und dem Launch der hauseigenen Uni Records erweitert. Die drei Labels agierten anfänglich relativ autonom, wurden dann aber 1972 nach Jahren stagnierender Umsätze und sinkender Profite zum MCA-Label zusammen gefasst. Mit dem Signing der britischen Rockband The Who und dem britischen Singer/Songwriter Elton John fand die MCA dann wieder zurück in die Erfolgsspur (Tschmuck 2003, S. 167).

Der dritte neue US Tonträger-Major – ABC Records – wurde durch die American Broadcasting Company (ABC) 1955 ins Leben gerufen, um die Filmmusik der Tochtergesellschaft Paramount Pictures zu vermarkten. Durch den Aufkauf einiger wirtschaftlich erfolgreicher Indie-Labels wurden die ABC Records kommerziell sehr erfolgreich, was den Ölkonzern Gulf+Western auf den Plan rief, der einen Mehrheitsanteil an ABC Records erwarb. Mithilfe dieser Kapitalinfusion war ABC in der Lage, weitere wichtige Indie-Labels wie Stax, Paramount Records, Duke/Peacock und Dunhill Records zu kaufen und daraus die Labelgruppe ABC-Dunhill zu formen. Zu den wichtigsten Signings in dieser Periode gehörten Ray Charles, der erfolgreich von Atlantic Records abgeworben werden konnte und die The Mamas and the Papas. 1974 kaufte der Mutterkonzern ABC die Unternehmensanteile an der zum Major gewachsenen Plattenfirma von Gulf+Western zurück, wodurch das Rundfunknetzwerk zum Alleineigentümer von ABC-Dunhill und Paramount Pictures wurde. 1979 verkaufte ABC den Tonträgerkonzern schließlich an die EMI (Sanjek und Sanjek 1991, S. 133, 156).

In den 1960er-Jahren gelang es auch den europäischen Tonträger-Majors wieder zu expandieren. 1962 ging die Philips ein Joint-Venture mit der deutschen Siemens AG, dem Eigentümer der Deutschen Grammophon Gesellschaft (DGG) und der Polydor, ein, die in einer Übernahme der DGG/Polydor durch die Philips 1966 mündete. 1972 wurde dieses Label-Konglomerat in die PolyGram-Holding eingebracht. Der neue Tonträgerkonzern verstärkte durch den Kauf von MGM Records, zu dem auch das renommierte Jazz-Label Verve gehörte, seine Präsenz in den USA, wo zuvor 1961 der Mini-Major Mercury Records akquiriert worden war. Auf diese Weise entstand der größte Tonträgerkonzern der 1970er-Jahre (Tschmuck 2003, S. 163–164).

Ein weiterer Profiteur des boomenden Rockmusik-Marktes war die EMI und ihre US-Tochter Capitol Records, die mit dem Signing der Beach Boys einen Coup gelandet hatte. Als aber die Beatles-Euphorie nach dem Zerfall der Band in den frühen 1970er-Jahren nachließ, versuchte die EMI die Verluste in der Bilanz durch Diversifizierung in andere Geschäftsbereiche (Film- und TV-Produktion, TV-Sender, Kinoketten, Musikinstrumenten-Handel) auszugleichen. Trotz anhaltender finanzieller Probleme blieb die EMI aber ein einflussreicher Akteur in der phonografischen Industrie, der an die 80 % aller Musik-Copyrights weltweit kontrollierte. Nachdem 1979 mit Thorn Electrical Industries ein neuer strategischer Partner in die EMI eingestiegen war und zu Thorn EMI fusionierte, kaufte das neu entstandene Unternehmen ABC Dunhill sowie United Artists Records, die davor die Liberty/Blue Note-Labelgruppe gekauft hatte, auf (Martland 1997, S. 254–260).

Ende der 1970er-Jahre wurde die phonografische Industrie wieder von einem Oligopol US-amerikanischer und europäischer Plattenkonzerne kontrolliert. Nur einige wenige ökonomisch erfolgreiche Indie-Labels wie z. B. Motown, A&M Records, Island und Virgin Records konnten sich gegenüber den Majors behaupten.

2.5 Die Ära der digitalen Musikwirtschaft

2.5.1 Der Aufstieg der Compact Disk und das Superstar-Business

Vor der Markteinführung der CD gingen die Tonträgerumsätze in allen wirtschaftlich relevanten Märkten stark zurück. Auch die großen Plattenkonzerne blieben nicht von der Krise verschont. Am schlimmsten hatte es die EMI erwischt, die sich nur durch einen Merger mit dem Elektronikriesen Thorn vor der drohenden Insolvenz retten konnte (Martland 1997, S. 254–260). Die anderen Majors mussten die Kosten radikal senken, indem sie Personal abbauten und viele Verträge mit den KünstlerInnen aufkündigten (Garofalo 1997, S. 354).

Die phonografische Industrie erholte sich aber nach der Markteinführung der CD durch Philips und Sony 1982/1983 zwar anfänglich nur langsam, aber Ende der 1980er-Jahre setzte ein regelrechter Boom ein. Während in den USA 1986 der Marktanteil der CD lediglich 10 % betrug, überholte zwei Jahre später der CD-Umsatz jenen der Schallplatte zum ersten Mal (Sanjek und Sanjek 1991, S. 256–258). Ein weiterer wichtiger Faktor für den boomenden Tonträgermarkt war die Einführung von Musik-TV. 1981 gründeten zwei Tochterunternehmen von Warner Communications in Kooperation mit der Communications Satellite Corporation der RCA und mit IT&T den TV-Kanal Music Television – kurz MTV. Obwohl die US-Plattenkonzerne anfänglich MTV ablehnend gegenüberstanden, weil der neue Sender keine Lizenzentgelte entrichtete, wuchs der Druck auf die Majors aufgrund explodierender ZuseherInnen-Zahlen und damit verbundener Werbeeinnahmen, ihre Kataloge für die MTV 1983 zu lizenzieren (Denisoff 1988).

MTV war das perfekte Promotionsinstrument für die Pop- und Rock-Superstars. Zwar erhöhten die Musikvideos die Produktionskosten, aber sie ermöglichten auch die Rechteverwertung über alle Medien und Märkte hinweg. Die in den 1970er-Jahren eingeschlagene Marktsegmentierungsstrategie, über die ein spezifischer KonsumentInnen-Nutzen abgeschöpft werden konnte, wurde durch das mediale „Flächenbombardement" obsolet. Anstatt NischenkünstlerInnen mühsam mit Marketinggeld aufzubauen, wurden die Mittel nunmehr auf einige wenige erfolgversprechende KünstlerInnen wie Michael Jackson, Prince, Whitney Houston, U2, und Bruce Springsteen konzentriert (Garofalo 1997, S. 372–373).

2.5.2 Merger-Mania in der phonografischen Industrie

Die boomenden CD-Verkäufe befeuerten nicht nur das Marktwachstum in den USA, wo sich die Tonträgerumsätze zwischen 1982 und 1990 auf US $7,5 Mrd. mehr als verdoppelten (Tschmuck 2003, S. 203). Die CD wurde für die Plattenfirmen zu einem Umsatz-Eldorado, was wiederum Akteure von außerhalb der Musikindustrie anlockte. 1986 kaufte die deutsche Bertelsmann AG die RCA-Victor von General Electric, nachdem sie bereits 1979 mit der Akquisition der Arista in den US-Markt eingestiegen war und daraus nun die Bertelsmann Music Group (BMG) geformt wurde. 1988 erwarb der japanische Sony Corporation die CBS-Columbia zusammen mit den Columbia Pictures Filmstudios und der ebenfalls in Japan ansässige Mischkonzern Matsushita verleibte sich ein Jahr später die MCA samt der Universal Filmstudios ein, nachdem die MCA zuvor noch die Indie-Labels Motown, Geffen Records und GRP Records erworben hatte. 1989 erreichte die Merger-Mania in der phonografischen Industrie ihren Höhepunkt. Die PolyGram erwarb Island Records und A&M Records, nachdem Siemens seinen Unternehmensanteil am weltweit größten Major an die Philips verkauft hatte. Die EMI kaufte sich mit 50 % bei Chrysalis Records ein und die Warner Communications fusionierte gemeinsam mit ihrer Warner-Elektra-Atlantic (WEA) Labelgruppe mit dem Time-Life-Verlagshaus (Tschmuck 2003, S. 217–218).

In den 1990er-Jahren setzte sich der CD-Boom ungebremst fort und erreichte 1999 weltweit ein historisches Hoch von US $26,9 Mrd. in Großhandelspreisen (IFPI 2001, S. 17). In der Folge sollte sich die phonografische Industrie weiter konzentrieren. Der kanadische Spirituosenkonzern Seagram erwarb von der Matsushita 1995 die MCA Music Entertainment Co., um sie mit den Universal Filmstudios zur Universal Music Group zu verschmelzen. 1998 kaufte der neue Eigentümer, Edgar J. Bronfman Jr., auch noch die PolyGram von Philips, wodurch der mit Abstand größte phonografische Konzern der Welt entstand. Allerdings wurde das neue Konglomerat bereits zwei Jahre an den französischen Mischkonzern Vivendi verkauft (Tschmuck 2003, S. 220).

2.5.3 Die digitale Revolution in der Musikindustrie

Als das deutsche Fraunhofer Institut für Integrierte Schaltungen das MP3-Format (MP§ steht für Motion Picture Expert Group/Layer 3) entwickelte, sollte damit die Synchronisation von Filmen erleichtert werden. Allerdings verbreitete sich die online gestellte Beta-Version rasch im ganzen Netz und wurde schon bald zum Austausch von Musikfiles verwendet, die von CDs gerippt wurden. 1999 veröffentlichte Shawn Fanning eine Software namens Napster, die es Internet-NutzerInnen ermöglichte, Musikfiles direkt zwischen Computerfestplatten zu tauschen. Napster schlug wie eine Bombe ein und konnte schon nach wenigen Monaten mehr als eine Million registrierter NutzerInnen verzeichnen. Dieser Erfolg rief aber die Recording Industry Association of America (RIAA) auf den Plan, die Napster im Dezember 1999 auf Urheberrechtsverletzung verklagte. Nach einem mehrjährigen Kampf vor den US-Gerichten musste Napster schließlich seinen Betrieb einstellen, nachdem sie von der Bertelsmann AG, der Muttergesellschaft der Bertelsmann Music Group (BMG), gekauft worden war. Bertelsmann war es aber nicht gelungen, aus Napster ein nachhaltiges Geschäftsmodell zu formen, was 2002 letztendlich in einem Konkurs von Napster mündete.

Das Ende von Napster war aber keineswegs auch das Ende der Musiktauschbörsen. Dezentrale Peer-to-Peer-Filesharinganbieter wie KaZaA, Limewire, BearShare und Torrent-Clients wie The Pirate Bay, deren Datenverkehr nicht mehr über einen zentralen Server wie im Fall von Napster lief, erfreuten sich rasch wachsender Beliebtheit bei den Internet-NutzerInnen. Die Musikindustrie-Verbände rund um den Globus sagten daraufhin der „Musikpiraterie" den Kampf an und verklagten flächendeckend alle Anbieter von Filesharing-Software. Da sich aber kurzfristig die nationalen Verbände der IFPI vor den Gerichten nicht durchsetzen konnten, begann die US-amerikanische RIAA 2003 individuelle FilesharerInnen

2.5 Die Ära der digitalen Musikwirtschaft

direkt zu klagen. Dieser Strategie schlossen sich sogleich andere IFPI-Verbände und Verwertungsgesellschaften an. Trotzdem blieb das Niveau der „Musikpiraterie" hoch, was in einigen Ländern zur Einführung abgestufter Abmahnverfahren – auch „Three-Strikes"-Modelle genannt – führte, um die unautorisierte Nutzung von urheberrechtlich geschützten Mediendateien einzudämmen.

Um dem Vorwurf entgegenzutreten, kein marktaugliches Gegenmodell zum P2P-Filesharing anzubieten, lizenzierten 2003 die Majors ihre Kataloge für Apples Downloadportal iTunes, das sich sogleich großer Beliebtheit erfreute und schon bald mehr als 80 % des sich herausbildenden, digitalen Musikmarktes weltweit kontrollierte (Tschmuck 2012, S. 191). Nachdem die Konzerne der phonografischen Industrie sich Apple/iTunes regelrecht in die Arme geworfen hatten, nahmen sie einen Strategiewechsel vor, als 2008 Spotify und in der Nachfolge weitere Musikstreamingservices ihren Betrieb aufnahmen. Die Majors sowie die Indie-Label-Lizenzierungsagentur MERLIN verlangten den Streamingdiensten Vorschusszahlungen in zweistelliger Millionenhöhe ab, die mit den Streamingeinnahmen gegenverrechenbar waren. Da sich Spotify & Co. diese Vorschüsse im Grunde genommen nicht leisten konnten, boten sie im Gegenzug den Majors wie auch MERLIN Unternehmensanteile an, die im Fall eines Börsengangs monetarisiert werden konnten (siehe dazu Abschn. 10.1.2).

Mithilfe der stark steigenden Einnahmen aus dem Musikstreaming konnten die Unternehmen der phonografischen Industrie ein neues Geschäftsmodell etablieren, das nachhaltig profitabel war, nachdem sie einen schmerzhaften Prozess der Konsolidierung durchgemacht hatten. CD-Presswerke und physische Vertriebsnetzwerke wurden verkauft bzw. outgesourced und die Anzahl der Beschäftigten wurde drastisch reduziert.[13] Dieser strukturelle Umbruch war zudem mit einem Wechsel in den Eigentumsverhältnissen verbunden. Der Gründer der Universal Music Group, Edgar J. Bronfman Jr. erwarb 2004 gemeinsam mit einer Investorengruppe die Warner Music Group von Time-Warner (Warner Music Group 2005, S. 14). Im selben Jahr fusionierten die Sony Corporation und die Bertelsmann AG ihre Label-Gruppen zur Sony-BMG, die 2008 gesamtheitlich von der Sony übernommen und in die Sony Music Entertainment umgeformt wurde (Sony Corporation 2009, S. 30). 2007 wurde die EMI Group an die Private-Equity-Gesellschaft Terra Firma verkauft. Da der Deal mit einem hohen Fremdkapitalanteil finanziert worden war und die EMI

---

[13]Das geht aus den Geschäftsberichten der Jahre 2004 bis 2012 der Warner Music Group und dem Eigentümer der Universal Music Group, Vivendi, hervor.

die Cash-Flow-Erwartungen nicht erfüllen konnte, verlor die Terra Firma 2010 die EMI an den Hauptgläubiger, die US-Bank Citigroup. Das Bankhaus verkaufte 2011 schließlich den Verlagsarm an Sony/ATV Publishing und den phonografischen Unternehmensteil der EMI an die Universal Music Group. Aufgrund von Auflagen der EU-Wettbewerbsbehörde musste aber die Universal Music Group Teile der EMI – wie z. B. die Parlophone Group verkaufen, die von der Warner Music Group übernommen wurde. Im selben Jahr erwarb die US-amerikanische Beteiligungsgesellschaft Access Industries die Warner Music Group von Edgar J. Bronfmans Investor Group (Tschmuck 2012, S. 180).

2019 kontrollierte ein Oligopol von drei Major-Unternehmen die phonografische Industrie: Universal Music Group (im Eigentum der Vivendi Group), Sony Music Entertainment (im Eigentum der Sony Corporation) und die Warner Music Group (im Eigentum von Access Industries). Ähnlich konzentriert ist auch der Musik-Downloadmarkt, der vor allem durch Apple/iTunes und Amazon Music dominiert wird. Lediglich am noch boomenden Musikstreaming-Markt gibt es zwischen hunderten Streamingdiensten eine Konkurrenzsituation. Es zeichnet sich aber auch beim Musikstreaming eine Marktkonsolidierung an, in der jene Streamingdienste, die starke wirtschaftliche Partner haben, im Vorteil sein werden. Insbesondere die Angebote des Online-Händlers Amazon und der Mikrowerbefirma Google, die 2007 auch die User-Generated-Internetplattform YouTube gekauft hat, sowie Apple mit Apple Music haben dabei die beste Ausgangsposition. Unabhängige Streamingservices wie Spotify müssen hingegen auf schnelles Wachstum bei den NutzerInnen-Zahlen und auf einen hohen Marktanteil setzen, um konkurrenzfähig zu bleiben (Abb. 2.1, 2.2 und 2.3).

2.5.4 Die wachsende Relevanz des Livemusik-Business in der Musikindustrie

Noch in den frühen 1990er-Jahren war das Musikveranstaltungsbusiness sehr fragmentiert und von regionalen sowie lokalen Veranstaltern dominiert. Tourneen wurden von den Labels als Promotionstools für den Verkauf von Tonträgern angesehen. Ein erster Vorbote einer neuen Zeit war die US-Tournee von Elvis Presley im Jahr 1970, die von Concerts West organisiert wurde. Concerts West zahlte dem Management von Elvis einen Vorschuss von US $1 Mio., um die Tour exklusiv in den USA buchen zu können. Dadurch wurden erstmals die lokalen Veranstalter aus dem Vermittlungsgeschäft ausgeschlossen, weil Concerts West direkt mit den Spielstätten die Verträge schloss (Budnick und Baron 2011, S. 201). Im Gegenzug traten verärgerte Veranstalter an den Impresario Bill

2.5 Die Ära der digitalen Musikwirtschaft

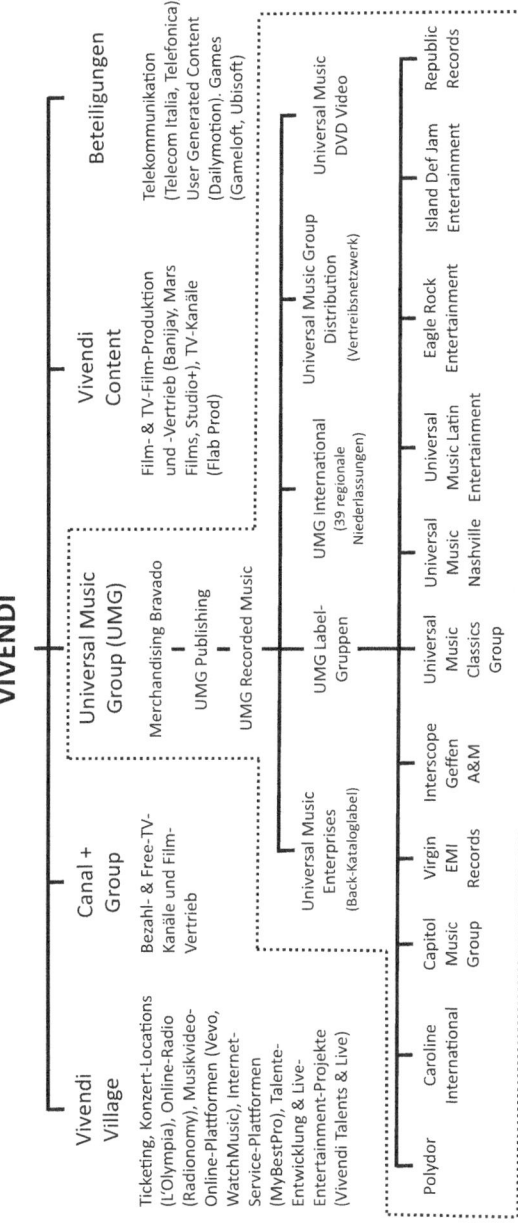

Abb. 2.1 Organisationsstruktur der Universal Music Group, 2019. (Quelle: Eigene Darstellung nach https://www.vivendi.com/investment-analysts/key-figures-and-simplified-organization-chart/ [abgerufen: 13.12.2019])

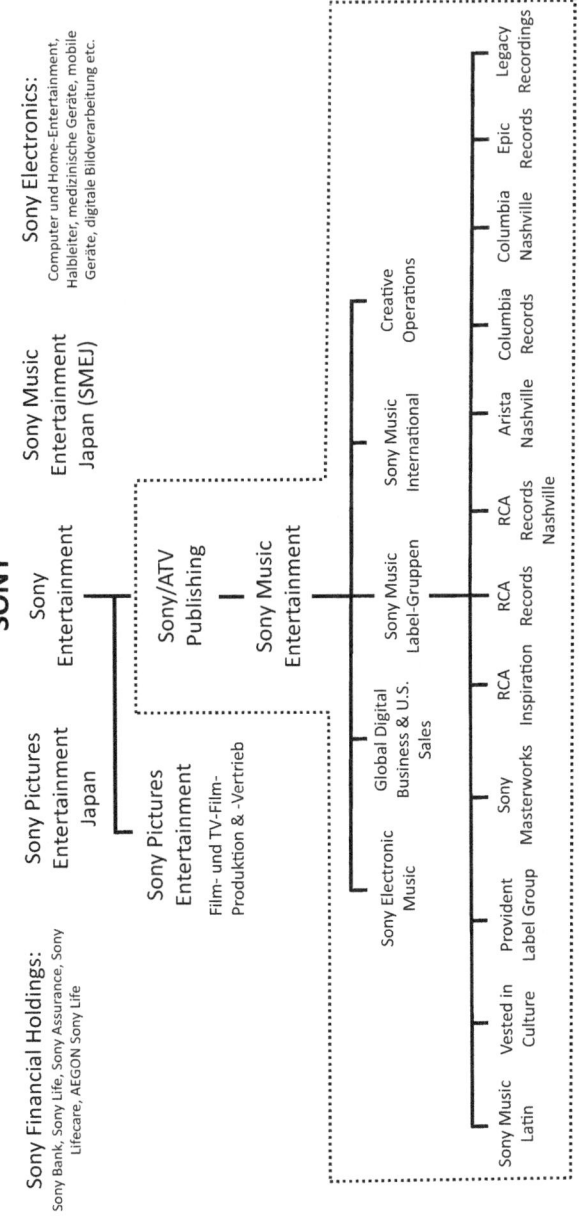

Abb. 2.2 Organisationsstruktur der Sony Music Entertainment, 2019. (Quelle: Eigene Darstellung nach Sony Corporation Annual Report 2019 und https://www.sonymusic.com/labels/ [abgerufen: 13.12.2019])

2.5 Die Ära der digitalen Musikwirtschaft

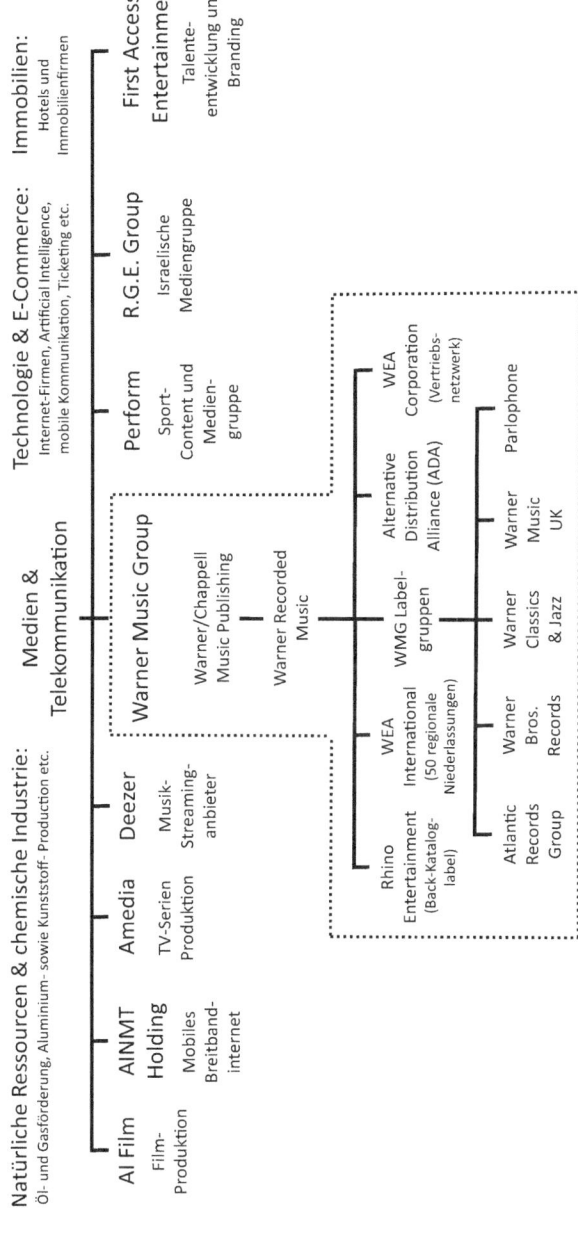

Abb. 2.3 Organisationsstruktur der Warner Music Group, 2019. (Quelle: Eigene Darstellung nach Warner Music Group Annual Report 2019 und https://www.accessindustries.com/industry/ [abgerufen: 13.12.2019])

Graham heran, um ein Konkurrenzunternehmen auf die Beine zu stellen, das auf einem Netzwerk lokaler Veranstaltungsfirmen beruhen sollte. Allerdings endete die erste US-Stadientournee von Bob Dylan and The Band in einem finanziellen Fiasko, womit indirekt der Beweis erbracht wurde, dass eine Tournee nur in geblockter Form unter Ausschaltung der lokalen Veranstalter profitabel abgewickelt werden konnte (ibid.: 203). Die im kanadischen Toronto von Michael Cohl gegründete Concerts Productions International (CPI) perfektionierte schließlich das Blockbooking-System mit der Ausrichtung von Michael Jacksons „*Victory*"-Stadientour im Jahr 1984 (ibid.: 204–206). 1989 kaufte die CPI Rolling Stones aus dem Vertrag mit der Bill Graham Presents Konzertagentur für eine Garantiesumme von US $65 Mio. heraus, um die „*Steel Wheels*"-Tour zu organisieren. Das konnte sich CPI nur deshalb leisten, weil die fünfzig Konzerte der Tour nicht separat, sondern im Paket vermarktet wurden, wodurch sämtliche Ausgaben und Einnahmen gegenverrechbar waren. Sollte ein Konzert einen Verlust machen, wurde dieser durch den Gewinn eines anderen Konzerts gedeckt. Die lokalen Veranstalter mussten zähneknirschend eine Pauschalzahlung akzeptieren, was zwar ihr Einnahmenrisiko verminderte, aber auch keine Aussicht auf hohe Gewinne bot (ibid.: 211). Der große Nutznießer der sehr erfolgreichen Rolling Stones-Tour war aber CPI, die das neue Erfolgsrezept mit den Stones in den 1990er-Jahren wiederholte und mit 333 Konzerten einen Gesamtumsatz von US $750 Mio. erzielte (ibid.: 214). Dieses neue von Michael Cohl entwickelte Vermarktungskonzept im Livemusik-Business war auch für andere Superstars attraktiv und so organisierte die CPI in der Folge auch Tourneen von Pink Floyd, Crosby, Stills, Nash & Young und David Bowie (ibid.).

1998 verkaufte Michael Cohl sein Veranstaltungsunternehmen an SFX Entertainment (Budnick und Baron 2011, S. 163). Der neue Eigentümer kaufte sogleich so gut wie alle relevanten lokalen Musikveranstaltungsfirmen in Nordamerika auf und wurde in kürzester Zeit zum dominierenden Akteur im Livemusik-Business (ibid.: 166–169). Im März 2000 übernahm der weltweit größte Radiokonzern Clear Channel Communications SFX von dessen Gründer Robert F. X. Sillerman um US $4,4 Mrd. (ibid.: 192). Trotz der augenscheinlichen Synergieeffekte zwischen Clear Channels Radio- und Werbegeschäft, konnte SFX Entertainment nicht profitabel geführt werden und wurde schließlich im Frühjahr 2005 als unabhängige Aktiengesellschaft unter dem neuen Namen Live Nation auf der Börse platziert (ibid.: 225). 2009 fusionierte Live Nation in einem US $2,5 Mrd.-Deal mit dem weltweit größten Ticketingunternehmen, Ticketmaster, und akquirierte zwei Jahre später mit Front Line Management eine der global führenden KünstlerInnen-Agenturen (ibid.: 314). 2011 ging Live Nation auch noch eine Kooperation mit der Universal Music Group ein, wodurch

2.5 Die Ära der digitalen Musikwirtschaft

der größte und einflussreichste Akteur in der Musikindustrie entstand, der so gut wie alle Teile des Wertschöpfungsnetzwerks kontrollierte.

Während sich die phonografische Industrie nach 2000 auf einer rasanten Talfahrt befand, erlebte das Musikveranstaltungsbusiness einen bis dahin noch nie dagewesenen Boom. In Deutschland stiegen die Einnahmen aus dem Konzertticketverkauf zwischen 1995 und 2013 um durchschnittlich 10 % auf EUR 2,7 Mrd. Im selben Zeitraum verlor der phonografische Markt mehr als die Hälfte seines Volumens von EUR 2,65 Mrd. auf EUR 1,35 Mrd. Rechnet man beide Märkte zusammen, so trug das Livemusik-Geschäft 67 % zum kombinierten Umsatz im Jahr 2013 bei, wohingegen es 1995 lediglich 48 % waren (GfK 2014, S. 6). Der Livemusik-Sektor wurde also im Zuge der digitalen Revolution in der Musikindustrie zur wichtigsten Einnahmenquelle für MusikerInnen.

Im Laufe der digitalen Revolution in der Musikindustrie hat also der phonografische Markt zugunsten des Musikveranstaltungsmarktes an Relevanz deutlich eingebüßt. Der Tonträger, der seit den 1950er-Jahren ins Zentrum der musikindustriellen Wertschöpfung gerückt war, spielt im Zeitalter von Musikstreaming keine wirtschaftlich relevante Rolle mehr, wohingegen die Einnahmen aus dem Musikveranstaltungsbusiness zentral wurden.

Die Mikroökonomie der Musik: Musik als ökonomisches Gut 3

3.1 Die ökonomischen Grundlagen der Musikmärkte

Als ökonomisches Gut bzw. Dienstleistung wird Musik auf verschiedenen Märkten gehandelt, z. B. am phonografischen Markt oder am Musikveranstaltungsmarkt. Es ist daher einführend notwendig zu verstehen, wie Märkte grundsätzlich funktionieren, bevor wir uns der ökonomischen Analyse von Musik zuwenden.

Adam Smith, der als „Vater" der Volkswirtschaftslehre betrachtet werden kann, hat die Funktionsweise des Marktes mit der Metapher der „unsichtbaren Hand" („invisible hand"), die effizient Ressourcen zuteilt, beschrieben (Smith 1811 [1776] III, S. 181). Im ersten Buch seines Monumentalwerks „Der Wohlstand der Nationen" („The Wealth of Nations"), bringt Smith (1811 [1776] I, S. 21) die Funktionsweise des Marktes auf den Punkt: *„It is not from the benevolence of the butcher, the brewer, or the baker that we expect our dinner, but from their regard to their own interest."* Wenn also die einzelnen Individuen ihrem Eigeninteresse folgen, wird das unter den Bedingungen einer freien Marktwirtschaft zu einer effizienten Allokation (= Zuteilung) knapper Ressourcen führen. Der Markt ist in diesem Sinn daher der metaphorische Ort, an dem Angebot und Nachfrage zusammentreffen (Abb. 3.1).

Nachfrage und Angebot werden in diesem einfachen Modell durch Kurven repräsentiert, wobei die Nachfragekurve (N) die Zahlungsbereitschaft der NachfragerInnen für eine bestimmte Menge beschreibt. Die Angebotskurve bildet die Bereitschaft der ProduzentInnen ab, eine bestimmte Menge eines Gutes zu verkaufen. Der Marktpreis ist dabei der Schnittpunkt der Angebots- und Nachfragekurve, bei dem die gesamte angebotene Menge eines Gutes durch die

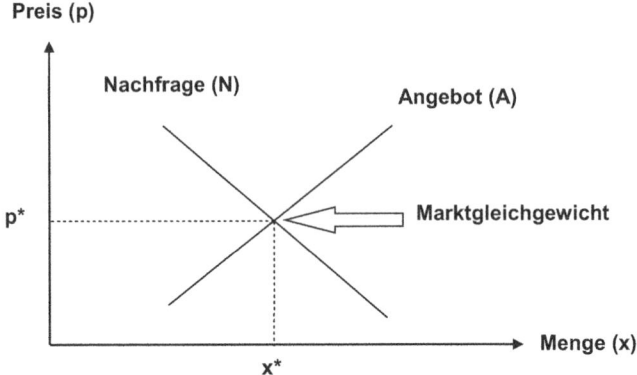

Abb. 3.1 Das grundlegende Marktmodell. (Quelle: Eigene Darstellung)

NachfragerInnen aufgekauft wird.[1] Eine solche Situation wird als Pareto-effizient bezeichnet. Nach dem italienischen Ökonomen und Soziologen Vilfredo Pareto bezeichnet Effizienz (auch Optimum genannt) eine Situation, in der eine Person durch eine Allokation nicht mehr besser gestellt werden kann, ohne eine andere Person schlechter zu stellen. Der Markt ist in der Lage, ein solches Pareto-effizientes Ergebnis herzustellen (siehe dazu ausführlich Varian 2010, S. 15–16).

In unserem einfachen Marktmodell ändert sich der Pareto-optimale Preis nur dann, wenn sich externe Faktoren ändern. Denken wir beispielsweise an das Konzert einer bekannten Band, über die das Gerücht kursiert, sich nach diesem Konzert auflösen zu wollen. In diesem Fall kann erwartet werden, dass mehr Fans Tickets kaufen wollen als ursprünglich erwartet, um beim angeblich letzten Konzert der Band dabei sein zu können. Da die Zahl der Tickets durch die Kapazität der Konzert-Location begrenzt ist, verursacht die zusätzliche Nachfrage einen Anstieg der Ticketpreise, was sich im Modell durch die Parallelverschiebung der ursprünglichen Nachfragekurve (D) nach außen zu einer neuen Nachfragekurve (D′) visualisieren lässt. Das Ergebnis ist ein neuer Schnittpunkt der Nachfragekurve (D′) mit der Angebotskurve (A), die einen neuen und höheren Marktpreis (p′) beschreibt (Abb. 3.2a).

---

[1] Eine ausführliche Erklärung des Markt-/Preismechanismus kann in Lehrbüchern der Volkswirtschaftslehre, wie z. B. Varian (2010) und Manki (2015), nachgelesen werden.

3.1 Die ökonomischen Grundlagen der Musikmärkte   49

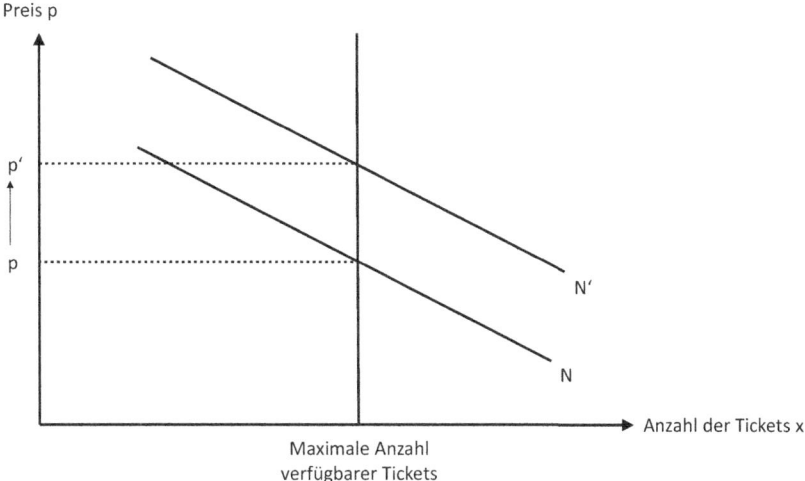

Abb. 3.2a Der Effekt zusätzlicher Nachfrage auf die Ticketpreise eines Konzerts. (Quelle: Eigene Darstellung)

Nehmen wir nun an, dass der Konzertveranstalter entscheidet, am nächsten Tag noch ein zusätzliches Konzert einzuschieben, wodurch wieder mehr Konzerttickets verfügbar sind. Dieses zusätzliche Angebot wird die ursprüngliche Angebotskurve (S) parallel nach außen zu neuen Angebotskurve (S') verschieben, woraus sich ein neuer niedrigerer Marktpreis p" ergibt (Abb. 3.2b).

Der Preismechanismus spiegelt demnach das Ausmaß von Knappheit am Markt wieder. Wenn sich die Knappheit durch ein zusätzliches Angebot reduziert oder die Nachfrage schwächer ausfällt, dann wird sich das in einem niedrigeren Marktpreis niederschlagen. Wenn sich hingegen die Verknappung durch zusätzliche Nachfrage oder durch ein geringeres Angebot verstärkt, wird der Marktpreis steigen.

Preis und Nachfrage stehen also in einem inversen Verhältnis zueinander, das durch die sogenannte Preiselastizität der Nachfrage gemessen werden kann. Die Nachfrage nach Konzerttickets wird als elastisch bezeichnet, wenn eine Preissteigerung von 1 % zu einen Nachfragerückgang von mehr als 1 % führt. Sinkt hingegen die Nachfrage bei einer 1-prozentigen Preissteigerung um weniger als 1 %, dann sprechen wir von einer unelastischen Nachfrage.

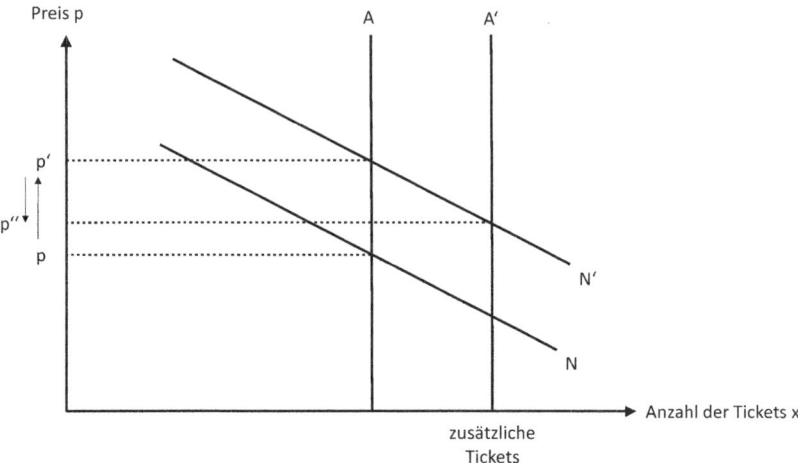

Abb. 3.2b Der Effekt eines zusätzlichen Angebots auf den Ticketpreis eines Konzerts. (Quelle: Eigene Darstellung)

$$\frac{\text{Prozentuelle Nachfrageänderung}}{\text{Prozentuelle Preisänderung}} < -1 \ldots \text{unelastische Nachfrage}$$

$$\frac{\text{Prozentuelle Nachfrageänderung}}{\text{Prozentuelle Preisänderung}} > -1 \ldots \text{elastische Nachfrage}$$

Wir können nun davon ausgehen, dass die Hardcore-Fans einer Band weniger preissensibel sind als Nicht-Fans, d. h. die Preiselastizität der Nachfrage der Hardcore-Fans ist geringer, was sich in einer steileren Nachfragekurve ausdrückt (Abb. 3.3a). Hingegen werden die Nicht-Fans auf Preisänderungen stärker reagieren, wodurch die Nachfragekurve flacher ausfällt (Abb. 3.3b).

Die Kenntnis von der Preiselastizität der Nachfrage ist eine wichtige Einflussgröße auf die Preispolitik. Wir können davon ausgehen, dass Entertainment-Produkte wie Musik sich grundsätzlich durch eine hohe Preiselastizität auszeichnen. Schon kleine Preissteigerungen führen zu überproportionalen Nachfragerückgängen nach CDs, Musikdownloads, Musikstreaming-Abos und Konzerttickets, was sich in der Folge in niedrigeren Erlösen niederschlagen wird (Abb. 3.4).

Im Gegensatz dazu würde eine kleine Preisreduktion zu einem überproportional großen Nachfrage- und damit einhergehend Erlöszuwachs führen.

3.1 Die ökonomischen Grundlagen der Musikmärkte   51

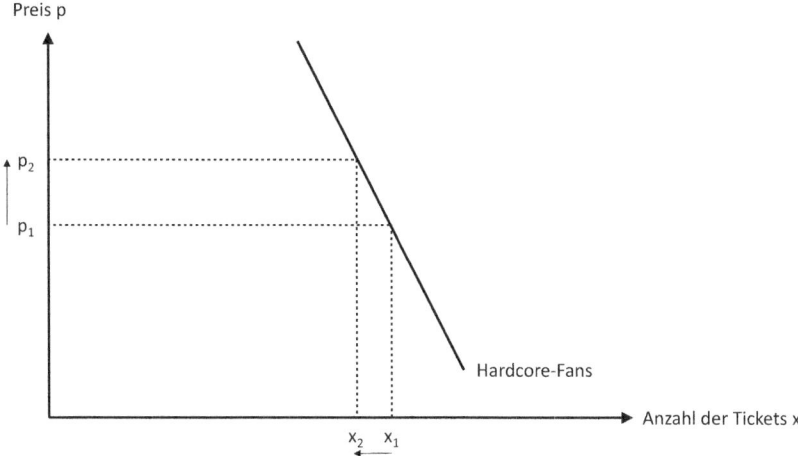

Abb. 3.3a Die Preiselastizität der Nachfrage für Hardcore-Fans. (Quelle: Eigene Darstellung)

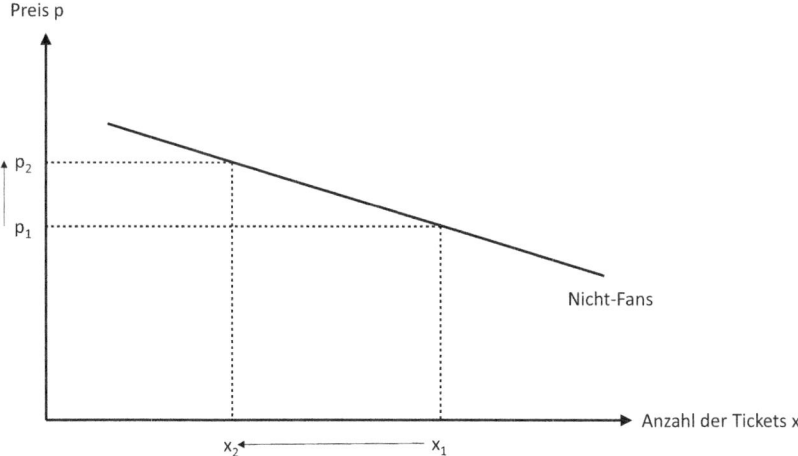

Abb. 3.3b Die Preiselastizität der Nachfrage für Nicht-Fans. (Quelle: Eigene Darstellung)

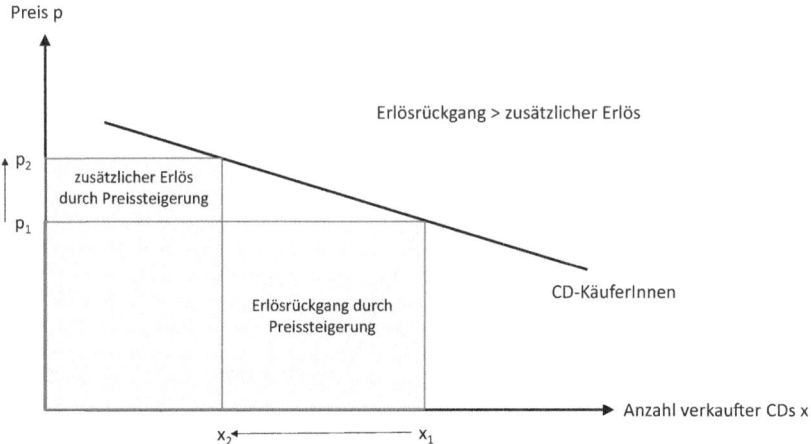

Abb. 3.4 Der Einfluss von Preissteigerungen bei elastischer Nachfrage. (Quelle: Eigene Darstellung)

Da aber eine Preisreduktion durch einen der Majors sofort Preisreduktionen der anderen Majors nach sich ziehen würde, entstünde eine Preisspirale nach unten, die wiederum Erlösverluste für alle Unternehmen zur Folge hätte. Deshalb tendieren Unternehmen der phonografischen Industrie dazu, Preise für CDs, Downloads und Streaming-Abos möglichst stabil zu halten, um einen ruinösen Preiswettbewerb zu vermeiden.

Neben dem Konzept der Preiselastizität der Nachfrage gibt es noch weitere Elastizitätskonzepte in der ökonomischen Theorie. So ermöglicht uns das Konzept der Einkommenselastizität der Nachfrage zu verstehen, wie sich eine Veränderung des verfügbaren Einkommens der Haushalte auf die Konsumausgaben auswirkt. In diesem Zusammenhang können wir zwischen inferioren und normalen Gütern unterscheiden. Inferiore Güter zeichnen sich durch eine negative Einkommenselastizität der Nachfrage aus, d. h. eine 1-prozentige Steigerung des verfügbaren Haushaltseinkommens führt zu einem Nachfragerückgang, was z. B. bei Secondhand-CDs der Fall ist. Normale Güter hingegen weisen eine positive Einkommenselastizität auf, die zwischen 0 und 1 liegt. Darüber hinaus gibt es noch Luxusgüter mit einer Einkommenselastizität von größer als 1, d. h. eine 1–prozentige Einkommenssteigerung führt zu einer Nachfrageerhöhung von mehr als 1 %. Vice versa bedeutet dies aber auch, dass bei einem Einkommensrückgang

3.1 Die ökonomischen Grundlagen der Musikmärkte

der Haushalte, die Nachfrage nach Luxusgütern überproportional stärker sinken wird (siehe Varian 2010, S. 285).

$$\frac{\text{Prozentuelle Nachfrageänderung}}{\text{Prozentuelle Einkommensänderung}} < 0 \ldots \text{inferiore Güter}$$

$$\frac{\text{Prozentuelle Nachfrageänderung}}{\text{Prozentuelle Einkommensänderung}} > 0 \ldots \text{normale Güter}$$

$$\frac{\text{Prozentuelle Nachfrageänderung}}{\text{Prozentuelle Einkommensänderung}} > 1 \ldots \text{Luxusgüter}$$

Viele Entertainment-Güter – inklusive Musik – können in diesem Sinn als Luxusgüter verstanden werden. Ein höheres verfügbares Einkommen der Haushalte resultiert somit in einem überproportionalen Ausgabenanstieg für diese Güter. Ein Einkommensverlust führt hingegen dazu, dass überproportional weniger für Musikgüter und -dienstleistungen ausgegeben wird, wie das während einer Wirtschaftskrise zu beobachten ist. So hat die phonografische Industrie nach dem Börsenkrach im Oktober 1929 gewaltige Umsatzeinbrüche in Kauf nehmen müssen. Der Tonträgerumsatz in den USA sank zwischen 1929 und 1933 um 93 % von US$75 Mio. auf US$6 Mio. (siehe Tschmuck 2012, S. 49–50). Der US-Tonträgermarkt hat sich aufgrund der Weltwirtschaftskrise sozusagen „in Luft aufgelöst", weil die Haushalte ihre Konsumausgaben von nicht-essentiellen Entertainment-Gütern zu lebensnotwendigen Gütern wie Wohnen, Heizung, Kleidung und Lebensmittel umgeschichtet haben.

Die Kreuzpreiselastizität ist ein weiteres wichtiges Konzept zur Klassifikation von Gütern. Sie beschreibt die Wechselwirkung zwischen der Preisänderung eines Gutes A auf die Nachfrageänderung nach einem anderen Gut B (siehe dazu ausführlich Mankiw 2015, S. 98). Dabei können zwei Fälle unterschieden werden:

1. Negative Kreuzpreiselastizität: Eine Preissenkung für das eine Gut führt zu einem Nachfragerückgang bei einem anderen Gut; es handelt sich um Substitutionsgüter.

$$\frac{\text{Prozentueller Nachfrageänderung bei Gut 1}}{\text{Prozentuelle Preisänderung bei Gut 2}} < 0 \ldots \text{Substitutionsgüter}$$

2. Positive Kreuzpreiselastizität: Eine Preissenkung für das eine Gut führt zu einem Nachfrageanstieg bei einem anderen Gut; es handelt sich um Komplementärgüter.

$$\frac{\text{Prozentuelle Nachfrageänderung bei Gut 1}}{\text{Prozentuelle Preisänderung bei Gut 2}} > 0 \dots \text{Komplementärgüter}$$

3.2 Der Preisanstieg von Konzerttickets – sind CDs und Konzerttickets Komplementärgüter?

Im Zeitschriftenbeitrag „The Economics of Real Superstars" (2005) analysiert der Ökonom Alan Krueger (2005) die Preisentwicklung von Rock-Konzerten in den USA und zeigt, dass zwischen 1996 und 2003 ein Anstieg der Ticketpreise um 82 % festzustellen ist, der höher ausfiel als der Anstieg der Inflation, gemessen am Konsumentenpreisindex, von 17 % im gleichen Zeitraum (Abb. 3.5).

Krueger (2005, S. 25) schließt daraus „(...) *that concert prices have soared because recording artists have seen a large decline in their income*

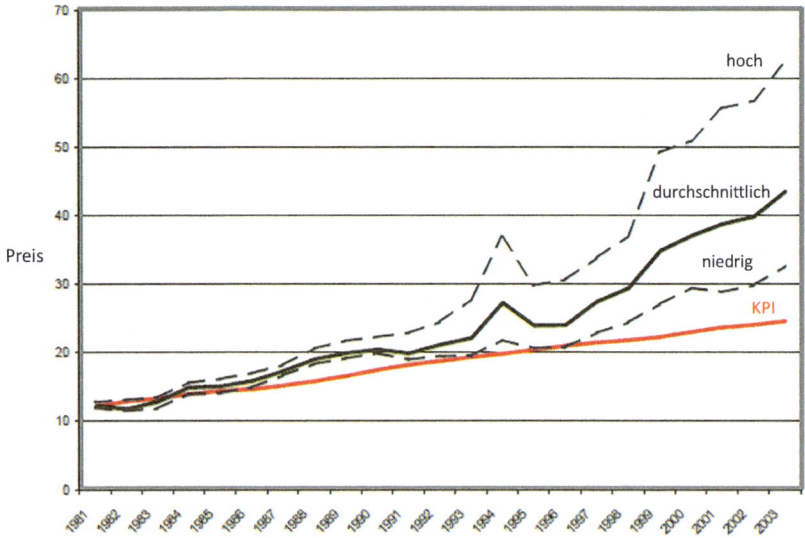

Abb. 3.5 Durchschnittliche Entwicklung für Hochpreis- und Niedrigpreistickets sowie des Konsumentenpreisindex, 1981–2003. (Quelle: Krueger 2005, S. 7)

from record sales, a complementary product to concerts." Da der Tonträger- bzw. CD-Verkauf in der Vergangenheit die wichtigste Einkommensquelle für KünstlerInnen darstellte, hatten sie den Anreiz *„(…) to price their tickets below the profit-maximizing price for concerts alone"* (ibid.). Konzerttickets waren also komplementäre Güter für Tonträger. Aufgrund der negativen Kreuzpreiselastizität führte ein Anstieg der Ticketpreise zu einem Nachfragerückgang für CDs. Da die CD-Verkäufe aber die wichtigste Einkommensquelle für die KünstlerInnen darstellten, sahen sie keinen Vorteil im Anstieg bei den Ticketpreisen. Als sich aber die komplementäre Beziehung zwischen Ticket- und CD-Preise durch die Digitalisierung abschwächte, begannen die KünstlerInnen von steigenden Ticketpreisen zu profitieren, weil die Konzerte immer wichtiger für die Einkommenserzielung wurden. Ein Preisanstieg der Konzerttickets hatte somit auch keine starke Auswirkung mehr auf die Nachfrage nach CDs.

3.3 Ist Filesharing ein Substitut für Tonträgerverkäufe?

Kruegers Hypothese geht von der Annahme aus, dass Peer-to-Peer Filesharing (P2P) für den Rückgang der Tonträgerumsätze verantwortlich war (Krueger 2005, S. 26). Das setzt voraus, dass Filesharing ein Substitut für Musikverkäufe ist. Es gehen aber die empirischen Befunde der ÖkonomInnen darüber auseinander, ob dies tatsächlich der Fall ist. Ein prononcierter Vertreter der Substitutionshypothese, Stan J. Liebowitz, argumentiert: *„The copy is treated as a substitute for the original. If the copy is identical or close in quality, and if the cost of making the copy is low, the copy for a price of zero dominates the original at its positive price"* (Liebowitz 2004, S. 9). Mit anderen Worten: *„[U]nauthorized downloading of a copyrighted file can be a substitute for the purchase of that copyrighted work. The substitution of a downloaded copy for the purchased original obviously has a negative effect impact on sales"* (Liebowitz 2006, S. 17). In einer weiteren empirischen Studie stellt Liebowitz (2008, S. 15) fest: *„[F]ilesharing is responsible for a reduction in sales that is larger than the sales decline that occurred and that file-sharing aborted what otherwise would have been a growth in sales."*

Demgegenüber stehen aber ÖkonomInnen, die empirische Belege dafür gefunden haben, dass der Samplingeffekt des Filesharings den Substitutionseffekt ausgleicht oder sogar übertrifft. Die Samplingeffekt-Hypothese besagt, dass Filesharing die Suchkosten nach Musik verringert und deshalb KonsumentInnen MusikerInnen und Musik kennenlernen, die sie noch nicht kannten und für die sie auch bereit sind, Geld auszugeben. Felix Oberholzer-Gee und Koleman Strumpf haben dazu die Hypothese, dass P2P-Filesharing negative Auswirkungen auf Albenverkäufe in den USA hat, durch ihre Studie zurückgewiesen. Sie schlussfolgern *„that the impact could not have been larger than 6.0 million albums. While file sharers downloaded billions of files in 2002, the consequences for the industry amounted to no more than 0.7 % of sales."* Zusammenfassend: *„(...) there is no statistically significant effect of file sharing on sales"* (Oberholzer-Gee und Strumpf 2007, S. 39).

Viele weitere Studien wurden zu dieser Frage noch durchgeführt und bis dato gibt es keine eindeutigen wissenschaftlichen Belege, die die Substitutionshypothese beweisen. Eines steht aber fest: Filesharing allein kann nicht für den starken Rückgang der Musikumsätze seit 2000 verantwortlich gemacht werden, sondern es müssen komplexere Wirkungszusammenhänge untersucht werden.

3.4 Musikmärkte und Marktversagen

3.4.1 Musik als öffentliches Gut mit positiven externen Effekten

Im Modell des vollkommenen Marktes löst der Marktmechanismus sämtliche Allokationsprobleme auf effiziente Art und Weise. Im Idealfall sind keine staatlichen Eingriffe in Form von Subventionen und Regulierungen vonnöten. Nichtsdestotrotz haben ÖkonomInnen unterschiedliche Formen des Marktversagens identifiziert, die zu Ineffizienzen der Marktallokation und sogar zum vollständigen Marktzusammenbruch führen können. Krugman und Wells (2012, S. 16) definieren Marktversagen wie folgt: *„In cases of market failure, the individual pursuit of self-interest found in markets makes society worse off—that is, the market outcome."*

Eine Ausformung des Marktversagens stellen öffentliche Güter dar, ein Konzept, das der Ökonom Paul Samuelson im Artikel „The Pure Theory of Public Expenditure" (1954) erstmals formuliert hat. Im Gegensatz zu privaten Gütern zeichnen sich öffentliche Güter durch die Nicht-Ausschließbarkeit und Nicht-Rivalität des Preismechanismus im Konsum aus. Die Ausschließbarkeit und Rivalität des Preismechanismus bestehen darin, dass nur diejenigen Personen in den Genuss des Nutzens eines Gutes oder einer Dienstleistung kommen, die bereits sind, den Marktpreis zu bezahlen, wodurch andere von der Nutzung ausgeschlossen werden. Im Gegensatz dazu sind öffentliche Güter weder ausschließbar noch rival im Konsum. Das bedeutet, dass Personen nicht oder nur

3.4 Musikmärkte und Marktversagen

mit sehr großem Aufwand von der Nutzung des Gutes ausgeschlossen werden können und keine Nutzeneinschränkungen auftreten, wenn auch andere das Gut nutzen (siehe dazu Mankiw 2015, S. 216). Öffentliche Güter sind deshalb frei verfügbar. Jede zusätzliche NutzerIn eines öffentlichen Gutes erzielt somit einen zusätzlichen Nutzen, ohne dafür Kosten in Kauf nehmen zu müssen, was insgesamt die soziale Wohlfahrt erhöht. Öffentliche Güter sind also aus gesamtwirtschaftlicher Sicht wünschenswert. Öffentliche Güter, so die Theorie, werden aber von Privaten auf Märkten aufgrund der Trittbrettfahrer-Problematik nicht zur Verfügung gestellt. Diese Problematik besteht eben darin, dass das öffentliche Gut uneingeschränkt und ohne einen Preis dafür zu bezahlen, genutzt werden können. Die Kosten der Erstellung des öffentlichen Gutes können also von Privaten nicht über den Marktpreis zurückverdient werden, wodurch ein Angebot unterbleibt. In diesem Fall müssen also staatliche Stellen die Finanzierung öffentlicher Güter übernehmen und auch bereitstellen.

Musik ist ein öffentliches Gut, was man beispielsweise an einem Konzert einer Kurkapelle demonstrieren kann. Kurkapellen spielen üblicherweise auf öffentlichen Plätzen zwecks Unterhaltung der Kurgäste. Es ist daher weder wünschenswert noch nötig, Personen vom Musikgenuss durch ein Zutrittssystem auszuschließen, weil dadurch die soziale Wohlfahrt eingeschränkt werden würde. Zudem gibt es keine Rivalität im Musikkonsum, weil der Nutzen einer ZuhörerIn nicht vermindert wird, nur weil auch andere Personen dem Konzert lauschen. Da nun alle PassantInnen gratis einen Musikgenuss haben können, wird auch niemand bereit sein, Geld dafür zu bezahlen. Um dieses Zahlungsproblem zu lösen, können die MusikerInnen, wie im Fall von StraßenmusikantInnen, um freiwillige Spenden bitten oder aber die Kurverwaltung bzw. die Stadtverwaltung subventioniert die Kurkapelle. Welche Maßnahme auch gewählt wird, sie ersetzt den fehlenden Preismechanismus und gleicht das Marktversagen aus.

Die Erhöhung der sozialen Wohlfahrt durch die Bereitstellung öffentlicher Güter durch die öffentliche Hand ergibt sich durch die Generierung positive externer Effekte. Ein externer Effekt ist dadurch charakterisiert, dass beim Konsum oder in der Produktion eines Gutes der Nutzen oder Gewinn eines Wirtschaftssubjekts beeinflusst wird, das nicht in der Produktion oder in der Nutzung des Gutes involviert ist. Wenn der Nutzen/Gewinn unbeteiligter Dritter verringert wird, handelt es sich um negative externe Effekte. Wird der Nutzen/Gewinn unbeteiligter Dritter hingegen erhöht, so liegen positive externe Effekte vor (siehe dazu ausführlich Mankiw 2015, S. 196). Da ein Marktgleichgewicht beim Auftreten externer Effekte nicht Pareto-effizient ist, sind Eingriffe in den Marktmechanismus vonnöten, die den externen Effekt internalisieren. Im Fall öffentlicher Güter mit positiven externen Effekten ist das die Subventionierung des Marktangebots (Abb. 3.6). Wenn ein positiver externer Effekt bzw. Externalität (A_{ext}) vorliegt, kann sie über eine Subventionierung privater ProduzentInnen in der Höhe der Externalität des öffentlichen Gutes (p_{ext} = Subvention), internalisiert werden. Die Subvention verringert die Kosten der ProduzentInnen, die das Angebot entsprechend ausweiten werden (A_{pr}+A_{ext}), was sich in einer höheren Outputmenge (x_{sub}) niederschlägt. Der neue subventionierte Marktpreis (p_{sub}) drückt somit ein Pareto-effizientes Marktgleichgewicht aus.

Allerdings ist die Frage umstritten, ob Musik positive Externalitäten aufweist und wenn ja, wie hoch diese sind. Oper und klassische Musik werden gern als Bildungsgut mit positiven externen Effekten definiert. Wenn das der Fall ist, wäre der Marktpreis zu hoch und die Outputmenge zu niedrig. Eine Subvention von Opern- bzw. Konzerttickets wäre somit gerechtfertigt, um die Externalitäten zu internalisieren. Es könnte aber genauso gut argumentiert werden, dass Oper und klassische Musik Entertainmentgüter ohne positive externe Effekte sind, was die Rechtfertigung der Subventionierung von Opern- und Konzerthäuser ins Wanken bringen könnte.

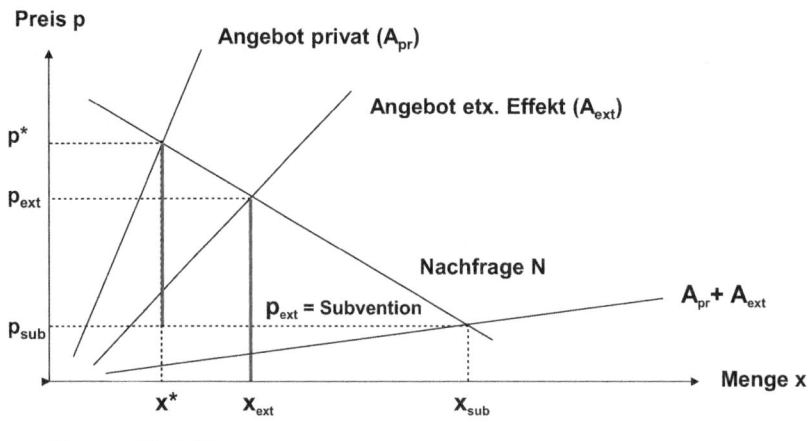

Abb. 3.6 Die Internalisierung positive externer Effekte durch Subventionierung. (Quelle: Eigene Darstellung)

Ein weiteres Problem besteht in der Messbarkeit von externen Effekten. Da es in der Praxis sehr schwierig ist festzustellen, in welchem Ausmaß eine Externalität besteht, kann auch die Höhe der Subvention nicht bemessen werden. Um dennoch die Höhe externer Effekte bestimmen zu können, wurde die Methode der kontingenten Bewertung (contingent valuation) entwickelt. Es handelt sich dabei um eine umfragebasierte Methode, mit der nach der Zahlungsbereitschaft von Personen für ein öffentliches Gut gefragt wird. Die Zahlungsbereitschaft ist dann das Maß für die Einhebung einer Steuer, über die das Angebot des öffentlichen Gutes subventioniert wird. Obwohl die kontingente Bewertungsmethode nicht ganz unumstritten ist (siehe dazu z. B. Diamond und Hausman 1994), wird sie dennoch in vielen Fällen dazu eingesetzt, die „Schattenpreise" für Kulturgüter zu ermitteln (siehe dazu Noonan 2002).

3.4.2 Musik als meritorisches Gut

Das Marktversagen bei öffentlichen Gütern tritt auf der Angebotsseite des Marktes auf. Es gibt auch ein nachfrageseitiges Marktversagen, wie Richard Musgrave (1957) in seinem Konzept meritorischer Güter aufzeigt. Es handelt sich dabei um Güter und Leistungen, die Personen unabhängig von ihrer individuellen Leistung „verdienen", die aber nicht im gesellschaftlich erwünschten Ausmaß konsumiert werden. Dazu zählt die Gesundheitsversorgung, das Bildungswesen und nicht zuletzt die Versorgung mit Kulturgütern. Ursache für den Nachfragemangel für die suboptimale Bereitstellung meritorischer Güter kann irrationales Verhalten sein, wie die Weigerung, einen Gurt während des Autofahrens anzulegen, was wiederum zur Gurtenpflicht führt, um soziale Kosten bei Verkehrsunfällen zu verringern. Unvollständige Informationen können ebenfalls einen Nachfragemangel verursachen. So kann das unzureichende Wissen über den Nutzen der Wärmedämmung von Häusern dazu führen, dass unnötig viel Energie verbraucht wird. In diesem Fall wird die öffentliche Hand Förderungen für die Wärmedämm-Maßnahmen gewähren. Falsche Zeitpräferenzen werden als weiterer Grund genannt, so wie im Fall der suboptimalen Nachfrage nach einer Pensionsversicherung unter jungen Menschen, die durch eine Pflichtversicherung ausgeglichen wird.

Die Förderung meritorischer Güter durch die öffentliche Hand wird auch als Meritorisierung bezeichnet. Eine solche liegt vor, wenn vor allem in Kontinentaleuropa Opern- und Konzerthäuser mit Argument subventioniert werden, dass sie einen öffentlichen Bildungsauftrag erfüllen. Die Meritorisierung ist auch der Grund für das Senden klassischer Musik in öffentlichen Radio- und TV-Stationen

z. B. von ihrerseits wiederum hochsubventionierten Festivals wie Bayreuth oder den Salzburger Festspielen.

Diese Argumentationslinie impliziert aber auch, dass Oper und klassische Musik kulturell höherwertiger sind als Pop-Musik, die kaum subventioniert wird. Der Kulturökonom Alan Peacock vertritt daher auch die Meinung, dass es kein objektives Kriterium geben kann, wonach ein meritorisches Gut subventioniert wird. Es führt seiner Meinung zu einem „(…) *cultural paternalism, which might be justified on the grounds that the community does not know what is good for it (…)*" (Peacock 1994, S. 151). Sogar Richard Musgrave selbst relativiert sein Argument für die Meritorisierung von Gütern: „*The concept of merit or demerit goods, to be sure, must be viewed with caution because it may serve as a vehicle for totalitarian rule.*" (Musgrave und Musgrave 1989, S. 58).

3.4.3 Musik als Klub- oder Mautgut

Ein Auschlussmechanismus kann ein öffentliches Gut in ein sogenanntes Klub- oder Mautgut verwandeln. Der Ökonom James Buchanan hat diese Güterkategorie erstmals in dem 1965 erschienen Artikel „An Economic Theory of Clubs" beschrieben. Die Klubgüter-Theorie füllt somit die Lücke zwischen reinen privaten Gütern und reinen öffentlichen Gütern und zeigt, dass es Zwischenformen, sogenannte unreine öffentliche Güter, geben kann. Ein Golfklub wäre ein solches Beispiel. Sofern ein jährlicher Mitgliedsbeitrag bezahlt wird, kann der Golfkurs frei ohne Rivalität in der Nutzung bespielt werden, solange die Kapazitätsgrenze nicht erreicht wird.

In diesem Sinn können nun alle Musikveranstaltungen mit einem Zutrittssystem, z. B. ein Konzert- und Opernhaus oder ein Musikfestivalgelände, als Klub- bzw. Mautgüter verstanden werden. Der Ticketpreis macht die Veranstaltungen ausschließbar im Konsum, wobei die Nicht-Rivalität weiterhin besteht, d. h. nur weil auch andere Personen ein Konzert besuchen, führt das noch nicht zu Nutzeneinbußen im Musikgenuss.

Allerdings sind mit der Etablierung eines Ausschlussmechanismus meist hohe Fixkosten verbunden, wie z. B. der Bau und die Erhaltung eines Opern- und Konzerthauses oder die Errichtung von Absperrungen und Zutrittssystemen bei Open-Air-Festivals. Die zusätzlichen Kosten (Grenzkosten) eines zusätzlichen Konzertbesuchs sind hingegen mehr oder weniger vernachlässigbar. Die Durchschnittskosten eines Konzertbesuchs, d. h. die gesamten Kosten dividiert durch die Anzahl der Besuche, sinken mit der Zahl der Besuche, was ein Konzert zu einem natürlichen Monopol macht.

3.4 Musikmärkte und Marktversagen

"An industry is a natural monopoly when a single firm can supply a good or service to an entire market at a lower cost than could two or more firms. A natural monopoly arises when there are economies of scale over the relevant range of output" (Mankiw 2015, S. 302). Ein natürliches Monopol stellt auch eine Form des Marktversagens dar. Da die Durchschnittskosten bei steigender Outputmenge sinken, kann ein Anbieter eines Klub- oder Mautgutes eine zusätzliche Outputmenge zu geringen Stückkosten herstellen. Wenn nun ein zusätzlicher Anbieter in den Markt eintritt, sinkt der Output pro Hersteller aufgrund steigender Durchschnittskosten (ibid.). Eine solche Situation eines natürlichen Monopols ist nicht mehr Pareto-effizient (Abb. 3.7).

Wenn ein natürlicher Monopolist das Klubgut zum Marktpreis (p_A) anbieten würde, könnte der Preis die Durchschnittskosten nicht abdecken, was einen Verlust zur Folge hätte. Der natürliche Monopolist muss daher eine Outputmenge (x_{DK}) produzieren, bei der der Preis zumindest die Durchschnittskosten (p_{DK}) abdeckt, was aber zu einer geringeren Angebotsmenge führt als in der Konkurrenzsituation.

Das Problem des natürlichen Monopols könnte nun dadurch „gelöst" werden, dass die öffentliche Hand selbst zum Produzenten des Klubgutes wird und den damit verbunden Verlust abdeckt. Alternativ dazu könnte die öffentliche Hand aber auch einen privaten Anbieter des Klubgutes eine Subvention in der Höhe des

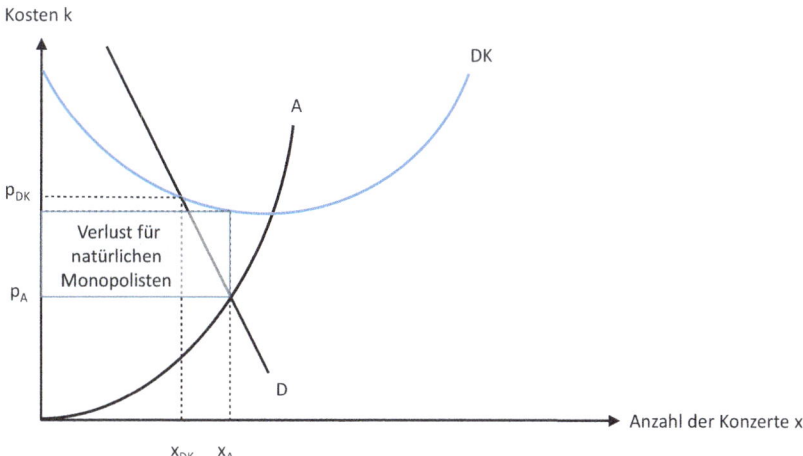

Abb. 3.7 Die Ineffizienz des natürlichen Monopols. (Quelle: Eigene Darstellung nach Varian 2010, S. 452)

zu erwartenden Verlustes zahlen, damit dieser zumindest verlustfrei produzieren kann. Weiters könnte die öffentliche Hand das natürliche Monopol über eine vorgegebene Preispolitik regulieren. Der Regulator würde dann einen Preis setzen, der es dem natürlichen Monopolisten ermöglicht, einen Verlust zu vermeiden.

Der Zusammenhang zwischen Klub- und Mautgüter mit natürlichen Monopolen ist ein weiterer Grund dafür, dass es für Opern- und Konzerthäuser fast unmöglich ist, einen Preis zu verlangen, der die Durchschnittskosten abdeckt. In Europa sind daher die Opern- und Konzerthäuser meist hochsubventioniert, wohingegen in den USA vor allem MäzenInnen die nötigen Mittel bereitstellen. In nicht-regulierten Musikmärkten hingegen wie z. B. jene für Pop- und Rockmusik, werden die Ticketpreise meist über Branding- und Sponsoringaktivitäten quersubventioniert. Es ist daher auch wenig verwunderlich, dass nur wenige internationale Veranstalter wie Live Nation, AEG und CTS Eventim den Markt dominieren, weil Konzerte und Tourneen letztendlich natürliche Monopole sind.

3.4.4 Musik als Informationsgut mit Netzwerk-Externalitäten

Wie bereits ausführlich dargestellt, kann Musik nicht nur als privates Gut, das auf einem Markt gehandelt wird, verstanden werden, sondern auch als öffentliches Gut oder als teil-öffentliches Gutes in Form von Klub- und Mautgütern. Die Besonderheit von Musik besteht nun darin, dass sie von einem reinen öffentlichen Gut (z. B. frei zugänglichem Open-Air-Konzert) in ein teil-öffentliches Klubgut (z. B. Bezahl-Veranstaltung in einem Konzerthaus) und in ein rein privates Gut (z. B. Schallplatte und CD) transformiert werden kann. Diese Transformation von einer Güterkategorie in eine andere ist aber nur deshalb möglich, weil Musik auch ein Informationsgut ist. Der Marktwert eines Informationsgutes leitet sich aus der Information ab, die dem Gut eingeschrieben ist. Obwohl es keine wissenschaftliche Standarddefinition von Information gibt, wird in allen Definitionen Information als Bedeutungsträger verstanden, der als Voraussetzung für den Wissenstransfer gesehen werden kann. Das impliziert, dass der Wert eines Informationsgutes (CD, Konzert, Opernvorstellung etc.) nur durch die Nutzung selbst eingeschätzt werden kann. Informationsgüter sind daher auch Erfahrungsgüter.

Der Konsum eines Erfahrungsgutes wie im Fall von Musik ist mit einem hohen Grad an Unsicherheit verbunden. Eine MusikkonsumentIn muss daher vorab Informationen einholen, um einschätzen zu können, ob sich der Kauf einer CD oder Konzertkarte lohnt. Dazu dienen CD- und Konzertrezensionen, Chart-Informationen und vor allem Mund-zu-Mundpropaganda, heutzutage vor allem über Social Media. Da also Informationen benötigt werden, um den Wert eines Informationsgutes wie Musik einschätzen zu können, entsteht eine Informationskreislauf, in dem der Wert eines Informationsgutes geschaffen, verändern und sogar zerstört werden kann.

Einen wesentlichen Einfluss auf diesen Informationskreislauf haben neue Technologien, wie die Geschichte der Musikwirtschaft zeigt. Ursprünglich war Musik ein öffentliches Gut (nicht-ausschließbar und nicht-rival) als Teil öffentlicher Zeremonien und repräsentativer Veranstaltungen (z. B. Musik in der Liturgie oder als Teil höfischer Feste). Mit dem Entstehen einer bürgerlichen Gesellschaft Ende des 18. Jahrhunderts haben Impresarios Musik zu einem Klubgut transformiert, indem sie Opern und Konzerte veranstalteten und dafür einen Eintrittspreis verlangten. Der Musikdruck und die Tonaufnahme verwandelten Musik in ein vollständig privates Gut, bei dem der Preismechanismus Ausschließbarkeit und Rivalität im Konsum hergestellt hat. Gemeinsam mit der Ausformung eines Urheberrechtsschutzes legten technologische Innovationen die Basis für die Ausbildung der modernen Musikindustrie. Der kommerzielle Rundfunk zeigte ab den 1920er-Jahren allerdings den öffentlichen Gutscharakter von Musik wieder auf, die entweder über Werbung (Privatradios) oder Nutzungsgebühren (öffentlich-rechtlicher Rundfunk) finanziert werden musste. Die Digitalisierung hat den öffentlichen Gutscharakter von Musik noch deutlicher gemacht. Digitale Musikfiles können ohne Qualitätsverlust zu Grenzkosten gleich Null vervielfältigt werden, was zum weitverbreiteten Trittbrettfahrerverhalten über P2P-Filesharing-Systeme geführt hat. Obwohl der Einfluss von Filesharing auf die Musikverkäufe umstritten ist, hat das Internet zwei weitere Effekte von Musik als Informationsgut sichtbar gemacht: 1) Netzwerkeffekte und 2) positives Feedback.

„When the value of a product to one user depends on how many other users there are, economists say that this product exhibits network externalities, or network effects" (Shapiro und Varian 1998, S. 13). Der Netzwerkeffekt ist mit nachfrageseitigen Skaleneffekten (Economies-of Scale) verknüpft. Je mehr NutzerInnen Teil eines Netzwerks werden, desto wertvoller wird dieses Netzwerk. Das gilt sowohl für materielle Netzwerke im Bereich der Kommunikation wie z. B. Telefon, Internet und Social-Media-Applikationen als auch für virtuelle Netzwerke wie die gemeinsame Nutzung spezifische Musikformate. Netzwerkeffekte haben dazu beigetagen, dass sich Schallplatten gegenüber Musikwalzen durchgesetzt haben, die CDs Vinyl-Schallplatten verdrängen konnten und die MP3 sich als Technologie zum Transfer von digitalen Musikfiles über das Internet etablieren konnte.

Der Wert eines Netzwerks kann nach dem „Metcalfe-Gesetz", das eher eine Faustregel denn ein Gesetz ist, bestimmt werden. Es besagt: Wenn n Personen ein Netzwerk bilden, und das Netzwerk für jede Person proportional so viel wert ist, so bedeutet das formal: $n \times (n-1) = n^2 - n$ (=Wert des Netzwerks). D. h. wenn bei einer Netzwerkgröße von 10 jeder NetzwerkuserIn das Netzwerk EUR 1.- wert ist, dann ist das Netzwerk EUR 90.- wert. Im Fall von einer 1 Mio. NutzerInnen bedeutet das einen Netzwerkwert von 999.999.000.000 (ca. EUR 1 Billion.) (siehe dazu auch Shapiro und Varian 1998, S. 184).

Da es wesentlich attraktiver ist, einem großen Netzwerk statt einem kleinen beizutreten, werden größere Netzwerke aufgrund des positiven Feedbacks schneller wachsen als kleine. Das positive Feedback erklärt, warum Internet-Applikationen wie Facebook, Twitter, YouTube und Spotify dominant werden und kleinere Anbieter vom Markt verdrängen konnten. Ein weiteres Beispiel ist die Firma Apple Inc. Apple konnte sich von einem kleinen, unbedeutenden Computerhersteller in den 1980er-Jahren in einen der weltweit größten Konzerne des frühen 21. Jahrhundert verwandeln, weil Apple ein Netzwerk von Endgeräten und Dienstleistungen (Mac, iPod, iPhone, iPad, iCloud, iTunes) anbietet, um Informationsgüter wie Musik, Film, Text usw. zu speichern und zu teilen. Das Netzwerk war so attraktiv für KonsumentInnen, dass einstmals führende Computer- und Softwareunternehmen wie IBM oder Microsoft Marktanteile einbüßten. IBM verkaufte schließlich 2005 seine Personalcomputer-Sparte an den chinesischen Elektronikkonzern Lenovo. Im Gegensatz zu Apple war IBM ein sehr bürokratisches Unternehmen mit hohen Overhead- und Fixkosten. Solche Unternehmen benötigen große und wachsende Märkte, um von den Skaleneffekten profitieren zu können. Sobald das Marktwachstum zum Stillstand kommt, können diese Konglomerate nur mehr durch Zukäufe und Zusammenschlüsse wachsen. Wenn dann eines neues Konsumverhalten z. B. durch technologischen Wandel Einzug hält, laufen die Konzerne Gefahr, in ihrem technologischen Paradigma gefangen zu werden. Sie verlieren gegenüber kleinen, wendigen Neueinsteigern am Markt, die sich in Marktnischen etablieren konnten, an Marktanteilen. Die kleinen Unternehmen können nun auf Kosten der Konzerne dank positiven Feedbacks wachsen, um diese dann schließlich zu ersetzen. So wird das positive Feedback für die Gewinner zum negativen Feedback für die Verlierer.

Zusammenfassend führen nachfrageseitige Skaleneffekte von Netzwerken zu zwei unterschiedlichen Entwicklungen (siehe Shapiro und Varian 1998, S. 173):

1. Das positive Feedback lässt die Stärkeren starker werden und die Schwächeren schwächer.
2. Das negative Feedback macht die Schwächeren starker und die Stärkeren schwächer.

3.4.5 Musik als Allmendegut

Allmendegüter sind dadurch definiert, dass es nur unter größtem Aufwand oder gar nicht möglich ist, Ausschließbarkeit herzustellen bei gleichzeitiger Rivalität im Konsum. Beispiele für Allmendegüter sind: natürliche Ressourcen, Fisch- und Jagdgründe aber auch öffentliche Parkplätze und Straßen.

Der Ökologe Garrett Hardin hat in seinem Artikel „The Tragedy of the Commons" für die Zeitschrift „Science" 1968 die Problematik der Allmendegüter analysiert. Demnach kommt es zwangsläufig zur Übernutzung von Allmendegütern, weil jede Einzelne das Gut zu ihrem Vorteil ohne Rücksicht auf andere nutzt, wodurch es zu einer Übernutzung kommt, die sogar zur vollkommenen Zerstörung des Gutes führen kann. Als Beispiel nennt Hardin die mittelalterliche Gemeinschaftsweide, Allmende genannt, auf die die DorfbewohnerInnen ihr Vieh getrieben haben bis sie überweidet war und nicht mehr genutzt werden konnte. Hardin führt das als Beweis an, dass bei Allmendegütern der Eigennutz zu Handlungen führt, die zum Schaden für die Allgemeinheit sind. Damit kann die Überfischung der Meere genauso erklärt werden wie die Abholzung der Regenwälder.

Das berühmte Woodstock-Festival im Jahr 1969 kann ebenfalls als ein Allmendegut beschrieben werden. Weil es den Organisatoren nicht rechtzeitig gelungen ist, das Festivalgelände zu umzäunen und Zutrittsschranken zu errichten, haben sie das Festival kurzerhand zu einem frei zugänglichen Event erklärt. Das Ergebnis war ein unerwartet starker Publikumsstrom, der einen Verkehrsstau bis nach New York City zur Folge hatte. Am Festivalgelände selbst waren die sanitären Verhältnisse katastrophal und es kam zu Wasser- und Nahrungsmittelknappheit, sodass die US-Armee mit Militärhelikoptern die FestivalbesucherInnen, die meist gegen den Vietnamkrieg eingestellt waren, aus der Luft versorgen musste. Obwohl Woodstock ein finanzielles Fiasko war, entspann sich bald ein Mythos von Friede, Freiheit und alternativem Lebensstil, der bis heute noch wirksam ist (siehe Rosenman et al. 1999 sowie Lang 2009).

Die Ökonomin Elinor Ostrom zeigt in ihren Analysen aber, dass die „Tragik der Allmende" kein unentrinnbares Schicksal darstellt. Wenn es einer Gemeinschaft gelingt, den Zugang zu Common Pool Resources (CPR), wie sie Allmendegüter nennt, zu regulieren, dann kann diese Form des Marktversagens vermieden werden. Dazu braucht es aber acht Designprinzipien, die die Nutzung von Allmendegütern strukturieren (Ostrom 1990, S. 90):

- Klar definierte Grenzen der Nutzung, die festlegen, wer die Ressourcen nutzen darf und wer nicht.
- Kongruenz der Aneignung und Reproduktion der Ressourcen, die den lokalen Bedingungen angepasst sind.

- Gemeinschaftliche Entscheidungen darüber, wie das Allmendegut genutzt werden darf und Sicherstellung, dass die Betroffenen auch am Entscheidungsprozess partizipieren können.
- Effektive Kontrolle der NutzerInnen und Ressourcennutzung selbst, um Regelverstößen vorzubeugen.
- Abgestufte Sanktionen bei Regelverstößen, die bei wiederholter Regelverletzung immer schärfer werden.
- Direkte und günstige Konfliktregelungsmechanismen.
- Ein Mindestmaß an Anerkennung durch übergeordnete Instanzen (z. B. durch eine Bundesregierung), dass die Gemeinschaft ihre eigenen Regeln bestimmen kann.
- Bei großen Ressourcensystemen bedarf es zudem sogenannter verschachtelter Governancestrukturen, damit die Regeln nicht nur lokal gültig sind, sondern auf allen Entscheidungsebenen anerkannt werden.

Einen Sonderfall von Allmendegütern stellen digitale Gemeingüter (digital commons) dar, die Foster Morell (2010, S. 5) wie folgt definiert: „(…) *information and knowledge resources that are collectively created and owned or shared between or among a community and that tend to be non-excludable"* (Foster Morell 2010, S. 5). Digitale Gemeingüter erlauben beispielsweise das gemeinsame Schaffen und Teilen von Musik in einer Gemeinschaft. Ein gutes Beispiel dafür ist die DJ-Kultur, in der Musikschaffende bestehende Musikstücke (Tracks) verwenden, um sie zu samplen, was wiederum für andere DJs zum Ausgangspunkt ihrer Tätigkeit wird, wodurch ein ganzer Strom von kollektivem Musikschaffen entsteht, der in einer Fan-Community eingebettet ist, die wiederum am Schaffensprozess partizipiert.

Da Musikaufnahmen aber urheberrechtlich geschützt sind, und ihre Verwendung ausdrücklich – meist gegen Zahlung eines Lizenzentgelts – erlaubt werden muss, stößt das Musik-Sampling rasch an seine Grenzen. Um den kreativen Prozess bei digitalen Gemeingütern nicht zu hemmen, hat Lawrence Lessig (2001) das Konzept der Creative-Commons-Lizenzierung entwickelt. Es handelt sich dabei um ein modulares System von urheberrechtlichen Befugnissen, bei dem die AutorInnen genau definieren können, wie und in welchem Umfang ihre Werke genutzt werden können. So können UrheberInnen festlegen, dass Dritte ihre Werke frei kopieren, verbreiten, aufführen und sogar derivative Werke anfertigen dürfen, sofern die Urheberschaft genannt wird. Sie können aber die Nutzung auch einschränken, indem eine Verbreitung eines derivativen Werks nur unter einer Lizenz, die der Ausgangslizenz des Originalwerks entspricht, erlaubt

3.4 Musikmärkte und Marktversagen

	Rivalität in der Nutzung		
	rival	nicht-rival	
	(digitales) Gemeingut urheberrechtliche geschütze Musikfiles	öffentliche Güter frei zugängliche Musikveranstaltungen	nicht ausschließbar
	private Güter Schallplatten, CDs, Musik-Downloads	Klubgüter Musikveranstaltungen in Opern- und Konzerthäusern sowie auf Musikfestivals	ausschließbar

Abb. 3.8 Eine Typologie von Musik als ökonomisches Gut. (Quelle: Eigene Darstellung nach Mankiw (2015: 217))

wird. Sie können aber auch jedwede Form kommerzieller Nutzung sowie die Anfertigung von derivativen Werken untersagen.[2]

Zusammenfassend können nun folgende ökonomische Güterkategorien für Musik unterschieden werden: 1) Musik als öffentliches Gut, bei dem der Zugang zur und die Nutzung von Musik frei ist und es keine Rivalität in der Musiknutzung gibt (z. B. frei zugängliches Open-Air-Konzert); 2) Musik als Klub- oder Mautgut, bei dem der Zugang zur Musik durch einen Preismechanismus reguliert ist, aber keine Rivalität in der Nutzung besteht (z. B. Musikveranstaltungen in Konzerthäusern aber auch kostenpflichtige Musikstreamingdienste); 3) Musik als digitales Gemein- bzw. Allmendegut, bei dem kein Ausschluss über einen Preismechanismus herstellt werden kann, aber Rivalität in der Nutzung besteht (z. B. urheberrechtliche geschützte digitale Musikfiles); 4) Musik als privates Gut, bei dem der Preismechanismus Ausschließbarkeit und Rivalität in der Nutzung herstellt (z. B. Schallplatten, CDs, kostenpflichtige Musikdownloads) (siehe Abb. 3.8).

---

[2]Eine detaillierte Erklärung der Funktionsweise von Creative Commons Lizenzen findet sich hier: https://de.wikipedia.org/wiki/Creative_Commons#Lizenzen (abgerufen: 07.07.2019).

Die Ökonomie des Musikurheberrechts 4

4.1 Die Rechtfertigungen für ein Musikurheberrecht

Wie in Kap. 3 dargestellt, hat Musik Charakteristika eines öffentlichen Gutes. Ohne Regulierung wäre Musik in der Public Domain frei verfügbar und könnte zu Grenzkosten gleich Null genutzt werden. Ökonomisch betrachtet, gäbe es keinen Anreiz, Musik zu produzieren und zu verbreiten. Die Einführung von geistigen Eigentumsrechten erlaubt es nun KomponistInnen und TextautorInnen, die Nutzung ihrer Werke zu kontrollieren. Nach Landes und Posner (2003, S. 12–16) soll geistiges Eigentum helfen dort zu ernten, wo zuvor gesät wurde. Allerdings muss der Nutzenzuwachs, der durch die Festschreibung von geistigem Eigentum einhergeht, den dadurch entstehenden Kosten gegenübergestellt werden, wobei ein ganzes Bündel von Kosten zu berücksichtigen ist. Landes und Posner (2003, S. 16–21) identifizieren 1) Kosten des Transfers von geistigem Eigentum (z. B. Vertragskosten); 2) Kosten, die beim Erwerb dieser Rechte entstehen (z. B. Lizenzzahlungen) und 3) die Kosten des Schutzes geistigen Eigentums und der Rechtsdurchsetzung (z. B. Klagekosten). Aus ökonomischer Perspektive macht die Einführung eines Urheberrechtsregimes nur dann Sinn, wenn der damit verbundene Nutzenzuwachs höher ist als die damit einhergehenden Kosten.

Eine wichtige Ausformung von geistigem Eigentum sind die Urheberrechte, die sich dadurch rechtfertigen lassen, dass UrheberInnen ein Recht darauf haben sollen, von den Früchten ihrer Arbeit zu leben und daraus ein Einkommen zu beziehen. Dazu braucht es entsprechende Verwertungsrechte für ein Werk. Darüber hinaus gibt es noch die auf den Philosophen Immanuel Kant zurückgehende Annahme, dass ein Werk eine Ausformung der Persönlichkeit einer

UrheberIn ist. Und schließlich kann das Urheberrecht auch damit begründet werden, dass es die gesellschaftliche Pflicht erfüllt, den wohlfahrtssteigernden Beitrag durch das Werkschaffen zu remunerieren (siehe O'Hagan 1998, S. 78–79). All das sind moralische Begründungen für ein Urheberrecht, wobei die Kantsche Argumentation vor allem im kontinentaleuropäischen Urheberrecht wichtig ist. Daraus lassen sich nach O'Hagan (1998, S. 84) drei Persönlichkeitsrechte ableiten: 1) das Recht als UrheberIn eines Werkes identifiziert zu werden, um vor Plagiaten geschützt zu sein (Schutz der Urheberschaft); 2) das Recht, sich gegen Eingriffe und Veränderungen des Werks durch Dritte zu schützen (Werkschutz) und 3) das Recht, ein Werk zu veröffentlichen bzw. die Veröffentlichung eines Werkes zu untersagen (Veröffentlichungsrecht).

Die europäische Urheberrechtsgesetzgebung schützt vor allem aber die ökonomischen Befugnisse der UrheberInnen, dazu zählen folgende Verwertungsrechte: 1) Aufführungs-, Vortrags- und Vorführungsrechte, 2) Vervielfältigungsrechte, 3) Senderechte, 4) Verbreitungsrechte und 5) Rechte zur Verfügbarmachung von Werken im Internet (sogenannte Onlinerechte).[1] All diese Rechte können von den UrheberInnen Dritten (z. B. Musikverlagen) zur Nutzung übertragen bzw. lizenziert werden.

Im Vergleich zum europäischen Urheberrecht, in dem sowohl Persönlichkeitsrechte (moral rights) als auch ökonomische Verwertungsrechte (economic rights) fest verankert sind, stellt der US-amerikanische Copyright Act vor allem auf die ökonomischen Befugnisse der Werkschaffenden ab. Das zentrale Argument für die Einführung eines Copyrights ist daher sehr eng mit der Theorie von Eigentumsrechten (property rights) verknüpft: *„The public good represented by composers' and authors' work in a market without copyright would presumably be undersupplied, since society would have no mechanism with which to signal creators of the true collective value placed on their work"* (O'Hare 1982, S. 37). Dementsprechend hätten KomponistInnen und TextautorInnen ohne urheberrechtlichen Schutz keinen Anreiz, Musik zu schaffen. Allerdings zeigt ein Blick in die Musikgeschichte, dass Musik auch ohne urheberrechtlichen Schutz geschaffen wurde. Das Urheberrecht ist daher nicht die unbedingte Voraussetzung für musikalische Kreativität und Innovation.

---

[1]Siehe dazu Richtlinie 2001/29/EG des Europäischen Parlaments und des Rates vom 22. Mai 2001 zur Harmonisierung bestimmter Aspekte des Urheberrechts und der verwandten Schutzrechte in der Informationsgesellschaft: https://eur-lex.europa.eu/LexUriServ/LexUriServ.do?uri=OJ:L:2001:167:0010:0019:DE:PDFm (abgerufen: 13.12.2019).

4.2 Urheberrecht und Marktstrukturen

4.2.1 Das Monopol

Das Urheberrecht stellt ein zeitlich befristetes Monopol für die Verwertung von Werken dar. Aufgrund dessen haben z. B. Musikverlage einen wirtschaftlichen Anreiz, Musikwerke zu vervielfältigen und zu verbreiten. Die Verlage aber auch andere Intermediäre (Zwischeninstanzen) wie phonografische Unternehmen bauen ihre Geschäftsmodelle auf den urheberrechtlichen Schutz von Musikwerken auf. Die Produktion einer Musikaufnahme ist mit signifikanten Kosten verbunden, die über die wirtschaftliche Auswertung in einem zeitlich befristeten Monopol zurückverdient werden können, die das Leistungsschutzrecht gewährleistet. Leistungsschutzrechte kommen nicht nur den Herstellern einer Aufnahme (Labels), sondern auch den InterpretInnen und Rundfunkunternehmen zu.[2]

Ein Monopol stellt aber eine weitere Form des Marktversagens dar und ist mit Ineffizienzen verbunden (Abb. 4.1). Eine MonopolistIn maximiert ihren Gewinn, wenn der Grenzertrag gleich den Grenzkosten ist,[3] wobei letztere die Angebotskurve der MonopolistIn darstellt. An diesem Punkt setzt die MonopolistIn aber einen höheren Preis (p_M) als am Konkurrenzmarkt (p^*). Gleichzeitig bietet die MonopolistIn zu diesem höheren Preis eine geringere Outputmenge (x_M) im Vergleich zum Konkurrenzmarkt an (x^*). Die NutzerInnen sind demnach in einem Monopol schlechter gestellt als in einem Konkurrenzmarkt (Polypol). Sie müssen für weniger Output auch noch einen höheren Preis bezahlen. Das Monopol ist daher nicht Pareto-effizient. Darüber hinaus würden mehr NutzerInnen auf einem Konkurrenzmarkt das Gut zu einem niedrigeren Preis kaufen, was sich in einem Wohlfahrtsverlust – Rechteck B und Dreiecks (C) in der Abb. 4.1 – niederschlägt. Die MonopolistIn hingegen erzielt einen Monopolgewinn = $(p_M - p^*) \times x_M$ (= Rechteck A).

Es gibt also zwei gegenläufige Effekte des Urheberrechts. Zum einen führt das Fehlen eines Urheberrechts zu einem Trittbrettfahrerverhalten, was sich in einer Unterproduktion von Musik niederschlägt. Die Einführung eines Urheberrechts

---

[2]Siehe dazu Internationales Abkommen über den Schutz der ausübenden Künstler, der Hersteller von Tonträgern und der Sendeunternehmen (Rom-Abkommen) vom 26. Oktober 1961. https://www.wipo.int/treaties/en/text.jsp?file_id=289757 (abgerufen: 13.12.2019).

[3]Der Grenzertrag entspricht dem zusätzlichen Ertrag, der durch eine zusätzlich erzeugte Outputmenge erzielt werden kann. Die Grenzkosten sind jene zusätzlichen Kosten, die bei der Erstellung der zusätzlichen Outputmenge anfallen (siehe Varian 2010, S. 380–382).

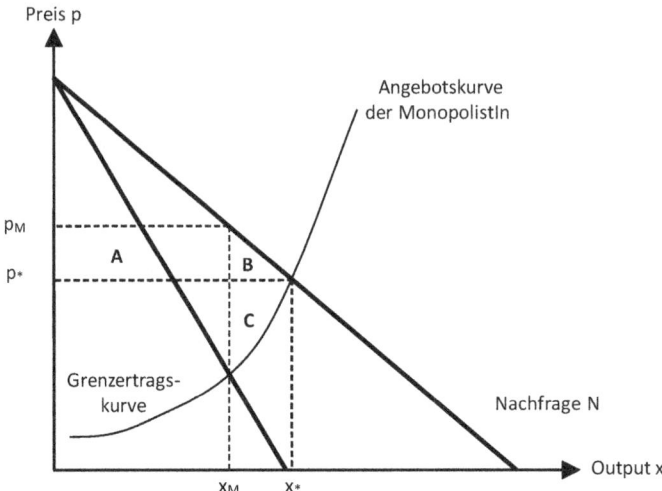

Abb. 4.1 Die Ineffizienz des Monopols. (Quelle: Eigene Darstellung)

erhöht das Produktionsniveau und führt zu einem Wohlfahrtsgewinn. Zum anderen erzeugt das Urheberrecht aber auch ein Monopol, das mit Unterkonsumption und einem Wohlfahrtsverlust einhergeht. Es müssen also die wohlfahrtssteigernden Effekte der Einführung eines Monopols mit seinen Ineffizienzen verglichen werden, um beurteilen zu können, ob ein temporär garantiertes Urheberrecht ökonomisch gerechtfertigt ist oder nicht.

4.2.2 Monopolistische Konkurrenz

Allerdings sind weder der phonografische Markt, der Musikverlagsmarkt und der Musikveranstaltungsmarkt reine Monopole. Musikmärkte, die auf Urheberrecht aufbauen, stellen vielmehr eine monopolistische Konkurrenzsituation dar. Da z. B. das Leistungsschutzrecht an einer Musikaufnahme dem phonografischen Unternehmen bzw. Label eine Monopolstellung bezüglich dieser Aufnahme zusichert, agiert es wie ein Monopolist. Die einzelnen Aufnahmen aber stehen in einem Konkurrenzverhältnis zueinander, weil die MusikkonsumentInnen zwischen diesen Aufnahmen wählen können. Eine solche Situation wird als monopolistische Konkurrenz beschrieben, deren Charakteristika Mankiw (2015, S. 331) wie folgt zusammenfasst:

- Viele AnbieterInnen: Viele Unternehmen konkurrieren um die gleiche Gruppe von NachfragerInnen.
- Produktdifferenzierung: Jedes Unternehmen stellt ein Produkt her, das sich vom Konkurrenzprodukt unterscheidet. Statt als passiver Preisnehmer zu agieren, ist jedes Unternehmen mit einer fallenden Nachfragekurve konfrontiert.
- Freier Markteintritt und -austritt: Unternehmen können in den Markt ohne Restriktionen eintreten und austreten, was dazu führt, dass langfristig die Gewinne gegen Null tendieren.

Die Unternehmen verhalten sich in der monopolistischen Konkurrenz zwar als Monopolisten, die ihren Gewinn bei Grenzertrag = Grenzkosten maximieren, aber sie stehen sich auch in einem Konkurrenzverhältnis gegenüber, was langfristig den Preis auf das Niveau der Durchschnittskosten drückt (Abb. 4.2).

Im Vergleich zu einem Konkurrenzmarkt (Polypol) ist der Preis bei monopolistischer Konkurrenz (p_{MK}) höher und der Output (x_{MK}) niedriger. In

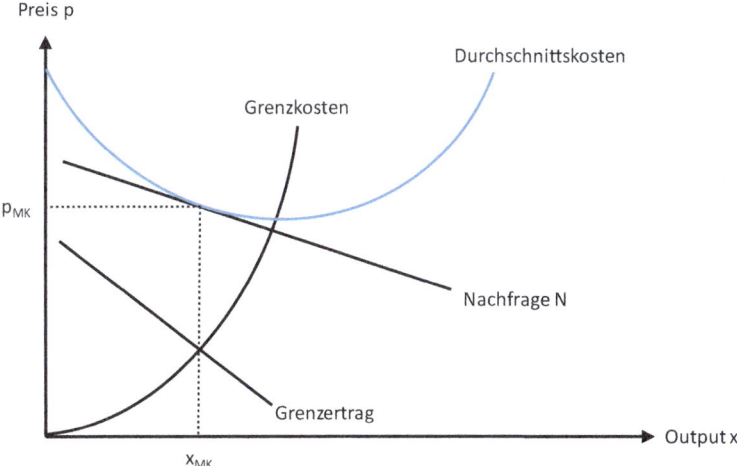

Abb. 4.2 Langfristige Gewinnmaximierung bei monopolistischer Konkurrenz. (Quelle: Eigene Darstellung nach Mankiw 2015, S. 334)

diesem Sinn ist die monopolistische Konkurrenz nicht Pareto-effizient, weil sie einen Wohlfahrtsverlust erzeugt: *„In the end, we can conclude only that monopolistically competitive markets do not have all the desirable welfare properties of perfectly competitive markets. That is, the invisible hand does not ensure that total surplus is maximized under monopolistic competition. Yet because the inefficiencies are subtle, hard to measure, and hard to fix, there is no easy way for public policy to improve the market outcome"* (Mankiw 2015, S. 337).

4.2.3 Das Oligopol

Viele Sektoren der Musikindustrie – phonografische Industrie, Musikverlagswesen und Musikveranstaltungsbusiness – sind von wenigen sehr großen Unternehmen (Majors) geprägt, denen eine Vielzahl kleiner Unternehmen (Independents), die kaum über Marktmacht verfügen, gegenübersteht. Die sogenannten Indies agieren auf einem monopolistischen Konkurrenzmarkt, wohingegen die Majors ein Oligopol bilden. Die Major-Unternehmen sind dabei bei ihren Preis- und Outputentscheidungen voneinander abhängig. Die oligopolistischen Majors erzielen einen Vorteil, wenn sie als Monopolisten agieren und den Preis über den Grenzkosten der Produktion ansetzen. Das führt zu einem abgestimmten Verhalten in der Preissetzung und der Bildung eines Preiskartells, das von Wettbewerbsbehörden nicht gern gesehen wird und mit hohen Strafen belegt wird. Die oligopolistischen Unternehmen reagieren darauf, indem sie die Outputmenge höher als im Monopol aber niedriger als im Konkurrenzmarkt ansetzen, was wiederum zu einem Oligopolpreis führt, der zwischen dem höheren Monopolpreis und dem niedrigeren Konkurrenzpreis angesetzt werden wird (Mankiw 2015, S. 352).

Oligopolisten maximieren demnach nicht ihre Gewinne, sondern ihre Marktanteile. Je größer der Marktanteil eines oligopolistischen Unternehmens, desto mehr Marktmacht kann sich das Unternehmen aneignen und den Preis in Richtung Monopolpreis drücken. Es ist daher für Musik-Majors in einem Oligopol attraktiv, über die Akquisition von Indie-Labels zu wachsen und so den Katalog an Masterrechten zu vergrößern. Es ist daher wenig überraschend, dass sämtliche sogenannte Copyright-Industrien zu oligopolistischen Marktstrukturen tendieren. Um ein besseres Verständnis über die Wirkkräfte in einem Oligopol zu erlangen, müssen die vertraglichen Beziehungen der einzelnen MarktakteurInnen untereinander betrachtet werden.

4.3 Urheberrecht und Vertragsökonomie

Um die Wirkungen des Urheberrechts auf Marktstrukturen und -prozesse besser zu verstehen, verlassen wir die Welt der neoklassischen Ökonomie. Wie wir bereits gesehen haben, sind viele Sektoren der Musikindustrie von Konzernstrukturen geprägt. Große Unternehmen haben sowohl das Musikverlagswesen als auch die phonografische Industrie seit dem Ende des 19. Jahrhunderts dominiert. In den letzten Jahren hat sich aber auch der internationale Musikveranstaltungsmarkt in ein Oligopol von wenigen, sehr großen Musikveranstaltern wie Live Nation, AEG und CTS Eventim verwandelt. Wir müssen also verstehen, wie diese Unternehmenskonglomerate funktionieren und sich weiterentwickeln, wobei das Urheberrecht eine wesentliche Rolle spielt.

In seinem bahnbrechenden Artikel „The Nature of the Firm" (1937) hat der Ökonom Ronald Coase eine Erklärung dafür geliefert, wie Unternehmen entstehen und zu Konzernstrukturen heranwachsen. Seine Erklärung fußt dabei auf dem Konzept der Transaktionskosten. Coase hat erkannt, dass Markttransaktionen nicht kostenlos abgewickelt werden können. Bei jeder Transaktion können unterschiedliche Transaktionskosten entstehen: Informationskosten, Verhandlungskosten, Kontrollkosten, Vertragsdurchsetzungskosten usw. Oliver Williamson (1979) weist in seinem Erklärungsansatz darauf hin, dass die Höhe der Transaktionskosten von der Häufigkeit der Transaktionen, ihrer Spezifität und Unsicherheit im Ergebnis abhängig ist. Je höher die Transaktionskosten desto weniger wahrscheinlich ist es, dass sie über einen Markt, sondern über eine Hierarchie, was nach Williamson lediglich ein anderes Wort für Unternehmen ist, abgewickelt wird (siehe Williamson 1975) (Abb. 4.3).

Transaktionskosten spielen also eine wesentliche Rolle bei der Herausbildung großer Musikkonzerne. Unsicherheit und Spezifität sind in der Musikindustrie sehr hoch. So sind nach dem Ökonom Richard Caves die Produktion und Verbreitung von kreativen Gütern wie Musik mit hoher Unsicherheit verbunden, was Caves mit der „Nobody-knows"-Metapher umschreibt (Caves 2000, S. 3). Eine Daumenregel in so gut wie allen Kreativindustrien besagt, dass nur 10 % aller Produkte und Leistungen ihre Kosten wieder hereinspielen, was zur Folge hat, dass z. B. 10 % aller Musikaufnahmen die Verluste der restlichen 90 % decken müssen. Zudem ist die Spezifität einer Musikaufnahme sehr hoch. Ist die Aufnahme einmal durchgeführt, kann sie nur mehr als solche zu einem bestimmten Preis verkauft werden, weil es keine alternative Verwendung dafür gibt. Stellt sich die Aufnahme als Flop heraus, ist das Investment verloren, was als „versunkene Kosten" („sunk costs") bezeichnet wird (Mankiw 2015, S. 286). Die Zusicherung von Urheberrechten hilft nun, die Unsicherheit in der wirtschaftlichen Verwertung

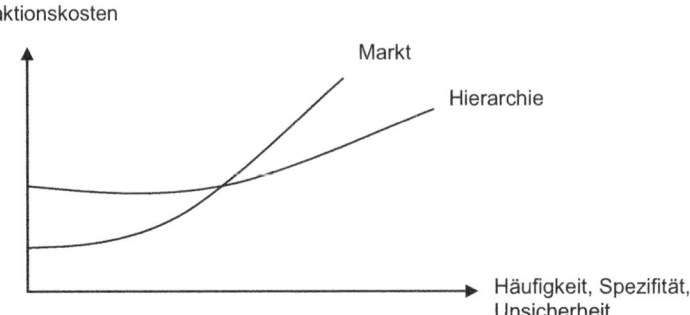

Abb. 4.3 Das Entscheidungskriterium zwischen Markt und Hierarchie. (Quelle: Eigene Darstellung nach Schoppe 1996, S. 162)

von Musik langfristig zu senken. So gesehen, ist das Urheberrecht eine Art langfristiger Versicherungsschutz gegen falsche Unternehmensentscheidungen. Das Urheberrecht wirkt aber auch als Eintrittbarriere in die Musikindustrie, wie die Kulturökonomin Ruth Towse ausführt: „*[T]he only way a competing firm can obtain existing copyrights is by buying them from the owner or acquiring a licence to use them, which the copyright owner may not grant as the new entrant is a competitor*" (Towse 2010, S. 387).

Die Geschichte der Musikindustrie ist daher auch geprägt von Unternehmensübernahmen und -zusammenschlüssen, wie bereits ausführlich im Abschn. 4.2 dargestellt wurde. Dabei kommt es nicht immer nur auf gleicher Wertschöpfungsebene zur horizontalen Integration von Unternehmen, sondern auch zwischen Unternehmen unterschiedlicher Wertschöpfungsstufen (vertikale Integration). Deshalb sind die größten Unternehmen der phonografischen Industrie auch Eigentümer der größten Musikverlage geworden, was als Rückwärtsintegration in der Wertschöpfungskette bezeichnet wird. Die Majors haben aber auch lange Zeit die nachfolgenden Wertschöpfungsstufen wie CD- und DVD-Presswerke, physische Vertriebswege und sogar den Tonträger-Einzelhandel – man denke nur an die His Master's Voice-Shops der EMI – über Vorwärtsintegration kontrolliert. Die Digitalisierung hat aber die Deintegration der Wertschöpfungskette durch steigende Transaktionskosten bewirkt, was die Majors dazu veranlasst hat, ihre CD- und DVD-Presswerke aber auch die physischen Vertriebskanäle zu verkaufen und stattdessen in den Ausbau der Kataloge für Masterrechte an den Musikaufnahmen zu investieren, was Storper und Christopherson (1987) als flexible Spezialisierung bezeichnen. Mit dem Musikstreaming-Boom haben

4.3 Urheberrecht und Vertragsökonomie

die Majors, auf deren Kataloge die Streamingdienste angewiesen sind, wieder begonnen, sich in Vertriebskanäle einzukaufen, weil sie im Zuge der Lizenzverhandlungen auch Unternehmensanteile an den Streamingdiensten erworben haben, was ihnen einen gewissen Grad an Kontrolle über die Verbreitung von Musik in digitaler Form gewährt.

Kontrolle ist überhaupt das wichtigste Asset im unsicheren Umfeld der Musikindustrie, die durch die Unternehmen über Verträge ausgeübt wird. Da Verträge niemals alle Aspekte regeln können, müssen sie als unvollkommen bezeichnet werden, wobei nach Caves (2000, S. 61–64) der Grad an Unvollkommenheit der Verträge in der Musikindustrie meist höher ist als in anderen Industrien. Aufgrund des „Nobody-knows"-Problems wollen die phonografischen Unternehmen möglichst alle Rechte, die an das Musikschaffen geknüpft sind, kontrollieren. Abgesehen von Superstars, die den Labels die Vertragsbedingungen diktieren können, sitzen die phonografischen Unternehmen und vor allem die Majors am längeren Ast. Sie werden darauf bestehen, möglichst viele Rechte bezüglich einer Aufnahme exklusiv lizenziert zu bekommen, wodurch sie die Vermarktung einer Musikaufnahme und des zugrunde liegenden Werks monopolisieren können. Die Monopolisierung der Musikwerke, wie bereits gezeigt wurde, führt zu einem monopolistischen Konkurrenzmarkt und erzeugt hohe Markteintrittsbarrieren, weil niemand ein und dieselbe Aufnahme wirtschaftlich verwerten kann. Langfristig wird der Konkurrenzdruck sinken und sich die Musikindustrie oligopolisieren. Wenn aber nur wenige große Unternehmen den Markt dominieren, werden diese nach der Stabilisierung ihrer Marktmacht streben, indem sie die Kontrollspanne über ihre Tätigkeiten ausweiten werden. Sie werden einerseits mithilfe ihrer Verlage und Labels die Vertragsbedingungen gegenüber den UrheberInnen und InterpretInnen diktieren und andererseits gegenüber gesetzgebenden Instanzen für ein für sie vorteilhaftes Urheber- und Leistungsschutzrecht lobbyieren (Tschmuck 2009, S. 261) (Abb. 4.4).

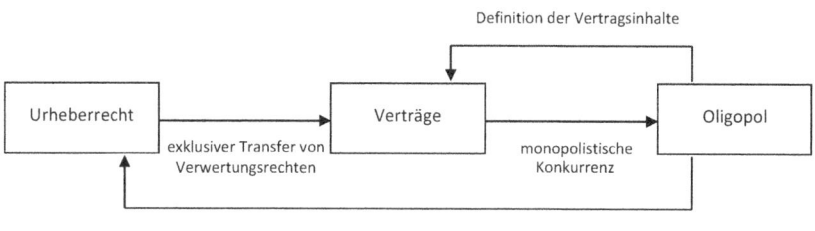

Abb. 4.4 Die Beziehung zwischen Urheberrecht, Verträgen und Marktstruktur. (Quelle: Tschmuck 2017, S. 73)

4.4 Monopolmacht und die optimale Dauer der Schutzfrist von Urheberrechten

Die Länge der Schutzfrist von Urheberrechten ist die wesentlichste Begrenzung monopolitischer Macht. Während die Schutzfrist im ersten modernen Urheberrecht, dem Statute of Anne (1709/10), noch auf 14 Jahre mit einmaliger Verlängerungsmöglichkeit begrenzt war, wurde sie mittlerweile auf 70 Jahre nach dem Tod der UrheberIn angehoben. Im US-amerikanischen Sonny Bono Copyright Term Extension Act wurde 1998 die Schutzfrist für Werke im Eigentum von Unternehmen auf 120 Jahre nach Werkschaffung bzw. 95 Jahre nach Veröffentlichung – je nachdem, was zuerst eintritt – verlängert.[4] In der Europäischen Union (EU) wurde 2011 die Schutzfrist für Leistungsschutzrechte auf Tonaufnahmen von 50 auf 70 Jahre angehoben.[5]

Sowohl die US-amerikanische als auch die EU-Schutzfristverlägerung von Urheberrechten wurde von zahlreichen IP-RechtsexpertInnen und ÖkonomInnen, darunter die Wirtschaftsnobelpreisträger Sir James Mirrlees und Kenneth Arrow, als unverhältnismäßig und unnötig kritisiert. Zwei Fragen wurden vor allem aufgeworfen: 1) Warum ist die Schutzfristverlängerung von Urheberrechten aus ökonomischer Sicht problematisch und 2) welches ist die optimale Länge des Urheberrechtsschutzes?

4.4.1 Die ökonomische Problematik der Schutzfristverlängerung von Urheberrechten

Landes und Posner (2003) haben dazu ein gesamtgesellschaftliches Modell für den optimalen Urheberrechtsschutz entwickelt, wonach eine Erhöhung des Schutzniveaus nicht nur eine Ertrags-, sondern auch eine Kostensteigerung zur Folge hat, weil kreative Leistungen sich mitunter auch bereits existierender Werke bedienen. Die Werke stehen zudem in einem Konkurrenzverhältnis zueinander. Wenn nun die Anzahl der Werke steigt, verringert die zunehmende

---

[4]Sonny Bono Copyright Term Extension Act, Sonny Bono Act 1998, Pub. L. 105–298: https://www.congress.gov/bill/105th-congress/senate-bill/505/text (abgerufen: 13.12.2019).
[5]Richtlinie 2011/77/EU des Europäischen Parlaments und Rates vom 27. September 2011 zur Änderung der Richtlinie 2006/116/EG über die Schutzdauer des Urheberrechts und bestimmter verwandter Schutzrechte: https://eur-lex.europa.eu/legal-content/DE/TXT/PDF/?uri=CELEX:32011L0077&from=EN (abgerufen: 13.12.2019).

4.4 Monopolmacht und die optimale Dauer ...

Konkurrenz der Werke untereinander den durchschnittlichen Ertrag pro Werk. Da die Produktionskosten nicht für alle Werke gleich sind und es eine unterschiedliche Nachfrage nach einzelnen Werken gibt und somit auch die soziale Wohlfahrt sich von Werk zu Werk unterscheiden wird, kommen Landes und Posner zu folgenden Schlüssen: 1) einige Werke würden auch ohne Urheberrechtsschutz geschaffen werden; 2) das Angebot an Werken steigt mit der Einführung eines Urheberrechtsschutzes; 3) mit der Zunahme des Rechtsschutzes sinkt aber der zusätzliche Ertrag aus neu geschaffenen Werken, was 4) dazu führt, dass ab einem bestimmten Schutzniveau das Angebot an neuen Werken sinkt: *„(…) the cost of expression to marginal authors will dominate, so that the number of works will begin to fall"* (Landes und Posner 1989, S. 335).

Daraus können wir eine aggregierte Wohlfahrtsfunktion ableiten, wonach die gesamte Wohlfahrt sich aus dem Gesamtnutzen, den alle Werke stiften, abzüglich ihrer Produktionskosten inklusive der Kosten für die Administration und Rechtsdurchsetzung errechnet. Der Nutzen von jedem bereits existierenden Werk sinkt nun mit zunehmendem Urheberrechtsschutz aufgrund des Nettowohlfahrtsverlusts, der mit der Erhöhung des Schutzniveaus einhergeht. Die gesamtheitliche Änderung der sozialen Wohlfahrt hängt nun von folgenden Faktoren ab: 1) vom Wohlfahrtszuwachs neu geschaffener Werke, 2) Wohlfahrtsrückgang bereits existierender Werke und 3) von den Produktionskosten sowie Kosten der Administration und Rechtsdurchsetzung. Da eine Schutzfristverlängerung zu einem Nettowohlfahrtsverlust bei bereits existierenden Werken führt und die Kosten der Administration und Rechtsdurchsetzung zu berücksichtigen sind, müsste der Wohlfahrtszuwachs durch neu geschaffene Werke die Verluste mehr als ausgleichen, was nicht sehr wahrscheinlich ist. Eine Schutzfristverlängerung führt demnach zu einer Verringerung der sozialen Wohlfahrt. Auch wenn diese Schlussfolgerung intuitiv ist, kommen Landes und Posner (2003, S. 220) zum Schluss, dass eine rückwirkende Verlängerung des Urheberrechtschutzes (also auch für bereits existierende Werke) *„(…) can't affect the incentive to create new works, since a retroactive extension affects only the return on works already in existence (…). Retroactive extensions do not enhance incentives to create expressive works, so if those incentives are the only benefits from copyright, such extensions will increase transaction and access costs without generating any offsetting value."*

Eine Schutzfristverlängerung für Urheberrechte hat demnach zwei negative Effekte: 1) die Anzahl zusätzlich geschaffener, neuer Werke wird bestenfalls unverändert bleiben, wahrscheinlich aber sinken; 2) die Produktions- und Administrationskosten werden steigen, weil die Anzahl der Werke in der Public

Domain zurückgeht. Daher ist anzunehmen, dass die soziale Wohlfahrt mit der Verlängerung der Schutzfrist von Urheberrechten sinken wird.

4.4.2 Die optimale Länge des Urheberrechtsschutzes

Wenn also eine Verlängerung des Urheberrechtsschutzes nicht neutral gegenüber der sozialen Wohlfahrt ist, stellt sich Frage, ob es eine optimale Länge des Urheberrechtsschutzes geben kann? Pollock (2009) hat basierend auf vielen empirischen Parametern eine Wahrscheinlichkeitsdichtefunktion (WDF) errechnet, die nahelegt, dass kürzere Schutzfristen als es gegenwärtig der Fall ist, die soziale Wohlfahrt erhöhen würden. *„Using existing data on recordings and books we obtain a point estimate of around 15 years for optimal copyright term with a 99% confidence interval extending up to 38 years."* (Pollock 2009, S. 24) (Abb. 4.5).

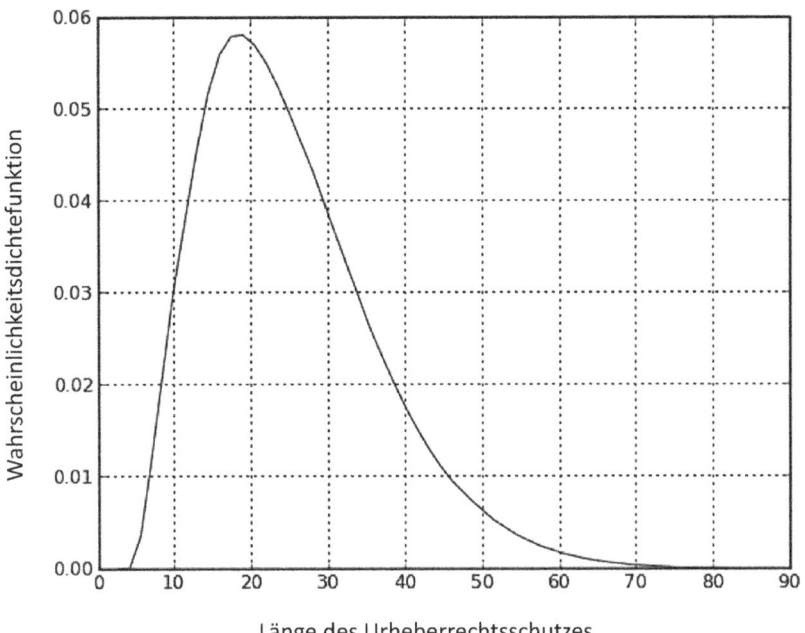

Abb. 4.5 Die optimale Länge des Urheberrechtsschutzes. (Quelle: Pollock 2009, S. 22)

Das Modell legt nahe, das eine Urheberrechtschutzfrist von rund 15 Jahren die soziale Wohlfahrt – gemessen an den geschaffenen Werken – optimieren würde, wobei die Erträge für die RechteinhaberInnen sich mit den Produktionskosten für die Erstellung der Werke langfristig ausgleichen würden. Die bestehende Urheberrechtsschutzfrist von 70 Jahren ist also aus ökonomischer Sicht viel zu hoch angesetzt.

Der Musikverlagsmarkt 5

5.1 Funktionen und Aufgaben des Musikverlagswesens

Als das Musikverlagswesen Ende des 19. Jahrhunderts den Kern der Musikindustrie bildete, bestand die Hauptfunktion der Musikverlage darin, Notendrucke anzufertigen und zu verbreiten. Wie bereits in Kap. 2 ausgeführt, war der Song „After the Ball" 1893 in Form von Notenblättern der erste Millionen-Seller der Musikgeschichte und viele weitere sollten folgen. Heutzutage ist das sogenannte Papiergeschäft allerdings nur mehr ein Nischensegment für die Musikverlage, die sich im digitalen Zeitalter mit dem Erwerb und der Verwertung von Urheberrechten befassen.

5.1.1 Der Erwerb von Musikurheberrechten

Die Musikverlage erwerben üblicherweise über einen Verlagsvertrag mit KomponistInnen und AutorInnen das Recht zur wirtschaftlichen Auswertung eines einzelnen Musikwerks (Einzeltitelvertrag) oder schließen für eine zeitlich begrenzte Periode einen exklusiven Vertrag für das gesamte Werkschaffen der KünstlerIn in dieser Periode (Autorenexklusivvertrag) ab. Im Einzeltitelvertrag lizenziert die SongwriterIn üblicherweise alle Urheberrechte an den Verlag, um im Gegenzug für einen nicht-rückzahlbaren Vorschuss, der allerdings vollständig mit den vertraglich vereinbarten Tantiemen gegenverrechenbar ist, solange die Produktionskosten nicht gedeckt sind, ausbezahlt zu bekommen. Einige hundert Dollar oder Euros sind international der übliche Vorschuss für einen Einzeltitelvertrag (siehe Hull et al. 2011, S. 122–123; Lyng et al. 2011, S. 78–82).

Im Autorenexklusivvertrag hingegen bindet sich die KomponistIn/SongwriterIn für eine vertraglich definierte Periode an einen Musikverlag, der das gesamte Werkschaffen der KünstlerInnen in dieser Periode wirtschaftlich auswerten darf. Ein solcher Exklusivvertrag wird üblicherweise über die Zeitdauer von einem Jahr abgeschlossen, wobei international durchaus auch längerfristigere Verträge – bis zu sieben Jahren – eingegangen werden, vor allem dann, wenn der Verlag eine KünstlerIn aufbauen will und die Aussicht besteht, dass die SongwriterIn als InterpretIn auch Musikaufnahmen machen wird.[1] Ein solches Beispiel stellt die Singer/Songwriterin Alanis Morissette dar, die ursprünglich einen exklusiven 7-Jahresverlagsvertrag mit der MCA Music Publishing eingegangen ist, um 1995 ihr Albumdebüt als SängerIn anzuschließen (Hull et al. 2011, S. 121). Während der exklusiven Vertragsperiode erhält die SongwriterIn einen wöchentlichen oder monatlichen Vorschuss, der vollständig mit den Einnahmen aus den digitalen und physischen Musikverkäufen, dem Verkauf von Notendrucken, der Verwertung von Synchronisationsrechten etc. gegenverrechenbar sind (Brabec und Brabec 2004, S. 13). In beiden Fällen entspricht die Dauer der wirtschaftlichen Auswertung der Lebenszeit der UrheberIn bis 70 Jahre nach ihrem/seinem Ableben.

Das beschriebene Modell des Erwerbs von Musikurheberrechten ist typisch für kleinere Musikverlage. Große Musikverlage kaufen hingegen gesamte Musikkataloge von erfolgreichen SongwriterInnen und MusikproduzentInnen auf, die ihre Musik im Eigenverlag publizieren. Es werden von den großen Verlagen sogar andere Musikverlage aufgekauft, um den eigenen Musikkatalog zu erweitern. Auf diese Weise konnte die deutsche BMG Rights Management seit 2010 zum viertgrößten Musikverlag der Welt – hinter den drei sogenannten Industrieverlagen Universal Music Publishing (UMP), Sony/ATV Publishing und Warner/Chappell Music – aufsteigen (siehe unten).

5.1.2 Die wirtschaftliche Auswertung der Musikurheberrechte

Die Hauptaufgabe eines Musikverlages ist es, Musikurheberrechte für verschiedene Nutzungsarten an Dritte zu lizenzieren: 1) für die öffentliche Aufführung von Musik, 2) für das Senden von Musik in Radio, TV und Kabel-

---

[1] In Deutschland ist ein gesetzliches Kündigungsrecht von fünf Jahren für die UrheberIn verankert (Lyng et al. 2011, S. 88).

netzen, 3) für die Vervielfältigung von Musik auf digitalen und physischer Formaten, 4) für die Verbreitung von Musik in Form von Tonträgern im Handel, 5) für die Zurverfügungstellung von Musik im Internet, 6) für die Verwendung von Musik in Kino- und TV-Filmen, Homevideos, Games und in der Werbung (Synchronisationsrechte) sowie 7) für den Druck von Notenmaterialien.

1. Öffentliche Aufführung und Sendung von Musik

Da es für UrheberInnen und die Musikverlage nicht möglich ist festzustellen, an welchen Orten ihre Musik aufgeführt wird, haben sie Verwertungsgesellschaften zur kollektiven Wahrnehmung von Musikrechten geschaffen. Wie bereits in Kap. 2 näher ausgeführt, wurde in Frankreich 1850 mit der SACEM die erste Verwertungsgesellschaft gegründet, die im Auftrag ihrer Mitglieder überall dort Nutzungsentgelte einheben durfte, wo deren Musik öffentlich aufgeführt wurde. Mit der Kodifizierung moderner Urheberrechtsgesetze wurde um 1900 die Grundlage zur Gründung weiterer Verwertungsgesellschaften zur Wahrnehmung von Musikrechten gelegt. In der damaligen Österreichisch-Ungarischen Donaumonarchie ist mit der staatlich genehmigten Gesellschaft der Autoren, Komponisten und Musikverleger (AKM) am 5. Dezember 1897 die erste Musik-Verwertungsgesellschaft im deutschsprachigen Raum gegründet worden, um die „(...) die individuelle Durchsetzung von Entgeltansprüchen für die ‚konzertmäßige' öffentliche Aufführung (...)", wie im Urheberrechtsgesetz 1895 festgelegt, zu gewährleisten (AKM 2007).

Im Deutschen Reich wurde 1903 die Anstalt für musikalisches Aufführungsrecht (AFMA) von der Genossenschaft Deutscher Tonsetzer ins Leben gerufen, um die im „Gesetz betreffend das Urheberrecht an Werken der Literatur und der Tonkunst" aus dem Jahr 1901 einräumten Aufführungsrechte effektiv wahrnehmen zu können. Im selben Jahr schloss die AFMA einen Gegenseitigkeitsvertrag mit der österreichischen AKM, damit die Aufführungsrechte am jeweiligen Repertoire in den beiden Ländern wirtschaftlich verwertet werden konnten. Allerdings kündigte die AKM 1913 den Gegenseitigkeitsvertrag mit der AFMA auf, um sich 1916 mit der Genossenschaft zur Verwertung musikalischer Aufführungsrechte (GEMA) zu verbinden, die ein Jahr zuvor von KomponistInnen, AutorInnen und VerlegerInnen gegründet worden war, die vorwiegend im Bereich der Unterhaltungsmusik tätig waren. Damit waren in Deutschland zwei Verwertungsgesellschaften für die Wahrnehmung der Aufführungsrechte aktiv, wobei die AFMA schwerpunktmäßig das Repertoire der sogenannten „Ersten Musik" abdeckte und die GEMA jenes der „Unterhaltungsmusik". 1930 unterzeichneten die AFMA, GEMA und AKM den Vertrag zur Schaffung des Verbandes zum Schutze musikalischer Aufführungsrechte für Deutschland, der als GEMA-AKM-Organisation seine Inkassotätigkeit aufnahm. Der geplante Zusammenschluss von AFMA und GEMA zu einer einzigen Aufführungsgesellschaft wurde im September 1933 durch die von den Nationalsozialisten betriebene Gründung der Staatlich genehmigten Gesellschaft zur Verwertung musikalischer Aufführungsrechte (STAGMA) hinfällig (siehe dazu ausführlich Schmidt 2005).

Nach dem sogenannten „Anschluss" Österreichs ans Deutsche Reich wurden 1938 sowohl die AKM als auch die bereits 1909 gegründete Anstalt für mechanisch-musikalische Rechte (AMMRE) der STAGMA einverleibt. Nach dem Ende des 2. Weltkriegs setzte die STAGMA ihre Tätigkeit fort, wurde aber 1947 in die Gesellschaft für musikalische Aufführungs- und mechanische Vervielfältigungsrechte (GEMA) umgewandelt, die sowohl die Aufführungsrechte als auch die mechanischen Rechte ihrer Mitglieder bis heute wahrnimmt. In Österreich musste die AKM neu gegründet werden, weil sie als Firma 1938 aufgelöst und ihr Vermögen der reichsdeutschen STAGMA zugewiesen worden war (Krones 2011, S. 461). Allerdings erweiterte die AKM ihren Wahrnehmungsbereich auf die Sendung von Musik im TV und die Weitersendung über Kabel und Satellit sowie die Onlinenutzung von Musikwerken (AKM 2007).

In den USA war die durch den US-Copyright Act von 1909 eingeräumte rechtliche Befugnis, Nutzungsentgelte für die öffentliche Aufführung von Musik einzuheben, erst mit der Gründung der American Society of Composers, Authors and Publishers (ASCAP) im Jahr 1914 effektiv möglich (Krasilovsky und Shemel 2007, S. 145). Da die ASCAP-Wahrnehmungsverträge für ihre Mitglieder exklusiv waren, konnten ausländische AutorInnen und KomponistInnen so gut wie nicht Mitglieder der US-Verwertungsgesellschaft werden. Deshalb gründete der deutsche Emmigrant Paul Heinecke 1930 die Society of European Stage Authors and Composers (SESAC), um europäischen RechteinhaberInnen die Möglichkeit einzuräumen, Nutzungsentgelte für ihre Musikwerke in den USA einzuheben (ibid., S. 146–147). Als die ASCAP 1940 einseitig die Tarife für die Musiknutzung im Rundfunk anhob, weigerten sich die mächtigen Rundfunknetzwerke NBC und CBS, die höheren Entgelte zu zahlen und boykottierten das ASCAP-Repertoire. Da keine Einigung mit der ASCAP absehbar war, gründeten die Rundfunknetzwerke mit der Broadcast Music Incorporated (BMI) ihre eigene Verwertungsgesellschaft für die Wahrnehmung der Aufführungs- und Senderechte (performing rights). Erst nach zehn Monaten des ASCAP-Boykotts wurde der Streit zwischen der ASCAP und den Rundfunkkonzernen beigelegt, wobei die BMI auch danach ihre Geschäftstätigkeit fortführte (Ryan 1986). Deshalb sind in den USA heute noch mit der ASCAP, SACEM und BMI drei Performing Rights Organizations (PROs) tätig, die mehr oder weniger das gleiche Geschäftsmodell betreiben und sich darin konkurrenzieren, SongwriterInnen und KomponistInnen sowie Musikverlage mit ihren Monitoringsystemen für Radio-Airplay und Live-Aufführungen zu ködern.

Im Gegensatz zu den US-Verwertungsgesellschaften genießen ihre europäischen Pendants bei der Wahrnehmung ihrer Rechte nationale Monopole. So hat die GEMA in der Bundesrepublik Deutschland das ausschließliche Recht, Nutzungsentgelte für die Aufführung der Musikwerke ihrer Mitglieder einzusammeln. Die Mitglieder schließen zu diesem Zweck exklusive Wahrnehmungsverträge mit den jeweiligen nationalen Verwertungsgesellschaften ab. Allerdings sind die Gebietsmonopole der Verwertungsgesellschaften der EU-Kommission ein Dorn im Auge. Sie will es den RechteinhaberInnen im EU-Raum ermöglichen, Mitglied bei einer Verwertungsgesellschaft ihrer Wahl zu werden.[2]

Sowohl die US- als auch die europäischen Verwertungsgesellschaften für das Aufführungs- und Senderecht (PROs) nehmen lediglich das sogenannte „Kleine Recht" für Musikwerke ihrer Mitglieder wahr. Das Recht an musikdramatischen Werken (Opern und anderen musiktheatralischen Werken) – auch „Großes Recht" genannt – wird direkt von den Musikverlagen selbst wahrgenommen oder an spezialisierte Agenturen weiter lizenziert (Hull et al. 2011, S. 130).

2. Mechanische Rechte der Vervielfältigung und Verbreitung

Als die ersten automatischen Klaviere, wie z. B. das Pianola der Aeolian Company, auf den Markt kamen und Musikzylinder sowie Schallplatte erfunden worden waren, konnte Musik ohne Zustimmung der UrheberInnen und Musikverlage vervielfältigt und in körperlicher Form verbreitet werden. Das wurde vor allem von den Musikverlagen als ein untragbarer Zustand angesehen und erste Klagen gegen die Hersteller von automatischen Musikinstrumenten und Tonträgerunternehmen wurden eingebracht. Parallel dazu lobbyierten die Verlage in Europa und in den USA für eine Ausweitung des urheberrechtlichen Schutzes auf die mechanische Vervielfältigung von Musikwerken. Mit Erfolg, denn im U.S. Copyright Act von 1909 wurde erstmals eine verpflichtende mechanische Lizenz für Tonträger eingeführt. Demnach mussten Tonträgerunternehmen ein gesetzlich vorgeschriebenes Lizenzentgelt von 2 US Cents pro Kopie an die RechteinhaberInnen zahlen. Sobald aber einmal ein mechanisches Recht

---

[2]Richtlinie 2014/26/EU über die kollektive Wahrnehmung von Urheber- und verwandten Schutzrechten und die Vergabe von Mehrgebietslizenzen für Rechte an Musikwerken für die Online-Nutzung im Binnenmarkt vom 26. Februar 2014: https://eur-lex.europa.eu/legal-content/DE/TXT/PDF/?uri=CELEX:32014L0026&from=EN (abgerufen: 13.12.2019).

an ein phonografisches Unternehmen in den USA eingeräumt wurde, können andere Labels Cover-Versionen vom gleichen Werk, ohne eine weitere Erlaubnis der RechteinhaberInnen einholen zu müssen, anfertigen. Das gesetzlich vorgeschriebene Lizenzentgelt von 2 US Cents blieb bis zur nächsten großen US-Urheberrechtsreform im Jahr 1972 unverändert. Seit damals wurde der Satz aber mehrfach angehoben und liegt derzeit bei 9,1 US Cents für Musikwerke mit einer Spieldauer von nicht mehr als 5 min und steigt um weitere 1,75 US Cents pro Minute, wenn die Spieldauer von 5 min überschritten wird.[3] Seit 2004 wacht ein Copyright Royalty Board (CRB) – drei RichterInnen, die von der LeiterIn der Library of Congress bestellt werden – über das System der gesetzlich vorgeschriebenen Lizenzentgelte für Tonträger, Downloads, Klingeltöne und interaktives Musikstreaming. Da nicht-interaktive Streaminganbieter (Webcaster) keine Vervielfältigung der Musikwerke vornehmen, sind sie von der gesetzlich vorgeschriebenen Lizenzierung ausgenommen und müssen keine mechanischen Lizenzentgelte entrichten (siehe Hull et al. 2011, S. 79–80).

Allerdings besteht für die RechteinhaberInnen die Möglichkeit, mit den MusiknutzerInnen ein Entgelt auszuhandeln, das unter den gesetzlich festgelegten Tarifen liegt. Aus diesem Grund hat die National Music Publishers Association (NMPA), die Interessensvertretung der US-Musikverlage, bereits 1917 die Harry Fox Agency gegründet, um die mechanischen Lizenzentgelte für ihre Mitglieder einzusammeln. Ursprünglich hat die Harry Fox Agency auch die wirtschaftliche Verwertung der Synchronisationsrechte treuhänderisch wahrgenommen, aber 2002 wurde die zuständige Abteilung bei der Harry Fox Agency geschlossen, weil viele Verlage dazu übergangen sind, die Synchronisationsrechte selbst zu verwerten. Gegenwärtig bietet die Harry Fox Agency eine gemischte Lizenz an, die sowohl die mechanischen als auch die Synchronisationsrechte beinhaltet (Krasilovsky und Shemel 2007, S. 165). In den USA gibt es aber noch weitere Lizenzagenturen, die mechanische und Synchronisationsrechte wahrnehmen wir z. B. die American Mechanical Rights Agency (AMRA), die 1961 gegründet wurde (ibid., S. 167).

In Europa hat sich im Gegensatz zu den USA kein gesetzlich verpflichtendes Lizenzregime für mechanische Rechte herausgebildet. Deshalb nehmen spezialisierte Verwertungsgesellschaften (Mechanical Rights Organizations – MROs) die mechanischen Rechte ihrer Mitglieder wahr. Im Deutschen Reich wurde

---

[3]Copyright Royalty Board Decision, 74 F.R. 4529, 26. Januar 2009: https://www.govinfo.gov/content/pkg/FR-2009-01-26/pdf/E9-1443.pdf (abgerufen: 13.12.2019).

bereits 1909 mit der Anstalt für mechanisch-musikalische Rechte (AMMRE) ein solche Verwertungsgesellschaft geschaffen, die 1938 aber der STAGMA, aus der nach dem Krieg die GEMA hervorgehen sollte, angegliedert wurde (siehe Schmidt 2005). Aus diesem Grund gibt es in Deutschland gegenwärtig keine auf das mechanische Recht fokussierte Verwertungsgesellschaft, weil die GEMA sowohl Aufführungs- und Senderechte als auch die mechanische Rechte wahrnimmt.

In Österreich wurde mit der AustroMechana (AUME) 1946 eine auf die Wahrnehmung des mechanischen Rechts spezialisierte Verwertungsgesellschaft gegründet (Krones 2011, S. 461). Seitdem nimmt die AUME für ihre Mitglieder das Recht der Vervielfältigung der Werke und das Recht, Vervielfältigungsstücke in der Öffentlichkeit anzubieten oder in den Verkehr zu bringen (Verbreitungsrecht), wahr und betreibt das Inkasso der Speichermedienvergütung, die auf Basis der Urheberrechtsnovelle von 1980 ursprünglich als Leerkassettenvergütung eingehoben wurde, um private Kopiervorgänge abgelten zu können.[4] Die Lizenzerträge werden, abzüglich der Verwaltungskosten, zur Hälfte an die Bezugsberechtigten ausbezahlt und zur anderen Hälfte dem SKE Fonds der AustroMechana für soziale und kulturelle Zwecke zugeführt.[5] Seit 2013 ist die AustroMechana GmbH eine Tochtergesellschaft der AKM, die allerdings weiterhin autonom die entsprechenden Rechte für ihre Mitglieder wahrnimmt.

Eine ähnliche Einrichtung gibt es in Deutschland mit der Zentralstelle für private Überspielungsrechte (ZPÜ), die der *„Administration der gesetzlichen Vergütungsansprüche für Vervielfältigungen von Audiowerken und von audiovisuellen Werken zum privaten und sonstigen eigenen Gebrauch"* dient und 1963 von drei deutschen Verwertungsgesellschaften (GEMA, VG Wort und GVL) gegründet wurde, um Vergütungsanspruch gegenüber den Herstellern und Importeuren von Tonband- und Videogeräten geltend zu machen. 1985 wurde die ZPÜ auch mit der Geltendmachung der Leerkassettenvergütung betraut (Müller 2018, S. 9–11).

Auch in anderen europäischen Ländern wurden Anfang des 20. Jahrhunderts spezialisierte MROs gegründet. Im Vereinigten Königreich wurde bereits 1911 auf Basis des im selben Jahr verabschiedeten Copyright Acts die Mechanical-Copyright Protection Society (MCPS) geschaffen, die 1924 mit der

---

[4]Siehe dazu Urheberrechts-Novelle 1980, BGBL 321/80 (Leerkassettenvergütung): https://www.parlament.gv.at/PAKT/VHG/XVII/III/III_00121/imfname_550715.pdf (abgerufen: 13.12.2019) und die Urheberrechts-Novelle 2015, BGBL 99/15 (Speichermedienvergütung): https://www.ris.bka.gv.at/eli/bgbl/I/2015/99 (abgerufen: 13.12.2019).

[5]Siehe dazu die Webpage des SKE-Fonds: https://www.ske-fonds.at/ (abgerufen: 09.08.2019).

Performing Rights Society (PRS) fusioniert wurde und heute unter dem Dach der PRS for Music tätig ist. Die niederländische PRO – Buma Association (gegründet 1913) – hat 1936 die STEMRA Stiftung ins Leben gerufen, um mechanische Lizenzentgelte für niederländische KomponistInnen, AutorInnen und Musikverlage einzusammeln.

3. Synchronisationsrechte

Filmstudios, TV-Sender, Video-Produktionsfirmen, Werbeagenturen und Games-Hersteller benötigen für die Musik, die sie in ihren Produkten einsetzen, eine spezielle Lizenz für das sogenannte Synchronisationsrecht. Synchronisationsrechte werden üblicherweise nicht von Verwertungsgesellschaften kollektiv wahrgenommen, sondern direkt von den Musikverlagen oder speziell dazu beauftragten Lizenzierungsagenturen wirtschaftlich verwertet. Die Musikverlage der Majors – auch Industrieverlage genannt – verlangen um die US$ 50.000 für die Verwendung eines Songs in einem Spielfilm. Das Entgelt kann bis zu US$ 250.000 ausmachen, wenn der Song als Film-Soundtrack eingesetzt wird. Wird ein Song in der Werbung ein Jahr lang eingesetzt, so können schon bis zu US$ 500.000 an Kosten für die Werbeagentur anfallen. Für weniger bekannte Songs, die meist in Videospielen Verwendung finden, sind die Tarife mit US$ 1000 bis 6000 merklich niedriger (siehe dazu Hull et al. 2011, S. 137).

In Deutschland liegt die Mindestvergütung für die Musiknutzung in Kinofilmen und TV-Produktionen bei EUR 1500. Wird die Produktion international verwertet, steigt die Mindestvergütung auf EUR 10.000 (siehe DMV-Erfahrungsregeln in Schulz 2018a, S. 940). Wird Musik in der Werbung verwendet, muss eine Werbeagentur in Deutschland ein Lizenzentgelt in der Höhe von mindestens 2,5 bis 5 % vom sogenannten Media-Budget kalkulieren. Das Media-Budget richtet sich dabei nach dem Preis pro Werbeeinschaltung in den jeweiligen Sendern (Schulz 2018b, S. 908). Bei Internetwerbung ist hingegen ein Pauschalbetrag üblich, der je nach Unternehmensgröße zwischen EUR 100 und 2.000 liegen kann (ibid., S. 917).

4. Onlinerechte

Im digitalen Zeitalter sind neue Musiknutzungsformen entstanden, die sich auch in der Rechteverwertung niedergeschlagen. Die Verwertungsgesellschaften nehmen üblicherweise das Recht der öffentlichen Zugänglichmachung (making available right) von Musik im Internet, das sich auf Musikdownload- und -streamingdienste bzw. andere Online-Musikprovider bezieht, wahr.[6] Allerdings sind vor allem die großen Industrieverlage übergegangen, nicht mehr in jedem einzelnen EU-Mitgliedsstaat die digitalen Rechte durch eine nationale Verwertungsgesellschaft wahrnehmen zu lassen und haben sich mit großen Verwertungsgesellschaften zusammengetan, um gemeinsame Lizenzierungsagenturen zu gründen. So hat die BMG Rights Management mit der deutschen GEMA ein Joint-Venture namens ARESA geschaffen, um ihr anglo-amerikanisches Repertoire an alle digitalen Musikservice-Provider quer durch ganz Europa zu lizenzieren.[7] Eine ähnliche Konstruktion ist das pan-europäische Joint-Venture SOLAR, das Sony/ATV Publishing mit der deutschen GEMA und der britischen PRS for Musik ins Leben gerufen hat.[8] Zudem haben die GEMA, PRS for Music und die schwedische STIM 2015 die International Copyright Enterprise (ICE) gegründet, um ihr Online-Repertoire in einem One-Stop-Shop für digitale Musikdienste zu lizenzieren.[9] Allerdings setzen diese Aktivitäten der großen europäischen Verwertungsgesellschaften und Musikverlage, Verwertungsgesellschaften in kleineren Ländern mit speziellen, nationalen Repertoires unter Druck, weil dadurch das jahrzehntealte System der Gegenseitigkeitsverträge – zumindest beim Onlinerecht – obsolet wird. Die Gegenseitigkeitsverträge erlauben es nämlich auch den kleinen Verwertungsgesellschaften, das gesamte Weltrepertoire an Musik für die Nutzung anzubieten, was über die neuen Lizenzagenturen umgangen wird. Damit sind den Verwertungsgesellschaften in kleineren EU-Ländern sehr viele Einnahmen verlorengegangen.

5. Das Geschäft mit Notendrucken
Obwohl Notendrucke für die Musikverlage ein Nischenprodukt darstellen, das weniger als 10 % der Umsatzes für die Verlage ausmacht (siehe z. B. internationale Zahlen bei Hull et al. 2011, S. 137) – ist die Nachfrage nach Notenmaterial durch Schulen, Musikschulen, Musikuniversitäten, Orchestern und Opernhäuser immer noch signifikant. Einige Musikverlage wie Schott in Deutschland, Universal Edition in Österreich oder Hal Leonard, Music Sales Corp. und die Alfred

---

[6]In Österreich handelt es sich um das Recht auf Zurverfügungstellung (§ 18a UrhG).
[7]Billboard, „BMG, GEMA Ink New Pan-European Digital Licensing Deal", 10. Juni 2015: http://www.billboard.com/articles/news/6590840/bmg-gema-ink-new-pan-european-digital-licensing-deal (abgerufen: 09.08.2019).
[8]Billboard, „Sony/ATV Launches Pan-European Licensing Venture SOLAR", 25. September 2014: http://www.billboard.com/articles/business/6259381/sonyatv-launches-pan-european-licensing-venture-solar (abgerufen: 09.08.2019).
[9]Mehr Informationen über ICE finden sich auf der Webpage der GEMA: https://www.gema.de/die-gema/organisation/ice-international-copyright-enterprise/ (abgerufen: 09.08.2019).

Publishing Company in den USA haben sich auf die Herstellung und den Vertrieb von Notenmaterial und Musikalien spezialisiert. Um ihr Repertoire international vermarkten zu können, greifen die Musikverlage auf Subverlage in den jeweiligen Ländern zurück. In den Subverlagsverträgen wird dabei meist ein Umsatzanteil von mindestens 10 % am Einzelhandelspreis vereinbart, der üblicherweise zu gleichen Teilen zwischen dem Verlag und der KomponistIn aufgeteilt wird (Krasilovsky und Shemel 2007, S. 302). Aber auch im Notendruckgeschäft hat die Digitalisierung Einzug gehalten. So bieten sheetmusicdirect.com – ein Joint Venture zwischen Hal Leonard und Music Sales – sowie musicnotes.com von der Alfred Publishing ihre Noten online zum Download im Internet an.

5.2 Der Musikverlagsmarkt und die Struktur des Musikverlagswesens

Es ist schwierig, verlässliche Daten über den internationalen Musikverlagsmarkt zu bekommen. Das liegt zum einen daran, dass es keine weltweit agierende Interessensvertretung der Musikverlage vergleichbar mit der International Federation of the Phonographic Industry (IFPI) für die phonografische Industrie gibt, zum anderen aber auch daran, dass die Einnahmequellen sehr diversifiziert und oft nicht einmal für Eingeweihte überschaubar sind. Dennoch hat der Musikindustrie-Analyst Will Page den Versuch unternommen, für 2014 den Gesamtumsatz des globalen Musikverlagsmarktes zu erheben und ist auf einen Gesamtwert von US$ 11,34 Mrd. gekommen. Dieser Betrag setzt sich zusammen aus US$ 7,55 Mrd. von Entgelten aus der Verwertung des Aufführungs- und Senderechts (performing rights), US$ 1,32 Mrd. für die Verwertung mechanischer Rechte (mechanical rights), US$ 0,35 Mrd. aus der Speichermedienvergütung, die von den CISAC-Mitglieder[10] gemeldet wurden, und US$ 0,42 Mrd. an Vergütungen für mechanische Rechte von Nicht-CISAC-Mitgliedern wie z. B. der Harry Fox Agency. Weitere US$ 1,70 Mrd. an Einnahmen müssen noch für die direkte Lizenzierung des „Großen Rechts" an musikdramatischen Werken und von Synchronisationsrechten der Musikverlage hinzugerechnet werden (Abb. 5.1).

---

[10]CISAC steht für International Confederation of Societies of Authors and Composers und ist die globale Dachgesellschaft der Verwertungsgesellschaften, die Aufführungs- und Senderechte für ihre Mitglieder wahrnehmen.

5.2 Der Musikverlagsmarkt und die Struktur des Musikverlagswesens

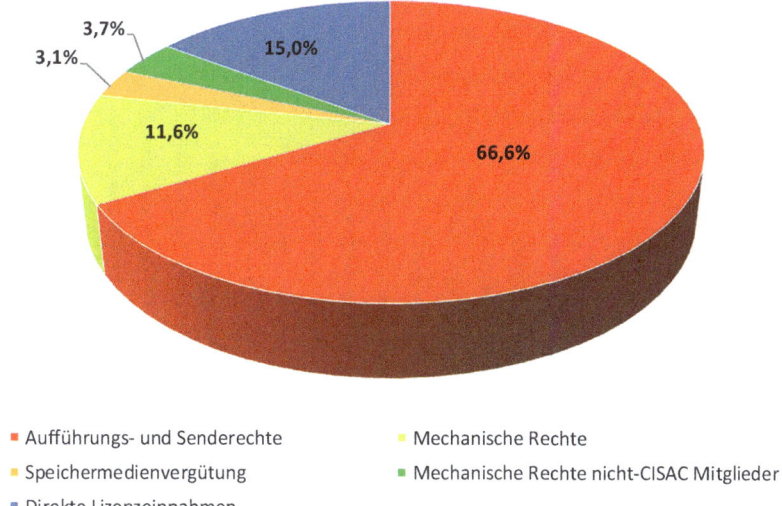

- Aufführungs- und Senderechte
- Mechanische Rechte
- Speichermedienvergütung
- Mechanische Rechte nicht-CISAC Mitglieder
- Direkte Lizenzeinnahmen

Abb. 5.1 Der globale Wert des Musikverlagsmarktes 2014. (Quelle: Eigene Darstellung nach Music Business World Wide, „$25 billion: The best number to happen to the global music business in a very long time", 10. Dezember 2015 [abgerufen: 12.08.2019])

In einer langfristigen Perspektive hat sich das Marktvolumen zwischen 1994 und 2011 von US$ 5,84 Mrd. auf US$ 9,4 Mrd. nahezu verdoppelt (Baierle 2009, S. 215). Ergänzt man den Wert von 2014, zeigt sich ein weiterer markanter Sprung nach oben. Obwohl die Marktdaten aus verschiedenen Quellen stammen und nicht direkt vergleichbar sind, lässt sich dennoch ein robustes Wachstum am Musikverlagsmarkt feststellen, während im gleichen Zeitraum der phonografische Markt stark geschrumpft ist (Abb. 5.2 und 5.3).

Die CISAC-Berichte bestätigen, dass der globale Musikverlagsmarkt seit 2008 kontinuierlich gewachsen ist.[11] Die Wachstumsmotoren sind dabei die Einnahmen aus der Verwertung des Onlinerechts, die zwischen 2012 und 2018 um 393 % von EUR 393 Mio. auf EUR 1,62 Mrd. angestiegen sind. In absoluten Werten haben auch die Einnahmen aus dem Live-Business (inkl. Backgroundmusik) mit plus EUR 431 Mio. und aus dem Senderechte (TV & Radio) mit

---

[11]In den CISAC-Berichten fehlen allerdings die Einnahmen von MROs, die nicht CISAC-Mitglieder sind sowie die direkten Einnahmen der Musikverlage wie die Lizenzierung des „Großen Rechts" und des Synchronisationsrechts.

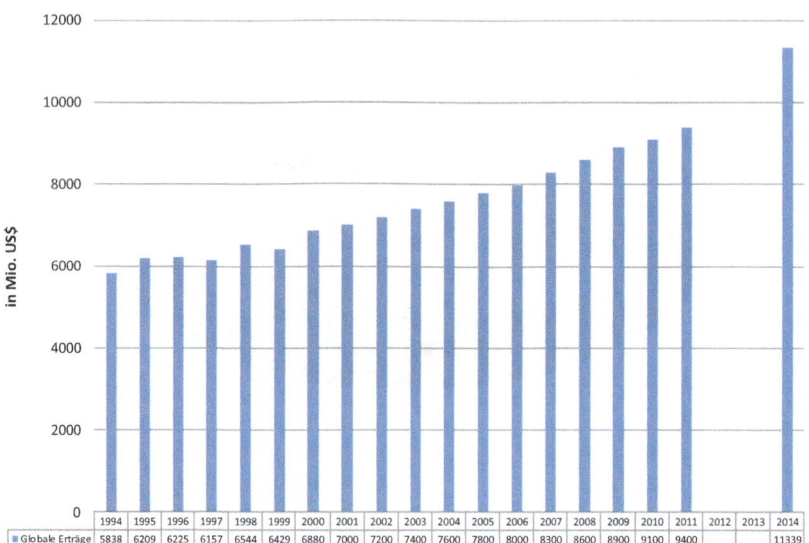

Abb. 5.2 Die globalen Erträge am Musikverlagsmarkt, 1994–2014. (Quellen: 1994–2000: NMPA Umfrage 2002; 2001–2005: Berechnung von Baierle (2009: 215); 2006–2011: Financial Times Music & Copyright, #344, 6. Juni 2007: S. 6 [Werte für 2008–2011 wurden geschätzt]; 2012–2013: keine Daten verfügbar; 2014: Will Page in Music Business World Wide, „$25 billion: The best number to happen to the global music business in a very long time", 10. Dezember 2015: https://www.musicbusinessworldwide.com/25-billion-the-best-number-to-happen-to-the-music-business/[abgerufen: 12.08.2019])

plus EUR 191 Mio. einen signifikanten Beitrag zum Anstieg beigetragen. Aufgrund der Ausweitung der Speichermedienvergütung auf USB-Sticks, Smartphones und Computerfestplatten in einigen europäischen Ländern sind auch die Einnahmen aus der Vergütung der Privatkopie zwischen 2012 und 2018 um rund EUR 115 Mio. (+80,4 %) gewachsen. Rückläufige sind hingegen die Einnahmen aus der mechanischen Rechteverwertung von Musikwirken auf CD und Video. Insgesamt ist der Digitalanteil 2018 auf 15 % der Gesamteinnahmen im Musikbereich gestiegen, während die Anteile für TV & Radio sowie für CD & Video gesunken sind (Abb. 5.4).

Zusammenfassend kann gesagt werden, dass der Musikverlagsmarkt die digitale Transformation sehr gut bewältigt hat und trotz sinkender Einnahmen in einigen Segmenten sogar stark gewachsen ist, was vor allem auf den Musikstreaming-Boom zurückzuführen ist.

5.2 Der Musikverlagsmarkt und die Struktur des Musikverlagswesens

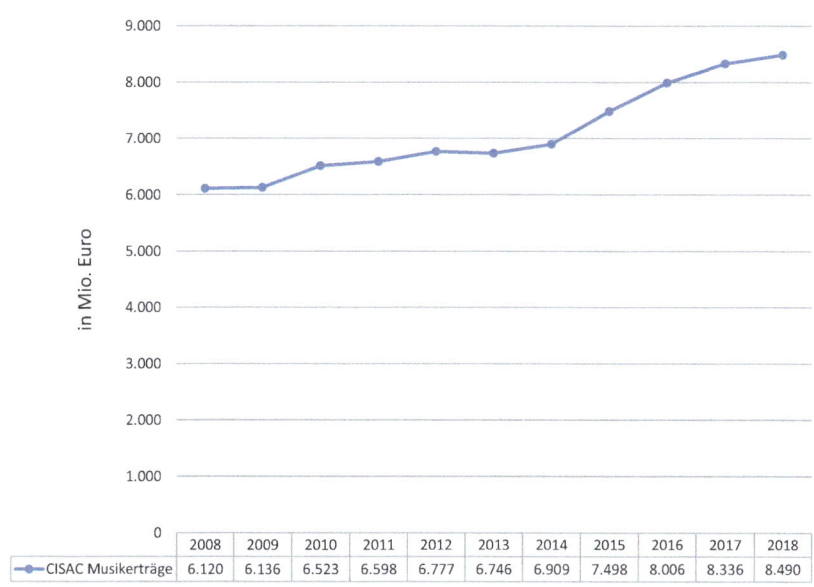

Abb. 5.3 CISAC-Einnahmen für Musikwerke, weltweit 2008–2018. (Quelle: Eigene Darstellung nach CISAC Global Collections Reports, 2010–2019)

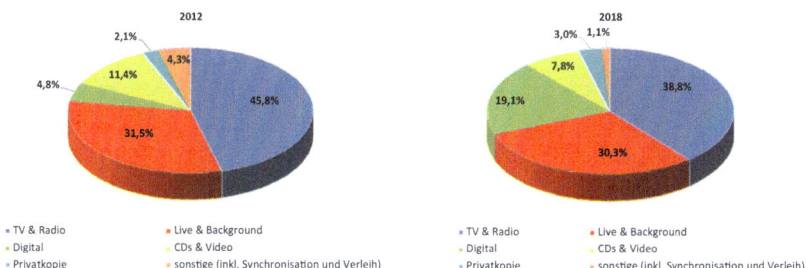

Abb. 5.4 Der Anteil der musikbezogenen Vergütungsformen an den CISAC-Einnahmen, 2012 und 2018. (Quelle: Eigene Darstellung nach CISAC Global Collections Reports, 2012 und 2018)

Dieses Marktwachstum lässt sich auch in den Geschäftsberichten der Major-Industrieverlage – Universal Music Publishing, Sony/ATV und Warner Chappell – ablesen. So stieg der Umsatz der Universal Music Publishing zwischen 2002 und 2018 um 128 % von EUR 412 Mio. auf EUR 941 Mio. an. Das Umsatzwachstum ist vor allem auf die Akquisition der BMG Music Publishing im Mai 2007 für EUR 1,6 Mrd. zurückzuführen. Trotz des Verkaufs von Verlagskatalogen (Rondor UK, 19 Music, 1 Songs und BBC Catalog) an CP Masters BV & ABP aufgrund der Wettbewerbsauflagen der EU-Kommission in den Folgejahren setzte sich der Aufwärtstrend vor allem dank steigender Einnahmen im Digitalsegment – vor allem beim Musikstreaming – fort (Abb. 5.5).

Die Sony/ATV Music Publishing wuchs ebenfalls in den letzten Jahren sehr stark durch die Akquisition von sehr wichtigen Musikkatalogen wie jener von Tony Martins Baby Mae Music 2001, des Country Music Verlags Acuff-Rose 2002 und den Katalog der berühmten Songwriter Jerry Leiber & Mike Stoller 2007. Zum weltweit größten Musikverlag avancierte Sony/ATV aber durch den Kauf von EMI Music Publishing, wodurch der Musikrechtekatalog um 2,1 Mio. Titel aufgestockt wurde (Sony Corporation 2013: F 31–32). Da die gesamte Akquisition erst im November 2018 abgeschlossen werden konnte, flossen die Umsatzzahlen erst mit Ende des Geschäftsjahres am 31. März 2019 in den Geschäftsbericht ein. Im April 2016 wurde zudem von den Erben Michael Jacksons der 50-Prozentanteil an ATV Publishing erworben (Sony Corporation 2016, S. 32). In der Folge stieg der Umsatz der Sony/ATV Publishing zwischen

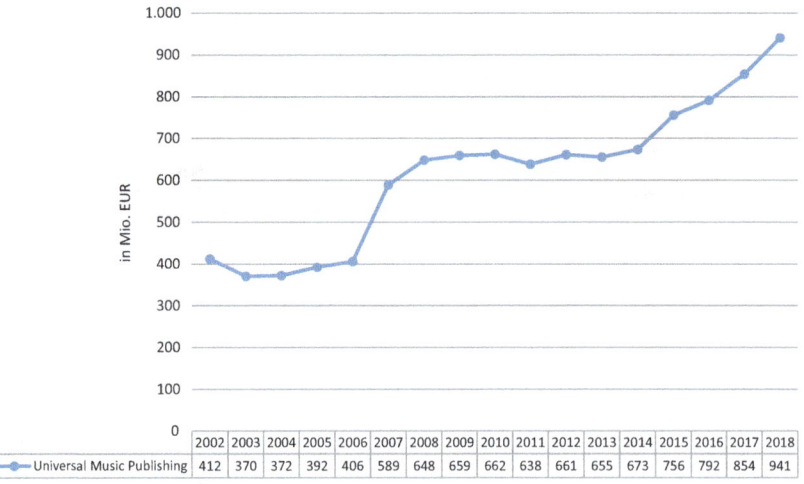

Abb. 5.5 Die Umsatzentwicklung der Universal Music Publishing, 2002–2018. (Quelle: Eigene Darstellung nach den Jahresberichten der Vivendi, 2002–2018)

März 2012 und März 2019 auf von Yen 48,1 Mrd. um 122 % auf Yen 106,7 Mrd. an (Abb. 5.6).

Auch der Verlagsarm der Warner Music Group – Warner/Chappell – verzeichnete nach Jahren der Umsatzrückgänge einen Aufwärtstrend und erzielte 2018 mit US$ 653 Mio. den höchsten Wert seit der Übernahme des Unternehmens durch die Investors Group im Jahr 2003. Zuvor waren vor allem die Einnahmen aus der Verwertung des mechanischen Rechts stark rückläufig, was auf die damalige Rezession am phonografischen Markt und die rückläufige CD-Produktion zurückzuführen ist. Noch 2005 haben die Vergütungen für das mechanische Recht 43,5 % am gesamten Verlagsumsatz ausgemacht. Dieser Anteil ist 2018 auf lediglich 12,6 % gesunken. Zwischenzeitlich waren die Einnahmen aus dem Aufführungs- und Senderecht die wichtigste Ertragsquelle für Warner/Chappell, bevor sie von den stark steigenden Einnahmen aus der Onlineverwertung (vor allem wegen des Musikstreamings) 2018 vom ersten Platz verdrängt wurden. Die Einnahmen aus dem digitalen Segment sind von US$ 20 Mio. im Jahr 2003 um das mehr als das Zehnfache auf US$ 237 Mio. im Jahr 2018 gestiegen und machen mittlerweile 41,4 % am gesamten Umsatzkuchen aus. An zweiter Stelle folgte 2018 das Aufführungs- und Senderecht mit US$ 212 Mio.

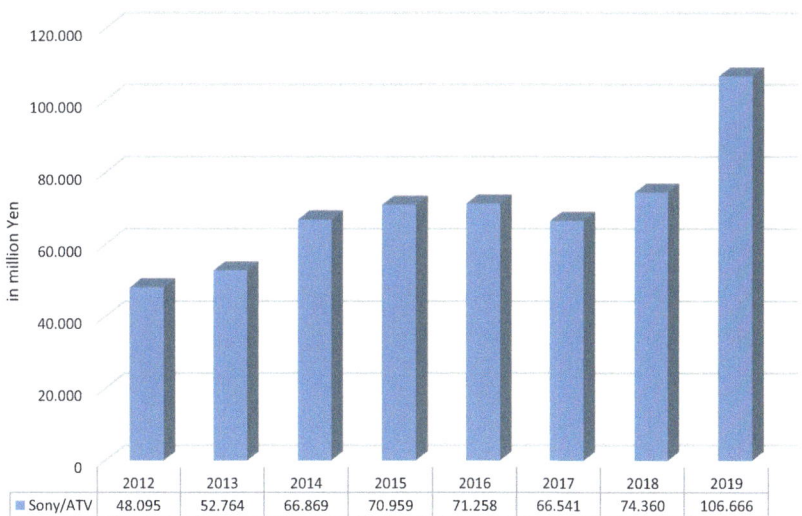

Abb. 5.6 Die Umsatzentwicklung der Sony/ATV Music Publishing, 2012–2019. (Quelle: Eigene Darstellung nach den Jahresberichten der Sony Corporation, 2012–2019)

und einem Umsatzanteil von 37,1 %. Die Einnahmen aus der Verwertung des Synchronisationsrechts lagen 2018 mit US$ 119 Mio. und einem Umsatzanteil von 20,8 % an dritter Stelle, nachdem dieses Segment zwischen 2003 und 2018 um 22,7 % gewachsen war. Die verbleibenden Einnahmen, die vor allem aus dem „Papiergeschäft" mit Notendrucken stammen, stagnieren seit Jahren auf niedrigem Niveau und machten 2018 2,3 % aus (Abb. 5.7, 5.8 und 5.9).

Der Vergleich der drei Major-Musikverlage zeigt, dass es lange Zeit nur über Akquisitionen möglich war, die Umsätze zu steigern, wie im Fall der Sony/ATV, die 2012 die EMI Music Publishing gekauft hat. Allerdings wurden in den letzten Jahren die Einnahmen aus dem Digitalmarkt dank des Musikstreamings für Musikverlage immer relevanter und stellen mittlerweile die Haupteinnahmequelle dar. Gleichzeitig hat die Verwertung des mechanischen Rechts auf Tonträger stark an Bedeutung verloren, wohingegen die Entgelte aus dem Aufführungs- und Senderechte sowie aus dem Synchronisationsrecht in den letzten Jahren gestiegen sind. Zum Marktwachstum haben auch Independent-Musikverlage beigetragen, die erst seit Kurzem in den Markt eingestiegen sind, allen voran die BMG Rights Management und Kobalt.

Nachdem die Bertelsmann AG 2007 die BMG Music Publishing an die Universal Music Publishing verkauft hatte und sich durch die Veräußerung des 50-Prozentanteils an der Sony/BMG an die Sony Music Entertainment 2008 aus der phonografischen Musikindustrie zurückgezogen hat, gründete der deutsche Medienkonzern ein Jahr später gemeinsam mit der Beteiligungsgesellschaft

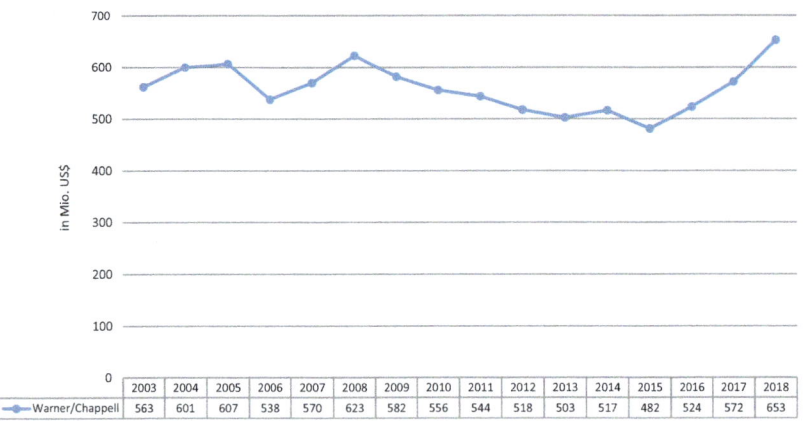

Abb. 5.7 Die Umsatzentwicklung der Warner/Chappell, 2003–2018. (Quelle: Eigene Darstellung nach den Jahresberichten der Warner Music Group, 2005–2018)

5.2 Der Musikverlagsmarkt und die Struktur des Musikverlagswesens

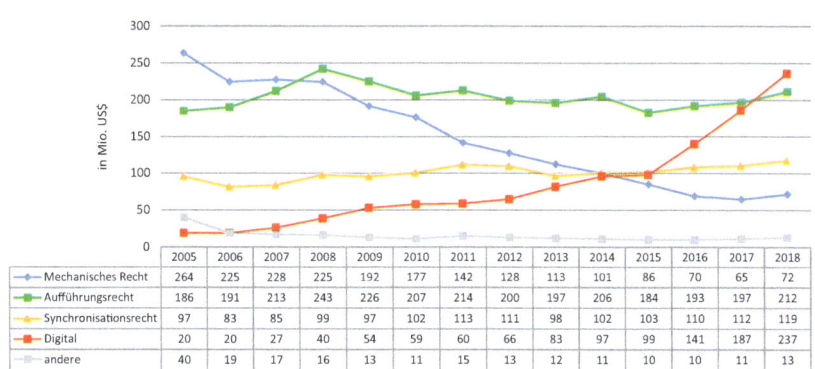

	2005	2006	2007	2008	2009	2010	2011	2012	2013	2014	2015	2016	2017	2018
Mechanisches Recht	264	225	228	225	192	177	142	128	113	101	86	70	65	72
Aufführungsrecht	186	191	213	243	226	207	214	200	197	206	184	193	197	212
Synchronisationsrecht	97	83	85	99	97	102	113	111	98	102	103	110	112	119
Digital	20	20	27	40	54	59	60	66	83	97	99	141	187	237
andere	40	19	17	16	13	11	15	13	12	11	10	10	11	13

Abb. 5.8 Die Umsatzentwicklung von Warner/Chappell nach Segmenten, 2005–2018. (Quelle: Eigene Darstellung nach den Jahresberichten der Warner Music Group, 2005–2018)

Abb. 5.9 Die Umsatzanteile der Warner/Chappell nach Segmenten, 2005 und 2018. (Quelle: Eigene Darstellung nach den Jahresberichten der Warner Music Group, 2005 und 2018)

Kohlberg Kravis Roberts & Co. (KKR) ein Joint-Venture namens BMG Rights Management.[12] Die BMG Rights Management expandierte rasch, indem kleine und mittlere Musikverlage wie Crosstown Songs, Cherry Lane Music Publishing, Stage Three Music, Evergreen Copyrights, Chrysalis Music Publishing, Bug Music, R2M, Dreyfus Music, Montana, Union Square Music Publishing, USM Songs, and Verse Music Group aufgekauft wurden. Die BMG stieg zum weltweit viertgrößten Musikverlag auf, als sie die Virgin Music Publishing und Famous UK Publishing erwarb, die aufgrund der Wettbewerbsauflagen

---

[12]Reuters, *„KKR, Bertelsmann plan music venture"*, 7. Juli 2009: http://www.reuters.com/article/bertelsmann-idUSN0735018520090708 (abgerufen 12.08.2019).

der EU-Kommission beim Zusammenschluss der Sony/ATV mit der EMI Music Publishing 2012 verkauft werden mussten.[13] 2013 kaufte die Bertelsmann AG von KKR den 51-Prozentanteil an der BMG Rights Management um EUR 300 Mio. und stieg noch im selben Jahr mit dem Erwerb von Sanctuary Records, die von der Universal Music Group aufgrund der Wettbewerbsauflagen im Zuge der EMI-Akquisition verkauft werden musste, wieder ins phonografische Geschäft ein und hat sich mittlerweile in „BMG – The New Music Company" umbenannt. Trotzdem hat die BMG Rights Management weiterhin ihren Fokus auf dem Musikverlagsgeschäft und administriert nach eigenen Angaben rund 3 Mio. Musikcopyrights.[14]

Ein weiterer rasch wachsender internationaler Musikverlag ist die im Jahr 2000 gegründete Kobalt. Im Gegensatz zu anderen Musikverlagen verwaltet Kobalt nur die Urheberrechte der KomponistInnen und AutorInnen, wodurch diese weiterhin die volle Kontrolle über ihr geistiges Eigentum ausüben können. Kobalt gewährt den UrheberInnen einen Umsatzanteil von 90 %, was wesentlich höher ist als in üblichen Verlagsdeals. Diese attraktiven Vertragsbedingungen haben bekannte MusikerInnen und ProduzentInnen wie Max Martin, 50 Cents, Gotye, Lenny Kravits, Skrillex, Maroon 5 und Paul McCartney – um nur einige zu nennen (siehe www.kobaltmusic.com) – angezogen, die von Kobalt ihre Musikverlagsrechte verwalten und verwerten zu lassen. Kobalt ist 2011 auch ins phonografische Geschäft eingestiegen, nachdem der britische Digitalmusikvertrieb AWAL aufgekauft und in der Folge in die Kobalt Label Services umgewandelt wurde. 2012 wurde zudem mit der American Music Rights Association (AMRA) die weltweit erste nicht-staatliche, digitale Musikverwertungsgesellschaft gegründet.[15] Aufgrund des starken Wachstums ist der Umsatz der Kobalt Music Group von GBP 25,7 Mio. auf GBP 304,9 Mio. zwischen 2010 und 2018 angestiegen, wobei 2018 immer noch ein Verlust (EBITA)[16] von GBP 27,5 Mio. ausgewiesen wird.[17] Kobalt ist ein gutes Beispiel für die Transformation des Musikverlagswesens hin zu einem

---

[13]The Hollywood Reporter, „BMG Buys Virgin, Famous Music Catalog From Sony/ATV", 21.12.2012: http://www.hollywoodreporter.com/news/bmg-buys-virgin-famous-music-406080 (abgerufen 12.08.2019).

[14]Siehe https://www.bmg.com/de/publishing.html#best-in-class-administration (abgerufen: 14.08.2019).

[15]Music Business Worldwide, „Kobalt lauches a collection society – and invites publishers to join", 8. Juni 2015: http://www.musicbusinessworldwide.com/kobalt-launches-collection-society-invites-publishers-join/ (abgerufen: 14.08.2019).

[16]EBITDA steht für Earnings before interest, taxes, depreciation, and amortization und entspricht dem Gewinn vor Zinsen, Steuern, Abschreibungen auf Sachanlagen und Abschreibungen auf immaterielle Vermögensgegenstände.

[17]Siehe https://craft.co/kobalt-music-group/metrics (abgerufen: 14.08.2019).

Musikverlagsunternehmen	2013	2014	2015	2016	2017	2018
Sony/ATV	29,4%	29,5%	28,3%	27,0%	27,3%	28,0%
Universal Music Publishing	22,6%	23,0%	23,1%	19,8%	19,5%	20,2%
Warner/Chappell	13,2%	12,5%	12,4%	12,0%	12,0%	12,4%
Independent Musikverlage	34,8%	35,0%	36,2%	41,2%	41,2%	41,4%

Abb. 5.10 Der globale Marktanteil der Musikverlagsunternehmen, 2013–2018. (Quellen: Für 2013–2015 siehe Music & Copyright, „WMG makes biggest recorded music market share gains of 2015; indies cement publishing lead" 28.April 2016: https://musicandcopyright.wordpress.com/2016/04/28/wmg-makes-biggest-recorded-music-market-share-gains-of-2015-indies-cement-publishing-lead/[abgerufen: 14.08.2019]; für 2016–2017 siehe Music & Copyright, „UMG and WMG make recorded-music market share gains; Sony outperforms in publishing", 15. Mai 2018: https://musicandcopyright.wordpress.com/2018/05/15/umg-and-wmg-make-recorded-music-market-share-gains-sony-outperforms-in-publishing/ [abgerufen: 14.08.2019]; für 2018 siehe Music & Copyright, „Global recorded-music and music publishing market share results for 2018", 8. Mai 2019: https://musicandcopyright.wordpress.com/2019/05/08/global-recorded-music-and-music-publishing-market-share-results-for-2018/ [abgerufen: 14.08.2019])

allgemeinen Dienstleister für Musikschaffende. Zwar ist für Kobalt die Rechteadministration immer noch das Kerngeschäft, aber unter dem Dach der Kobalt Music Group sind mit dem digitalen Musikvertrieb AWAL, die Kobalt Label Services und die Verwertungsgesellschaft AMRA noch weitere Musikdienstleister für die KünstlerInnen verfügbar.

Trotz neuer Markteintritte ist der internationale Musikverlagsmarkt ein Oligopol, das von den drei Major-Musikverlagen mit ihren riesigen Musikkatalogen kontrolliert wird. 2018 kamen die Sony/ATV, Universal Music Publishing und Warner/Chappell auf einen gemeinsamen Marktanteil von 60,6 %, wobei die Independent-Musikverlage in den letzten Jahren stark aufgeholt haben und mittlerweile auf einen gemeinsamen Marktanteil von 41,4 % kommen (Abb. 5.10).

Der phonografische Markt 6

6.1 Funktionen und Aufgaben der phonografischen Industrie

Im Gegensatz zum Musikverlagswesen wurde die phonografische Industrie stark negativ von der digitalen Revolution beeinflusst. Nach Angaben der International Federation of the Phonographic Industry (IFPI) ist der globale phonografische Markt zwischen 1999 und 2014 um 40 % eingebrochen, hat sich aber seitdem dank des Musikstreamingbooms wieder erholt und ist zwischen 2014 und 2018 um ein Drittel gewachsen. Trotzdem mussten die phonografischen Unternehmen ihr Geschäftsmodell völlig umkrempeln und sich im digitalen Marktumfeld – rund um ihre Kernfunktionen Artist & Repertoire-Management (A&R), Musikproduktion und Musikmarketing – quasi neu erfinden.

6.1.1 Artist & Repertoire-Management (A&R)

Die Entdeckung neuer Talente und die Entwicklung von neuem Musikrepertoire waren seit der Entstehung der phonografischen Industrie Ende des 19. Jahrhunderts ihre Kernfunktionen. Es gibt kaum ein phonografisches Unternehmen – im Alltagssprachgebrach immer noch als „Plattenfirmen" bezeichnet –, das allein von seinem Backkatalog wirtschaftlich überleben kann. Es ist daher für sie überlebensnotwendig, in talentierte neue MusikerInnen und neue Songs zu investieren. Die A&R-ManagerInnen sind dabei die Verkörperung dieser Funktion. Früher bestand die Hauptaufgabe von A&Rs darin, neue Talente in Clubs und anderen kleinen Musikveranstaltungsstätten ausfindig zu machen und sie für das Label zu signen – d. h. vertraglich zu binden. Dieses „romantische"

Bild von einer A&R-ManagerIn hat sich allerdings im digitalen Zeitalter stark gewandelt. Social-Media-Kanäle wie YouTube, Facebook oder Instagram sind zu wichtigen Instrumenten beim Auffinden der Stars von morgen geworden. Desktop Research und Data Mining ergänzen den immer noch notwendigen Besuch von Musikclubs, Konzerten und Showcase-Festivals.

Zudem sind neue AkteurInnen im A&R tätig geworden. Anstatt neue KünstlerInnen über Jahre hinweg aufzubauen, haben die Plattenfirmen, und dabei speziell die Majors, begonnen, die A&R-Funktion an selbstständige MusikproduzentInnen, A&R-ManagerInnen oder ganze A&R-Teams auszulagern. Eine andere Möglichkeit das Risiko einer Fehlinvestition in eine KünstlerIn, die nicht den erhofften wirtschaftlichen Erfolg bringt, zu verringern, ist die Akquisition erfolgreicher Independent-Labels samt der KünstlerInnen-Verträge, dem sogenannten Artist-Roster (siehe Klembas 2013, S. 256–257). Und dennoch bleibt die Erfolgswahrscheinlichkeit, dass sich ein neuer Act am Markt durchsetzt und die Investitionen der Plattenfirma wieder hereinspielt, sehr gering (siehe dazu Lyng et al. 2011, S. 48–50). So berichtete der US-Chart-Compilator Nielsen Soundscan, dass 1.500 von 76.875 neu erschienen Alben, von denen zumindest eine Einheit verkauft werden konnte, für 100 Mio. Stück der insgesamt 113 Mio. Stück abgesetzten Alben verantwortlich zeichneten. Das heißt, 1,95 % der Alben-Neuerscheinungen waren für 88,5 % des gesamten Alben-Absatzes verantwortlich.[1] Anita Elberse konnte zudem nachweisen, dass im Laufe der Digitalisierung das Winner-Takes-It-All-Prinzip des Superstar-Marktes sich weiter verstärkt hat und noch weniger KünstlerInnen als im analogen Zeitalter den wirtschaftlichen Durchbruch schaffen (Elberse 2009: Pos. 2557–2594).

Im Global Music Report 2019 der IFPI wird das weltweite A&R-Investment mit US$ 5,8 Mrd. beziffert, wobei auch Marketingausgaben berücksichtigt wurden (IFPI 2019). Im IFPI „Investment in Music Report 2016" wird für das Jahr 2015 noch ein Wert von US$ 4,5 Mrd. ausgewiesen, wobei die direkten A&R-Ausgaben mit US$ 2,8 Mrd. beziffert wurden und der Rest von US$ 1,7 Mrd. auf Marketing & Promotion entfiel (IFPI 2016). Allerdings sind diese Daten wenig aussagekräftig, weil die IFPI keine Angaben über das Zustandekommen der ausgewiesenen Werte macht. Einen Anhaltspunkt liefern die Jahresberichte der Warner Music Group, die die einzelnen Kostenpositionen aufschlüsseln. Demnach machten die A&R-Kosten im phonografischen

---

[1] Businesswire, „The Nielsen Company & Billboard's 2011 Music Industry Report", 5. Januar 2012: http://www.businesswire.com/news/home/20120105005547/en/Nielsen-Company-Billboard%E2%80%99s-2011-Music-Industry-Report (abgerufen: 21.08.2019).

6.1 Funktionen und Aufgaben der phonografischen Industrie

Geschäftsbereich 2018 US$ 1,05 Mrd. aus, was einer Steigerung von 55,2 % im Vergleich zu 2012 entspricht, als mit US$ 679 Mio. ein historischer Tiefstwert erreicht wurde. Der Streaming-Boom hat somit auch positive Auswirkungen auf die A&R-Investments und den damit verbundenen KünsterInnen-Aufbau. Insgesamt machen die A&R-Kosten bei der Warner Music Group je nach Jahr zwischen 30,8 % (2011) und 36,2 % (2018) an den Gesamtkosten aus (Abb. 6.1).

Im „Investing in Music"-Bericht der IFPI (2016) wird das typische Major-Label-Investment in eine neu gesignte internationale KünstlerIn wie folgt dargestellt (Abb. 6.2):

Dabei ist anzumerken, dass die Labels bestrebt sind, möglichst viele der angeführten Kosten vertraglich mit den Einnahmen aus der Verwertung der Aufnahme gegen zu verrechnen, was im Extremfall dazu führen kann, dass die KünstlerIn das Investment durch ihre Umsatzbeteiligung selbst bezahlt.

Die oben genannten Zahlen gelten zudem nur für MusikerInnen, denen eine internationale Karriere bei einem Major-Label zugetraut wird. Für KünstlerInnen, die bei einem Indie-Label unter Vertrag sind und solchen, die bei einer der Major-Ländergesellschaften gesignt wurden, muss von wesentlich niedrigeren

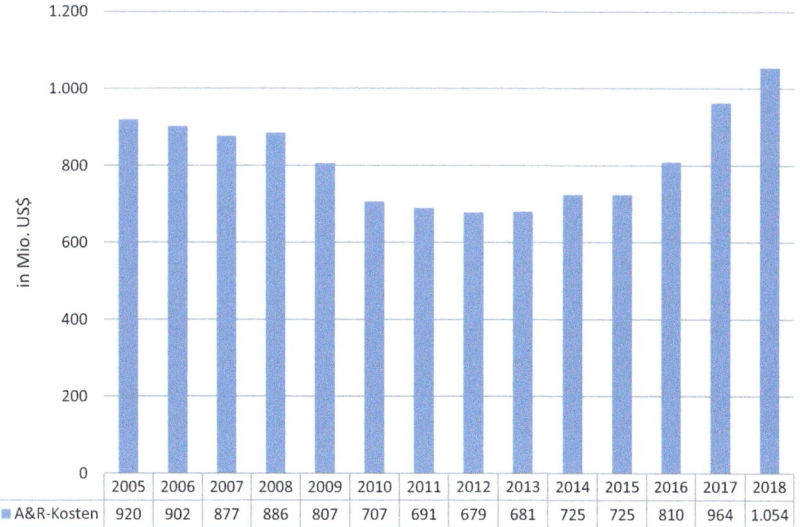

Abb. 6.1 Die A&R-Kosten im phonografischen Geschäftsbereich der Warner Music Group, 2005–2018. (Quelle: Eigene Darstellung nach den Jahresberichten der Warner Music Group 2005–2018)

A&R-Investment	Untergrenze in US$	Obergrenze in US$
Vorschüsse	50.000	350.000
Kosten der Aufnahme	150.000	500.000
Video-Produktion	25.000	300.000
Tour-Support	50.000	150.000
Marketing & Promotion	200.000	700.000
Gesamt	475.000	2.000.000

Abb. 6.2 Das A&R-Investment in eine internationale Major-KünstlerIn. (Quelle: Eigene Darstellung nach IFPI „Investing in Music Report 2016" (IFPI 2016, S. 6))

Investments ausgegangen werden. Darüber hinaus kommen viele KünstlerInnen gar nicht in den Genuss eines Label-Vertrags oder streben einen solchen erst gar nicht an. Für diese Musikschaffenden bieten mittlerweile zahlreiche Internetplattformen A&R-Leistungen an.

Eine Ausformung ist das Crowdfunded-A&R. Dabei bieten Crowdfunding-Plattformen nicht nur die Möglichkeit, Geld für diverse Musikprojekte einzusammeln, sondern erfüllen auch klassische A&R-Funktionen. Ein Pionier in diesem Bereich ist ArtistShare, das seit 2001 aktiv ist. ArtistShare-Gründer Brian Camelio hatte die Idee, CD-Produktionen von ungesignten MusikerInnen mit Hilfe von Fans finanzieren zu lassen und direkt über ein hauseigenes Label zu vermarkten.[2] Dabei schließen die MusikerInnen einen klassischen Labelvertrag ab, wobei die Konditionen wesentlich vorteilhafter sind als in der Branche sonst üblich. Die Vermarktung der Aufnahmen übernimmt dann das Label. Auf diese Weise kann ein direkter Kontakt zwischen MusikerInnen und Fans hergestellt werden. ArtistShare kann mittlerweile auf eine

---

[2]Siehe dazu Bloomberg, „Getting Up Close And Personal With Your Favorite Artist", 01.03.2005: https://www.bloomberg.com/news/articles/2005-02-28/getting-up-close-and-personal-with-your-favorite-artist (abgerufen: 21.08.2019).

beeindruckende Erfolgsgeschichte mit bereits 10 gewonnenen Grammys und 30 Grammy-Nominierungen verweisen.[3]

Die 2009 in London gegründete Plattform PledgeMusic ging noch einen Schritt weiter. Mit dem über das Crowdfunding eingesammelte Geld konnten die MusikerInnen diverse Projekte wie eine CD-Produktion verwirklichen und direkt über Sub-Plattformen wie PledgeMusic Retail Ltd., PledgeMusic Recordings Ldt. oder PledgeMusic Publishing vermarkten. Im Unterschied zu ArtistShare verblieben alle Rechte bei den MusikerInnen und PledgeMusic übernahm die gesamten Transaktionskosten. Allerdings geriet PledgeMusic Anfang 2019 in finanzielle Turbulenzen und konnte die vertraglich vereinbarten Zahlungen an die KünstlerInnen nicht mehr weiterleiten. Nachdem Übernahmeverhandlungen gescheitert waren, musste PledgeMusic im Sommer 2019 Konkurs anmelden.[4]

Ein ähnliches Schicksal hatte zuvor bereits die Plattform Sellaband ereilt. Die deutsch/niederländische Crowdfunding-Plattform, die 2006 gegründet worden war, hat ebenfalls versucht, eine direkte KünstlerInnen/Fan-Beziehung aufzubauen, um CD-Projekte vermarkten zu können. Sellaband musste aber 2010 Insolvenz anmelden und seinen Betrieb einstellen.[5] Es zeigt sich an diesen Beispielen, dass Crowdfunded-A&R nicht so einfach zu monetarisieren ist, was auch die Entscheidung der weltgrößten Crowdfunding-Plattform Kickstarter belegt, die im Juni 2019 ein ähnlich gelagertes Projekt eingestellt hat, bevor es überhaupt gelauncht wurde.[6]

Es wurden daher neue Wege, des Crowdfunded-A&R beschritten, die die Projektfinanzierung mit dem Rechtehandel verknüpfen. Das von Christof Straub 2014 in Wien gegründete Global Rockstar ermöglicht den KünstlerInnen, ihre Verlagsrechte und Masterrechte an Musikaufnahmen der Öffentlichkeit zum Lizenzerwerb anzubieten. Dabei legt die MusikerIn sowohl den Anteil als auch den Preis

---

[3]Siehe https://www.artistshare.com/About (abgerufen: 21.08.2019).
[4]Music Business Worldwide, „PledgeMusic collapse: UK music industry unites to support affected artists & businesses", 5. Juni 2019: https://www.musicbusinessworldwide.com/pledgemusic-collapse-uk-music-industry-unites-to-support-affected-artists-businesses/ (abgerufen: 21.08.2019).
[5]Billboard, „Sellaband Files For Bankruptcy", 23. Februar 2010: https://www.billboard.com/articles/business/1210847/updated-sellaband-files-for-bankruptcy (abgerufen: 21.08.2019).
[6]Siehe dazu Musically, „Kickstarter's Drip follow-up has been canned before launch", 17. Juni 2019: https://musically.com/2019/06/17/kickstarters-drip-follow-up-has-been-canned-before-launch/ (abgerufen: 21.08.2019).

der jeweiligen Rechte sowie ein Crowdfunding-Förderziel fest. Damit ist Global Rockstar ein Instrument des Crowdinvestments, weil bei den FördergeberInnen der Anreiz besteht, das investierte Geld zu vermehren, wenn ein Song wirtschaftlich erfolgreich sein sollte. Global Rockstar fungiert dabei nicht nur als eine Art „Broker", sondern auch als Produzent, Musikvertrieb und Marketingplattform, sofern solche Leistungen von den KünstlerInnen erwünscht sind. Damit diese Leistungen erbracht werden können, müssen die MusikerInnen, ähnlich wie bei einem Labelvertrag die nötigen Rechte an Global Rockstar lizenzieren.[7] Ein ähnliches Konzept verfolgt das 2017 in Estland gegründete Fanvestory. Dabei können Musikfans in Copyright-Packages der KünstlerInnen investieren und am zu erwartenden Tantiemenstrom mitverdienen. Die KünstlerInnen legen dabei den Umfang und Verwertungsdauer der Rechtepakete fest. Fanvestory finanziert sich über prozentuelle Beteiligungen an den Einnahmen aus der Rechteverwertung.[8]

Eine besondere Rolle im modernen A&R-Management spielen Datenanalyse-Firmen, die im täglichen, unübersehbar gewordenen Datenstrom, neue Musiktrends und Talente ausfindig machen sollen. So analysiert Next Big Sound, das 2008 in New York gegründet wurde, die Popularität von KünstlerInnen in Streamingdiensten und auf sozialen Netzwerken und versucht auf diese Weise, die Stars von morgen zu identifizieren. 2015 wurde Next Big Sound vom US-Musikstreamingdienst Pandora übernommen.[9] Einen ähnlichen Schritt hat Apple 2015 knapp vor dem Launch von Apple Music gemacht, als es die 2008 gegründete britische Data Analytics-Firma Musicmetrics gekauft hat. Musicmetrics wertet dabei sowohl den Datenstrom von YouTube, Musikstreamingdiensten, Torrent-Trackern als auch von Social Network-Seiten aus, um neue Trends zu erkennen.[10] Mit der Akquisition des Musikidentifikationsdienstes Shazam 2017 und der Übernahme der Datenanalyse-Firma Asaii im Jahr 2018, hat Apple seine Kompetenz bei der Früherkennung von musikalischen Trends weiter verstärkt. Vor allem das 2016 von einem früheren Apple-Mitarbeiter

---

[7]Siehe Geschäftsbedingungen von Global Rockstar: https://www.globalrockstar.com/landing/terms-and-conditions (abgerufen: 21.08.2019).
[8]Siehe https://fanvestory.com/page/about-us (abgerufen: 21.08.2019).
[9]New York Times, „Pandora Buys Next Big Sound to Track Popular Music", 19. Mai 2015: https://www.nytimes.com/2015/05/20/business/media/pandora-buys-next-big-sound-to-track-popular-music.html (abgerufen: 21.08.2019).
[10]The Guardian, „Apple buys the British startup behind music analytics service Musicmetric", 21. Januar 2015: https://www.theguardian.com/technology/2015/jan/21/apple-buys-musicmetric-british-startup-beats (abgerufen: 21.08.2019).

gegründete Asaii hat sich zum Ziel gesetzt, MusikerInnen zu entdecken, bevor sie die Charts stürmen. Dabei werden Unmengen von Daten aus sozialen Netzwerken, Stremingdiensten, Online-News, Radio-Airplay und TV-Shows ausgewertet, um sogenannte „weak signals" eines sich ankündigenden Erfolges zu entdecken.[11]

Streamingdienste übernehmen immer öfter auch selbst A&R-Funktionen. Im Oktober 2017 hat Spotifys Global Head of Creator Services, Troy Carter das RISE-Programm mit folgenden Worten angekündigt: *„Spotify is committed to supporting the careers of artists of every level, including the next generation of global superstars. RISE is a powerful platform and an investment towards the future of emerging artists and the fans who discovered them first."*[12] In den Folgemonaten wurden insgesamt 11 Indie-KünstlerInnen ins RISE-Programm aufgenommen. Allerdings scheint Spotify, nach dem Weggang von Troy Carter im September 2019, das RISE-Programm nicht mehr fortsetzen zu wollen. Das von Apple Music 2017 ins Leben gerufene Up Next-Programm scheint nachhaltig verankert zu sein. Jedes Monat bietet Apple Music ausgewählten MusikerInnen die Möglichkeit der Sonderpromotion auf der Streaming-Webpage inklusive eines dafür produzierten Musikvideo-Clips und zusätzlicher Bewerbung im hauseigenen Webradio Beats 1. Im Sommer 2019 lief zudem eine internationale Konzertreihe, in der die Up Next-Acts auf Tour gehen konnten.[13]

Darüber hinaus bieten Streamingdienste wie Soundcloud und Bandcamp den MusikerInnen die Möglichkeit, ihre Musik weltweit verfügbar zu machen und zu bewerben und mit ihren Fans zu teilen. Und auch die traditionellen Medien haben mit TV Casting-Shows wie „Deutschland sucht den Superstar", „X-Factor" oder „Pop Idol" A&R-Funktionen übernommen. Insgesamt zeigt die Entwicklung, dass im digitalen Zeitalter A&R nicht mehr ausschließlich von den Labels wahrgenommen wird, sondern dass von vielen neuen Online-Akteuren ebenfalls innovative A&R-Maßnahmen gesetzt werden.

Dennoch bleiben die Labels die Hauptakteure des A&R-Managements. Sie signen neue KünstlerInnen, um Musikaufnahmen zu produzieren, die über

---

[11]The Verge, „Apple reportedly acquires music analytics firm that claims it can ‚find the next Justin Bieber'", 15. Oktober 2018: https://www.theverge.com/2018/10/15/17977616/apple-acquires-asaii-machine-learning-music-analytics-spotify (abgerufen: 21.08.2019).

[12]Music Business Worldwide, „Has Spotify given up on its emerging artist program, RISE?", 12. Juli 2019: https://www.musicbusinessworldwide.com/has-spotify-given-up-on-its-emerging-artist-program-rise/ (abgerufen: 21.08.2019).

[13]Siehe ibid.

unterschiedliche Formate wirtschaftlich verwertet werden. Dabei gibt es zwei übliche Vertragsformen. In einem KünstlerInnen-Exklusivvertrag stimmt die MusikerIn zu, eine vertraglich definierte Anzahl von Aufnahmen für ein Label zu machen und zu diesem Zweck sämtliche dafür notwendigen Rechte dem Label exklusiv für eine bestimmte Dauer zur Nutzung zu überlassen. Im Gegenzug verpflichtet sich das Label, die Aufnahmen zu veröffentlichen und zahlt üblicher Weise einen nicht-refundierbaren Vorschuss, der für internationale Stars zwischen US$ 50.000 und US$ 350.000 liegen kann (IFPI 2014, S. 13). Allerdings sind diese Vorschüsse in vollem Umfang mit der vertraglich vereinbarten Umsatzbeteiligung – üblicher Weise zwischen 8 und 12 % vom Händlerabgabepreis[14] – gegenverrechenbar. Auch andere Kosten wie z. B. für die Musikproduktion (inkl. Entgelt für die MusikproduzentIn), Musikvideoproduktion und Marketing- & PR-Maßnahmen holen sich die Labels über die Tantiemen der KünstlerInnen wieder zurück. Die KünstlerInnen kommen erst dann in den Genuss der Umsatzbeteiligung, wenn die Produktionskosten vollständig gedeckt sind (Hull et al. 2011, S. 201–202). Im Fall des KünstlerInnen-Exklusivvertrags trägt das Label alle Kosten und Risiken der Produktion, wobei ein Teil der Kosten über die Gegenverrechnung an die MusikerInnen abgewälzt wird.

Der andere Vertragstyp ist der Bandübernahmevertrag. Dabei produzieren die MusikerInnen die Aufnahme auf eigene Kosten und Risiko und übergeben die fertige Aufnahme (früher war es das Masterband) in tadelloser Qualität dem Label zwecks weiterer wirtschaftlicher Verwertung. Dabei müssen die entsprechenden Auswertungsrechte dem Label ebenfalls übertragen werden. Im Gegensatz zum KünstlerInnen-Exklusivvertrag kann die Auswertungsdauer meist auf 15 Jahre beschränkt werden, wodurch die sogenannten Masterrechte danach wieder an die KünstlerInnen zurückfallen. Im Gegenzug zahlt das Label einen nicht-rückzahlbaren aber vollständig mit der Umsatzbeteiligung verrechenbaren Vorschuss und erhält im Vergleich zum KünstlerInnen-Exklusivertrag eine höhere Umsatzbeteiligung, die zwischen 20 und 25 % vom Händlerabgabepreis ausmachen kann (Lyng et al. 2011, S. 290–324). In Europa ist der Bandübernahmevertrag die übliche Vertragsform und wird vor allem von Indie-Labels angeboten.

Als eine Erweiterung des Bandübernahmevertrags kann der Labelservice-Deal angesehen werden. In einem Service-Deal verzichten die KünstlerInnen auf einen Label-Vorschuss und erhalten im Gegenzug sämtliche Rechte nach einer

---

[14]Der Händlerabgabepreis (HAP) ist jener Preis, den der Einzelhandel an die Plattenfirma oder den Vertrieb pro Einheit (exkl. Umsatzsteuer) bezahlt.

vertraglich definierten Auswertungsdauer durch das Label wieder zurück. Dieser Vertragsdeal wird deshalb auch als Service-Deal bezeichnet, weil die MusikerIn üblicherweise bestimmte Dienstleistungen des Labels, wie z. B. die weltweite Wahrnehmung von Leistungsschutzrechten, Synchronisationsrechten oder die Tantiemenverwaltung im Digitalgeschäft in Anspruch nimmt. Den ersten Label-Service-Deal hat das Indie-Label Cooking Vinyl 1993 mit Billy Bragg abgeschlossen. Allerdings erfreut sich diese Vertragskonstruktion erst seit den letzten Jahren größerer Beliebtheit. Es waren vor allem Musikverlage wie Kobalt, BMG Rights Management und der Digitalmusikvertrieb AWAL, die namhafte KünstlerInnen mit diesem Vertragstyp geködert haben.[15]

2002 wurde ein neuer Vertragstyp entwickelt, als Robbie Williams mit der EMI einen neuen Plattenvertrag aushandelte. Im Gegenzug für einen Vorschuss von GBP 80 Mio. verpflichtete sich der Star, vier Alben und eine Hit-Compilation an die EMI zu liefern, die an all seinen musikbezogenen Einkünften, d. h. Plattenverkäufen, Konzert- und Sponsoringeinnahmen sowie Merchandising eine Umsatzbeteiligung eingeräumt bekam. Damit war der erste sogenannte 360°-Deal der Musikgeschichte abgeschlossen worden. Weite Verbreitung fand dieser neue Vertragstyp aber erst, als der Veranstaltungskonzern Live Nation 2007 einen ähnlich gelagerten Deal mit Madonna, nach ihrem Weggang von der Warner Music Group, geschlossen hat. Live National zahlte der Künstlerin einen Vertragsabschluss-Bonus von US$ 17,5 Mio. und einen Vorschuss von rund US$ 50–60 Mio. für drei Alben sowie weitere US$ 50 Mio. für das Recht, ihre Konzerttourneen exklusiv veranstalten zu dürfen. Zudem garantierte Live Nation Madonna 90 % aller Einnahmen aus den Konzerteinnahmen sowie 50 % aus den Lizenzentgelten für die Bildrechte (Pitt 2010, S. 71). In der Folge schlossen auch die irische Rockband U2, der U.S.-Rapper Jay Z, Nickelback und der kolumbianische Superstar Shakira ähnliche 360°-Verträge mit Live Nation ab (ibid., S. 72). Dieser neue Vertragstyp verbreitete sich rasch in der phonografischen Industrie und wurde durch weitere Formen der Umsatzbeteiligung der Labels erweitertet. So erhält das Label nicht nur Anteile am Verkauf physischer und digitaler Musikformate, sondern auch an Konzerteinnahmen, Sponsoring- und Endorsementerträgen, Merchandisingverkäufen, Fan-Club-Einnahmen, Film- und TV-Einnahmen und sogar an den Verlagstantiemen (Hull et al. 2011, S. 207). Im Idealfall ist das Label in der Lage,

---

[15]Media Research-Blog, „Taylor Swift, Label Services and What Comes Next", 22. November 2018: https://www.midiaresearch.com/blog/taylor-swift-label-services-and-what-comes-next/ (abgerufen: 22.08.2019).

all diese Aufgabenbereiche zu übernehmen und die Majors haben auch entsprechende Unternehmensbereiche für Sponsoring & Branding, Merchandising sowie Konzertagenturen ins Leben gerufen, um ihren KünstlerInnen ein All-Inklusiveservice zu bieten. Aber auch wenn sich die KünstlerInnen selbst um das Booking von Konzerten, das Merchandising und Sponsoring kümmern, erhält das Label im Fall einer 360°-Vertrags den vertraglichen Umsatzanteil an allen daraus fließenden Einnahmen.

6.1.2 Musikproduktion

Sobald der Plattenvertrag unterschrieben ist, kann mit der Musikproduktion begonnen werden, der zentralen Funktion in der phonografischen Industrie wie Hull et al. (2011, S. 214) betonen: *„[i]t is the recording, not a song or music, that is the final product, and it is the producer who is at the center of the creation of that process"*. In der Tat sind die MusikproduzentInnen mit dem Aufkommen der Mehrspur-Bandaufnahmetechnik in den 1960er-Jahren ins Zentrum der Musikindustrie gerückt. Mit dieser neuen Technologie war es nunmehr möglich, den Aufnahmeprozess inhaltlich mitzugestalten und die ProduzentInnen wurden Teil des kreativen Prozesses. Ein gutes Beispiel ist George Martin, der ursprünglich die Beatles für das EMI-Sublabel Parlophone unter Vertrag genommen hat und später der Produzent und Mastermind der Pilzköpfe wurde. Auf sein Konto gehen so bahnbrechende Alben wie „Revolver" (1966) und „Sgt. Pepper's Lonely Hearts Club Band" (1967).

Mit den technologischen Veränderungen im Produktionsprozess wandelte sich auch die Rolle der MusikproduzentInnen, die bis in die späten 1960er-Jahre üblicherweise noch Angestellte eines Labels waren. Die Mehrspuraufnahme führte zu einer künstlerischen und auch wirtschaftlichen Emanzipation der ProduzentInnen, die immer öfter auf eigene Rechnung und Risiko arbeiteten. Manche diese Independent Producers wurden zu zentralen Figuren des Musikbusiness und einzelne wie der Produzent des letzten Beatles-Album „Let It Be" (1969), Phil Spector, zu Stars. Aber auch KünstlerInnen begannen sich mit der Musikproduktion zu beschäftigen und heutzutage sind speziell im HipHop/Rap sowie in der Electronic Dance Music (EDM) KünstlerInnen-ProduzentInnen wie Jay Z, Eminem, David Guetta oder Skrillex im wahrsten Sinn des Wortes tonangebend.

Wie diese Ausführungen bereits belegen, muss eine MusikproduzentIn sehr vielseitig sein. Der Musikproduktionsprozess erfordert künstlerische, aufnahmetechnische und wirtschaftliche Kompetenzen. Die ProduzentInnen sind

6.1 Funktionen und Aufgaben der phonografischen Industrie

oft im A&R-Prozess beim Auffinden neuer Talente involviert und müssen meist selbst auch Kenntnisse des Songwritings und Komponierens haben. Im Kern organisieren und überwachen ProduzentInnen den Musikaufnahmeprozess und müssen dazu Tonstudios und die dazu gehörigen Studio-MusikerInnen und TontechnikerInnen anheuern. Die Managementfunktion beinhaltet die Budgetierung und das Controlling des Produktionsprozesses, das Verhandeln der Verträge mit den KünstlerInnen einerseits und mit dem Label andererseits (siehe Hull et al. 2011, S. 214–215; Lyng et al. 2011, S. 40–46).

In einem Standard-Produzentenvertrag zahlt das Label der ProduzentIn einen nicht-rückzahlbaren Vorschuss, der vollständig mit der Umsatzbeteiligung, die meist zwischen 3 bis 6 % vom Händlerabgabepreis liegt, gegenverrechenbar ist. Vertragsgegenstand ist entweder eine einzelne Aufnahme oder ein gesamtes Album. Der Produktionsprozess umfasst dabei das Overdubbing, Mixing und Mastering der Tracks sowie die Anfertigung spezieller Remixes für den Einsatz in Tanzlokalen oder im Radio-Airplay. Die ProduzentIn verpflichtet sich dabei, einen fertigen Master in bester Qualität an das Label zu liefern (Hull et al. 2011, S. 216–217). Lyng et al. (2011, S. 42–44, 46) unterscheiden zudem zwischen künstlerischen und wirtschaftlichen ProduzentInnen. Letztere betreiben meist ein Indie-Label und arbeiten oft den Major-Labels zu. KünstlerInnen schließen in einem solchen Fall einen Lizenzvertrag ab, in dem die wirtschaftliche ProduzentIn im Rahmen eines Bandübernahmevertrags eine Umsatzbeteiligung von 20 % vom Händlerabgabepreis eingeräumt bekommt. Die KünstlerIn schließt mit der ProduzentIn einen KünstlerInnen-Exklusivvertrag ab, der eine Umsatzbeteiligung von rund 8 % vorsieht, d. h. der ProduzentIn verbleiben 12 % an Umsatzbeteiligung. Bei einem solchen Lizenzvertrag, werden zuerst die Kosten der ProduzentIn gegenverrechnet und dann erst die Kosten, die direkt auf die KünstlerIn entfallen. Dadurch kommen die ProduzentInnen früher in den Genuss der Umsatzbeteiligung als die KünstlerInnen, die quasi die ProduzentInnen „auszahlen" müssen. Oft sind diese Lizenzverträge als 360°-Deals ausgestaltet, was die KünstlerInnen verpflichtet, nicht nur die für die Aufnahme nötigen Leistungsschutzrechte zu übertragen, sondern auch Verlagsrechte und andere personenbezogenen Rechte. Eine Alternative stellen Auftragsproduktionen dar. Hierbei tritt die KünstlerIn als AuftraggeberIn auf und lässt sich von der künstlerischen ProduzentIn eine Masteraufnahme herstellen, die in der Folge in Form eines Bandübernahmevertrags an ein Label lizenziert werden kann. Die künstlerische ProduzentIn bzw. AuftragsproduzentIn erhält dabei ein Fixum von 2–5 % von den zu erwartenden Einnahmen und verzichtet auf die Rechteübertragung. Allerdings müssen in diesem Fall die KünstlerInnen das wirtschaftliche Risiko selbst tragen (ibid., S. 46).

Im analogen Zeitalter konnte die Qualität einer Musikaufnahme nur in einem professionellen Tonstudio sichergestellt werden. Manche Studios wie die Londoner Abbey Road Studios der EMI, der Pythian Temple der Decca in New York, die Gold Star Studios in Los Angeles oder das FAME-Studio in Muscle Shoals/Alabama haben mittlerweile Kultstatus erreicht. Die Digitalisierung hat die Kosten für eine Musikproduktion auf einen Bruchteil im Vergleich zu früher schrumpfen lassen. Heutzutage ist es mit einem handelsüblichen Laptop und guten High-End-Mikrofonen möglich, im Wohnzimmer wirtschaftlich verwertbare Aufnahmen zu machen. Während also private Tonstudios von KünstlerInnen und ProduzentInnen wie Pilze aus dem Boden schossen, nahm die Zahl professioneller Tonstudios in den letzten Jahren stark ab. Sie bieten mittlerweile eine Vielzahl an Dienstleistung für MusikerInnen, ProduzentInnen, Labels, Radio- und TV-Stationen, Filmfirmen, Games-Hersteller und die Werbebranche an (Hull et al. 2011, S. 221–223).

Ebenso wie die Tonstudios haben die Platten- und CD-Presswerke unter dem Umsatzrückgang in der phonografischen Industrie stark gelitten. Die Major-Labels haben ihre Produktionskapazitäten abgebaut, Presswerke stillgelegt oder verkauft. So hat der neue Eigentümer der Warner Music Group, die Investor's Group, 2003 die CD- und DVD-Produktion WEA Manufacturing, die Verpackungsfirma Ivy Hill Corporation und Giant Merchandising um US$ 1,1 Mrd. an Cinram verkauft, um sich im Gegenzug fixe Produktionskapazitäten zu sichern (Warner Music Group 2005, S. 10). Der anhaltende Vinyl-Boom zeigt andererseits, dass Plattenpresswerke wirtschaftlich wieder relevant werden können.

So stellt das weltweit größte Plattenpresswerk, die GZ Media im tschechischen Loděnice bei Prag mit rund 1.400 Mitarbeitern im Dreischicht-Betrieb täglich 65.000 Stück Vinyl-Schallplatten her und betreibt neben den alten Pressen, die noch aus den 1960er und 1970er-Jahren stammen, neue vollautomatische Pressen, weil für die alten Geräte oft die Ersatzteile fehlen. Dennoch kommt das Unternehmen mit der Erfüllung der Bestellungen nicht nach und die Kunden müssen mehrere Monate Wartezeit akzeptieren, bis ihre Aufträge erfüllt werden können.[16] Um diese Produktionsengpässe zu überwinden, wurde auch schon mit der Suche nach neuen technologischen Lösungen begonnen. Dabei werden nicht nur neue Schallplattenpressen konstruiert, sondern auch innovative Wege eingeschlagen. Der im österreichischen Tulln ansässige Digitalmusikvertrieb Rebeat entwickelt

---

[16]GZ Media, http://www.gzvinyl.com/About-GZ/Summary.aspx (abgerufen: 23.08.2019).

in einem Joint-Venture mit der Forschungseinrichtung Joanneum Research in Graz die HD Vinyl-Schallplatte mithilfe modernster Lasertechnologie, die bald in Serienproduktion gehen soll.[17] So könnte die Digitaltechnologie der analogen Schallplatte zu weiterem Marktwachstum verhelfen, das derzeit durch begrenzte Produktionskapazitäten gehemmt wird.

Trotzdem bleibt die Vinyl ein Nischenprodukt und anstatt CDs zu verkaufen, ist es heute profitabler, Masterrechte an den Musikaufnahmen für Download- und Streamingdienste zu lizenzieren. Die Plattenfirmen bzw. ihre Labels lizenzieren ihre Musikkataloge meist direkt an Spotify & Co. Die größte Marktmacht haben dabei aufgrund ihrer umfangreichen Kataloge die Major-Labels, ohne die kein Streamingdienst auskommen kann. Indie-Labels, denen diese Machtmacht fehlt, nutzen meist Digitalmusikvertriebe wie Believe Digital, The Orchard oder Rebeat, um ihr Repertoire weltweit in Download- und Streamingportalen verfügbar zu machen. Größere und wirtschaftlich erfolgreiche Indie-Labels sind noch einen Schritt weiter gegangen und haben 2007 die globale digitale Lizenzierungsagentur MERLIN gegründet, die mittlerweile die Masterrechte von mehr als 800 Indie-Plattenfirmen verwaltet und lizenziert.[18]

Den Tonträgerherstellern, d. h. Plattenfirmen, kommt nach dem Urheberrechtsgesetz ein Leistungsschutzrecht an den erstellten Aufnahmen zu. Deshalb haben die Plattenfirmen einen Vergütungsanspruch, wenn ihre Aufnahmen öffentlich wiedergegeben, gesendet, vervielfältigt, verbreiten und online verfügbar gemacht werden. Um diese Ansprüche geltend zu machen, haben die Plattenfirmen Verwertungsgesellschaften zur Wahrnehmung des Leistungsschutzrechts gegründet. Eine der ältesten Gesellschaften dieser Art ist die britische PPL (Phonographic Performance Limited), die 1934 von der Decca und EMI ins Leben gerufen wurde, nachdem sie einen Coffee Shop erfolgreich auf Zahlung einer Vergütung geklagt hatten, der ihre Schallplatten zur Unterhaltung der Gäste öffentlich wiedergegebenen hatte.[19] In der Folge sind ähnliche Verwertungsgesellschaften auch in anderen Ländern gegründet worden. So z. B. auch die Gesellschaft zur Verwertung von Leistungsschutzrechten (GVL) in Deutschland,[20] die 1959 von

---

[17]HD Vinyl, https://hdvinyl.org/ (abgerufen: 23.08.2019).
[18]MERLIN, www.merlinnetwork.org (abgerufen: 23.08.2019).
[19]PPL, „About us", http://www.ppluk.com/About-Us/Who-We-Are/Company-history/ (abgerufen: 23.08.2019).
[20]Eine ähnliche Funktion nimmt in Österreich die LSG – Wahrnehmung von Leistungsschutzrechten GmbH wahr, die 1968 aus dem Zusammenschluss der Österreichischen Interpretengesellschaft (ÖSTIG), Verwertungsgesellschaft für Bild und Ton und der damaligen LSG hervorgegangen ist (http://www.lsg.at/info.html) (abgerufen: 23.08.2019).

der Deutschen Orchestervereinigung und der deutschen Landesgruppe der IFPI auf den Weg gebracht wurde (Lyng et al. 2011, S. 124).

Die GVL nimmt die Vergütungsansprüche ihrer Mitglieder wahr, wenn Musikaufnahmen im Radio und Fernsehen sowie über Kabel- und Satellitennetzwerke gesendet werden, aber auch wenn sie öffentlich in Shops, Bars, Restaurants, Hotels, Freizeitclubs, Fitness-Center etc. wiedergegeben werden. Hinzu kommen Einnahmen aus der Vermietung und dem Verleih von Tonträgern (z. B. durch Büchereien) und die Überweisungen ausländischer Schwesterverwertungsgesellschaft wie z. B. die LSG in Österreich oder die Swissperform in der Schweiz.

2018 sammelte die GVL insgesamt EUR 230 Mio. aus den genannten Quellen ein, was einem Anstieg von mehr als einem Viertel im Vergleich zu 2010 entspricht. Gegenüber 2017 sind die Einnahmen um mehr als 25 % gesunken, was allerdings mit den Nachzahlungen im Bereich der privaten Vervielfältigung (ZPÜ) im Jahr 2017 zusammenhängt, weil die GVL gemeinsam mit der GEMA Vergütungen auf Tablet-PCs und Mobiltelefone durchsetzen konnte. Der starke Anstieg der Einnahmen im Bereich Vervielfältigung und der Rückgang von 2017 auf 2018 sind also auf diesen Einmaleffekt zurückzuführen. Die Einnahmen aus anderen Vergütungsarten haben sich im Vergleichszeitraum (2012 und 2018) weniger stark verändert: Sendevergütung Radio und TV um +14,5 %, öffentliche Wiedergabe um +3,8 % und die Einnahmen von ausländischen Schwestergesellschaft um +0,3 %. Lediglich die Einnahmen aus der Kabelweitersendung ist zwischen 2012 und 2018 mit −28,9 % sehr deutlich gesunken (GVL 2013 und 2019). Nach Abzug der Verwaltungskosten, der Überweisungen an ausländische Verwertungsgesellschaften und den Zuwendungen für soziale und kulturelle Zwecke verblieben 2018 EUR 145,5 Mio. zur Verteilung an insgesamt 158.643 Bezugsberechtigte, die sich in die Gruppen der 146.556 ausübenden KünstlerInnen,[21] 12.018 Tonträgerhersteller (inkl. Hersteller von Videoclips) und 69 Veranstalter aufteilen (GVL 2019) (Abb. 6.3).

Interessanterweise gibt es in den USA keine Verwertungsgesellschaft für das Leistungsschutzrecht, weil das Senden von Musikaufnahmen im terrestrischen

---

[21]Die Gruppe der ausübenden KünstlerInnen setzt sich zusammen aus Gesangs- und InstrumentalsolistInnen Pop & Klassik, StudiomusikerInnen, DirigentInnen, MusikregisseurInnen und künstlerischen MusikproduzentInnen, Chören und Chormitgliedern, Orchestern und anderen Klangkörpern, SchauspielerInnen und SynchronisationsschauspielerInnen, RegisseurInnen und TänzerInnen.

6.1 Funktionen und Aufgaben der phonografischen Industrie

Abb. 6.3 Die Einnahmen- und Ausschüttungsentwicklung der GVL, 2012–2018. (Quellen: Eigene Darstellung nach den Geschäfts- und Transparenzberichten der GVL 2013–2019)

Radio nicht vergütungspflichtig ist. Allerdings wurden 1995 mit dem Digital Performance Right in Sound Recordings Act Webcaster und Betreiber von Satellitenradios verpflichtet, die Nutzung von Musikaufnahmen zu vergüten. Um diese Entgelte einheben zu können, gründete die Recordings Industry Association of America (RIAA) 2003 die Verwertungsgesellschaft SoundExchange. Damit waren nicht-interaktive Musikstreamingservices (Webcaster) wie Pandora und iHeartRadio als auch Satellitenradios wie SiriusXM von der Vergütungspflicht erfasst. Die Tarife werden vom U.S. Copyright Royalty Board (CRB) festgelegt und der eingesammelte Betrag muss jeweils zur Hälfte zwischen den Plattenfirmen und InterpretInnen aufgeteilt werden. Dabei gehen 45 % an Gesangs- und InstrumentalsolistInnen (featured artists), 2,5 % an non-featured KünstlerInnen, die Mitglied der US-MusikerInnengewerkschaft American Federation of Musicians (AFM) sind und die verbleibenden 2,5 % an non-featured SängerInnen, die Mitglied der US-SängerInnengewerkschaft American Federation of Television and Radio Artists (AFTRA) sind (siehe Hull et al. 2011, S. 101–103) (Abb. 6.4).

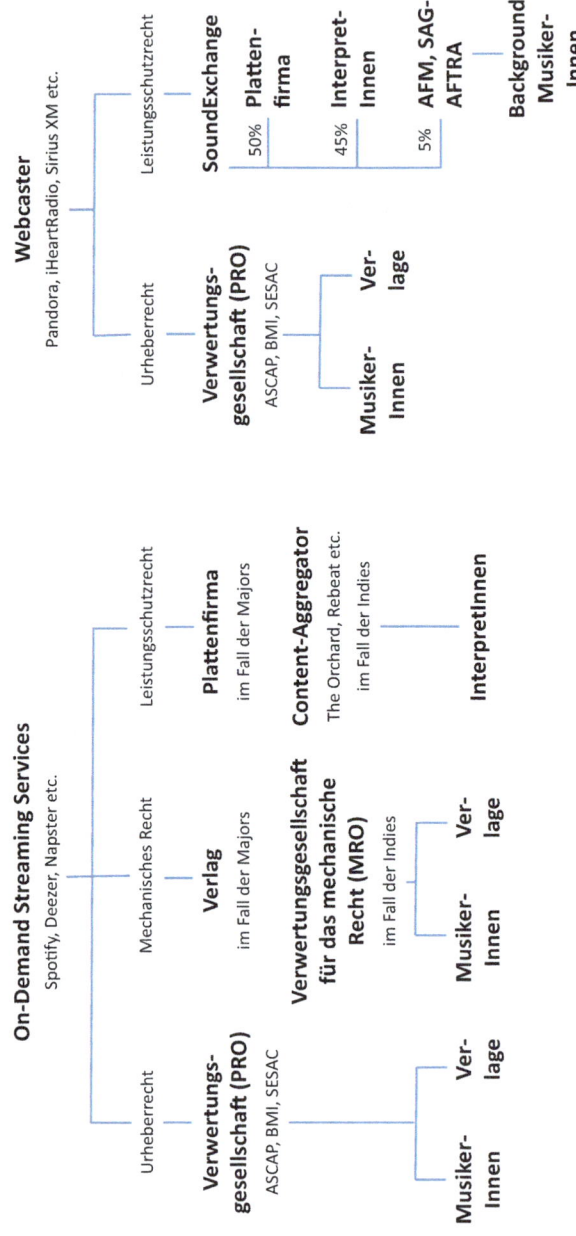

Abb. 6.4 Lizenzierungsstruktur für das digitale Leistungsschutzrecht auf Musikaufnahmen in den USA. (Quelle: Eigene Darstellung nach Rethink Music 2015, S. 11–13)

6.1.3 Die Marketingfunktion

Nach Marketingpapst Philip Kotler (2015) sind die vier klassischen Marketinginstrumente die Leistungsprogrammpolitik, Preispolitik, Distributionspolitik und Kommunikationspolitik oder in Englisch Product, Price, Place, Promotion – die sogenannten 4Ps des Marketing. Die 4Ps müssen in einem Marketing-Mix aufeinander abgestimmt werden, um erfolgreich am Markt zu reüssieren. Der Marketing-Mix ist einbettet in die Erkenntnisse über die Bedürfnisse der KonsumentInnen durch die Marktforschung. Daraus werden dann Marketingziele und eine Marketingstrategie abgeleitet, die als Leitlinie für die Entscheidungen im Rahmen des Marketing-Mix wirken soll. Nachfolgend werden nun die vier Marketingpolitiken in Bezug auf die Labelarbeit genauer beschrieben.

1. Leistungsprogrammpolitik (Product)

Das Ziel der Leistungsprogramm-Politik besteht darin, Güter und Dienstleitungen nach den Bedürfnissen der KonsumentInnen auszugestalten. Ursprünglich war der Tonträger der zentrale Gegenstand der Produktpolitik. Im digitalen Zeitalter rückten aber die Musikschaffenden ins Zentrum des Wertschöpfungsnetzwerks. Heutzutage besteht die wichtigste Aufgabe eines Labels darin, eine marktkonforme KünstlerInnen-Marke aufzubauen. Eine Marke ist mehr als nur ein Produkt. Während Produkte eine bestimmte Gebrauchsfunktion erfüllen, schaffen Marken Unterscheidbarkeit, Einzigartigkeit und sprechen die Person und ihren Lebensstil direkt an. Am Markt erfolgreiche KünstlerInnen – wie z. B. Lady Gaga, Madonna, Bruce Springsteen, The Rolling Stones, Lang Lang und die Wiener Philharmoniker – weisen eine starke Markenidentität und Markenpersönlichkeit auf. Zur Markenidentität zählen ein Markenname, Markenzeichen (Trademark) und die entsprechende visuelle Erscheinung der KünstlerIn. Eine Markenpolitik kann dann als erfolgreich gelten, wenn die Lücke zwischen dem Markenimage, das in den Köpfen der KonsumentInnen entsteht und der gewünschten Markenidentität geschlossen werden kann (Neumeier 2004, S. 20). Erfolgreiche KünstlerInnen-Marken entwickeln eine Markenpersönlichkeit die nach Aaker (1997, S. 347) als *„set of human characteristics associated with a brand"* zu verstehen ist. Abgesehen von KünstlerInnen-Marken können auch Musikgenres (z. B. Klassik, Jazz, Soul, Disco, HipHop/Rap, EDM), Labels (z. B. Deutsche Grammophon, Atlantic, Chess, Motown, Blue Note, Def Jam) sowie Musikfestivals (z. B. Salzburger Festspiele) und sogar Unternehmen (z. B. Live Nation) als Marken mit entsprechender Markenidentität verstanden werden.

Das Markenmanagement ist aber nur ein Aspekt der Leistungsprogrammpolitik, die auch Innovationsmanagement (eng mit dem A&R verknüpft), Qualitätsmanagement sowie das Dienstleistungsmanagement umfasst.

2. Preispolitik (Price)

Der Preis einer CD, eines Musikdownloads, eines monatlichen Streaming-Abos oder eines Konzerttickets wird üblicher Weise nicht auf Basis der Herstellkosten ermittelt, sondern aufgrund des für die KonsumentIn geschaffenen Werts und in Hinblick auf das Wettbewerbsumfeld. Unterschieden werden dabei die Konzepte der wertbasierten und konkurrenzorientierten Preissetzung (Hull et al. 2011, S. 251). Die wertbasierte Preissetzung orientiert sich an dem von den KonsumentInnen wahrgenommenen (subjektiven) Wert eines Produkts. So spiegeln sich in den Preisen für Konzerttickets nicht die Produktionskosten wider, sondern der Wert, dem ein Konzertbesuch von einem Fan beigemessen wird. Ähnliches gilt für Tonträger, deren Ausstattung von einer einfachen Verpackung ohne ausführliches Booklet bis hin zu einer Special-Edition mit CD, Vinyl-Platte, Download-Code und manchmal sogar mit Merchandisingartikel reichen kann.

Wie wir bereits in Kap. 3 sehen konnten, spielt der Preis in einem Oligopol wie der phonografischen Industrie ohnehin nur eine untergeordnete Rolle. Die Plattenfirmen verfolgen seit Langem eine 3-stufige Preissetzung: Full-Price für Neuerscheinungen, Mid-Price für Katalogware und Budget-Price für Hit-Kompilationen. Diese Preisstufen dienen der Preisdiskriminierung zwischen unterschiedlichen Zielgruppen. So werden Fans beim Erscheinen des neuen Albums eher bereit sein für eine CD den Vollpreis zu bezahlen als Nicht-Fans, die lieber auf eine Wiederveröffentlichung oder auf eine Kompilation zurückgreifen oder heutzutage überhaupt keinen Tonträger mehr kaufen, sondern die Musik über Streamingdienste anhören. Sehr beliebt sind auch Sonderplatzierungen von CDs in Supermärkten, wo den GelegenheitskäuferInnen ein kleines, überschaubares Sortiment zum Budget-Preis angeboten wird (Hull et al. 2011, S. 254–256).

Die Preisdiskriminierung hat im digitalen Musikmarkt an Bedeutung gewonnen. So bieten Streamingdienste wie Spotify nicht nur ein monatliches Abo, sondern auch noch einen werbefinanzierten Gratiszugang (Freemium) mit dem Ziel an, GratisnutzerInnen über kurz oder lang zu AbonnentInnen zu machen. Zudem werden unterschiedliche Abo-Preismodelle angeboten, um die unterschiedlichen Bedürfnisse der MusikkonsumentInnen zu befriedigen. Einige Streamingdienste verfolgen keinen Freemium-Ansatz, um z. B. Musik in besserer

Soundqualität zum Streaming anzubieten, wie im Fall des deutschen Klassik-Streamingdienstes IDAGIO,[22] der auf audiophile Klassikfans abzielt.

Bei der konkurrenzorientierten Preissetzung richtet sich der Preis nach den Konkurrenzangeboten. Als Apple/iTunes 2003 den Preisstandard für einen Musikdownload auf US$/EUR 0,99 für einen Single-Track und US$/EUR 9,99 für ein Album festsetzt hat, waren diese Preise nicht kostendeckend. Apples Preispolitik wirkte in der Folge als Markteintrittsbarriere für Konkurrenzangebote. Erst der Internethändler Amazon hat Apple mit der Setzung eines niedrigeren Preises herausgefordert, weil sich der Online-Händler eine solche Loss-Leader-Strategie leisten konnte.[23] Im Musikeinzelhandel haben schon früher die zum Metro-Konzern gehörigen Saturn- und MediaMarkt-Märkte eine solche Loss-Leader-Strategie verfolgt, indem der Einzelhandelspreis einer CD bewusst nicht kostendeckend gesetzt wurde, um die Kundenfrequenz zu erhöhen und gleichzeitig KonsumentInnen dazu zu bewegen, Produkte mit höherer Handelsspanne zu kaufen, die somit indirekt den Verlust der CD-Verkäufe subventionieren. Durch diese Preisstrategie wurden der Musikeinzelhandel aber auch spezialisierte Discounter wie Tower Records und Virgin Records, die auf die Handelsspannen im Tonträgergeschäft angewiesen waren, wirtschaftlich stark unter Druck gesetzt, was sich auch in zahlreichen Konkursen manifestierte noch bevor das digitale Musikzeitalter angebrochen war (Hull et al. 2011, S. 257). Amazon hat das Loss-Leader-Konzept für CDs nur aus der analogen in die digitale Welt transferiert, um KundInnen mit Musikangeboten in den Amazon Store zu locken, die dann auch andere Produkte mit höherer Gewinnspanne bestellen sollen. Amazons Preisstrategie ist aber nur ein weiteres Kapitel in der revolutionären Umwandlung des Musikeinzelhandels.

3. Die physische und digitale Musikdistribution (Place)

Die Digitalisierung hat die Musikdistribution revolutioniert und heutzutage dominieren digitale Vertriebskanäle den Musikkonsum wie das Streaming. So haben sich die globalen Einnahmen aus dem Audio- und Videomusikstreaming von US$ 886 im Jahr 2012 auf US$ 8,9 Mrd. 2018 mehr als verzehnfacht. Im selben Zeitraum sind die Tonträgerumsätze (CD, DVD, Vinyl) weltweit um 39 % von US$ 7,7 Mrd. auf US$ 4,7 Mrd. gesunken (IFPI 2019, S. 13) (Abb. 6.5).

---

[22]https://www.idagio.com/de/ (abgerufen: 27.08.2019).

[23]Als Loss-Leader bezeichnet man Produkte, deren Preise die Herstellkosten nicht decken und mit Hilfe von anderen Produkten oder Dienstleistungen quersubventioniert werden müssen.

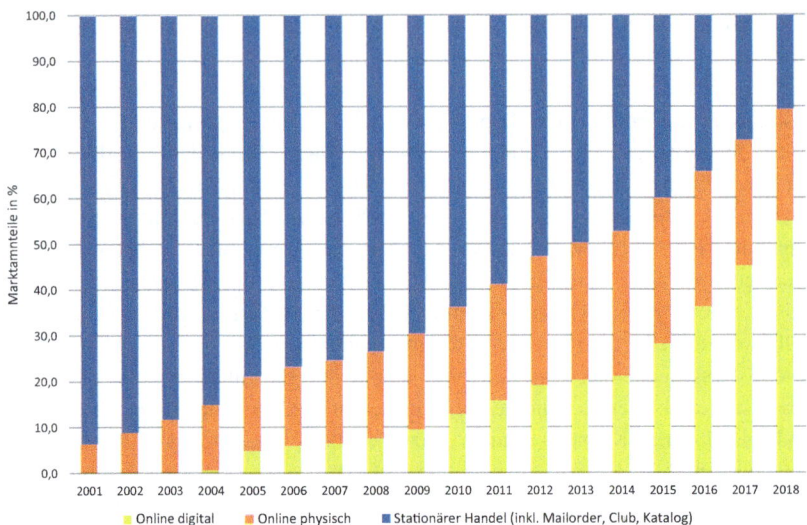

Abb. 6.5 Marktanteile für Musikvertriebsschienen in Deutschland, 2001–2018. (Quelle: Eigene Darstellung nach BVMI 2011, S. 36; 2018, S. 36)

Auch in Deutschland, wo der physische Markt vergleichsweise noch sehr umsatzstark ist, ging der Absatz von Tonträgern markant in den letzten beiden Jahrzehnten zurück. Während 2001 noch 133,7 Mio. Stück CD-Alben verkauft werden konnten, waren es 2018 nur mehr 50,7 Mio. Daran hat auch der Vinyl-Boom nur wenig geändert, auch wenn 2018 insgesamt 3,1 Mio. schwarze Scheiben abgesetzt werden konnten. 2001 waren es lediglich rund 600.000 Stück gewesen (BVMI 2011, S. 21; 2019, S. 16).

Damit ging eine große Umwälzung im Handel und Vertrieb von Musikprodukten einher. Am Beginn der digitalen Revolution spielte der Internet-Handel, der ursprünglich nur den Online-Versand von Tonträgern umfasste, mit einem Marktanteil von 6,6 % nur eine untergeordnete Rolle. 2004 wurden in Deutschland die ersten direkten Musik-Onlineverkäufe in Form von Downloads und Klingeltönen mit einem Marktanteil von 0,8 % erfasst. Der physische Online-Handel erreichte in diesem Jahr bereits einen Marktanteil von 14,3 %. Das Marktvolumen für den Verkauf vor allem von CDs über Internetshops wie Amazon sollte in den Folgejahren noch weiter steigen, um mit einem Anteil von 31,9 % 2015 seinen Höhepunkt erreichen. In diesem Jahr war der Umsatz des stationären Tonträgerhandels (Einzelhandel, Elektrofachmärkte,

Drogeriemärkte etc.) mit 39,8 % das größte Handelssegment. Das sollte sich in den Folgejahren ändern. Mit dem Streaming-Boom wuchs der Online-Direktmusikvertrieb auf 55,1 % an. Der physische Online-Vertrieb ging auf einen Anteil von 24,5 % zurück und der stationäre sogar auf 20,4 %. Der größte Verlierer im Musikhandel war dabei der Facheinzelhandel, der 2001 noch rund 10 % ausmachte und damals bereits unter der Konkurrenz der Elektrofachmärkte wie Saturn und MediaMarkt litt. 2018 war der Marktanteil des Facheinzelhandels auf 0,7 % zurückgegangen, aber auch die Elektrofachmärkte haben sukzessive die Regalflächen für Tonträger eingeschränkt und kommen 2018 auf einen Anteil von 27,6 % (inkl. Online-Angebot). Ganz von der Bildfläche verschwunden sind mittlerweile Kauf- und Warenhäuser, die 2001 noch einen Anteil von 12,1 % hatten und jetzt so gut wie keine Tonträger mehr anbieten und der Lebensmitteleinzelhandel, der sein CD-Sortiment ebenfalls stark eingeschränkt hat und nur mehr 2,6 % Marktanteil aufweist (2001 waren es noch 10,7 %) (BVMI 2011, S. 36; 2019, S. 36) (Abb. 6.6).

Das Vertriebsnetzwerk für das physische Produkt ist arbeitsintensiv und kostspielig. VerkaufsmitarbeiterInnen der Labels müssen den Kontakt mit den Plattenläden halten und Key Account ManagerInnen kümmern sich um die Großkunden z. B. die Elektrofachmärkte. Obwohl die Digitalisierung auch im physischen Vertrieb die Kosten mit der Automatisierung von Bestellvorgängen hat sinken lassen, ist dennoch sehr viel Kapital in Lager, Regalflächen und Transportlogistik gebunden. Deshalb haben die Majors schon früh den physischen Vertrieb reduziert bzw. an Dritte ausgelagert. Wie schon erwähnt, hat die Warner Music Group bereits 2003 ihre CD- und DVD-Produktion sowie die Verpackungs- und Vertriebslogistik um US$ 1 Mrd. an Cinram (Warner Music Group 2005, S. 36) verkauft,

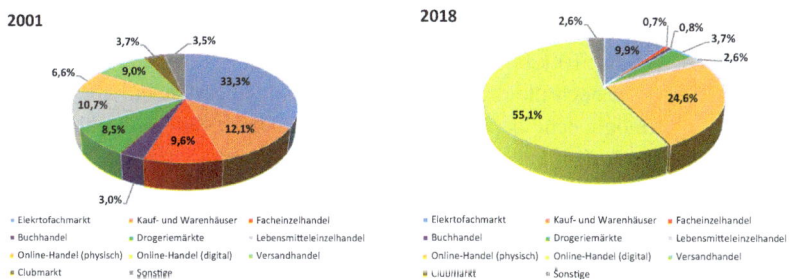

Abb. 6.6 Marktanteile für Musikhandelsformen in Deutschland, 2001 und 2018. (Quelle: Eigene Darstellung nach BVMI 2011, S. 36; 2018, S. 36)

um sich im Gegenzug aber Vorzugsbedingungen auszuverhandeln. Warners strategische Entscheidung, ganz aufs digitale Geschäft zu setzen, war 2003 noch sehr riskant. In den Bilanzen wurden für dieses Jahr nicht einmal digitale Erlöse ausgewiesen. Erst für 2004 wurde erstmals der digitale Umsatz mit US$ 36 Mio. beziffert. Dem standen aber physische Umsätze von US$ 2,9 Mrd. gegenüber (Warner Music Group 2006, S. 60). Jedenfalls hat sich die Entscheidung als richtig erwiesen. 2013 wurden im phonografischen Geschäftsbereich erstmals mehr Umsätze mit dem digitalen Musikvertrieb gemacht als mit dem physischen. 2018 lag der Umsatzanteil des Digitalbusiness bei 76,4 % und er wird in den nächsten Jahren weiter steigen. Die digitalen Vertriebskanäle werden also für die Plattenfirmen in Zukunft die fast einzige Einnahmequelle sein.

Den Startschuss für den digitalen Musikvertrieb setzte die Apple Inc. 2003, als der iTunes-Store auch für Nicht-Apple-NutzerInnen geöffnet wurde, nachdem die Majors ihre Kataloge für den neuen Musikdownload-Shop lizenziert hatten, mit dem Ziel das P2P-Filesharing einzudämmen. Der iTunes-Store war in kürzester Zeit ein überwältigender Erfolg und konnte rasch einen Anteil von rund 80 % am globalen Digitalmarkt erzielen (Tschmuck 2012, S. 191). Die Kehrseite der Medaille aus Sicht der Plattenfirmen war, dass sie die Kontrolle über den Musikvertrieb verloren und einem neuen Player im Musikbusiness überantwortet hatten. Mit dem Aufkommen von Musikstreaming versuchten vor allem die Majors diesen Fehler nicht zu wiederholen und verfolgten eine andere Strategie. Das Streaming-Geschäftsmodell der Plattenfirmen besteht nicht nur in der Lizenzierung der Leistungsschutzrechte an den Aufnahmen, sondern auch in der Forderung von Vorschusszahlungen der Streamingdienste, die mit späteren Streamingeinnahmen gegenverrechenbar sind (siehe dazu ausführlich Abschn. 10.1.2). Die interaktiven, personalisierten Streamingdienste lizenzieren die Masterrechte daher direkt von den Labels, wohingegen nicht-interaktive Webradios über die jeweiligen Verwertungsgesellschaften auch die Leistungsschutzrechte erwerben. Eine Typologie der verschiedenen Musikstreamingdienste findet sich in Abschn. 10.1.1.

Schließlich sind noch die digitalen Musikvertriebe zu erwähnen, die es ihren NutzerInnen ermöglichen, den Zugang zu vielen Download- und Streamingplattformen weltweit zu erlangen. Sie stellen damit ein wichtiges Bindeglied im Vertrieb digitaler Musik dar. Auf digitale Musikvertriebe – auch Content Aggregatoren genannt – wie The Orchard, Believe Digital, Finetunes und Rebeat können Labels und KünstlerInnen ihre digitalen Musiktracks gegen einen Pauschalbetrag oder Umsatzbeteiligung hochladen, damit diese dann in hunderten Download- und Streamingportalen weltweit verfügbar gemacht werden können. Eine Tracking-Software ermöglicht es, die Nutzung tagesaktuell nachzuvollziehen und sich die daraus fließenden Einnahmen berechnen zu lassen. Über Widgets kann der Onlineshop auf die eigene Homepage oder auf Social-Medien-Seiten verlinkt werden und die Vertriebe helfen auch im Rechte-Clearing z. B. gegenüber Verwertungsgesellschaften.

4. Kommunikationspolitik (Promotion)

„Promotion of a recording involves all the activities of informing and motivating the buyer, including all types of media coverage, personal selling, tour support, promotional incentives for retailers, grassroots marketing, and new media marketing".

Die Kommunikationspolitik umfasst sämtliche Aktivitäten, potenzielle KäuferInnen über ein Produkt oder eine Dienstleistung zu informieren und dadurch zum Kauf anzuregen. Im Musikbereich umfasst das alle Formen der medialen Berichterstattung über die Leistung, persönliche Verkaufsaktivitäten, Tour-Support, verkaufsfördernde Maßnahmen z. B. gegenüber dem Handel, Guerilla-Marketing und Social-Media-Marketing (siehe dazu Hull et al. 2011, S. 263; Lyng et al. 2011, S. 173–191). Die Kommunikationspolitik ist ein wesentlicher Marketingfaktor, für den Labels auch sehr viel Geld in die Hand nehmen. Im „Investing in Music Report" der IFPI werden die Marketing- und PR-Ausgaben für eine neu unter Vertrag genommene KünstlerIn mit US$ 200.000–700.000 beziffert (IFPI 2014, S. 13). Das mag zwar nur für internationale Stars gelten und ein wenig hoch gegriffen sein, dennoch belegt diese Zahl die Bedeutung der Kommunikationspolitik in der phonografischen Industrie und ist ein Indiz dafür, dass die Majors vor allem über Marketingmacht verfügen, einer KünstlerIn international zum Durchbruch zu verhelfen.

Einem Label stehen mehrere Kommunikationsinstrumente, mit denen die Öffentlichkeit angesprochen wird, zur Verfügung. Grob kann zwischen Werbung und PR (Public Relations) unterschieden werden. Werbung richtet sich dabei entweder direkt an die KonsumentInnen (Konsumentenwerbung) oder an den Handel (Handelswerbung) und umfasst bezahlte TV- und Radio-Spots, Inserate in Print- und Onlinemedien, Plakate, Flyer und Postwurfsendungen sowie Directmailing-Aktivitäten (siehe Hull et al. 2011, S. 267). Während Werbung Aufmerksamkeit und einen Kaufimpuls auslösen möchte, versucht PR die Sichtbarkeit eines Produkts, einer Leistung oder einer MusikerIn in der Öffentlichkeit zu erhöhen. Die Zielgruppe der PR sind dabei vor allem JournalistInnen, die über eine Veranstaltung, eine CD-Veröffentlichung oder über die KünstlerInnen allgemein berichten sollen. Dazu werden sie mit Presseaussendungen und (elektronischen) Pressemappen, die biografisches Material, Fotos, Diskografien, Videoclips etc. beinhalten können, versorgt. Damit soll eine mediale

Berichterstattung über die KünstlerIn bzw. ihre Aktivitäten ausgelöst werden, die sich auch in Interviews sowie Einladungen in Radio- und TV-Shows niederschlagen kann. Gezielt kann auch eine Pressekonferenz abgehalten werden, wenn besonders berichtenswerte Informationen weitergegeben werden sollen, wie z. B. der Start einer neuen Konzerttournee (ibid., S. 264–265).

Die Radio-PR ist ein spezielles Instrument im Kommunikationsmix der Labels, weil Radio-Airplay immer noch ein wichtiger Faktor für den Erfolg eines Songs ist. Dabei versuchen bei Labels angestellte PR-Leute oder beauftragte unabhängige PR-ExpertInnen und -Agenturen Programmverantwortliche zu überzeugen, spezielle Songs in die Sendelisten aufzunehmen. Mittlerweile ist diese Form des Song-Pluggings, das schon im 19. Jahrhundert im Konzertbetrieb üblich war, auch im Streamingzeitalter angekommen, indem versucht wird, erfolgreiche Playlisten zu beeinflussen.

Die Geschichte der Musik-PR lehrt uns aber auch, dass Labels immer wieder auch versucht haben, illegale Praktiken einzusetzen, die unter dem Begriff Payola bekannt geworden sind. Als Payola wurde die Bestechung von Radio- Discjockeys durch die Plattenfirmen, bestimmte Songs zu spielen, in den 1950er-Jahren bezeichnet. Die epidemische Verbreitung von Payola in den USA löste sogar Untersuchungen durch Senatsunterausschüsse aus, die in öffentlichen Hearings zahlreiche Payola-Fälle aufdeckten, in denen bekannte Plattenfirmen und Star-DJs wie Alan Freed und Dick Clarke verwickelt waren (Sanjek und Sanjek 1991, S. 155–195).

Mit dem Start von Music Television (MTV) im Jahr 1981 wurde PR für die TV-Musikprogrammierung obligatorisch. Die Plattenfirmen mussten von nun an auch in Musikvideoproduktionen investieren, was die Produktionskosten deutlich erhöhte, die meist über Gegenverrechnungsklauseln an die KünstlerInnen weitergereicht werden. Ein Budget für einen Superstar-Musikvideo konnte im MTV-Zeitalter US$ 300.000 und auch mehr betragen (Hull et al. 2011, S. 270). Als die Musik-TV-Sender begannen, Musikvideos durch TV-Shows und andere mediale Inhalte zu ersetzen, wurden die hohen Produktionskosten infrage gestellt. Mit dem Aufkommen von Videostreaming-Plattformen wie YouTube, Vevo und Tape.TV wurde aber die Relevanz der Musikvideos wieder erhöht, auch wenn die Produktionskosten signifikant gesunken sind.

Die PR-Arbeit hat sich zudem immer stärker ins Internet verlagert, vor allem weil dadurch virales Marketing in Form der digitalen Mund-zu-Mund-Propaganda extrem wichtig geworden ist. Blogs, Messanger-Dienste, Postings, E-Mailverteiler, Tweets etc. ermöglichen es heutzutage Nachrichten, Fotos, Videos und Musiktracks rasch unter tausenden von InternetnutzerInnen zu verbreiten. Social Media-Seiten wie Facbook, Instagram,

Twitter, Pintarest sind dabei zu den zentralen Plattformen des viralen Marketings geworden und müssen professionell mit Inhalten bespielt werden.

Social Media und YouTube sind wichtige Kanäle zur Selbstvermarktung bzw. Eigen-PR für KünstlerInnen geworden, vor allem deshalb, weil die Kosten der Internet-PR im Vergleich zu anderen PR-Maßnahmen immer noch gering sind, und die Reichweite dennoch potenziell sehr hoch ist. Zwar sind die Eintrittsbarrieren niedrig – ein Facebook-Profil oder ein YouTube-Kanal sind bald einmal angelegt –, aber dann beginnt der Kampf um die Aufmerksamkeit durch die Internet-NutzerInnen in einem Ozean an Informationen, was wiederum Intermediäre auf den Plan gerufen hat, die gezielte Social Media-Dienstleistungen anbieten.

6.2 Der phonografische Markt und die Struktur der phonografischen Industrie

6.2.1 Der Tonträgermarkt

Nach den Angaben der IFPI ist der globale phonografische Markt zwischen 1999 und 2018 von US$ 23,8 Mrd. um rund 20 % auf US$ 19,1 Mrd. geschrumpft, wobei der Tiefpunkt der Rezession 2014 mit einem Marktvolumen von US$ 14,3 Mrd. erreicht worden war – ein Rückgang im Vergleich zu 1999 von fast 40 %. Seitdem hat aber der Streaming-Boom eine neue Wachstumsphase eingeleitet (Abb. 6.7).

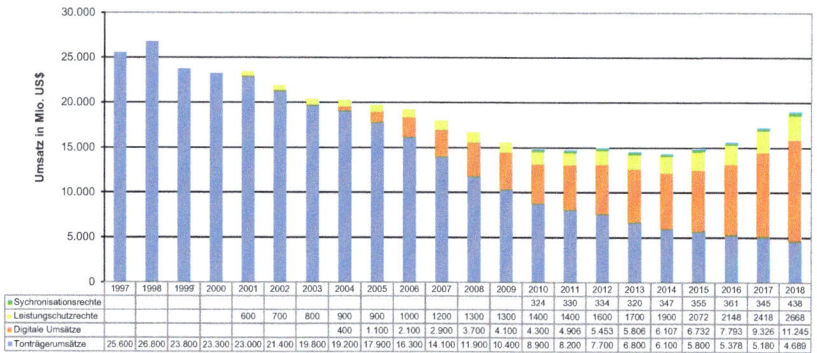

Abb. 6.7 Der globale phonografische Markt (zu Großhandelspreisen in Mio. US$), 1997–2018. (Quelle: Eigene Darstellung nach IFPI Recording Industry in Numbers, 1998–2015 und IFPI Global Music Reports 2016–2018)

Die Rezession am phonografischen Markt ist in erster Linie auf die rückläufigen CD-Verkäufe zurückzuführen. Während der CD-Markt in der ersten Hälfte der 1990er-Jahre mit durchschnittlichen Wachstumsraten von 20 % noch geboomt hat, war bereits zwischen 1995 bis 1999 ein Wachstumsrückgang festzustellen, der ein Indikator für das Ende des CD-Lebenszyklus war (Abb. 6.8).

Im Jahr 2000 war mit einem Absatz von 2,4 Mrd. Stück CD-Alben der historische Höchstpunkt erreicht. Bis 2018 ist der globale CD-Absatz um 87,2 % auf 312 Mio. Stück eingebrochen. Dabei hat sich der Abschwung erst nach 2005 beschleunigt, während sich zwischen 2000 und 2005 das CD-Marktvolumen um 20,6 % verkleinert hat. Zwischen 2005 und 2010 hat sich der CD-Absatz halbiert und von 2010 bis 2018 gingen noch zwei weitere Drittel des Marktes verloren. Allein zwischen 2017 und 2018 ist der CD-Absatz um mehr als ein Viertel eingebrochen, was ein Hinweis darauf ist, dass sich der CD-Markt zu einem Nischenmarkt entwickelt.

Ein Vergleich einzelner nationaler phonografischer Märkte zeigt, dass die Rückgänge am CD-Markt zwischen 2000 und 2018 sehr massiv waren und in den meisten Fällen mehr als 80 % ausmachten. In Deutschland fiel der Rückgang am CD-Markt mit 75,2 % vergleichsweise schwächer aus. Und Südkorea fällt mit einem kumulierten Rückgang von nur 22,9 % ganz aus dem Rahmen (Abb. 6.9).

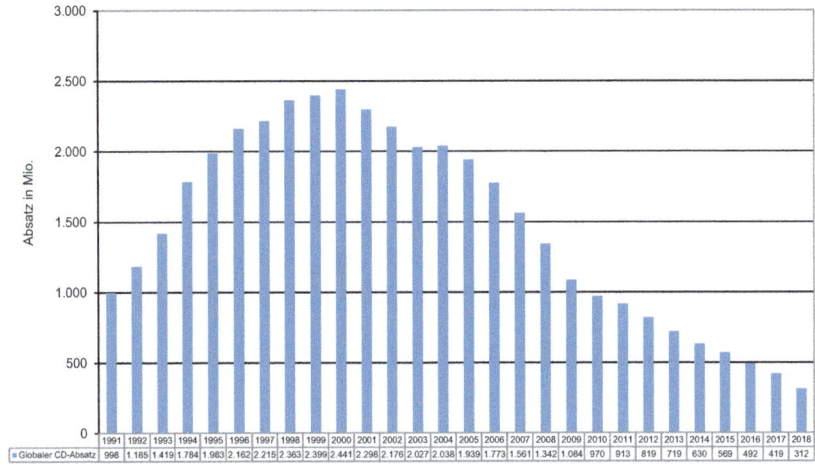

Abb. 6.8 Der globale CD-Markt von 1991–2018 (Absatz in Mio.). (Quelle: Eigene Darstellung nach IFPI Recording Industry in Numbers, 1992–2015 und IFPI Global Music Reports 2016–2018)

6.2 Der phonografische Markt und die Struktur der phonografischen … 129

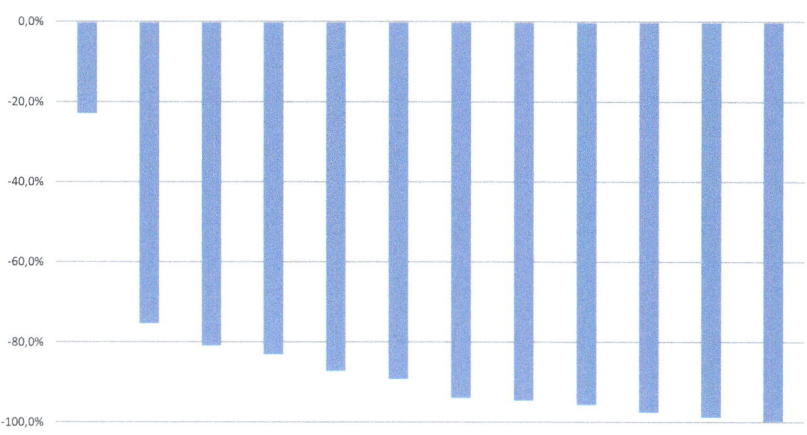

Abb. 6.9 Die Änderungsraten des CD-Marktes in ausgewählten Ländern, 2000–2018. (Quelle: Eigene Darstellung nach IFPI Recording Industry in Numbers 2000 und IFPI Global Music Reports 2016–2018)

Der differenzierte Vergleich der Perioden 2000–2005, 2005–2010 und 2010–2018 deckt zudem unterschiedliche Dynamiken auf und zeigt, dass der Rückgang der CD-Verkäufe nicht kontinuierlich war. Das war besonders bei Südkorea der Fall. In der Periode von 2000–2005 brach der CD-Absatz in Südkorea um 17 % ein, allerdings folgte in der Periode von 2000–2010 ein kumuliertes Wachstum von 1,7 %, das sich in der Periode von 2010–2018 mit durchschnittlich 10,3 % sogar noch beschleunigen sollte. Südkorea ist somit der einzige Markt, wo in den letzten Jahren dank des K-Pop-Booms sogar mehr CDs als Mitte der 2000er-Jahre abgesetzt werden konnten. Das ist vor allem den Superfans zu verdanken, die ganze Fan-Premium-Boxen kaufen, in denen auch CDs und Vinylschallplatten enthalten sind, obwohl sie nicht einmal über die nötigen Abspielgeräte verfügen (Abb. 6.10).[24]

---

[24]Chartmasters, „BTS Album and Songs Sales", 16. Oktober 2019: https://chartmasters.org/2019/10/bts-albums-and-songs-sales/ (abgerufen: 13.12.2019).

Abb. 6.10 Die durchschnittlichen Änderungsraten am CD-Markt in ausgewählten Ländern, 2000–2005, 2005–2010, 2010–2018. (Quelle: Eigene Darstellung nach IFPI Recording Industry in Numbers, 2000–2015 und IFPI Global Music Reports 2016–2018)

Dem globalen Trend der CD-Verkäufe folgen eigentlich nur die USA, die natürlich mit einem Weltmarktanteil von stets mehr als 40 % den Trend bestimmen. Aber auch in Schweden und Brasilien flachten die Verluste nach starken Rückgängen in der Periode 2005–2010 ab, bevor sich die Absatzrückgänge danach wieder beschleunigten. Die meisten Länder verzeichneten zwischen 2000 und 2005 nur moderate Rückgänge (z. B. Frankreich und Großbritannien) oder erlebten sogar Absatzzuwächse wie in Indien und

`Südafrika, um erst nach 2005 in eine starke Rezession zu schlittern, die sich ab 2010 sogar noch verstärkte. Dem stehen noch Länder wie Spanien und China gegenüber, deren CD-Märkte anfangs nur schwach schrumpften oder – wie im Fall von China – sogar wuchsen, um in der Folgeperiode massiv einzubrechen und sich dann wieder zu erholen.

Diese Analyse zeigt, dass die spezifischen Marktbedingungen wie z. B. die Verfügbarkeit von CD-Playern, Internet- und Smartphone-Durchdringung, KonsumentInnen-Verhalten, demografische Faktoren und kulturelle Charakteristika, ganz unterschiedliche Marktdynamiken auslösen können. Deshalb gibt es auch keine einfache und monokausale Erklärung für die Rezession am Tonträgermarkt zwischen 2000 und 2014.

Es war natürlich verlockend, die Rückgänge beim Tonträgerumsatz in den USA, Großbritannien und Deutschland ab 1999 bzw. 2000 auf das Auftauchen des P2P-Filesharingnetzwerks Napster zurückzuführen, das bereits im Herbst 1999 täglich mehrere Millionen NutzerInnen vermeldete.

Eine Analyse der Marktdaten zeigt, dass nicht in allen Ländern die Tonträgerumsätze ab 1999/2000 eingebrochen sind. In Japan ging der CD-Umsatz bereits zwischen 1997 und 1999 um 8,2 % zurück, stieg aber ausgerechnet während des NAPSTER-Booms 2000 wieder um 7,9 % an. Jetzt haben die IndustrievertreterInnen diese Entwicklung auf das vermehrte CD-Brennen zurückgeführt, was im Fall von Frankreich aber keine gute Erklärung ist. Trotz CD-Brennens und NAPSTER erreichen die CD-Verkäufe in Frankreich 2001 ein historisches Hoch und erst 2002 setzte die Rezessionsphase ein als NAPSTER bereits Geschichte war. Ebenfalls unbefriedigend ist die Erklärung, dass Filesharing für den Umsatzeinbruch am Tonträgermarkt allein verantwortlich sein soll. Im Fall des Vereinigten Königreichs sind zwar die Umsätze zwischen 2000 und 2001 um 17,7 % zurückgegangen, aber die CD-Verkäufe konnten sich in den Folgejahren auf hohem Niveau stabilisieren, obwohl neue dezentrale P2P-Filesharingsysteme NAPSTER abgelöst hatten. Zwischen 2003 und 2004 wurde im Vereinigten Königreich sogar ein Verkaufsplus bei CDs von 4,4 % registriert. Der Abschwung bei den UK-Tonträgerverkäufen setzte überhaupt erst 2007 mit voller Wucht ein – ein Jahr bevor Spotify auf den Markt kommen sollte. Diese empirischen „Anomalien" einzelner Märkte sind ein Hinweis darauf, dass die Filesharing-These als Erklärungsansatz für die Rezession am Tonträgermarkt unzureichend ist.

Seriöse wissenschaftliche Studien, die zu dieser Fragestellung gemacht wurden (siehe Blackburn 2004; Tanaka 2004; Andersen und Frenz 2007, 2010; Oberholzer-Gee und Strumpf 2007; Huygens et al. 2009; McKenzie 2009; Hammond 2012) zeigen, dass P2P-Filesharing nicht einmal einen negativen

Einfluss auf die Tonträgerverkäufe haben muss, weil der Samplingeffekt den Substitutionseffekte mehr als wettmacht. Aber auch wenn wir Studien in Betracht ziehen, die einen klaren negativen Einfluss von Filesharing auf die phonografischen Umsätze identifizieren (siehe Peitz und Waelbroeck 2004; Michel 2006; Rob und Waldfogel 2006; Zentner 2006; Liebowitz 2008), kann im Extremfall nur 30 % des Umsatzrückgangs auf Filesharing zurückgeführt werden (Zentner 2006). Das lässt die Frage unbeantwortet, was für die restlichen 70 % Umsatzverlust verantwortlich war.

Um das zu verstehen, ist es notwendig, in die drei Jahrzehnte vor den digitalen Paradigmenwechsel zu blicken. Eine Analyse der Absatzentwicklung verschiedener Tonträgerformate belegt, dass zwischen 1984 und 1994 die Vinyl-Schallplatte nicht direkt von der CD als zentraler Umsatzträger abgelöst wurde, sondern von der Musikkassette (MC). In dieser Phase verschwand die Vinyl-Schallplatte in der ökonomischen Bedeutungslosigkeit, nachdem 1981 mit 1,1 Mrd. verkauften Schallplatte ein historischer Höhepunkt erreicht worden war. 1984 wurden weltweit in etwa genauso viele Musikkassetten wie Langspielplatten verkauft. Zu diesem Zeitpunkt – zwei Jahre nach der CD-Markteinführung – fiel der CD-Absatz mit 20 Mio. Stück noch recht bescheiden aus. In den Folgejahren aber explodierte der CD-Verkauf und 1989 wurden global erstmals mehr CDs (600 Mio. Stück) als LPs (400 Mio. Stück) abgesetzt. Dennoch war die Musikkassette weiterhin der Marktführer mit einem historischen Höchstwert von 1,5 Mrd. verkauften Einheiten. 1993 überholte der CD-Absatz (1,4 Mrd. Stück) die MC-Verkäufe (1,38 Mrd. Stück) und wurde zum fast einzigen Umsatzträger der phonografischen Industrie (Abb. 6.11).

Wenn wir das Bild um die Single-Formate erweitern, zeigt sich ein Transformationsprozess, der in der ersten Hälfte der 1980er-Jahre einsetzt. Nach Jahren der Stagnation erreichte die Vinyl-Single 1983 den historisch höchsten Absatz mit 800 Mio. Stück und wurde danach von der CD verdrängt, deren Single-Verkäufe aber deutlich unter jener der Schallplatte lagen. So konnten 1994 lediglich 410 Mio. Stück Singles weltweit abgesetzt werden, was einer Halbierung des Single-Marktes gleichkam. Dieser Trend setzte sich in den frühen 2000er-Jahren fort. So wurden 2003 nur mehr 233 Mio. Stück Singles verkauft, was einem Rückgang von 70,9 % im Vergleich zu 1983 entspricht.

Was war passiert? Der Tonträgermarkt hatte sich über die Jahre hinweg zu einem Longplay-Markt entwickelt. Diese Entwicklung wurde bereits von Majors in den späten 1960er-Jahren eingeleitet, als verstärkt Konzeptalben auf den Markt gebracht wurden, man denke nur an „Sgt. Pepper's Lonely Hearts Club Band" von den Beatles (1967). Ab diesem Zeitpunkt war die Single nur mehr ein Testmarkt, ob eine KünstlerIn „funktioniert" und es sich lohnt, ein Album mit ihr zu

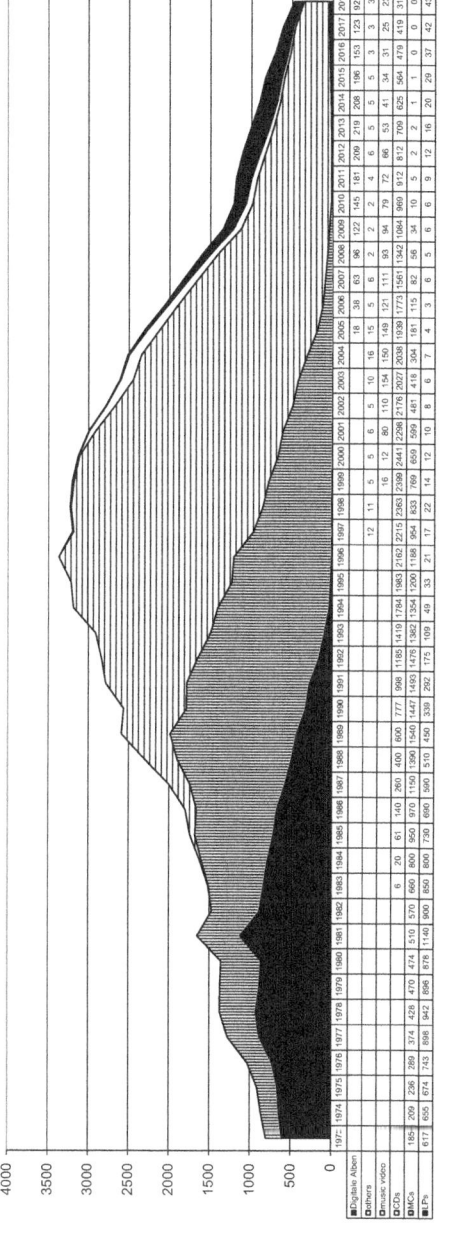

Abb. 6.11 Die Absatzentwicklung von Longplay-Formaten am globalen phonografischen Markt, 1973–2018. (Quelle: Eigene Darstellung nach IFPI Recording Industry in Numbers, 1973–2015 und IFPI Global Music Report 2016–2018)

produzieren. Speziell für etablierte KünstlerInnen war der Single-Markt zu gut wie irrelevant geworden. Das Album war künstlerisch wie auch ökonomisch das Maß der Dinge. Der Nachteil des Album-Formates aber war, dass lediglich 1 bis 2 Songs, die aus dem Radio bekannt waren, für die Fans von Interesse waren. Der Rest wurde als vernachlässigbares Füllmaterial angesehen. Trotzdem wurde das Album aufgrund des besseren Preis-Leistungsverhältnisses gekauft. Der Alben-Markt wurde von den Plattenfirmen zudem mit Best-of-Kompilationen weiter angeheizt.

Die Transformation von einem Single- zu einem Albenmarkt ging Hand in Hand mit einer strategischen Neuausrichtung der Labels, die ebenfalls in der zweiten Hälfte der 1960er-Jahre zu beobachten war: die Marktsegmentierung. Ursprünglich wurden z. B. in den USA nur 3–4 Marktsegmente bedient: „weiße" Pop-Charts, „schwarze" R&B-Charts und Klassische Musik. Die Labels, und insbesondere die Majors, hatten aber herausgefunden, dass sich der Gewinn steigern lässt, wenn das Markt nach bestimmten Zielgruppen segmentiert wird, wie z. B. Country & Western, Folk und verschiedene Arten von Rockmusik – Hard Rock, Psychodelic Rock, Art Rock, Jazz Rock, Heavy Metal etc. Diese Segmentierungsstrategie bediente den unterschiedlichen Musikgeschmack der MusikkonsumentInnen wesentlich besser.

Allerdings entwickelte die Segmentierungsstrategie in den 1970er-Jahren eine Eigendynamik. Die Indie-Labels hatten begonnen neue, innovative Musikgenres wie Punk, Disco, HipHop/Rap und verschiedene Formen Elektronischer Musik zur Marktsegmentierung einzusetzen. Dadurch wurden aber die Marktsegmente immer kleiner und für die Majors immer weniger profitabel. Was ursprünglich als Instrument der Gewinnmaximierung von den Majors entwickelt worden war, richtete sich nun gegen die Erfinder. Das Ergebnis waren sinkende Umsätze in den späten 1970er-Jahren, nachdem der Disco-Boom abgeflaut war. Die Majors regierten darauf mit einem erneuten Strategiewechsel. Sie reduzierten drastisch ihre KünstlerInnen-Roster und, statt alle Marktsegmente zu bedienen, setzten Anfang der 1980er-Jahre auf einige wenige Superstars wie Michael Jackson, Prince, Madonna, Elton John, George Michael, Lionel Ritchie, Bruce Springsteen, etc.

Der Strategiewechsel wurde durch die Markteinführung der CD 1981/82 durch Sony und Philips perfekt unterstützt. Der steile Umsatzanstieg in den 1980er- und vor allem in den 1990er-Jahren verdeckte das Problem einer durch die Indies immer weiter vorangetriebenen Marktsegmentierung. Das war solange kein Problem für die Majors, solange das etablierte Geschäftsmodell mit dem Alben-basierten Superstar-Pop funktionierte. Mit dem Aufkommen des digitalen Musikformats, vor allem nach dem flächendeckenden Start von iTunes im Jahr

2003, wurde das Albumkonzept massiv infrage gestellt. Die Absatzzahlen belegen, dass sich ab 2003 der Alben- wieder in einen Singlemarkt verwandelte. Nach dem historischen Hoch im Jahr 2000 mit 2,4 weltweit abgesetzten Alben gingen die Alben-Verkäufe in den folgenden Jahren stark zurück und lagen 2018 bei nur mehr 312 Mio. Stück und somit unter dem Niveau von 1988. Die CD ist somit auf dem Weg zu einem Nischenprodukt so wie die Vinyl-Schallplatte. Aber auch das Albenkonzept hat schon längst ausgedient. Nachdem die Zahl der digitalen Alben 2013 mit 219 Mio. Stück den historischen Höchstwert erreicht hat, ist der Absatz rückläufig. 2018 wurden weltweit nur mehr 93 Mio. digitale Alben abgesetzt (Abb. 6.12).

Es liegt also auf der Hand, dass in einem Single-Markt nicht die gleichen Einnahmen erzielt werden können wie in einem Albenmarkt, was auch den Umsatzeinbruch erklärt. Filesharing war in diesem Zusammenhang nicht die Ursache für die Rezession am phonografischen Markt, sondern ein Symptom für ein völlig neuartiges Musikkonsumverhalten, das sich im Laufe der digitalen Revolution in der Musikindustrie herausgebildet hat.

6.2.2 Der digitale Musikmarkt

Seit 2004 ist der globale Digitalmusikmarkt von US$ 400 Mio. um das 28-fache auf US$ 11,2 Mrd. im Jahr 2018 gewachsen, wobei er sich mehrmals transformiert hat (Abb. 6.13 und 6.14).

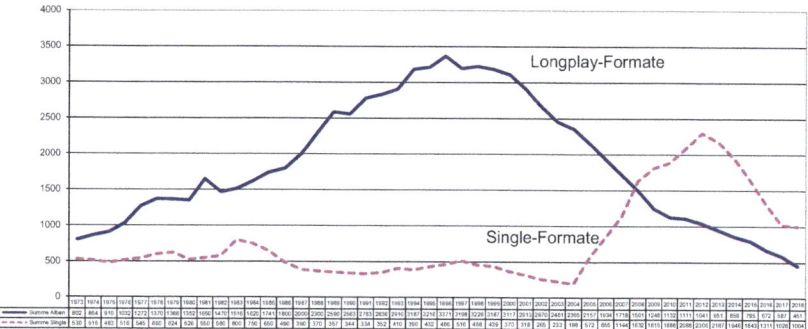

Abb. 6.12 Die Absatz-Entwicklung der Longplay- und Single-Formate im Vergleich, 1973–2018. (Quelle: Eigene Darstellung nach IFPI Recording Industry in Numbers, 1973–2015 und IFPI Global Music Reports 2016–2018)

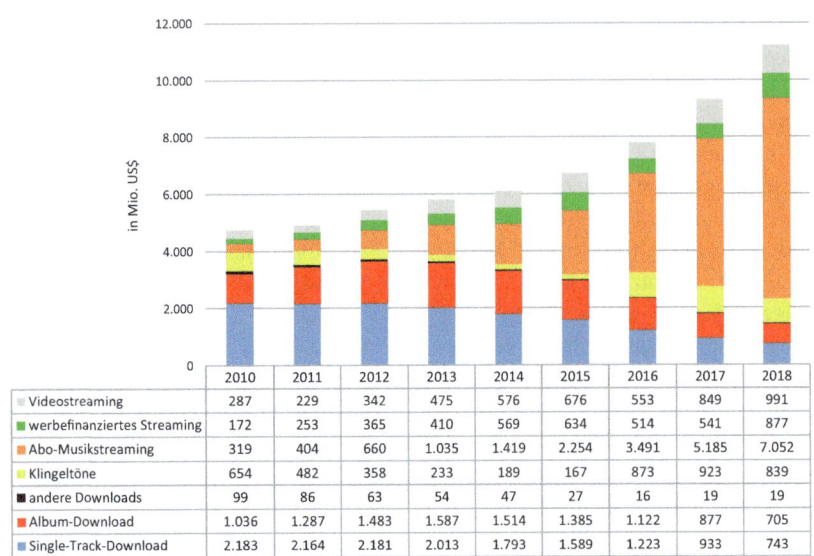

Abb. 6.13 Der globale Digitalmusikmarkt, 2010–2018. (Quelle: Eigene Darstellung nach IFPI Recording Industry in Numbers, 2015, S. 9 und IFPI Global Music Report, 2016, S. 49 und 2018, S. 55)

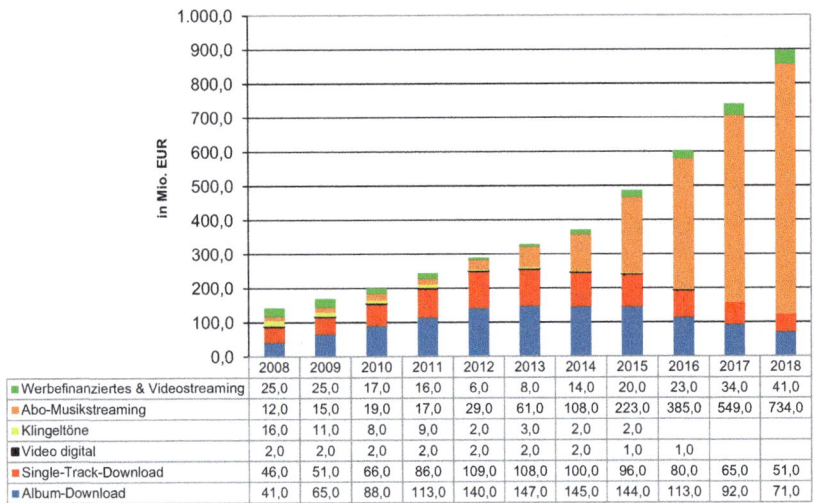

Abb. 6.14 Der Digitalmusikmarkt in Deutschland, 2005–2018. (Quelle: Eigene Darstellung nach BVMI 2012, S. 36; 2019, S. 36)

6.2 Der phonografische Markt und die Struktur der phonografischen ...

2008 waren noch die Downloads die wichtigsten digitalen Umsatzträger in Deutschland, gefolgt vom werbefinanzierten Streaming und dem Verkauf von Klingeltönen. Erst an fünfter Stelle folgten die Einnahmen aus den Abo-Musikstreamingdiensten. Bis 2012 war das Wachstum im digitalen Musikmarktsegment vor allem von Download-Verkäufen getrieben. In diesem Jahr erreichten die Single-Track-Downloads mit einem Umsatz von EUR 109 Mio. ihren historischen Höchstwert, ein Jahr später erzielten die Album-Downloads ihren Spitzenwert mit EUR 147 Mio. Bereits 2014 überholten die Einnahmen aus den Abo-Musikstreaming (EUR 108 Mio.) erstmals jene aus den Single-Track-Downloadverkäufen (EUR 100 Mio.), um in den nächsten Jahren regelrecht zu explodieren. 2018 waren die Abo-Musikstreamingdienste mit EUR 734 Mio. nicht nur die wichtigste Einnahmequelle im digitalen Musikmarkt, sondern in der gesamten deutschen phonografischen Industrie, die lange Zeit noch von CD-Verkäufen dominiert war, die aber 2018 nur mehr EUR 579 Mio. an Umsätzen generierten (Abb. 6.15).

Ein Vergleich der Jahre 2012 und 2018 zeigt die dramatischen Verschiebungen der Marktanteile der unterschiedlichen Formate. 2012 war die CD mit 72,1 % noch sehr dominant und lediglich der Download-Markt (Single-Track und digitalen Alben) warf noch relevante Umsätze ab. Sechs Jahre später ist das Bild ein vollkommen anderes. Die Einnahmen aus den Abo-Streamingdiensten wie Spotify und Deezer sind die wichtigste Umsatzposition mit einem Marktanteil von 46,4 %, gefolgt von den CD-Verkäufen, die in Deutschland mit einem Marktanteil von 36,8 % immer noch sehr relevant sind. Das Download-Segment ist auf 7,7 % geschrumpft liegt nur mehr unwesentlich vor den Vinyl-Umsätze, die 4,4 %

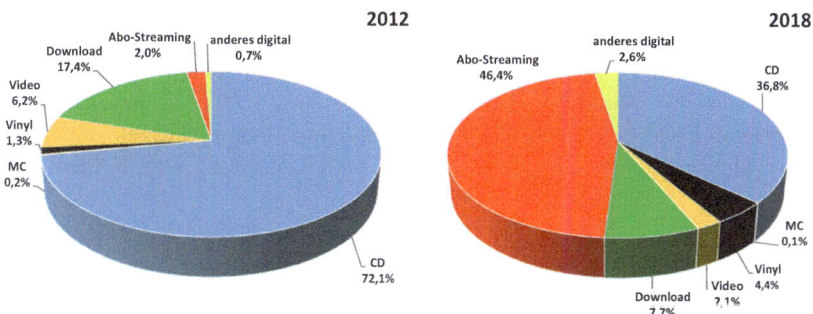

Abb. 6.15 Der phonografische Markt in Deutschland nach Formaten, 2012 und 2018. (Quelle: Eigene Darstellung nach BVMI 2013, 2019)

Marktanteil haben. Allerdings sind die Schallplatten-Verkäufe 2018 erstmals seit Jahren gegenüber dem Vorjahr gesunken.

Trotz der Relevanz von Tonträgerverkäufen ist auch Deutschland am Weg zur Musikstreamingökonomie, auch wenn sich der deutsche Markt stark von anderen Märkten wie z. B. jenen in Skandinavien, Fernost oder USA unterscheidet. Zwar war Deutschland 2018 in absoluten Werten mit US$ 486 Mio. der drittgrößte Musikstreamingmarkt der Welt – knapp vor China (US$ 478 Mio.) und hinter den USA (US$ 3,7 Mrd.) und dem Vereinigten Königreich (US$ 688 Mio.) –, aber das Marktpotenzial ist bei Weitem noch nicht ausgeschöpft (IPFI 2019, S. 44). Mit einem Marktanteil des Musikstreamings von 46,4 % an den gesamten phonografische Umsätzen ist Deutschland eher ein Schlusslicht und wird nur von Japan (Streamingmarktanteil von 13,2 %) unterboten (ibid., S. 48).

6.2.3 Die Struktur der phonografischen Industrie

Die phonografische Industrie ist seit Anbeginn ein Oligopol, das derzeit von drei großen phonografischen Konzernen, Majors genannt, kontrolliert wird: Universal Music Group (UMG), Sony Music Entertainment (SME) und Warner Music Group (WMG). Diese drei Konzerne sind aus einer Reihe von Fusionen und Akquisitionen seit 1985 entstanden, was bereits in Kap. 2 ausführlich beschrieben wurde.

Alle drei Majors sind Teil größerer Konzernstrukturen. Die Universal Music Group ist eine Tochtergesellschaft des französischen Medienkonglomerates Vivendi, das allerdings beabsichtigt, einen Minderheitsanteil Anfang 2020 zu verkaufen. Der japanische Elektronikkonzern Sony ist Eigentümer der Sony Music Entertainment und der US-Beteiligungsgesellschaft Access Industries gehört der dritte Major, die Warner Music Group. Das weltweit größte phonografische Unternehmen war 2018 die Universal Music Group (UMG) mit einem Marktanteil von 29,8 %, gefolgt von der Sony Music Entertainment (SME) mit 19,9 % und der Warner Music Group (WMG) mit 16,5 %. Die unabhängigen phonografischen Unternehmen, Independents oder Indies genannt, vereinten die restlichen 33,8 % und somit den größten Marktanteil auf sich.[25] Allerdings

---

[25]Music & Copyright, „Global recorded-music and music publishing market share results for 2018", 8. Mai 2019: https://musicandcopyright.wordpress.com/2019/05/08/global-recorded-music-and-music-publishing-market-share-results-for-2018/ (abgerufen: 09.09.2019).

handelt es sich dabei um viele tausende Klein- und Kleinstunternehmen weltweit, von denen nur wenige wirklich wirtschaftlich relevant sind, wie z. B. Concord Records, Epitaph Records, Curb und Big Machine (das frühere Label von Taylor Swift) in den USA, Naïve in France, Edel/Kontor und MCP in Germany, Ministry of Sound, Cooking Vinyl, PIAS und Beggars Group (mit Rough Trade Records, Matador Records und XL Recordings) im Vereinigten Königreich, Avex Music Group und Nippon Columbia in Japan sowie das Klassikmusik-Label NAXOS.

Unabhängig von der Unternehmensgröße mussten die phonografischen Unternehmen aufgrund des digitalen Paradigmenwechsels in der Musikindustrie ihr Geschäftsmodell ändern. Der ursprüngliche Fokus auf die Herstellung und den Vertrieb von Tonträgern, musste durch ein umfassendes Lizenzierungsgeschäft der Leistungsschutzrechte, KünstlerInnen-Management und Agenturtätigkeit sowie Merchandising und Branding erweitert werden. Dadurch hat sich die Ertragsstruktur diversifiziert. So finden sich in den Geschäftsberichten der Universal Music Group und der Warner Music Group auch Einnahmen aus den Bereichen „Artist Services", „Merchandising" und „Licensing". Natürlich sind die Einnahmen aus dem Verkauf von Musikaufnahmen in physischer und digitaler Form immer noch das Hauptgeschäftsfeld und machen sowohl bei der Universal als auch bei der Warner rund zwei Drittel des Umsatzkuchens aus (Abb. 6.16).

Aufgrund der Digitalisierung hat sich der Einkommensmix der Universal eindeutig in Richtung digitaler Umsätze verschoben. So sind die Tonträgerumsätze

Abb. 6.16 Die Einkommensquellen (ohne Musikverlag) der Universal Music Group, 2002–2018. (Quelle: Eigene Darstellung nach den Vivendi-Jahresberichten 2002–2018)

von EUR 5,9 Mrd. im Jahr 2002 auf EUR 0,95 Mrd. 2018 gesunken, wohingegen die digitalen Verkäufe, die erstmals 2005 aufschienen, um das 12-fache auf EUR 3,1 Mrd. gestiegen sind. 2013 haben die digitalen Musikverkäufe die Tonträgerverkäufe erstmals überholt, wobei der Hauptfaktor die stark steigenden Einnahmen aus dem Musikstreaming sind, die 2018 bereits 53,8 % am gesamten phonografischen Umsatz ausmachten. Mit 16,7 % sind die Erlöse aus dem Musiklizenzgeschäft die mittlerweile drittwichtigste Einkommensquelle und lagen damit nur knapp hinter den Tonträgerverkäufen, die nur mehr 19,7 % ausmachten. Schließlich sind noch die Einnahmen aus dem Segment „Artist Management & Merchandising" zu berücksichtigen, die seit 2016 eine leicht sinkende Tendenz aufweisen und 2018 einen Anteil von 5,7 % am Umsatzkuchen ausmachten (Abb. 6.17).

Als die UMG 2007 die Sanctuary Group gekauft hatte, war der Erwerb einer KünstlerInnen-Agentur und einer Booking-Agentur Teil des Übernahmedeals wie der Vivendi-Geschäftsbericht lakonisch vermerkt: *„(...) provide a springboard for UMG's expansion into music related businesses"* (Vivendi 2007, S. 17). In der Folge wurde innerhalb der Universal eine eigene Abteilung für KünstlerInnen- und Veranstaltungsmanagement geschaffen, die mit der Twenty First Artists und Trinifold Agentur Popmusik-Stars und mit der Universal Classical Management & Productions (UCMP) die Klassik-Stars vertritt (Vivendi 2008, S. 28). 2011 hat die UMG die Centre Stage Artist Management (CSAM) mit Sitz in Berlin und London gegründet, die die Top-Stars des UCMP-KünstlerInnen-Rosters vertritt. Zudem hat die Übernahme von Sanctuary auch noch eine Merchandising-Firma beinhaltet, die unter der Bravado-Marke in die UMG eingegliedert wurde. Bravado stellt für die vertraglich gebundenen MusikerInnen Markenprodukte

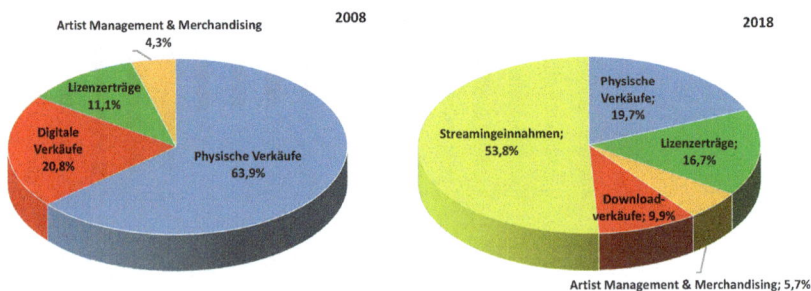

Abb. 6.17 Der Einkommens-Mix der Universal Music Group (ohne Musikverlag), 2008 und 2018. (Quelle: Eigene Darstellung Vivendi-Jahresberichte 2008, 2018)

6.2 Der phonografische Markt und die Struktur der phonografischen … 141

zum Verkauf in Shops, bei Konzerten und im Internet her (Vivendi 2012, S. 23). Zusätzlich baut die Universal Music & Brand KünstlerInnen-Marken auf, die in Branding-Partnerschaften Markenprodukte lizenziert. 2018 betrug der gemeinsame Umsatz für das KünstlerInnen-Management und das Merchandising/Branding der UMG EUR 273 Mio., was einem Anstieg von 314 % seit 2007 entspricht. Die UMG-Muttergesellschaft, Vivendi, hat zudem 2010 die Ticketingfirmen Digitick und See Tickets gekauft, die ein Jahr später zu Vivendi-Ticketing verschmolzen wurden. Vivendi Ticketing wickelt seitdem den Kartenverkauf des Glastonbury Musikfestivals in Großbritannien, aber auch das Ticketing für den Eiffel-Turm und für Schloss Versailles in Paris ab (Vivendi 2014, S. 28).

Der Überblick belegt, dass die Universal Music Group nicht nur eine Plattenfirma und ein Musikverlag ist, sondern seine Geschäftstätigkeit in die Bereiche KünstlerInnen-Management, Booking, Merchandising, Branding und in enger Kooperation mit Vivendi Ticketing sogar in den Kartenverkauf ausgedehnt hat. Zudem hält die UMG noch einen signifikanten Unternehmensanteil an den Musikstreamingdiensten Spotify, Soundcloud und Vevo (Abb. 6.18).

Ähnlich wie die Universal hat auch die Warner Music Group (WMG) ihr Geschäftsmodell mit den steigenden Digitalmusikverkäufen, die erstmals 2013 die physischen Verkäufe überholen konnten, diversifiziert. Zwischen 2008 und 2018 hat sich das Verhältnis zwischen digitalen und physischen Musikumsätze umgedreht. Während 2008 Einnahmen von US$ 599 Mio. aus digitalen Musikverkäufen (insbesondere Downloads) generiert werden konnten, waren es 2018 US$ 2,0 Mrd. Im gleichen Zeitraum sind die physischen Verkäufe von US$ 2,0 Mrd. um fast 70 % auf US$ 630 Mio. gesunken (Abb. 6.19).

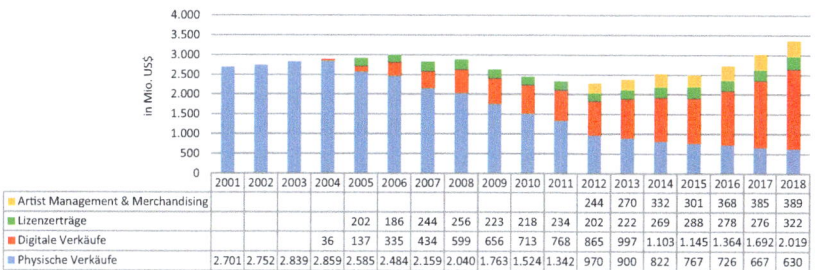

Abb. 6.18 Die Einkommensquellen (ohne Musikverlag) der Warner Music Group, 2001–2018. (Quelle: Eigene Darstellung nach Jahresberichten von AOL Time-Warner Inc. 2002 und der Warner Music Group 2005–2018)

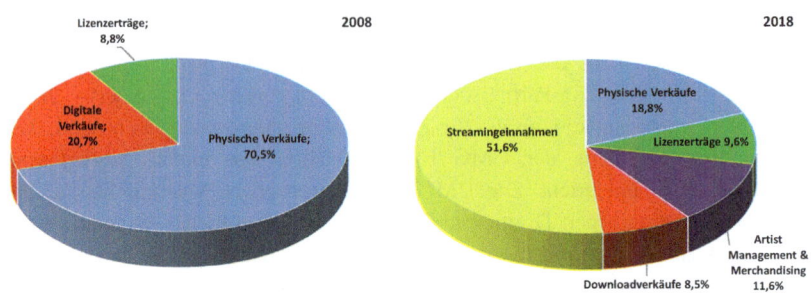

Abb. 6.19 Der Einkommens-Mix der Warner Music Group (ohne Musikverlag), 2008 und 2018. (Quelle: Eigene Darstellung nach Jahresberichten der Warner Music Group 2008, 2018)

Der Wachstumsmotor im digitalen Marktsegment waren die Streamingeinnahmen, die von US$ 144 Mio. im Jahr 2011 auf US$ 1,7 Mrd. im Jahr 2018 regelrecht explodiert sind. Ebenfalls, und zwar um mehr als ein Viertel, haben die Erträge aus Lizenzgeschäften zugelegt, die 2018 US$ 320 Mio. ausmachten. Noch größer war der Zuwachs im neuen Geschäftsfeld „Artist Services & Merchandising", das zwischen 2012 und 2018 um fast 60 % auf US$ 389 Mio. gewachsen ist. Seit 2005 bietet die Warner Music Group neuen KünstlerInnen sogenannte „expanded-rights deals", eine Umschreibung für 360°-Verträge, an, um „(...) *to capitalize on ancillary revenues, from merchandising, fan clubs, sponsorship, concert promotion, and artist management, among other areas*" (Warner Music Group 2014, S. 4). Dafür hat die WMG ein Netzwerk an Konzertveranstaltern, KünstlerInnen-Agenturen, Merchandising-Firmen, Sponsoring- und Branding-Partnerschaften sowie Fanclubs aufgebaut, um den KünstlerInnen ein umfassendes Servicepaket anbieten zu können (Warner Music Group 2015, S. 8–9).

Die Diversifikation der Warner Music Group war von einer massiven Vergrößerung des Label- und Masterrechtekatalogs begleitet. 2003 wurde ein 50-Prozentanteil an Bad Boy Records vom Rapper Puff Daddy erworben und 2004 wurde der Anteil an Maverick Records – ein Joint-Venture mit Madonna und ihrem Manager – von 50 auf 80 % erhöht. Zwei Jahre später wurde Maverick Records vollständig übernommen, nachdem Madonna zum Veranstaltungskonzern Live Nation gewechselt war, um dort einen Aufsehen erregenden 360°-Deal abzuschließen. Ebenfalls 2004 wurde die Ryko Corporation um US$ 67,5 Mio. übernommen. 2007 und 2010 kaufte die WMG in zwei Schritten das Hard Rock- und Heavy Metal-Label Roadrunner Records um US$ 106 Mio. und erwarb einen 50-Prozentanteil an den Frank Sinatra Enterprises um US$ 50 Mio. Die wichtigste Akquisition war allerdings der Kauf der Parlophone Music Group gemeinsam mit EMI und Virgin Classics, Chrysalis/Ensign sowie zahlreichen EMI Ländergesellschaften von der Universal Music Group um US$ 740 Mio., nachdem die EU-Wettbewerbsbehörde die UMG gezwungen hatte, sich von diesen Unternehmensteilen nach dem Erwerb der EMI Recorded Music zu trennen.[26] Darüber hinaus investierte die WMG-Konzernmutter, Access Industries, 2012 und 2016 insgesamt US$ 239 Mio. in den französischen Musikstreamingdienst Deezer.[27]

Während die WMG also die Label- und KünstlerInnen-Kataloge seit 2003 stark ausgebaut hat, wurden die CD-Produktionsstätten und physischen Vertriebswege abgestoßen, wie bereits weiter oben ausführlich dargelegt wurde. Die WMG hat also durchaus die Zeichen der Zeit erkannt und schon frühzeitig auf ein digitales Geschäftsmodell gesetzt, das allerdings erst nach Jahren der Umsatzrückgänge bei den Tonträgerverkäufen und dem seit 2012 einsetzenden Musikstreamingboom erst so richtig gegriffen hat. Parallel dazu wurden die 360°-Deals massiv ausgeweitet und die WMG hat sein angestammtes Geschäftsmodell um KünstlerInnen-und Booking-Agenturen sowie Sponsoring- und Branding-Partnerschaften erweitert und ist indirekt über die Konzernmutter sogar mit einem Musikstreamingdienst verbunden. Die WMG hat sich also im Laufe der digitalen Revolution in der phonografischen Industrie zu einem umfassenden Anbieter von Dienstleistungen für ihre KünstlerInnen entwickelt, der im Kern zwar noch die klassischen Labelfunktionen abdeckt, die aber nur mehr ein Teil eines wesentlich umfassenderen Geschäftsportfolios sind.

---

[26]Billboard, „Warner Music Group Closes on Acquisition of Parlophone Label Group", 1. Juli 2013: http://www.billboard.com/biz/articles/news/global/1568720/warner-music-group-closes-on-acquisition-of-parlophone-label-group (abgerufen: 10.09.2019).

[27]Music Business Worldwide, „Deezer Absorbs €100m Investment From Orange And Access Industries", 20. Januar 2016: http://www.musicbusinessworldwide.com/deezer-absorbs-e100m-investment-from-orange-and-access-industries/ (abgerufen: 10.09.2019).

Der Musikveranstaltungsmarkt 7

7.1 Funktionen und Aufgaben im Musikveranstaltungswesen

Wenn man einmal von den HauptakteurInnen im Musikveranstaltungsmarkt, den MusikerInnen, absieht, dann lassen sich folgende Player identifizieren: 1) Musikveranstalter und Festivalorganisatoren, 2) Betreiber von Musikveranstaltungsstätten, 3) Musikagenturen und BookerInnen, 4) unterstützende Dienstleister und 5) Ticketing-Unternehmen. Das Musikveranstaltungswesen ist daher ein sehr arbeitsteiliger Sektor der Musikindustrie mit vielen unterschiedlichen Arbeitsfeldern und Berufsrollen.

7.1.1 Musikveranstalter und Festivalorganisatoren

1. Musikveranstalter
Musikveranstalter organisieren Konzerte, Konzerttourneen und Festivals auf eigene Kosten und Risiko, wobei der Ticketverkauf meist die Haupteinnahmequelle darstellt. Der Veranstalter konzipiert das Musikevent bzw. die Tournee und nimmt dafür die MusikerInnen unter Vertrag. Dabei werden die KünstlerInnen am Erfolg des Konzerts bzw. der Tournee beteiligt. Üblicherweise erhalten die MusikerInnen 60 bis 80 % aus den Ticketerlösen, es können aber auch Fixgagen ausgehandelt werden. Auch Mischformen wie eine geringe Fixgage plus Erlösbeteiligung sind durchaus üblich. Etablierte Acts erhalten darüber hinaus auch noch Vorschüsse in Form von Garantiezahlungen (siehe Lyng 2011, S. 168). Aus KünstlerInnen-Sicht ist es jedenfalls wichtig, die eigene Kostenseite unter Kontrolle zu halten. Je nach vertraglicher Vereinbarung mit dem Veranstalter,

müssen aus den Einnahmen nicht nur Reise- und Aufenthaltskosten bestritten werden, sondern alle Ausgaben für Tour-Management und die Support-Crew. Es kann durchaus auch vorkommen, dass die Veranstalter lediglich die Konzertlokalität zur Verfügung stellt und die MusikerInnen sich um die Ton- und Lichttechnik sowie das Catering selbst kümmern müssen. Bei etablierten Acts ist es natürlich üblich, dass die Veranstalter die Reise- und Aufenthaltskosten sowie Ausgaben für Technik, Catering, Ticketing, Security und Versicherungen übernehmen (ibid., S. 169).

Darüber hinaus muss sich der Veranstalter um die Bewerbung der Veranstaltung und die PR-Arbeit kümmern. Traditionelle Werbemaßnahmen sind Radio- und TV-Spots, Plakate und Flyer. Im digitalen Zeitalter sind Mailinglisten und Social-Media-Kanäle dazugekommen. In der PR-Arbeit geht es vor allem darum, JournalistInnen zu Interviews mit den KünstlerInnen im Vorfeld der Veranstaltung zu bewegen bzw. in redaktionellen Beiträgen über die Veranstaltung zu berichten. Stars halten auch Pressekonferenzen ab, um mediale Aufmerksamkeit zu erregen (ibid., S. 163–165). Alle diese Maßnahmen sollen dazu beitragen, den Vorverkauf von Tickets anzukurbeln, weil dieser letztendlich darüber entscheidet, ob ein Konzert oder einer Tournee überhaupt stattfindet. Entscheidend dabei ist, ob der Verlust, der durch die Absage entsteht, geringer ist als jener, der durch die Abhaltung des Konzerts zu erwarten ist.

Grundsätzlich kann zwischen 1) kleinen lokalen Veranstaltern in Bars und Musikclubs, 2) regionalen Veranstaltern in mittelgroßen Veranstaltungsstätten und 3) national bzw. international agierenden Veranstaltern, die mehrere Konzerttermine zu einer Tournee bündeln, unterschieden werden. Das Veranstaltungsbusiness ist mit einem hohen Risiko verbunden, weil die Veranstalter vorab hohe Fixkosten tragen müssen, die auch dann anfallen, wenn das Konzert aufgrund schlechter Ticketverkäufe nicht zustande kommen sollte. Je größer das Fassungsvermögen der Veranstaltungsstätte, desto höher muss nicht nur Zahl der zahlenden BesucherInnen, sondern auch die Zahl der abgehaltenen Veranstaltungen sein. Um das Risiko zu streuen, versuchen die großen nationalen Veranstalter mehrere Konzerttermine zu einer Tournee zu verbinden, um mit dem Gewinn aus der einen Veranstaltung den Verlust einer anderen abdecken zu können. Diese Form der Querfinanzierung hat erstmals die Veranstaltungsagentur Concerts West in den USA eingeführt (siehe dazu im Detail 1.5.4). 1970 hat Concerts West dem Management von Elvis Presley eine Garantiezahlung von US$ 1 Mio. gewährt, um im Gegenzug das Recht zu erwerben, eine US-Tour zu organisieren. Auf diese Weise wurden die vielen regionalen und lokalen Veranstalter ausgebootet und Concerts West hat direkt mit den Veranstaltungsstätten Verträge geschlossen, wodurch Kosten eingespart werden konnten (Budnik und

Baron 2011, S. 201). Dieses Modell hat die Concerts Productions International (CPI) von Michael Cohl aufgegriffen, die die erfolgreichen Stadientourneen von Michael Jackson, den Rolling Stones, U2, Pink Floyd, Crosby, Stills, Nash & Young sowie David Bowie organisiert hat (ibid., S. 204–206, 214). Das Konzept bestand darin, die gesamte Tournee als Konzert-Paket zu betrachten, in dem die einzelnen Veranstaltungen gegenverrechnet werden konnten. Die lokalen Veranstalter und Veranstaltungsstätten erhielten dabei jeweils nur eine Pauschalzahlung, aus der sie ihre Kosten bestreiten mussten (ibid., S. 211).

Ökonomisch betrachtet, nutzt dieses neue Geschäftsmodell die Economies-of-Scale, wonach die Stückkosten mit der steigenden Outputmenge sinken, weil die Fixkosten über eine größere Outputmenge verteilt werden kann (auch Fixkostendegression genannt) (Abb. 7.1).

Das neue Geschäftsmodell mit extrem hohen Garantiezahlungen und gegenverrechenbaren Konzertveranstaltungen hat die Profitabilität des Musikveranstaltungsbusiness nachhaltig verringert, was eine Markteintrittsbarriere für kleinere Veranstalter darstellte, die keine Verluste aus einem Konzert gegenverrechnen konnten. In der Folge sind zahlreiche kleine und mittlere Konzertveranstalter in wirtschaftliche Schwierigkeiten geraten und gingen entweder bankrott oder wurden von größeren aufgekauft. Am aggressivsten erwies sich dabei die SFX Entertainment, die 1998 von Robert F. X. Sillerman gegründet worden war. SFX kaufte Ende der 1990er- und Anfang der 2000er-Jahre so gut wie alle

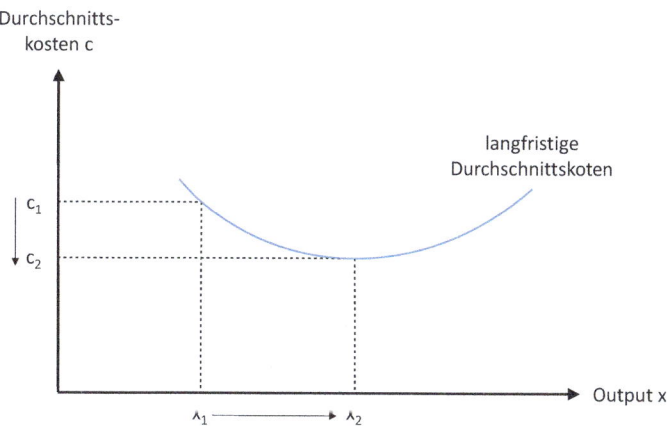

Abb. 7.1 Das Prinzip der Economies-of-Scale. (Quelle: Eigene Darstellung nach Varian 2010, S. 379)

relevanten Musikveranstaltungsunternehmen in Nordamerika auf und etablierte ein Geschäftsmodell basierend auf dem Verkauf von Konzertkarten, Snacks und Getränken, Parkplatzgebühren sowie Sponsoring- und Werbeeinnahmen. Speziell die Einnahmen aus Werbung und Sponsoring waren für SFX von Anfang an von großer wirtschaftlicher Bedeutung, weil das Unternehmen erkannt hatte, dass es wesentlich lukrativer ist, Kundendaten an Werbeagenturen zu verkaufen als Konzerttickets. Deshalb konnte es sich SFX auch leisten, den KünstlerInnen 90 % der Eintrittserlöse zu zahlen, wodurch es für die Konkurrenten unattraktiv wurde, diese Acts zu buchen (Budnik und Baron 2011, S. 163, 180–192). SFX wurde in Live Nation umgewandelt, nachdem das Medienkonglomerat Clear Channel den Konzertveranstaltungskonzern 2000 aufgekauft hatte. 2005 verkaufte Clear Channel die Veranstaltungssparte Live Nation an der Börse, wo das Unternehmen seitdem als eigenständiges Unternehmen als Aktiengesellschaft gelistet ist (ibid., S. 225).

Live Nation Entertainment wurde in der Folge der unangefochtene Marktführer bei Musikveranstaltungen in Nordamerika und schließlich auf der ganzen Welt. Während 1996 die Top-10-Veranstalter für 44 % aller abgesetzten Tickets weltweit verantwortlich zeichneten, verkauften 2009 die beiden Marktführer Live Nation und die Anschutz Entertainment Group (AEG) allein 77 % aller Tickets (Hull et al. 2011, S. 155).

2. Festivalorganisatoren
Die Organisation von Musikfestivals ist eine Sonderform des Managements von Musikveranstaltungen. Die Mutter alle Musikfestivals sind die Bayreuther Festspiele, die 1876 vom deutschen Komponisten Richard Wagner mit finanzieller Unterstützung von König Ludwig II. von Bayern erstmals in Szene gesetzt wurden. Im frühen 20. Jahrhundert wurden weitere Festivals für Klassische Musik wie das Ravinia Festival in Illinois (1904), Glastonbury Festival in Großbritannien (1914) sowie die Salzburger Festspiele (1920) in Österreich ins Leben gerufen. Das erste Jazz-Festival wurde 1954 von Elaine und Louis Lorillard in Newport veranstaltet und wurde zum Vorbild für viele weitere Jazz-, Folk- und Blues-Festivals, vor allem aber für das Monterey Pop Festival, das 1967 erstmals über die Bühne ging. Dabei erwies sich Monterey auch als wichtige Plattform der Entdeckung neuer Talente. So markierten die Auftritte von Jimi Hendrix, Janis Joplin, Canned Heat, Otis Redding und die Steve Miller deren Karrierestart und viele weitere Festival-Acts erhielten dort ihren ersten Plattenvertrag (Tschmuck 2012, S. 154).

7.1 Funktionen und Aufgaben im Musikveranstaltungswesen

Seitdem sind Musikfestivals nicht nur wichtige künstlerische Ereignisse, sondern haben auch starke ökonomische Wirkungen auf die lokale Wirtschaft. So hat eine Studie über die wirtschaftlichen Effekte des Beethovenfestes Bonn im Jahr 2009 ergeben, dass die quantifizierbaren direkten und indirekten Zuflüsse für die Stadt Bonn und Region Rhein-Sieg insgesamt EUR 5,3 Mio. in diesem Jahr ausmachten. Dabei hat der Festivalveranstalter EUR 2,1 Mio. für Aufträge und Dienstleistungen direkt in der Region ausgegeben. Indirekte Zuflüsse aufgrund der Ausgaben der engagierten KünstlerInnen, BesucherInnen und SponsorInnen addierten sich auf weitere EUR 3,20 Mio. Dem standen Förderungen der Stadt Bonn von EUR 1,28 Mio. gegenüber woraus sich ein Multiplikatoreffekt der öffentlichen Förderung von 4,15[1] errechnen lässt (Engelsing und Müller 2010, S. 35–36). Zu einem ähnlichen Ergebnis kam auch eine Umwegrentabilitätsstudie[2] zum Heidelberger Frühling für das Jahr 2016, wonach der Förderzuschuss der Stadt Heidelberg für das Festival in der Höhe von EUR 810.000 wirtschaftliche Effekte für Heidelberg in der Höhe von EUR 3,28 Mio. erzeugt hat, was einem Rentabilitätsfaktor von 4,05 entspricht (Gesellschaft für Innovative Marktforschung mbH 2018, S. 3).

Nicht zuletzt wegen lokal- und regionalpolitischer Erwägungen kam es vor allem in Europa zu einem Gründungsboom von Festivals. So zeigt eine Studie von UK Music, dass die Zahl der Musikfestivals über alle Genres hinweg zwischen 2000 und 2007 im Vereinigten Königreich um 38 % gestiegen ist (zitiert in O'Reilly et al. 2013, S. 212). Eine niederländische Studie belegt, dass zwischen 2012 und 2016 die Zahl der Festivals in den Niederlanden um ein Drittel von 701 auf 934 sowie die Zahl der BesucherInnen um 35 % von 19,7 Mio. auf 26,7 Mio. gewachsen ist (Hitters 2018). Mittlerweile wird in der Forschung von einer „Festivalisierung" der Live-Musikszene bzw. der Kultur insgesamt gesprochen (z. B. Bennett et al. 2014).

---

[1] Ein Multiplikator von 4,15 bedeutet, dass eine Förderung in der Höhe von 1 EUR direkte und indirekte Zuflüsse für die Region von ca. 4 Euros verursacht.

[2] Die Umwegrentabilität ergibt sich im konkreten Fall aus den direkten ökonomischen Effekten der Geschäftsaktivitäten des Festivalveranstalters wie z. B. Löhne & Gehälter, Marketingausgaben sowie Ausgaben der BesucherInnen für Übernachtung, Verpflegung, Verkehr, Shopping usw. und den indirekten ökonomischen Effekten (Vorleistungen in der Gastronomie und in den Beherbergungsbetrieben) sowie fiskalischen Effekten Einkommenssteuer der Mitarbeiter, Umsatzsteuer, Gewerbesteuer und kommunale Abgaben) (siehe Gesellschaft für Innovative Marktforschung mbH 2018, S. 3).

7.1.2 Betreiber von Musikveranstaltungsstätten

Ein Musikveranstalter mietet üblicherweise eine Konzert- oder Festivallokalität, wobei entweder ein Pauschalbetrag oder eine Umsatzbeteiligung am Ticketverkauf vereinbart wird. Im Gegenzug verpflichtet sich der Veranstaltungsstättenbetreiber die vertraglich vereinbarte Infrastruktur und Dienstleistungen zur Verfügung zu stellen. Das reicht von der einfachen Überlassung des Gebäudes bzw. eines Festivalgeländes ohne weitere Zusatzleistungen bis hin zur Bereitstellung einer Bühnen-Crew, TontechnikerInnen, BeleuchterInnen, Reinigungs-Kassenpersonal, Security, PlatzanweiserInnen etc. (siehe Hull et al. 2011, S. 157).

Neben den Mieteinnahmen verdienen die Veranstaltungsstätten auch an der Parkplatzvermietung sowie an der Verpachtung von Gastronomie- und Merchandisingständen. Üblicherweise erhalten die KünstlerInnen und Veranstalter keinen Anteil an diesen Nebeneinnahmen, es sei denn, dass die Veranstalter wie im Fall von Live Nation und AEG selbst Veranstaltungsstätten besitzen. So gehören Live Nation die traditionellen Fillmore-Theater, die Konzert- und Restaurantkette House-of-Blues, der berühmte Roseland Ballroom in New York, das historische Riverside Fox Theatre in Kalifornien sowie die Heineken Music Hall und der Ziggo Dom in Amsterdam, das O2 Apollo Theatre in Manchester und die Festivalgelände in Reading und Leeds.

Die Anzahl der Amphitheater und Arenen mit einer Kapazität zwischen 5.000 und 30.000 Sitzplätzen, die Live Nation gehören, gemietet oder exklusiv gebucht werden, ist von 40 im Jahr 2005 auf 71 im Jahr 2018 gestiegen. Im gleichen Zeitraum hat Live Nation die Anzahl der Theater mit einem Fassungsvermögen 1.000 bis 6.500 BesucherInnen von 19 auf 82 ausgeweitet. Zudem nennt Live Nation 2018 noch 5 Festivalgelände sein Eigen und hat mit weiteren 27 Festivalstandorten exklusive Nutzungsverträge abgeschlossen. Schließlich besitzt Live Nation noch ein Stadium mit einer Kapazität von mehr als 30.000 Sitzplätzen. (Live Nation 2018, S. 6–7) (Abb. 7.2).

Live Nation hat bereits im Jahresbericht für 2016 ausgeführt, dass es mit diesen Akvisitionen *„(…) to pursue our strategy to develop additional ancillary revenue streams around the ticket purchase"* (Live Nation 2016, S. 3). Damit ist belegt, dass sich das globale Musikveranstaltungsbusiness in den letzten Jahren vom Ticketverkauf zu anderen Einkommensquellen wie Sponsoring, Merchandising und Nebenleistungen wie Catering und Parkplatzvermietung verlagert hat.

7.1 Funktionen und Aufgaben im Musikveranstaltungswesen

Musikveranstaltungsstätten	2005	2018	Änderung
Stadien (Kapazität: mehr als 30.000 Plätze)	-	1	+100,0%
Amphitheater, Arenen (Kapazität: 5.000-30.000 Plätze)	40	71	+77,5%
Theater (inkl. House of Blues) (Kapazität: 1.000-6.500 Plätze)	19	93	+389,5%
Musikclubs (Kapazität: weniger als 1.000 Plätze)	8	40	+400,0%
Festivalgelände	2	32	+1.500,0%
Gesamt	69	237	+243,5%

Abb. 7.2 Musikveranstaltungsstätten, die Live Nation besitzt, mietet und exklusiv bucht (2005 und 2018). (Quelle: Eigene Darstellung nach den Jahresberichten von Live Nation Inc. (2005) und Live Nation Entertainment Inc. (2018))

7.1.3 Musikagenturen und BookerInnen

MusikagentInnen und BookerInnen sind Mittelspersonen zwischen KünstlerInnen und ihrem Management einerseits und den Veranstaltern andererseits. Deren Hauptaufgabe besteht darin, Auftrittsmöglichkeiten für die MusikerInnen zu vermitteln. Sie buchen in erster Linie Konzerte bzw. ganze Konzerttourneen für ihre KünstlerInnen und unterstützen sie bei der Reiseplanung und -abwicklung. Lokale Agenturen und BookerInnen buchen dabei weniger bekannte KünstlerInnen oder NewcomerInnen für Musikclubs, Bälle, Hochzeiten und andere lokale Veranstaltungen im urbanen wie auch ländlichen Raum. Aufgrund der niedrigen KünstlerInnen-Gagen müssen lokale AgentInnen/BookerInnen gleichzeitig sehr viele KünstlerInnen vermitteln, um von ihrer Arbeit leben zu können. Das Vermittlungsentgelt liegt dabei üblicher Weise zwischen 10 bis 20 % der Brutto-Einnahmen bei einem Auftritt. Regionale Agenturen buchen die KünstlerInnen bereits für größere Clubs und Veranstaltungsstätten in städtischen Zentren und organisieren durchaus auch schon kleinere Tourneen und versuchen ihre KünstlerInnen als Opener für bereits bekannte Acts unterzubringen. *„The dream of the regional agent is to hook up with some rising artist who becomes a star and who will take the agent along"* (Hull et al. 2011, S. 151). Die großen

Player des KünstlerInnen-Vermittlungsgeschäfts sind aber die nationalen und internationalen KünstlerInnenagenturen, die meist von Metropolen wie New York, Los Angeles oder London aus tätig sind.

Allein in den USA sind nach dem Pollstar Booking Agency Directory 2019[3] mehr als 640 Agenturen registriert. Auch das Verzeichnis der Konzertdirektionen und Konzertagenturen in Deutschland weist fast 500 Einträge auf.[4] Nichtsdestotrotz ist der Markt stark konzentriert und wird von einigen wenigen Agenturen weltweit beherrscht. So zeichnen in den USA die Top-5 Agenturen und die bei ihnen unter Vertrag stehenden MusikerInnen für fast die Hälfte der Ticketverkäufe verantwortlich (Hull et al. 2011, S. 151). Es sind vor allem drei global agierende Konzerne, die sich den Markt untereinander aufteilen: die Creative Artists Agency (CAA), William Morris Endeavor (WME) und die United Talent Agency (UTA). Weitere große Agenturen sind die Paradigm Talent Agency, The Gersh Agency, ICM Partners und die Agency for the Performing Arts (APA). In Deutschland sind es vor allem die Veranstaltungskonzerne CTS Eventim[5] und die Deutsche Entertainment AG (DEAG)[6], die auch den Künstlerinnen-Agenturmarkt beherrschen.

Die älteste noch bestehende KünstlerInnen-Agentur der Welt ist die William Morris Agency (WMA), die 1898 vom deutsch-jüdischen Immigranten Zelman Moses, der den englischen Namen William Morris angenommen hat, in New York City gegründet wurde. Ursprünglich war William Morris als Booker von SängerInnen für Vaudeville-Theater tätig, fokussierte sich dann aber auf die Hollywood-Filmindustrie. In ihrer Frühzeit vertrat die WMA Broadway-Stars wie Al Jolson sowie Filmlegenden wie Charlie Chaplin und die Marx Brothers. 1965 wurde die WMA zu einem zentralen Player im sich formierenden Rockmusik-Business als sie das Booking der Rolling Stones und der Byrds in den USA übernahm, aber auch Sonny & Cher sowie die Beach Boys vertrat. WMA eröffnete auch eine Geschäftsstelle in Nashville, um in der Folge zur wichtigsten Booking-Agentur für Country & Western-Stars zu werden (Rose 1996). 2009 ver-

---

[3]Pollstar, „Booking Agency Directory", https://www.pollstar.com/booking-agency-directory-2019 (abgerufen: 10.10.2019).

[4]Musikinformationszentrum (MIZ), „Konzertdirektionen und Künstleragenturen", http://www.miz.org/institutionen/konzertdirektionen-kuenstleragenturen-s60 (abgerufen: 10.10.2019).

[5]Die CTS Eventim ist Eigentümer der Marek Lieberberg Konzertagentur und ist auch an der Semmel Concerts Entertainment GmbH beteiligt.

[6]So sind die KBK Konzert- und Künstleragentur sowie die A.C.T. Artist Agency Tochtergesellschaften der DEAG.

schmolz die WMA mit einer anderen sehr großen US-KünstlerInnen-Agentur Endeavor, die sich auf die Vermittlung von TV-Stars spezialisiert hat. William Morris Endeavor (WME) repräsentiert KünstlerInnen aus allen Entertainment-Bereichen aber auch die Profis der National Football League.

Die Creative Artists Agency (CAA) wurde 1975 von früheren MitarbeiterInnen der William Morris Agency gegründet. Die Jackson 5 waren eine der ersten KünstlerInnen, die unter Vertrag genommen wurden. Die CAA repräsentiert vor allem Hollywood-Film Stars, ist aber auch stark im Musikbusiness vertreten (Griffin und Masters 1997). Gegenwärtig vertritt die CAA Ariana Grande, Barbra Streisand, Bruce Springsteen, Iggy Azalea, Lady Gaga, Iron Maiden, Stevie Wonder, Sting, James Morrison und Robin Thicke.[7]

Die United Talent Agency (UTA) ist das Ergebnis einer Fusion zwischen der Bauer-Benedek Agency und der Leading Artists Agency im Jahr 1991, die ursprünglich vor allem SchriftstellerInnen, DrehbuchautorInnen und andere AutorInnen vertrat. Die UTA weitete ihre Geschäftsaktivitäten aber bald auch auf Film & TV, Theater, News, Games und Musik aus. So repräsentiert die UTA zahlreichen Pop- und Rock-Acts wie Mariah Carey, Deep Purple, Norah Jones, aber auch Rapper wie Kanye West und Flo Rida sowie den Klassikstar David Garrett.[8]

7.1.4 Unterstützende Dienstleistungen und Ticketing

Dem Musikveranstaltungssektor arbeiten zahlreiche unterstützende Dienstleistungsunternehmen zu, die entweder direkt bei den Veranstaltungsstätten oder bei den Veranstaltern unter Vertrag stehen. Diese Supportservices umfassen Transport, Logistik, technische Dienstleistungen, Tontechnik, Videoproduktion, Kostümdesign und Ausstattung, Bühnendesign und Kulissenherstellung, Eventplanung, Pyrotechnik, Merchandising, Catering und Ticketing (für Details siehe Rutter 2011, S. 64–67).

Das Ticketing ist dabei eine Kernfunktion im Musikveranstaltungsbusiness. Ursprünglich wurden die Tickets direkt von den Veranstaltungsstätten selbst an der Abendkasse verkauft. Mit der Etablierung des Kartenvorverkaufs begannen

---

[7]Creative Artists Agency (CAA), „Artist Roster", http://www.caatouring.com/Public/ArtistRoster.aspx (abgerufen: 10.10.2019).
[8]United Talent Agency (UTA), „Full Roster", https://music.utatouring.com/full-roster/ (abgerufen: 10.10.2019).

sich Unternehmen auf das Ticketing als Serviceleistung zu spezialisieren. Ein früher Anbieter eines computergestützten Kartenvorverkaufs war das Unternehmen Ticketmaster, das 1974/1975 von zwei Universitätsabgängern gegründet worden war. 1982 entschloss sich der Unternehmensberater von Ticketmaster, Frederic Rosen, mit finanzieller Unterstützung der Unternehmerfamilie Pritzker die Ticketingfirma zu kaufen und den damaligen Marktführer Ticketron herauszufordern (Budnick und Baron 2011, S. 81). Im Gegensatz zu Ticketron zahlte Ticketmaster Vorschüsse an die Veranstalter und Betreiber von Veranstaltungsstätten, die mit den späteren Ticketeinnahmen gegenverrechnet werden konnten, anstatt eine prozentuelle Beteiligung an jedem verkauften Ticket zu verlangen. Dadurch wurde den Veranstaltern ein Teil des finanziellen Risikos abgenommen und sie konnten auch besser gegenüber den KünstlerInnen-Agenturen und BookerInnen auftreten. Allerdings wurden die Veranstalter von den Vorschusszahlungen von Ticketmaster abhängig. Ticketmaster ging aber noch einen Schritt weiter und unterstützte die Veranstalter auch beim Marketing und der Promotion ihrer Events (ibid., S. 78). Dadurch wurde Ticketmaster zum unangefochtenen Marktführer am US-amerikanischen Ticketingmarkt und kaufte 1991 sogar seinen früheren Hauptrivalen Ticketron auf (ibid., S. 89). 2010 fusionierte Ticketmaster, das zum weltweit größten Ticketingkonzern aufgestiegen war, mit dem weltweit größten Konzertveranstalter Live Nation, wodurch ein Konglomerat entstand, das nicht nur die globale Marktführerschaft im Veranstaltungsbusiness und beim Ticketing hat, sondern auch KünstlerInnen-Agenturen, Sponsoring- und Brandingunternehmen betreibt (siehe dazu auch Abschn. 7.2.2).

Mit dem Internet entwickelte sich auch ein Markt für Online-Ticketing. Die meisten Unternehmen sind in dieses Marktsegment als Wiederverkaufsplattformen eingestiegen, was früher auch als „Schwarzmarkt" für Eintrittskarten betrachtet wurde. Heutzutage wird von einem sekundären Ticketingmarkt gesprochen, auf dem längst auch schon die Ticketing-Konzerne wie Ticketmaster tätig sind (Budnick und Baron 2011, S. 287–296). Trotz zahlreicher Markteintritte von kleinen Online-Ticketingplattformen blieb der Ticketingmarkt hochkonzentriert und wird von einigen wenigen Konzernen wie Live Nation/ Ticketmaster in den USA und Europa oder die CTS Eventim im deutschsprachigen Raum beherrscht.

7.2 Der Musikveranstaltungsmarkt und die Struktur des Musikveranstaltungswesens

7.2.1 Der Musikveranstaltungsmarkt

In Kap. 3 wurde dargelegt, dass Musikveranstaltungen und phonografische Produkte (Tonträger, Musik-Downloads) und Leistungen (Musikstreaming) komplementäre Güter sind, wobei Krueger (2005) aufzeigt, dass die Digitalisierung die komplementäre Beziehung zwischen Konzertticketverkäufe und Tonträger- sowie digitale Umsätze schwächer geworden ist. Konzerte werden heutzutage nicht mehr als Promotionstool angesehen, um Tonträger und Musik-Downloads zu verkaufen, sondern wurden im Laufe der Digitalisierung zu einer immer wichtigeren Einkommensquellen für die MusikerInnen.

Ein Schlaglicht auf diese neue Konstellation wirft die jährlich erstellte Billboard Money Makers List (siehe dazu auch Kap. 9). Demnach haben im Jahr 2018 neun von zehn der Top-10-VerdienerInnen mehr als drei Viertel aller ihrer Einnahmen durch Konzerttourneen verdient. Bei der Spitzenverdienerin Taylor Swift stammten fast 91 % ihrer musikbezogenen Gesamteinnahmen von US$ 99,6 Mio. aus dem Musikveranstaltungsbusiness. Die einzige Ausnahme stellt der kanadische Rapper Drake dar, dessen Einkommen zu 58,5 % von seiner weltweiten Konzerttournee stammten, der aber mit US$ 17,1 Mio. der Spitzenverdiener beim Musikstreaming war. Allerdings landete Drake im Jahr 2017 in der Billboard Money Makers List nur am 37. Rang, weil er, trotz höchster Streaming- und Download- und Tonträgerverkäufe, nicht auf Konzerttournee war. Und die im Jahr 2018 zehntplatzierte P!nk schien 2017 gar nicht in der Money Makers List der Top-40-Best-VerdienerInnen auf, weil sie eine Konzertpause eingelegt hatte.[9]

Die Statistik des deutschen Bundesverbands der Veranstaltungswirtschaft (BDV) bestätigt die steigende ökonomische Relevanz des Musikveranstaltungsbusiness (Abb. 7.3).

Lag 1995 der Anteil der Umsatzerlöse aus dem Ticketverkauf noch bei 48 %, so ist dieser im Jahr 2017 auf 72 % angestiegen. Dafür sind vor allem die sinkenden Tonträgerumsätze verantwortlich zu machen, aber auch die seit 2012 kontinuierlich steigenden Einnahmen aus dem Musikveranstaltungsgeschäft.

---

[9]Billboard, „Billboard's Money Makers: The Highest Paid Musicians of 2018", 19. Juli 2019: https://www.billboard.com/photos/8520668/2018-highest-paid-musicians-money-makers (abgerufen: 14.10.2019).

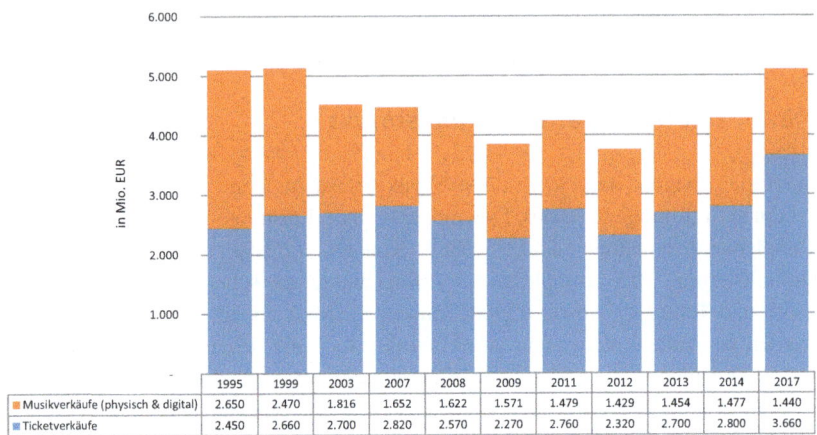

Abb. 7.3 Der deutsche Musikveranstaltungsmarkt und der phonografische Markt im Vergleich, 1995–2017. (Quelle: BDV 2018, S. 11)

Zwar sind die Live-Musikumsätze in Deutschland in den Jahren der Finanz- und Wirtschaftskrise vorübergehend gesunken, haben aber 2017 mit EUR 3,66 Mio. einen historischen Höchstwert erreicht.

Eine differenzierte Betrachtung nach Musikgenres zeigt, dass, gemessen um Kartenumsatz, Konzerte der Rock & Popmusik[10] 2017 beim deutschen Publikum mit einem Marktanteil von 30,4 % am beliebtesten waren. Knapp dahinter rangiert die Kategorie „Oper, Operette und Konzerte klassischer Musik" mit einem Anteil von 28,4 %, gefolgt von Musicals (17,9 %) und Musikfestivals (11,0 %). Konzerte mit Schlager/volkstümlicher Musik/Volksmusik kommen auf einen Marktanteil von 6,5 % und die restlichen 5,8 % entfallen auf die Genres Jazz, Blues, Folk, Weltmusik, Gospel, Soul, Chanson und Liedermacher (Abb. 7.4).

Die Genrepräferenzen sind allerdings je nach Altersgruppe sehr unterschiedlich. Während die Teenager am liebsten zu Pop & Rockmusik-Konzerten gehen (48,2 %) und Musik-Festivals besuchen (30,4 %), bevorzugt die Generation 60+ vor allem Opern- und Operettenvorstellungen und besucht gern auch Konzerte klassischer Musik (55,0 %). Für Musicals geben 11,6 % der über 60-jährigen

---

[10]Diese Kategorie umfasst die Genres Hard Rock, Heavy Metal, Hip Hop/Rap, Black, Dance, Techno, House, Drum & Bass und Alternative Music.

7.2 Der Musikveranstaltungsmarkt und die Struktur ...

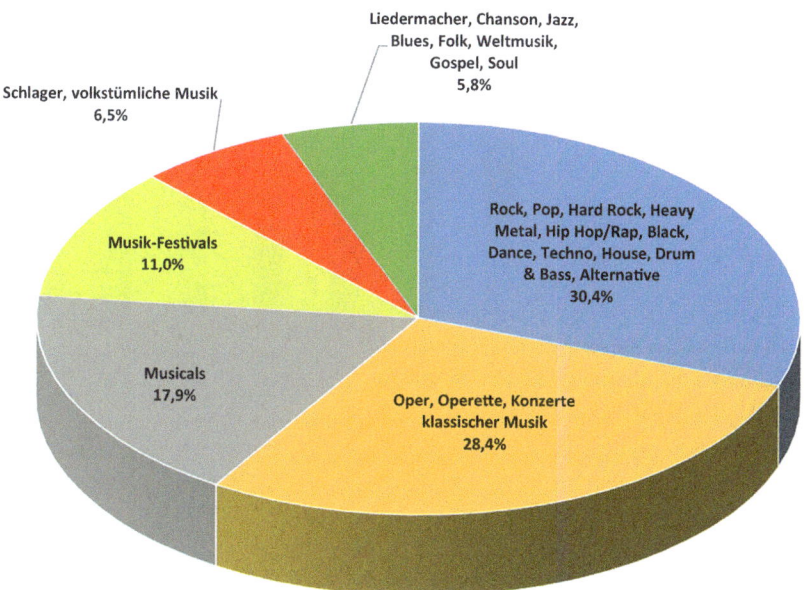

Abb. 7.4 Der deutsche Musikveranstaltungsmarkt 2017 nach Genres (Umsatz in Prozent). (Quelle: BVD 2018, S. 11)

Geld aus und Schlager/volkstümliche Musik ist in dieser Altersgruppe mit einem Ausgabenanteil von 10,8 % am höchsten. Oper/Operette und klassische Musik nehmen an Beliebtheit insgesamt mit dem Alter zu. Nur 3,4 % der deutschen Teenager kauft Opern- und Konzertkarten, wohingegen dieser Anteil bei den 40 bis 49-jährigen bei 15,3 % und bei den 50 bis 59-jährigen sogar bei 23,6 % liegt. Pop- und Rockkonzerte sind vor allem bei den 30 bis 39-jährigen am beliebtesten, von denen 55,9 % angeben, für Konzertkarten in dieser Kategorie Geld ausgegeben zu haben. Musicals sind vor allem bei den 20 bis 29-jährigen mit einem Ausgabenanteil von 26,7 % am beliebtesten – beliebter sind bei den Twens lediglich Pop- und Rockkonzerte mit 39,6 % der Ausgaben (Abb. 7.5).

In der Musikwirtschaftsstudie für Deutschland (Seufert et al. 2015, S. 38–39; 46–47) wird das Beschäftigungsvolumen der deutschen Musikveranstaltungswirtschaft für 2014 mit 32.629 Beschäftigten (nach Vollzeitäquivalenten) beziffert, die eine Bruttowertschöpfung von EUR 1,04 Mrd. erwirtschaften konnten. Dem standen 19.866 Beschäftigte in der phonografischen Industrie gegenüber, die eine Bruttowertschöpfung von EUR 880 Mio. aufwies. Der größte Wirtschaftsfaktor

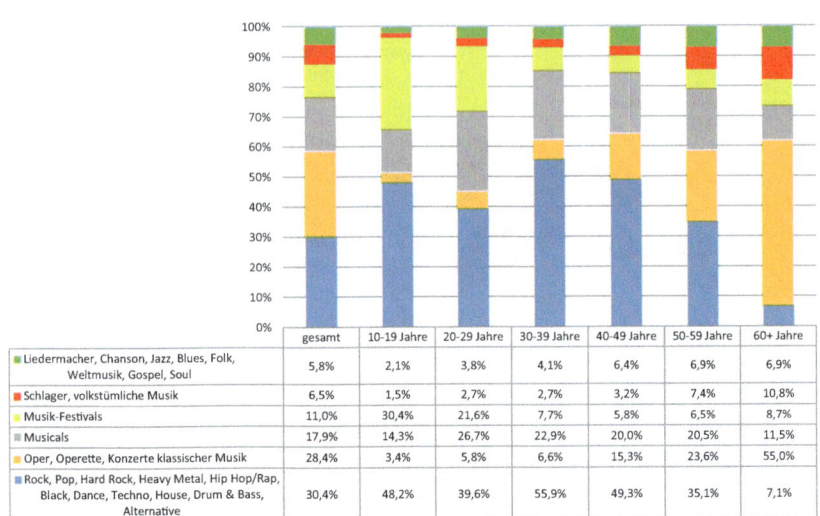

Abb. 7.5 Der deutsche Musikveranstaltungsmarkt 2017 nach Altersgruppen und Genres (Umsatz in Prozent). (Quelle: BVD 2018, S. 16)

im deutschen Musikveranstaltungswesen sind die meist staatlich geförderten Opern- und Konzerthäuser mit einer Wertschöpfung von EUR 391 Mio., gefolgt von den Veranstaltungsunternehmen der Popularmusik (EUR 251 Mio.), den Musikveranstaltungsstätten-Betreibern (EUR 164 Mio.), den unterstützenden Dienstleitungsunternehmen (EUR 132 Mio.), den Konzert- und Booking-Agenturen (EUR 77 Mio.) und den Ticketingunternehmen (EUR 26 Mio.).

7.2.2 Die Struktur des Musikveranstaltungswesens

Der globale Musikveranstaltungsmarkt wird von wenigen, großen Konzernen beherrscht, die so gut wie alle Bereiche des Musikveranstaltungsbusiness kontrollieren – KünstlerInnenvermittlung bzw. Booking, Veranstaltungsmanagement, unterstützende Dienstleitungen und Ticketing. Das war allerdings nicht immer so. Der oligopolistische Konzentrationsprozess hat erst in den 1990er-Jahren eingesetzt. Davor war der Musikveranstaltungsmarkt stark lokal und regional fragmentiert und von vergleichsweise kleinen Unternehmen geprägt, wie beispielsweise Frith et al. (2010) in ihrer historischen Studie zum britischen

Musikveranstaltungsmarkt zeigen. Demnach können drei Perioden unterschieden werden: „*The first period of 1955-1969 is characterized by the absence of corporations and ancillary industries and presence of entrepreneur concert promoters; (...) The second period of 1969-1996 is characterized by record labels subsidizing tours to promote record sales; (...) The third and final period of 1996-2009 is characterized by (...) the rise of multi-national corporations entering the live music market.*" (Frith et al. 2010, S. 4).

Bei dem multi-nationalen Konzern, auf den der Artikel anspielt, handelt es sich um die Live Nation Entertainment, die, wie bereits oben erwähnt wurde, das Ergebnis einer Fusion zwischen dem weltgrößten Musikveranstaltungskonglomerat Live Nation und dem globalen Ticketing-Marktführer Ticketmaster im Jahr 2010 ist. Die Geschichte der beiden Konzerne spiegelt die großen Umwälzungen in der internationalen Musikveranstaltungsindustrie seit 2000 wider (siehe dazu auch Abschn. 2.5.4). Die Fusion war allerdings das Ergebnis eines Machtkampfes beider Konzerne. 2008 liefen nämlich die exklusiven Vertragsvereinbarungen zwischen Live Nation und Ticketmaster aus und beide Seiten versuchten, ihre Marktmacht durch strategische Partnerschaften auszubauen. Live Nation fand im Sommer 2007 mit dem deutschen Ticketingunternehmen CTS Eventim einen neuen Partner und signalisierte auf diese Weise, dass die Kooperation mit Ticketmaster nicht fortgesetzt werden sollte. Gleichzeitig kaufte sich Live Nation mit 50 % bei Michael Cohls Grand Entertainment für US$ 123 Mio. in Form eines Aktientausches plus US$ 10 Mio. in Cash ein. Zudem wurde um US$ 350 Mio. die Musikclub- und Restaurantkette House of Blues erworben und ein Mehrheitsanteil an Music Today von Coran Capshaw gekauft (Budnick und Baron 2011, S. 308).

Ticketmaster schlug zurück, indem es die KünstlerInnen-Agentur Front Line Management Group von Irving Azoff aufkaufte und damit Live Nation, das ebenfalls ein Gebot für Front Line Management abgegeben hatte, aus dem Feld schlug. Die fehlgeschlagene Akquisition führte dazu, dass Live Nation ein neues Geschäftsmodell aus der phonografischen Industrie übernahm und adaptierte – die 360°-Verträge. Im Oktober 2007 wurde von Live Nation bekannt gegebenen, dass mit der Pop-Ikone Madonna ein exklusiver 10-Jahresvertrag mit einem Volumen von US$ 120 Mio. geschlossen wurde, der sämtliche Aktivitäten der Künstlerin von Konzerttourneen, Merchandising, Fan Clubs, Studioalben, Sponsoring und Branding abdeckte. In der Folge wurden weitere 360°-Verträge abgeschlossen: ein 12-Jahresdeal über US$ 100 Mio. mit U2 im März 2008 (inkl. Konzerttourneen, Merchandising, Bildrechte, Website und Fan Club-Rechte); ein 10-Jahresdeal über US$ 150 Mio. mit dem Rapper Jay-Z im April 2008 (inkl. Konzerttourneen, Musikaufnahmen, Verlagsrechten, Künstlermanagement und Labelmanagement);

ein 10-Jahresdeal mit dem kolumbianischen Superstar Shakira über US$ 70 Mio. (inkl. Konzerttourneen, Musikaufnahmen und Merchandising; und einen drei Alben und eine Konzerttournee umfassenden US$ 50–70 Mio. Deal mit der Alternative Rockband Nickelback (ibid., S. 309–310).

Die Finanzmärkte haben das neue Geschäftsmodell von Live Nation, das in Form des Geschäftsbereichs „Artist Nation" implementiert worden war, sehr kritisch aufgenommen. Zwischen dem Madonna- und dem U2-Deal stürzte der Aktienkurs um 50 % ab, weil die AnlegerInnen Live Nation nicht zutrauten, wie ein Label zu agieren. In der Tat hat Live Nation bereits 2009 keine weiteren 360°-Verträge abgeschlossen und die Labelarbeit in weiterer Folge der Universal Music Group übertragen (ibid., S. 312). Neben dem fehlgeschlagenen Experiment mit den 360°-Verträgen musste Live Nation 2009 noch einen Rückschlag an einer anderen Front verdauen. Das Ticketingsystem von CTS Eventim brach Ende Januar 2009 zusammen, nachdem die Tickets für die Wiedervereinigungstour der Rockband Phish in den Verkauf gehen sollten. Die Infrastruktur des deutschen Ticketunternehmens war den Anforderungen einer internationalen Konzerttournee einfach nicht gewachsen. Live Nation musste einsehen, dass es sich im Ticketing mit Ticketmaster nicht messen konnte und die Konkurrenzsituation wesentlich mehr Nachteile als Vorteile nach sich zog. Es war daher keine wirkliche Überraschung, als am 10. Februar 2009 Live Nation und Ticketmaster ankündigten, zu einem Unternehmen in einem US$ 2,5 Mrd. schweren Aktientausch zu fusionieren (ibid., S. 314).

Diese Mega-Fusion schuf den größten Veranstaltungs- und Ticketingkonzern der Welt, der auch noch eine der weltweit größten KünstlerInnen-Agenturen besaß, was sogleich die US-Wettbewerbsbehörde auf den Plan rief. Zusätzlich wurden im Kongress zwei öffentliche Hearings zu diesem Unternehmenszusammenschluss abgehalten, in denen auch KritikerInnen an der Fusion zu Wort kamen. So z. B. der Mitbegründer einer Indie-Konzertagentur, Jerry Mickelson, der darauf hinwies, dass Live Nation zum Zeitpunkt der Fusion 75 Amphitheater kontrollierte und es für Konkurrenten so gut wie unmöglich wäre, erfolgreich in den Markt einzusteigen. Der Ticketmaster CEO, Irving Azoff, musste zudem in den Hearings eingestehen, dass sein Unternehmen 2007 für 87 und 2008 für 84 der Top-100 Veranstaltungsstätten das Ticketing abwickeln würde (ibid., S. 321). Diese Zahlen belegen, dass sich ein vertikales Monopol im Musikveranstaltungsbusiness durch den Ticketmaster-Live Nation-Zusammenschluss gebildet hatte. Die VertreterInnen beider Unternehmen führten allerdings den Zusammenschluss auf das schlechte wirtschaftliche Umfeld in der Finanzkrise des Jahres 2008 zurück, die es notwendig machte, sich zusammenzuschließen. Der CEO von Live Nation, Michael Rapino, wies in den Hearings darauf hin, dass sein Unternehmen US$ 70 Mio.

Jahresverlust von 1000 Konzerten in 50 Amphitheatern gemacht hätte, was nicht zuletzt auf die hohen Garantiezahlungen von mehr als 90 % der Ticketeinnahmen, die vom Management vieler Superstars gefordert worden wären, zurückzuführen ist. Deshalb wäre Live Nation auf die Einnahmen aus Nebengeschäften wie dem Verkauf von Snacks und Getränken sowie Parkplatzgebühren angewiesen. Rapino rechnete vor, dass Live Nation durchschnittlich US$ 12 bis 15 pro Personen aus diesen Nebentätigkeiten einnahm, aber nur US$ 4 im Durschnitt pro Person mit dem Verkauf von Tickets verdiente (ibid., S. 321). Damit bestätigt der Live Nation CEO jenes Geschäftsmodell, dass bereits SFX Entertainment etabliert hatte, um die Konkurrenz erfolgreich aus dem Markt zu drängen. Es mutet wie eine Ironie an, dass Rapino damit den Zusammenschluss mit Ticketmaster zu rechtfertigen versuchte.

Nichtsdestotrotz genehmigte die US-Wettbewerbsbehörde mit Auflagen im Januar 2010 den Zusammenschluss. Ticketmaster wurde gezwungen, dem weltweit zweitgrößten Veranstaltungskonzern AEG die Ticketsoftware zugänglich zu machen, damit AEG selbst ein Online-Ticketing aufbauen könnte. Zudem wurde Ticketmaster angewiesen, seine Ticketingtochter Paciolan, die 2008 gekauft worden war, wieder zu veräußern. Ticketmaster und Live Nation wurde es auch untersagt, Maßnahmen zu treffen, die Veranstaltungsstättenbetreiber davon abhalten könnten, ein Konkurrenz-Ticket- und Promotionssystem zu verwenden. Schließlich wurde der neu entstandene Konzern auch gezwungen, eine Firewall zwischen dem Promotions- und Managementgeschäftsbereich einzuziehen, damit keine vertraulichen Daten über Wettbewerber verschoben werden können (Live Nation 2011, S. 4).

Die Ticketmaster-Live Nation-Fusion markiert den Beginn einer neuen Ära nicht nur im Veranstaltungsbusiness, sondern auch in der gesamten Musikindustrie, weil viele Geschäftsbereiche, die bislang getrennt voneinander wahrgenommen wurden, nun in der Hand eines Unternehmens liegen: Musikveranstaltungen, Veranstaltungsstätten, Ticketing, Sponsoring, Werbung & Promotion, KünstlerInnen-Management und Labelservices.

Live Nation Entertainment ist in drei verschiedenen Geschäftsbereichen tätig (Live Nation 2019, S. 4–6):

1. Das Veranstaltungssegment (Concerts), das die weltweite Promotion von Musikveranstaltungen in unternehmenseigenen oder angemieteten Veranstaltungsstätten umfasst. Dazu gehört aber auch das Veranstaltungsstätten-Management und die Produktion von vielen Musikfestivals weltweit wie z. B. das Lollapalooza Festival. 2017 wurde in dieses Segment das bis dahin selbstständige Artist Nation-Segment integriert, das die Künstlermanagement-Agenturen ebenso umfasst

wie die Label- und Managementleistungen für die vertraglich gebundenen KünstlerInnen, die im Gegenzug Live Nation finanziell an so gut wie allen ihren Einkommensquellen partizipieren lassen. Dazu gehören auch die Herstellung und der Verkauf von Merchandisingartikeln, die während der Live-Events oder über stationäre und Online-Einzelhändler abgesetzt werden.
2. Das Ticketingsegment (Ticketing), das für den Vertrieb von Live Nation-Veranstaltungen aber auch anderer Vertragspartner zuständig ist.
3. Das Sponsoring- & Werbesegment (Sponsorship & Advertising), das die Beziehung zu Sponsoring- und Branding-Partnerunternehmen pflegt.

Bis 2012 verfügte Live Nation auch noch über ein eCommerce-Segment, in dem sämtliche aufgekaufte Online-Ticketplattformen sowie die Online-Datenanalysefirma BigChampagne, die 2011 erworben worden war, zusammengefasst waren. Allerdings wurde das eCommerce-Segment 2012 zerschlagen und seine operative Einheiten auf die Bereiche Ticketing sowie Sponsoring & Werbung aufgeteilt (Live Nation 2012, S. 5).

Ein Blick in die Jahresberichte der Live Nation Entertainment Inc. belegt ein starkes Unternehmenswachstum bei finanzieller Stabilität. 2018 waren im gesamten Konzern 9500 Beschäftigte zu Vollzeitäquivalente beschäftigt (Live Nation 2019, S. 9), was einer Steigerung von 46 % gegenüber 2010 entspricht, nachdem im soeben erst fusionierten Ticketmaster-Live Nation-Konzern 6500 Vollzeitbeschäftigte tätig waren. Im gleichen Zeitraum ist die Zahl der von Live Nation veranstalteten Events um zwei Drittel gestiegen und die BesucherInnen-Zahl hat sich fast verdoppelt. Die Zahl der weltweit verkauften Tickets hat sich zwischen 2010 und 2018 sogar vervierfacht, was die dominante Position von Live Nation am Ticketingmarkt unterstreicht (Live Nation 2011, S. 53, 2019, S. 30) (Abb. 7.6).

Auch die finanzielle Performance von Live Nation hat sich 2018 verbessert. Erstmals nach dem Zusammenschluss mit Ticketmaster konnte der neue Konzern einen substanziellen Gewinn verbuchen. Der Gewinn aus der operativen Geschäftstätigkeit ist sogar das dritte Jahr in Folge positiv, weil die Einnahmen stärker als die Ausgaben gewachsen sind. Für den Gesamtkonzern konnte ein Einnahmenzuwachs zwischen 2010 und 2018 von 113 % von US$ 5,06 Mrd. auf US$ 10,79 Mrd. ausgewiesen werden. Die Gesamtausgaben haben sich im gleichen Zeitraum von US$ 5,13 Mrd. auf US$ 10,52 Mrd. mehr als verdoppelt.

Allerdings zeigt eine differenzierte Betrachtung nach Geschäftsbereichen, dass nicht alle Segmente zum Konzerngewinn betragen können. Das Veranstaltungssegment, das 2018 immerhin 81,3 % des Gesamtumsatzes von Live

7.2 Der Musikveranstaltungsmarkt und die Struktur ...

Abb. 7.6 Die Anzahl der von Live Nation veranstalteten Events und deren BesucherInnen-Zahlen, 2010–2018. (Quelle: Eigene Darstellung nach den Jahresberichten der Live Nation Inc. (2005–2008) und der Live Nation Entertainment Inc. (2009–2018))

Nation erwirtschaftet hat, ist seit 2010 defizitär. Zwar hat sich der Verlust aus der operativen Geschäftstätigkeit von US$ 128,5 Mio. (2010) auf US$ 36,2 Mio. (2018) verringert, was aber nichts daran ändert, dass das Kerngeschäft von Live Nation seit Jahren Verluste produziert. Die Umsatzkosten liegen seit der Konzernfusion stabil bei 84 %, was durch die extrem niedrigen Gewinnmargen im Musikveranstaltungsgeschäft zu erklären ist, auf das der Live Nation CEO während der Kongress-Hearings hingewiesen hat. Wie bereits schon oben ausgeführt, leistet Live Nation 90 % der Brutto-Ticketeinnahmen an Garantiezahlungen an die KünstlerInnen, wodurch der Veranstaltungskonzern gezwungen ist, sich über Nebeneinnahmen zu finanzieren (siehe auch Budnick und Baron 2011, S. 321). Zudem wurde dem Veranstaltungssegment 2017 der notorisch defizitäre Geschäftsbereich „Artist Nation"[11] eingegliedert, in dem die KünstlerInnen-Agenturen und die 360°-Serviceverträge mit den Superstars zusammengefasst sind.

---

[11] „Artist Nation" hat 2016 einen Verlust aus der operativen Geschäftstätigkeit von US$ 51,2 Mio. ausgewiesen und das, obwohl der Geschäftsbereich nur rund 5 % zum Gesamtumsatz beisteuern konnte (Live Nation 2017, S. 29).

Positiv bilanziert hingegen das Ticketsegment, das zwar 2018 nur 14,2 % zum Gesamtumsatz beigetragen hat, aber seit Jahren einen Gewinn aus der operativen Geschäftstätigkeit erwirtschaftet, der von 2010 auf 2018 um rund 172 % von US$ 74,3 Mio. auf US$ 201,9 Mio. gestiegen ist. Den wichtigsten Beitrag zum Konzerngewinn von Live Nation steuert allerdings der kleinste Geschäftsbereich „Sponsoring & Werbung" bei, der 2018 nur 4,7 % der gesamten Konzerneinnahmen erwirtschaftet hat, aber mit US$ 283,2 Mio. dafür gesorgt hat, dass der Gesamtkonzern positiv bilanzieren konnte. Die Umsatzkosten liegen im Sponsoring- und Werbesegment seit Jahren zwischen 13 und 18 %, was die extrem hohen Gewinnmargen in diesem Geschäftsbereich erklärt. Seliger (2019: Pos. 204) erläutert, was unter „Sponsorship & Advertising zu verstehen ist: *„Es geht um die ‚Exclusive Presales', eine Art von Vor-Vorverkauf: Ein Konzern wie die Deutsche Telekom AG erhält das Recht, bereits vierundzwanzig oder achtundvierzig Stunden vor Beginn des eigentlichen Vorverkaufs einen exklusiven Vor-Vorverkauf einzurichten. In der Regel verkauft der Konzern, der sich den Vor-Vorverkauf für hohe Beträge gesichert hat, die exklusiven Presales-Tickets ausschließlich an seine eigenen Kunde oder zumindest an Kunden, die sich auf der konzerneigenen Plattform registriert haben, über deren Daten der Konzern also verfügt."* Für Live Nation ist dieses Geschäftsmodell mit geringem Risiko verbunden und sichert fixe Einnahmen. Der finale Kartenpreis, den die Telekom-KundInnen aber schließlich zahlen, ist um einiges höher als der ursprüngliche Ticketpreis, weil noch die üblichen Vorverkaufs- und Zusatzentgelte aufgeschlagen werden (ibid.: Pos. 214). Auch wenn solche Deals als Branding-Partnerschaft bezeichnet werden, handelt es sich im Kern um eine spezielle Form des Ticket-Vorverkaufs für zahlungskräftige und -willige Unternehmen (Abb. 7.7 und 7.8).

Die finanzielle Situation von Live Nation Entertainment lässt sich so zusammenfassen: Das Veranstalten von Konzerten, Festivals und Nicht-Musikevents kann sich Live Nation nur deswegen leisten, weil dieses Geschäftssegment über die Ticketing-, Sponsoring- und Werbeeinnahmen quersubventioniert werden muss. Darin besteht im Kern auch das Geschäftsmodell des Veranstaltungsriesens. Den Superstars werden sehr großzügige Konditionen bei der Organisation und Abwicklung von Konzerttourneen geboten, wodurch Marktbarrieren für kleinere Musikveranstalter errichtet und der eigene Markt abgeschottet werden kann. Die dabei in Kauf genommenen Verluste werden dann durch Sponsoring- und Werbeinahmen mehr als kompensiert. Durch die Kontrolle des rentablen Ticketgeschäfts und den Aufbau einer starken

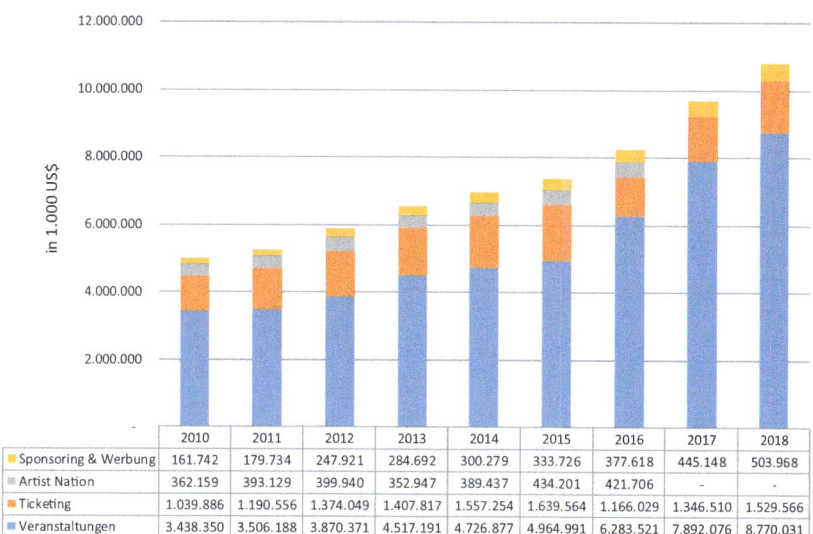

Abb. 7.7 Die Umsatzentwicklung von Live Nation nach Geschäftsbereichen, 2010–2018. (Quelle: Eigene Darstellung nach den Geschäftsberichten von Live Nation Entertainment Inc. 2010–2018)

KünstlerInnen-Management und -Servicesparte, gelingt es Live Nation, den globalen Musikveranstaltungsmarkt zu kontrollieren, der sich im Laufe der Jahre von einem kleinteiligen Konkurrenzmarkt in ein Oligopol mit einigen wenigen Veranstaltungskonzernen (Live Nation, AEG und CTS Eventim) gewandelt hat.

Der weltweit zweitgrößte Musikveranstaltungskonzern ist die Anschutz Entertainment Group (AEG), die eine Tochtergesellschaft der im Privatbesitz befindlichen Anschutz Corporation ist, sodass keine Geschäftszahlen über diesen Konzern öffentlich verfügbar sind. Ähnlich wie Live Nation besitzt und betreibt die AEG zahlreiche Veranstaltungsstätten wie das Staples Center in Los Angeles, das PlayStation Theater in New York, die Mercedes-Benz-Arena in Berlin, die Cadillac Arena in Peking und die O_2-Arena in London, die auch für die Olympischen Spiele 2012 genutzt wurde. Zwar ist AEG vor allem in der Veranstaltung von Sportevents involviert und besitzt auch Eishockey- und Fußballclubs in Nordamerika und in Europa, aber Musikveranstaltungen sind

Abb. 7.8 Die Entwicklung des Ergebnisses der operativen Geschäftstätigkeit von Live Nation, 2010–2018. (Quelle: Eigene Darstellung nach den Geschäftsberichten der Live Nation Entertainment Inc. 2010–2018)

ebenfalls ein wichtiges Geschäftsfeld. So betreibt AEG unter anderem das Coachella Valley Music & Arts Festival und das Barclaycard British Summer Time Hyde Park Festival in London und organisiert zahlreiche Konzerttourneen für Superstars (z. B. Rolling Stones, Katy Perry, Bruno Mars, Taylor Swift, Ed Sheeran).[12] Außerdem ist die AEG mit den Ticketing-Plattformen AXS und Elevate Tickets im Ticketingbusiness tätig, das durch die Auflagen der US-Wettbewerbsbehörde bei der Ticketmaster-Live Nation-Fusion entstanden ist (siehe oben).

Im oligopolistischen Veranstaltungsmarkt, der von Live Nation und AEG beherrscht wird, können es nur wenige Konkurrenzunternehmen mit den Marktführern aufnehmen. In Deutschland sind das die Deutsche Entertainment AG

---

[12]Anschutz Entertainment Group (AEG), https://www.aegworldwide.com/ (abgerufen: 21.10.2019).

(DEAG) und die CTS Eventim, die weltweit der drittgrößte Musikveranstalter ist. Daneben gibt es eine Vielzahl von lokalen und regionalen Musikveranstaltern, die sich meist auf bestimmte Genres wie Klassik, Jazz oder EDM fokussiert haben und so klein sind, dass sie keinen Einfluss auf die Strukturen des deutschen Musikveranstaltungsmarktes ausüben können. Der deutsche Markt ist daher ähnlich hoch konzentriert wie der globale Musikveranstaltungsmarkt.

Der Prozess dieser Marktkonzentration geht ähnlich wie in Nordamerika auf die Mitte der 1990er-Jahre zurück. 1996 wurde der tief in den roten Zahlen steckende Ticketanbieter „Computer Ticket Service" (CTS) von Klaus-Peter Schulenburg gekauft, nachhaltig saniert und 2000 unter dem Namen „CTS Eventim" an die Frankfurter Börse gebracht. Mit dem frischen Kapital wurden in der Folge zahlreiche Konzertveranstalter wie die Marek Lieberberg Konzertagentur, die Dirk Becker Entertainment GmbH, die Peter Rieger Konzertagentur Holding, ACT Entertainment AG in Basel, Semmel Concerts Entertainment GmbH, ARGO-Konzerte GmbH sowie die FKP Scorpio Konzertproduktionen GmbH aber auch Ticketingunternehmen – z. B. die italienische Ticketone, die österreichische Ö-Ticket, Ticket Express Hungary – gekauft (Seliger 2019: Pos. 282). Vor allem das Ticketing wurde zur Cash Cow für die CTS Eventim. Wurden 2005 noch 3,5 Mio. Tickets abgesetzt, so waren es 2010 bereits 17,1 Mio. und 2018 bereits mehr als 50 Mio. (ibid.: Pos 293). War im Jahr des Börsengangs des Unternehmens das Ticketing noch ein Verlustgeschäft mit einem negativen Abgang von EUR 6,25 Mio. (CTS Eventim 2002, S. 52), so stieg der EBIT[13] 2018 auf EUR 164,5 Mio. (CTS Eventim 2019, S. 169) an. Im Vergleich dazu nimmt sich der Gewinn aus dem Veranstaltungssegment in der Höhe von EUR 26,3 Mio. bescheiden aus, obwohl die Umsatzerlöse mit Konzerten und Tourneen fast doppelt so hoch sind wie jene aus dem Ticketing (ibid.). Die Situation der CTS Eventim ist also durchaus mit jener von Live Nation vergleichbar, wonach nicht das Veranstaltungsbusiness die wesentlichen Gewinne erwirtschaftet, sondern die Nebengeschäfte wie das Ticketing oder das Sponsoring (Abb. 7.9 und 7.10).

Der Gewinnanstieg im Veranstaltungssegment war aber nur aufgrund der noch stärken Umsatz- und Gewinnzuwächse beim Ticketing möglich, worauf auch Seliger (2019: Pos. 266–271) hinweist: *„Die extrem hohen Gewinne aus dem Unternehmensbereich Ticketing verschaffen CTS Eventim die Möglichkeit zu expandieren und weitere Konzertfirmen zu kaufen, die wiederum dafür sorgen,*

---

[13]EBIT steht für earnings before interests and taxes, ist also der Gewinn vor Zins- und Steuerzahlungen.

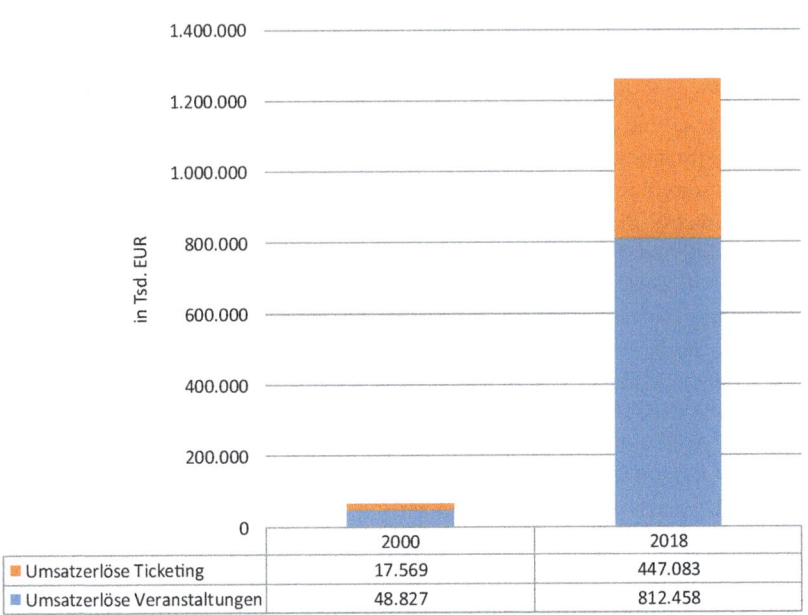

Abb. 7.9 Die Umsatzentwicklung von CTS Eventim nach Geschäftsbereichen, 2000 und 2018. (Quelle: Eigene Darstellung nach den Geschäftsberichten der CTS Eventim (2002, 2019))

daß die Ticketingeinnahmen von CTS Eventim weiter steigen, was CTS Eventim wiederum die Möglichkeit verschafft zu expandieren und weitere Konzertfirmen zu kaufen und so weiter und so fort. Die Erfindung des Perpetuum mobile." Ökonomisch gesprochen handelt es sich um eine vertikale Integration von Geschäftsprozessen, die starke gegenseitige Synergien aufweisen und die es CTS Eventim erlauben, einen Großteil des Umsatzes in Form von Superstar-Gagen auszubezahlen, was kleineren Veranstaltern das Wasser abgräbt und wie eine Markteintrittsbarriere wirkt. Der deutsche Musikveranstaltungsmarkt hat sich daher wie der internationale Markt oligopolisiert und wird von einigen wenigen Veranstaltungs- und Ticketingkonzernen kontrolliert.

7.2 Der Musikveranstaltungsmarkt und die Struktur ...

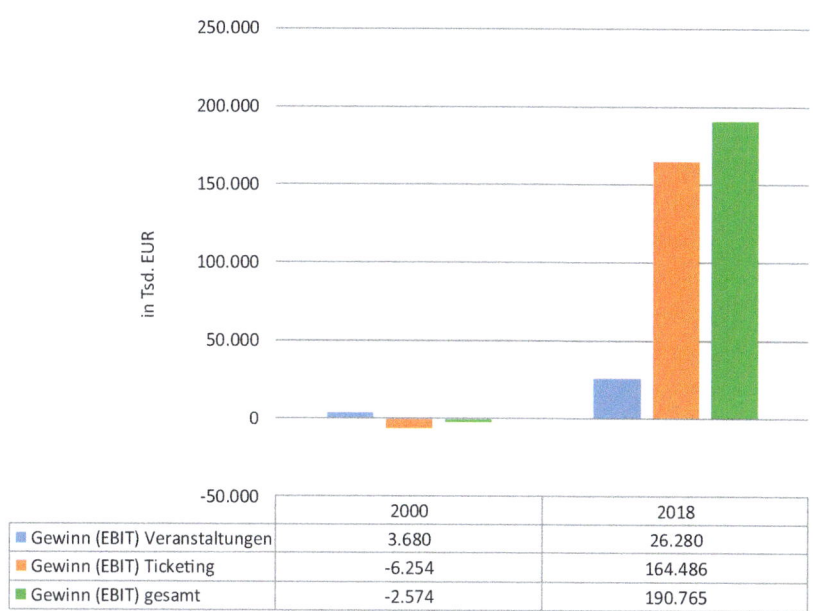

Abb. 7.10 Die Gewinnentwicklung (EBIT) von CTS Eventim nach Geschäftsbereichen, 2000 und 2018. (Quelle: Eigene Darstellung nach den Geschäftsberichten der CTS Eventim (2002, 2019))

Sekundäre Musikmärkte 8

Neben dem Musikverlagsmarkt, dem phonografischen Markt und dem Musikveranstaltungsbusiness spielt Musik auch auf sekundären Märkten eine wesentliche Rolle. Musik ist integraler Bestandteil von Radio- und Fernsehprogrammen, TV- und Spielfilmen, Games und Werbung. Die primären Musikmärkte sind dabei über Lizenzvereinbarungen mit diesen sekundären Märkten verknüpft. In diesem Kapitel werden die genannten, sekundären Musikmärkte genauer untersucht und die Geschäftsmodelle der relevanten Akteure analysiert. Weiters werden in diesem Abschnitt auch noch Branding, Sponsoring und Merchandising als relativ neue Einkommensquellen für das Musikbusiness untersucht.

8.1 Der Radiomarkt

Wie bereits in Kap. 2 dargestellt wurde, spielte das Radio in der Verbreitung von Musik von den 1930er- bis 1950er-Jahren vor allem in den USA eine zentrale Rolle. In dieser Periode war die Musikindustrie im Kern eine Rundfunkindustrie, für die der Verkauf von Tonträgern lediglich ein Zusatzgeschäft darstellte. In den USA basierte das Geschäftsmodell auf Werbeeinnahmen, über die aufwendig produzierte Musikshows mit den damals beliebten Tanzmusik-Orchestern finanziert wurden. Am bekanntesten war die vom Tabakkonzern Reynolds gesponserte Camel Caravan Show, die von Benny Goodman and His Orchestra zwischen 1936 und 1939 bestritten wurde (Tschmuck 2012, S. 93–94). Aber auch in Europa war der Rundfunk vor allem in der Zwischenkriegszeit ein wesentlicher Faktor in der Musikindustrie. Allerdings waren die Programme nicht wie in den USA werbefinanziert, sondern über Rundfunkentgelte und direkte staatliche Förderungen gestützt. Das lag auch im Interesse der autoritären und totalitären Regimes, die in vielen europäischen Ländern im Laufe der 1920er- und 1930er-Jahre die Macht übernommen hatten. Besonders im nationalsozialistischen Deutschland wurde der Rundfunk zu einem zentralen Propagandainstrument, über das die Nazi-Ideologie Verbreitung fand. Zu diesem Zweck wurde von Reichspropaganda-Minister Joseph Goebbels der Reichsrundfunk zentralisiert und zu einer Propagandaorgel ausgebaut, in der Musik auch als Instrument der Berieselung und Unterhaltung eingesetzt wurde (ibid., S. 84). Hingegen gelang es dem Regime nicht, die Tonträgerindustrie nach dem Vorbild des Reichsrundfunks zu zentralisieren und wurde deshalb wirtschaftlich geschwächt und marginalisiert (ibid., S. 81–84).

Der Rundfunk war sowohl in Europa als auch in den USA der dominierende Akteur in der Musikindustrie, verlor aber mit dem Aufkommen des Fernsehens in den 1950er- und 1960er-Jahren sukzessive an Bedeutung. Werbegelder wurden vom Radio zum Fernsehen umgeschichtet und Radio wurde immer stärker zum wichtigsten Promotionskanal der Labels für ihre Veröffentlichungen. Auch in der gegenwärtigen Streamingökonomie spielt der terrestrische Rundfunk immer noch eine wichtige Rolle in der Musikverbreitung, wobei der Promotionseffekt des Radios in den letzten Jahren abgenommen hat (siehe dazu Krueger 2019: Pos. 3557).

Ein neues Zeitalter war mit der Einführung des Top-40-Formats im Jahr 1953 angebrochen. Bis in die frühen 1950er-Jahre bestand die Programmierung von AM-Radiostationen in den USA darin, werbefinanzierte Programmblöcke inklusive Hörspiele, Radioshows und Musik zu senden. Todd Storz, Eigentümer der Radiostation KOWH in Omaha, und sein Programmdirektor Bill Stewart hatten aber erkannt, dass die HörerInnen nur ein sehr begrenztes Musikrepertoire nachfragen und Radio wie eine Art Jukebox nutzen, die ein paar ausgewählte Hits im Programm haben sollte.[1] So wurde die Radiostation wie eine Jukebox programmiert, die tagtäglich nur die beliebtesten 40 Hits in Endlosschleife sendete (Shaw 1974, S. 66). Damit war das Top-40-Format geboren, das sowohl ein perfektes Werbeumfeld als auch ein sehr gutes Promotionsinstrument für die Labels darstellte. Das Erfolgsmodell wurde auch sogleich von anderen Radiostationen nachgeahmt und neue Radioformate wie Adult Contemporary (AC), Middle-of-the-Road (MOR), Contemporary Hit Radio (CHR), Klassik- und Oldies-Radiosender entstanden.

---

[1] Nach einer Anekdote sollen Storz und Stewart in einer Bar eine Kellnerin beobachtet haben, die nach dem Aufräumen zur Sperrstunde genau den Song von der Jukebox angehört haben soll, den die Gäste oftmals den ganzen Tag lang ausgewählt hatten (Garofalo 1997, S. 100).

8.1 Der Radiomarkt

Mit der Erfindung des Formatradios verschob sich der Entscheidungshoheit in der Musikprogrammierung von den Diskjockes (DJs) zu den Programmdirektoren und Programmausschüssen. Die Plattenfirmen versuchten, wie zuvor bei den DJs, Einfluss auf die Musikprogrammierung zu gewinnen, und engagierten unabhängige Radio-PromoterInnen, die dafür sorgen sollten, dass vor allem die Neuerscheinungen Airplay erhielten. Krasilovsky und Shemel (2007, S. 383) schätzen, das ein/e unabhängige/r PromoterIn „(...) *payments ranging from $200 to $300,000 per promoted recorded song on a formula that averaged $500 to $2000 each time the recorded song was added to the repeat promotional play list of a designated station"* einnehmen kann. Es ist daher wenig überraschend, dass Radiopromotion sich immer wieder auch illegaler Payola-Methoden bedient (siehe dazu auch Kap. 6), um zum Ziel zu gelangen. So konnte 2002 das Team rund um den New Yorker Bezirksstaatsanwalt Eliot Spitzer einen weitreichenden Bestechungsskandal aufdecken, in dem die Major-Labels und einige große Rundfunknetzwerke verstrickt waren. Die Beweislast war so erdrückend, dass Sony-BMG 2005 Strafzahlungen im Umfang von US$ 10 Mio. leistete und die anderen Majors – Universal Music Group, Warner Music Group und EMI – ein Jahr später sich außergerichtlich ebenfalls verglichen und US$ 12 Mio. (Universal), US$ 5 Mio. (Warner) und US$ 3.75 Mio. (EMI) als Strafe akzeptierten (Krasilovsky und Shemel 2007, S. 384).

Nichtsdestotrotz blieb Radio-Payola in den USA eine weit verbreitete Praxis. Als der Telecommunication Act 1996 die Restriktion, dass ein einzelnes Unternehmen nicht mehr als 40 Radiostationen in den USA besitzen darf, aufgehoben wurde, setzte ein starker Konzentrationsprozess am US-amerikanischen Rundfunkmarkt ein. Nach zahlreichen Fusionen und Unternehmensübernahmen verblieben nur vier Radio-Konzerne, die mehr als 60 % des Contemporay-Hit-Radiomarktes kontrollierten (ibid., S. 385). Dadurch wurde auch die Payola-Praxis wieder attraktiver. 2007 gewann die US-amerikanische Rundfunkbehörde – Federal Communication Commission (FCC) – nach langwierigen Untersuchungen den Prozess gegen die vier größten Eigentümer von Radiostationen in den USA. CBS Radio, Clear Channel, Citadel und Entercom musste daraufhin eine Strafe von insgesamt US$ 12,5 Mio. wegen nachgewiesener Payola-Vergehen zahlen (ibid.).

Im deutschsprachigen Raum ist das Phänomen Payola nicht so präsent wie in den USA. Im Gegensatz zu den USA ist der europäische und insbesondere der deutsche Radiomarkt nicht ausschließlich privatwirtschaftlich organisiert, sondern von öffentlich-rechtlichen Radiostationen geprägt, die durch direkte staatliche Förderungen oder durch sogenannte „Rundfunkgebühren" zumindest

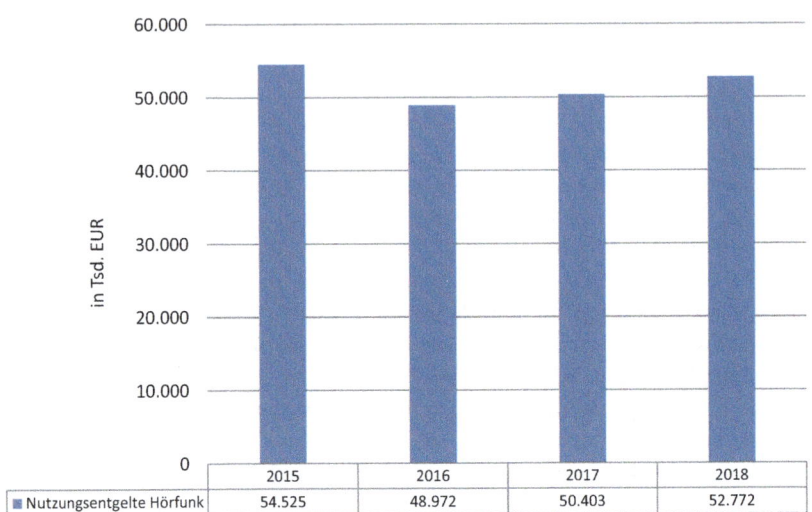

Abb. 8.1 Die Einnahmen der GEMA aus dem Bereich Hörfunk, 2015–2018. (Quelle: Eigene Darstellung nach den Geschäftsberichten der GEMA, 2015–2018)

teilweise finanziert werden. Die öffentlich-rechtlichen Radiostationen sind somit auch Musiklizenznehmer gegenüber den Verwertungsgesellschaften.

So hat die deutsche Gesellschaft für musikalische Aufführungs- und mechanische Vervielfältigungsrechte (GEMA) 2018 rund EUR 52,8 Mio. an Sendeentgelte im Bereich Hörfunk eingenommen, wobei in den letzten Jahren keinerlei große Schwankungen trotz des Aufstiegs des Musikstreamings festzustellen sind (Abb. 8.1).

Allerdings sind die GEMA-Einnahmen aus dem Hörfunk-Bereich mit einem Anteil von 6,4 % (ohne Inkassoaufträge und sonstige Erträge) vergleichsweise bescheiden und stellen den dritt-kleinsten Einnahmenbereich dar. Sogar der Bereich „Vervielfältigung & Verbreitung" von Tonträgern, der in den letzten Jahren stark geschrumpft ist, erzielte 2018 immer noch mehr Ertrag als der Hörfunkbereich.

In Europa müssen die Radiostationen nicht nur die Sende- und Vervielfältigungsrechte lizenzieren, sondern auch das Leistungsschutzrecht für die genutzten

Musikaufnahmen.[2] In Deutschland ist die Gesellschaft zur Verwertung der Leistungsschutzrechte (GVL) für die Lizenzerteilung zuständig. Allerdings werden von der GVL die Einnahmen aus dem Hörfunkbereich nicht separat ausgewiesen, sondern nur gemeinsam mit den Lizenzentgelten von den TV-Stationen und Videoproduzenten. Dabei wurde für 2018 ein Gesamtbetrag von EUR 92,1 Mio. eingehoben, was einer Steigerung gegenüber 2012 von 14,5 % entspricht. Es lässt sich aber aus den Berichten der GVL nicht herauslesen, worauf diese Steigerungen zurückzuführen sind. Der GVL-Geschäftsbericht 2018 führt dazu lediglich aus: *„Das Radio bleibt trotz der Veränderungen bei der Musiknutzung das führende Musik-Medium: Über 9 Stunden wöchentlich hören die Befragten herkömmliches Radio, weitere 2,5 Stunden läuft im Durchschnitt das Online-Radio."* (GVL 2019, S. 20).

Um eine möglichst genaue Abrechnung der Radionutzung von Musikaufnahmen zu ermöglichen, setzt die GVL ein Audioprinting-Verfahren ein, das vor allem die öffentlich-rechtlichen Sender in Deutschland anwenden. Damit wird die Nutzungsmeldung automatisiert und es können dadurch Transaktionskosten eingespart werden (ibid., S. 21).

Wie bereits erwähnt, nimmt die GEMA in Deutschland nicht nur Aufführungs- und Senderechte, sondern auch die mechanischen Rechte der Vervielfältigung und Verbreitung wahr, wofür in vielen anderen europäischen Ländern spezielle eingerichtete Verwertungsgesellschaften zuständig sind. Im Vereinigten Königreich nimmt die PRS for Music die Aufführungsrechte (performing rights) wahr und die Music Copyright Protection Society (MCPS) die mechanischen Rechte, auch wenn diese beiden Gesellschaften unter einem Dach eng kooperieren. Ähnlich ist die Situation in Österreich, wo die AKM (Autoren, Komponisten und Musikverleger) das Aufführungs- und Senderecht wahrnimmt, die AustroMechana aber die mechanischen Rechte. Davon unberührt ist natürlich die Wahrnehmung der Leistungsschutzrechte, die in Österreich der Leistungsschutzgesellschaft (LSG) obliegt.

---

[2] In den USA gibt es keine vergleichbare gesetzliche Regelung und deshalb wird die Nutzung von Musikaufnahmen im terrestrischen Radio nicht remuneriert.

8.2 Der TV- und Musik-TV-Markt

Auch im TV spielt Musik eine wichtige Rolle. In TV-Filmen, -Serien und -Dokumentationen sowie in TV-Shows und speziellen Musikformaten wie „Deutschland sucht den Superstar" ist Musik ein integraler Bestandteil. Die Musik wird dabei speziell für die jeweiligen TV-Formate komponiert oder es werden bereits existierende Musikwerke bzw. -aufnahmen für die TV-Nutzung lizenziert. Erstellt werden die TV-Programme inklusive Musikinhalte von spezialisierten TV-Produktionsfirmen, die in Europa von den öffentlich-rechtlichen und privaten TV-Stationen dazu beauftragt werden. In den USA hingegen sind die Produktionsfirmen meist mit den großen Hollywoodfilm-Studios verbunden, die auch die TV-Sender kontrollieren.

1. Entgelt für Senderechte

Die Nutzung von Musik im TV wird ähnlich wie bei der Radionutzung durch die Verwertungsgesellschaften lizenziert. Die deutsche GEMA hat 2018 für die Nutzungssparte TV EUR 176,9 Mio. an Einnahmen von öffentlich-rechtlichen und privaten TV-Stationen generiert. Wie aus Abb. 8.2 ersichtlich, entspricht

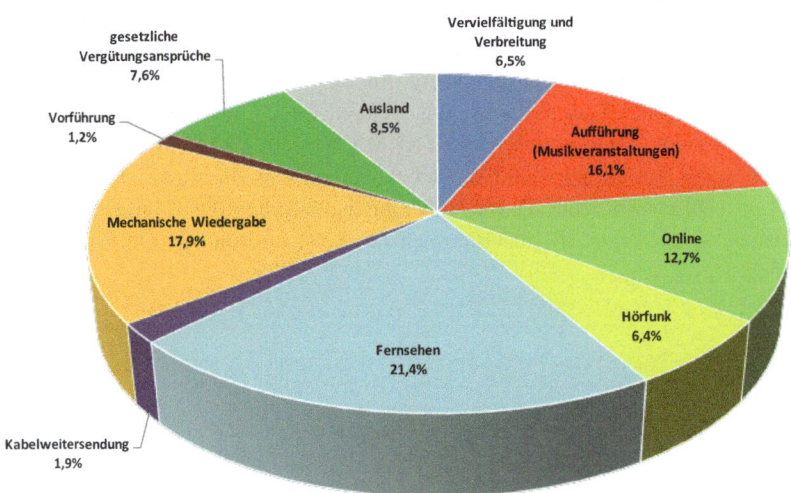

Abb. 8.2 Die Ertragsquellen der GEMA, 2018. (Quelle: Eigene Darstellung nach dem Geschäftsbericht der GEMA 2018)

das einem Anteil von 21,4 % an den Gesamterträgen (ohne sonstige Erträge und Inkassoaufträge), womit die TV-Sendeentgelte die mit Abstand größte Einnahmenposition für die GEMA sind. In den letzten Jahren sind die Einnahmen aus dieser Sparte kontinuierlich gestiegen und lagen 2018 um 8,6 % höher als noch 2015.

Es steht zu vermuten, dass auch die Einnahmen der GVL aus der Sparte TV in den letzten Jahren gestiegen sind, aber aufgrund der Aggregierung der Daten für Hörfunk, TV und Videoclips, lässt sich aus den Geschäftsberichten (siehe Abb. 8.3) keine Aussage dazu ableiten (Abb. 8.4).

2. Die Lizenzierung von Synchronisationsrechten

Werden bereits existierende Musikwerke in TV-Shows, -Filmen oder -Dokumentationen genutzt, müssen die Produktionsfirmen von den RechteinhaberInnen (Verlage und/oder UrheberInnen) die Rechte zur Synchronisation (kurz Synch-Rechte) lizenzieren. Erst dann dürfen visuelle und Audioinhalte verbunden werden. Dabei werden sogenannte audiovisuelle Lizenzen erteilt, die je nach Verwertung abgegolten werden müssen. Die Höhe der Lizenzentgelte richtet sich in Deutschland an den „Erfahrungsregeln des Deutschen Musikverleger-Verbandes" (kurz DMV-Regeln). Das entscheidende Kriterium ist dabei das Lizenzgebiet. Wird das Musikwerk nur im deutschen

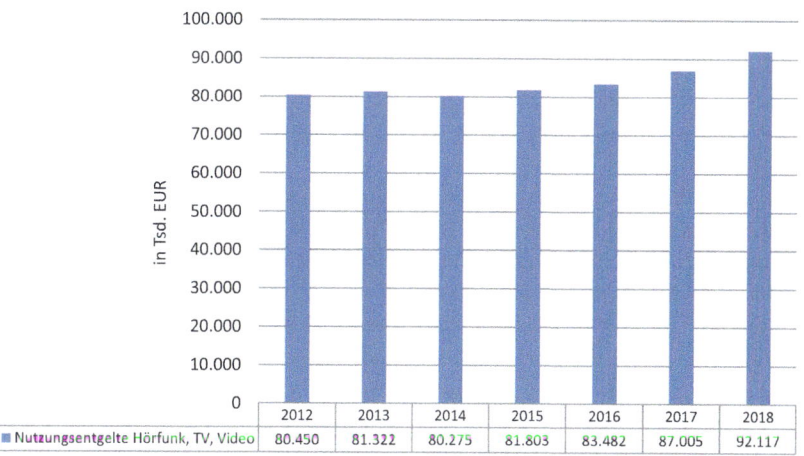

Abb. 8.3 Die Einnahmen der GVL aus dem Bereich Hörfunk, TV und Videoclips, 2012–2018. (Quelle: Eigene Darstellung nach den Geschäftsberichten der GVL, 2012–2018)

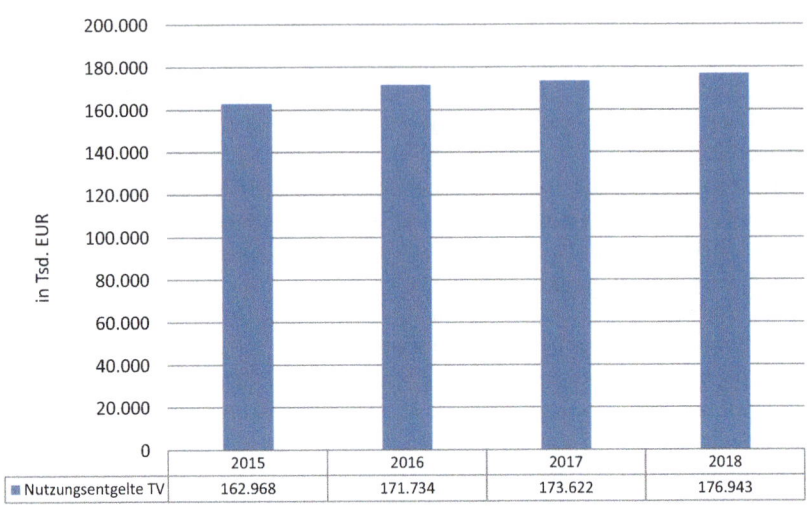

Abb. 8.4 Die Einnahmen der GEMA aus dem Bereich TV, 2015–2018. (Quelle: Eigene Darstellung nach den Geschäftsberichten der GEMA, 2015–2018)

Fernsehen verwertet, dann liegt das Entgelt bei EUR 15 pro Sekunde, wobei eine Mindestvergütung (unabhängig der Dauer der Verwendung) von EUR 1500 vom Musikverleger-Verband empfohlen wird. Eine Verwertung eines Musikwerks in den TV-Sendern des deutschsprachigen Raums schlägt mit EUR 20 pro Sekunde bzw. einer Mindestvergütung von EUR 2000 zu Buche und wenn eine weltweite audiovisuelle Lizenz erteilt wird, dann können die Entgelte schon einmal auf EUR 120 pro Sekunde bzw. EUR 12.000 Mindestvergütung ansteigen (Schulz 2018, S. 940).

In den USA richtet sich die Höhe der Lizenzentgelte für die Synchronisationsrechte danach, ob die Musik im Free-TV, Pay-TV oder Kabelfernsehen verwertet wird. *„The standard synchronisation fees charged by music publishers [in the US] usually range from $1,500 to over $3,000 for the use of a song in a television series for unlimited television distribution of the program for 5 to 6 years throughout the world"* (Brabec und Brabec 2007, S. 138). Die Entgelte für Pay-TV sind also höher und reichen von US$ 2500–3500, wohingegen die Synchronisationsentgelte für Kabel-TV sich in etwa im Bereich von Free-TV in den USA bewegen (ibid., S. 139–140). Es macht auch einen Unterschied, ob ein Song von einer Figur in einer TV-Szene direkt gesungen wird (US$ 3000) oder als Themenmusik Verwendung findet (US$ 1200) bzw. als Backgroundmusik eingesetzt wird (US$ 1300) (siehe Brabec und Brabec 2007, S. 144). Wird eine Musikaufnahme in den USA verwendet, dann sind die Entgelte, die an die Labels zu bezahlen sind, höher, weil es keinerlei Abgeltung der Leistungsschutzrechte an der Aufnahme durch terrestrisch sendende Radiostationen gibt (ibid., S. 139).

3. Musik-TV

Mit der Gründung von MTV (kurz für Music Television) im Jahr 1981 durch ein Joint Venture der Warner Communication, der Communications Satellite Corporation der RCA und der IT&T, brach eine neue Ära des Musikkonsums an. MTV wurde schließlich an Viacom verkauft und neue Musik-TV-Stationen wie Viva oder VH1 nahmen ihre Sendetätigkeit auf (siehe dazu Tschmuck 2012, S. 167 sowie im Detail Klug und Schmidt 2019, S. 157–186). MTV hat auch die Spielregeln des Musikmarketings nachhaltig verändert. Es wurde obligatorisch, zu jedem Album-Release auch Musikvideo ausgekoppelter Single-Titel anzufertigen. Dadurch stiegen die Produktionskosten für die Labels merklich an. In einigen Fällen, wie bei dem Musikvideo für Michael Jacksons „Thriller", das US$ 300.000 gekostet haben soll und von Hollywood-Regisseur Jon Landis gedreht worden war, erreichten die Videobudgets sechsstellige Beträge (Garofalo 1997, S. 363).

Mit der Gründung der Video-Plattform YouTube 2005 und dem allgemeinen Vormarsch des Internets verlor MTV das Alleinstellungsmerkmal eines Musik-TV-Senders und wurde von der Konzernmutter Viacom ab 2008 in verschiedene TV-Formate diversifiziert und mit Nicht-Musikinhalten wie z. B. Reality Shows ergänzt (Krug und Schmidt 2019, S. 170).

Die Funktion von MTV und den anderen Musik-TV-Sendern hat in der Folge vor allem YouTube übernommen, dass zwei Jahre nach seiner Gründung um US$ 1,65 Mrd. an den Internetriesen Google verkauft wurde (Tschmuck 2012, S. 191). YouTube ist im Kern eine Videoplattform, auf die NutzerInnen ihre selbsterstellten Videos hochladen können, womit sich das Unternehmen im Graubereich des Urheberrechts bewegt. Da NutzerInnen mit dem Hochladen urheberrechtlich geschützter Inhalte das Urheberrechtsgesetz verletzen, war YouTube in der Vergangenheit in der Pflicht, nachträglich Videoinhalte, die von RechteinhaberInnen reklamiert worden waren, mit einer Content-ID-Technologie zu identifizieren und wieder zu löschen. Die neue EU-Urheberrechtsrichtlinie geht noch einen Schritt weiter und verpflichtet Online-Plattformen wie YouTube *„(...) den Nachweis erbringen, dass sie alle Anstrengungen unternommen haben, um das künftige Hochladen der gemeldeten Werke und sonstigen Schutzgegenstände, zu denen die Rechteinhaber einschlägige und notwendige Informationen* *bereitgestellt haben, zu verhindern.*"[3] Das könnte dazu führen, dass YouTube und ähnliche Dienste Algorithmen basierte Vorabfilter einsetzen, um urheberrechtlich bedenkliche Inhalte aufzuspüren und zu entfernen.

Das Content-ID-System von YouTube soll aber auch den RechteinhaberInnen die Möglichkeit bieten, den dadurch identifizierten geschützten Inhalt über Werbung zu monetarisieren. Allerdings empfinden viele RechteinhaberInnen die Ausschüttungen von YouTube in Relation zur Nutzung der Inhalte als zu gering. YouTube hat zwar bereits 2007 ein Partnerprogramm geschaffen, wonach der Werbeertrag in etwa zur Hälfte mit den RechteinhaberInnen geteilt wird, was aber die Kritik nicht verstummen hat lassen.[4] Bis heute verlangen UrheberInnen, Verlage und die Unternehmen der phonografischen Industrie einen höheren Anteil an den Werbeumsätzen der Google-Tochter und beklagen einen Value-Gap, den es zu schließen gilt.[5]

Neben YouTube gibt es noch weitere Musik-Videoportale, wobei nur einige wenige einen Fokus auf Musik haben, wie z. B. Vevo, an dem die Musik-Majors Universal Music Group, Sony Music Entertainment und die Abu Dhabi Mediengruppe beteiligt sind und von YouTube gehostet wird. Weitere Musik-Videodienste sind das in Irland beheimatete Tape TV und das in China sehr beliebte Portal QQ Video, das zum Tencent-Konzern gehört.[6]

---

[3]Siehe dazu Artikel 17, Abs. 6 der Richtlinie 2019/790 Europäischen Parlaments und des Rates vom 17. April 2019 über das Urheberrecht und die verwandten Schutzrechte im digitalen Binnenmarkt und zur Änderung der Richtlinien 96/9/EG und 2001/29/EG: https://eur-lex.europa.eu/legal-content/DE/TXT/PDF/?uri=CELEX:32019L0790 (abgerufen: 17.12.2019).
[4]Music Business Worldwide, „YouTube is paying less than £0.0009 per stream to UK record labels", 20. Mai 2016: http://www.musicbusinessworldwide.com/youtube-is-paying-less-than-0-0009-per-stream-to-uk-record-labels/ (abgerufen: 11.11.2019).
[5]Die IFPI (2018, S. 27) rechnet vor, dass das Audio-Streamingportal Spotify 2017 rund US$ 20 pro NutzerInnen an die RechteinhaberInnen ausgeschüttet hat, YouTube hingegen aber nur US$ 1.
[6]Weitere Video-Hosting-Services sind hier aufgelistet: Wikipedia, „List of Video-Hosting-Services", https://en.wikipedia.org/wiki/List_of_video_hosting_services (abgerufen: 11.11.2019).

8.3 Der Markt für Kinofilme

Die Musik- und Filmindustrie sind seit ihrer Entstehung im späten 19. Jahrhundert stets eng miteinander verknüpft gewesen. Thomas A. Edison war nicht nur der Erfinder des Phonografen, sondern war auch ein Film- und Kinopionier. Auch die Gebrüder Pathé zählen zu den Gründungsvätern der europäischen Musik- und Filmindustrie und haben beide Industrien mit wichtigen Patenten in ihrer Entwicklung vorangetrieben (Tschmuck 2012, S. 28).

Von Anfang an spielte Musik im Film eine wichtige Rolle. Stummfilme wurden im Kinosaal vom Klavier begleitet, ursprünglich um den Lärm des Filmprojektors zu übertönen und später dann, um emotionale und andere Gefühlseffekte zu untermalen (Jaszoltowski und Riethmüller 2019, S. 98). Üblicherweise wurden bereits bestehende und populäre Stücke arrangiert, aber es wurden bald auch Kompositionsaufträge für Film-Soundtracks von den Regisseuren und Filmstudios in Auftrag gegeben (Wierzbicki 2009, S. 13). In der ersten Hälfte der 1920er-Jahre war es üblich, dass in den Lichtspielpalästen, wie die großen Kinos damals genannt wurden, vollständige Orchester bei Filmpremieren oder Sonderveranstaltungen die Stummfilme musikalisch begleiteten (ibid., S. 48–50).

Die Entwicklung des Tonfilms 1926/1927 war eng mit der elektrischen Aufnahmetechnik in der Musikindustrie verknüpft. Mit dem Siegeszug des Tonfilms und der sehr beliebten Musikrevue-Filme sicherten sich die Hollywood-Filmstudios mit dem Aufkauf großer US-Musikverlage den Zugriff auf die Musikverlagsrechte. Diese Entwicklung der Zwischenkriegszeit setzte sich nach 1945 fort und es war üblich, dass so gut wie jedes Hollywood-Filmstudio ein hauseigenes Label zum Zweck der Vermarktung von Filmmusik betrieb: Warner Bros. Records, Paramount Records, United Artists Records, 20th Century Fox Records und MGM Records (Tschmuck 2012, S. 134).

Neue Synergien zwischen der Film- und Musikindustrie entstanden, als der Discomusik-Produzent Robert Stigwood das Konzept des Cross-Marketings mit dem Kassenschlager „Saturday Night Fever" 1977/1978 umsetzte. Noch Monate vor dem Kinostart wurde 1977 mit der Single-Auskopplung „Stayin' Alive" das noch nicht erschienene Soundtrack-Album sowie der Film beworben. „Stayin' Alive" fand auch im Promo-Filmtrailer Verwendung und zwei weitere Single-Auskopplungen sollten den Appetit auf den Film anregen, der dann zeitgleich mit dem Soundtrack-Album knapp vor Weihnachten 1977 veröffentlicht wurde. Mithilfe dieser neuen Werbestrategie konnten innerhalb von nur wenigen Wochen mehr als 30 Mio. Stück des Soundtracks verkauft und US$ 130 Mio. an den Kinokassen mit dem Film verdient werden (Sanjek und Sanjek 1991, S. 235).

Das Cross-Marketing ist seit damals Standard bei der Vermarktung von Soundracks, insbesondere von Musikfilmen.

Bei der Nutzung von Musik in Kinospielfilmen sind zwei Fälle zu unterscheiden. Musik kann speziell für Filme komponiert werden oder es können auch bereits bestehende Musikwerke Verwendung finden. Im letzten Fall wendet sich die Filmproduktionsfirma an den Musikverlag, der die entsprechenden Nutzungsrechte an dem Musikwerk kontrolliert. Wie im bereits oben beschriebenen Fall von TV-Produktionen, müssen für Kinospielfilme ebenfalls die Synchronisationsrechte in Form audiovisueller Lizenzen erworben werden. Die Nutzungsentgelte entsprechen in Deutschland in etwa jenen für TV-Produktionen und liegen bei EUR 15 pro Sekunde bzw. bei einer Mindestvergütung von EUR 1500 für Deutschland und bei EUR 20 pro Sekunde bzw. bei einer Mindestvergütung von EUR 2000 für den deutschsprachigen Raum. Die Nutzungsentgelte für eine weltweite Verwertung eines Musikwerks in einem Kinospielfilm werden laut DMV-Erfahrungsregeln mit EUR 100 pro Sekunde bzw. EUR 10.000 Mindestvergütung angenommen (Schulz 2018a, S. 940). Zudem können noch Zu- und Abschläge berechnet werden, je nachdem ob das Musikwerk als Titelmelodie (plus 50–100 %), im Vor- oder Abspann (plus 25–50 %), in Low-Budget-Filmen (minus 75 %) und in Kultur- und Dokumentarfilmen (minus 75 %) verwendet wird (ibid., S. 942).

Im Fall einer beauftragten Komposition für einen Kinofilm treten eine Filmproduktionsfirma und eine KomponistIn in eine vertragliche Beziehung in Form eines Filmmusikvertrags. Dabei wird der Leistungsumfang bestimmt, der von einem einzelnen Filmsong bis zur Erstellung eines gesamten Film-Soundtracks reichen kann. Ähnlich wie bei einem Musikverlagsvertrag räumt die FilmkomponistIn der Filmproduktionsfirma an den entstandenen Musikaufnahmen sowie am Musikwerk exklusive Nutzungsrechte zur Verwertung der Aufnahmen und des Musikwerks ein. Im Gegenzug erhält die FilmkomponistIn eine Pauschalvergütung, aus der sie sämtliche Produktionskosten bestreiten muss und die 30 bis 50 % der vereinbarten Gesamtvergütung ausmacht. Darüber hinaus ist es auch üblich, dass FilmkomponistInnen vertraglich an den Erlösen aus dem Verkauf des Soundtrack-Albums mit 3 bis 8 % vom Händlerabgabepreis beteiligt wird. (Höss 2018, S. 885–886).

In den USA sind zudem Work-for-Hire-Verträge (Buy-out-Verträge) üblich, in denen die UrheberIn das geschaffene Werk zu einem Pauschalbetrag an die Filmfirma veräußert. In einem solchen Fall zahlt die Filmproduktionsfirma einen nichtrückzahlbaren Vorschuss zwischen US\$ 1500 für Newcomer und bis zu US\$ 300.000 für arrivierte Stars. Zudem wird vereinbart, dass zukünftige Einnahmen aus der Verwertung der mechanischen Rechte und Synchronisationsrechte sowie aus dem

Verkauf von Notenblättern zwischen Filmfirma und den UrheberInnen zur Hälfte geteilt werden (Brabec und Brabec 2007, S. 192).

Das Segment der Background-Soundtracks wird von einer Handvoll renommierter FilmkomponistInnen, die durchaus Starstatus erreicht haben, dominiert: John Williams (z. B. Star Wars, Superman, Harry Potter, Indiana Jones), Henry Mancini (z. B. The Pink Panther, Breakfast at Tiffany's, Charade), Bill Conti (z. B. Rocky, The Karate Kid, The Thomas Crown Affair), Ennio Morricone (z. B. Once Upon a Time in the West, The Untouchables, The Hateful Eight) und Jerry Goldsmith (z. B. Rambo, Chinatown, Total Recall, Basic Instinct). KomponistInnen für Film-Soundtracks werden beauftragt „(…) *to compose all of the background music (in some cases, individual songs) for the film as well as to arrange and orchestrate the score; to conduct an orchestra to record the work; to produce, supervise and edit the recording of the score; and to deliver the final, fully edited and mixed master recording in accordance with the film's postproduction schedule.*" (Brabec und Brabec 2007, S. 208). Je nach Renommé der KomponistIn werden Entgelte zwischen US$ 20.000 bis $1 Mio. und im Fall von Superstars wie John Williams sogar noch mehr bezahlt (ibid., S. 209).

Diese Zahlen belegen, dass speziell in Hollywood Filmmusik-Budgets oft einmal die Millionen-Dollar-Grenze überschreiten können, vor allem dann, wenn namhafte KomponistInnen mit der Filmmusik beauftragt werden oder besonders populäre Songs im Film Verwendung finden. Das Investment lohnt sich aber auch in den meisten Fällen, weil ein beim Publikum erfolgreicher Soundtrack nicht nur den Film aufwertet, sondern auch in der Zweit- und Drittverwertung über Albenverkäufe und die Lizenzierung des Films an TV-Stationen und Werbeagenturen Geld einspielt.

8.4 Der Werbemarkt

Ebenso wie die Filmindustrie war auch die Werbebranche von Anfang an mit der Musikindustrie eng verknüpft. Die Hersteller von Markenartikel haben bereits im späten 19. Jahrhundert Notenblätter als Werbemedium benutzt (Wang 2014) und später dann die Musikshows im Radio gesponsert (siehe Abschn. 8.1). Werbung und Musik sind seitdem untrennbar miteinander verbunden. Inhaltsanalysen für US-amerikanische (Allan 2008) und deutsche TV-Spots (Herget et al. 2017) belegen, dass der Musikanteil in Werbung gegenwärtig um die 90 % liegt und in den letzten Jahren deutlich angestiegen ist (siehe Spangardt et al.: 2019, S. 198–199).

Eine Werbeagentur bzw. das werbetreibende Unternehmen muss zur Nutzung eines bereits bestehenden Musikwerks die Synchronisationsrechte beim Verlag oder direkt bei der UrheberIn lizenzieren. Wird darüber hinaus eine bereits bestehende Musikaufnahme verwendet, sind auch noch die Leistungsschutzrechte an der Aufnahme beim Label zu lizenzieren (Schulz 2018b, S. 903). Vertraglich geregelt werden dabei die Medien, in denen die Werbung geschaltet wird, die Musikspieldauer, die Zeitdauer des Werbespots, die Bezeichnung der beworbenen Produkte/Dienstleistung sowie die Nennung der Marke (ibid., S. 907). Bei der Bemessung des zu entrichtenden Lizenzentgelts ist noch zu unterscheiden, ob die Musik für einen Werbespot im TV, im Hörfunk, im Kino, im Internet oder in anderen Formen der öffentlichen Wiedergabe (z. B. auf Messen) genutzt wird. Als Bemessungsgrundlage für den TV-, Hörfunk- und Kinoeinsatz wird das Media-Budget, das sich am Preis pro Werbeeinschaltung in den jeweiligen Sendern orientiert und den die Werbeagentur bzw. das werbetreibende Unternehmen an das Medium zu zahlen hat, herangezogen. Von dieser Bemessungsgrundlage erhalten die Lizenzgeber in Deutschland einen Anteil zwischen 2,5 bis 5 % als Entgelt. (ibid., S. 908). Sehr ähnlich wird auch die Nutzung von Werbung im Kino abgerechnet, wobei die zeitliche Dauer der Werbeaktion noch berücksichtigt werden muss (ibid., S. 909). Bei Internetwerbung wird meist ein Pauschalbetrag pro Monat als Lizenzentgelt vereinbart, das von einigen hundert Euros für kleine Unternehmen bis zu EUR 2000 pro Monat für große Unternehmen reichen kann, wenn die Werbung nur in Deutschland verfügbar ist (ibid., S. 917).

Eine weitere Möglichkeit besteht darin, eine unabhängige SongwriterIn mit einer Werbemusik-Produktion zu beauftragen. Je nach Umfang der Werbekampagne und Renommé der KünstlerIn werden zwischen einigen hundert bis mehreren tausend Euro bezahlt. Brabec und Brabec (2007, S. 227) verweisen aber auch auf Einzelfälle, in denen noch wesentlich mehr, vor allem an Superstars, gezahlt wird: *„If the agency is dealing with a superstar such as Britney Spears, Phil Collins, Stevie Wonder, or Michael Jackson, however, the total creative fees can easily range from $250,000 to over $4 million if a multiple-year arrangement is involved."*

Diese Zahlen belegen, dass die Produktion von Werbemusik sehr kostspielig werden kann und Werbung somit auch einen wichtigen sekundären Markt für die Monetarisierung für Musik darstellt. Obwohl es keine verlässlichen Daten für den Werbe-Musikmarkt gibt, kann davon ausgegangen werden, dass viele Tonstudios, MusikproduzentInnen und SongwriterInnen einen wesentlichen Teil ihres Einkommens mit der Erstellung von Musik für Werbung erzielen, der meist höher liegt als die Einnahmen aus dem phonografischen Geschäft.

8.5 Der Videospielemarkt

2011 wurde erstmals ein auf Videospiele spezialisierter Komponist, Christopher Tin, für den Song „Baba Yetu", das er für das Game „Civilization IV" geschrieben hat, mit einem Grammy ausgezeichnet.[7] Dieser Grammy stellt eine Anerkennung der wichtigen Rolle von Musik in Videospielen dar, die wichtig für die Dramaturgie eines Spiels ist. Musik untermalt die Charaktere und Spielhandlung und ändert sich, wenn die GamerIn das nächsthöhere Level erreicht.

Trotz der inhaltlichen Relevanz von Musik in Videospielen ist das Musikbudget vergleichsweise gering, weil ein Großteil der Mittel in visuelle Effekte und das Marketing fließen. Bei einem Triple-A Game können die Produktionskosten schon einmal mehr als US$ 20 Mio. ausmachen, wovon nicht mehr als 5 % des Gesamtbudgets für die Musikproduktion zur Verfügung stehen. Da die meisten Spiele in den USA produziert werden, erfolgt auch die Lizenzierung von Musik nach US-amerikanischem System. Üblicherweise wird dabei eine freischaffende KomponistIn oder MusikproduzentIn mit der Musikerstellung in einem sogenannten Buy-out-Vertrag beauftragt und erhält im Gegenzug eine Pauschalabgeltung für das Werk. Sämtliche damit verbundenen Rechte gehen auf den Spieleentwickler über (Baierle 2009, S. 452–453). In Einzelfällen leisten sich die großen Games-Hersteller angestellte KomponistInnen für die Produktion von Games-Musik (Brabec und Brabec 2007, S. 421–422).

Es gibt allerdings auch Videospiele, bei denen Musik den inhaltlichen Kern ausmacht, wodurch die Lizenzentgelte noch wesentlich höher ausfallen und das Musikbudget dementsprechend einen größeren Anteil am Gesamtbudget ausmacht. Die Investition lohnt sich aber in den meisten Fällen, weil musikbezogene Videospiele oft auch Bestseller sind. In den früheren 1990er-Jahren war das „Michael Jackson Moonwalker"-Tanzspiel extrem populär und das Karaoke-Game „SingStar" hat Mitte der 2000er-Jahre einen Boom an Sing-Along-Spielen wie „Guitar Hero" oder „Rock Band" ausgelöst. So wurde vom Spiel „Guitar Hero III: Legends of Rock" seit der Erstveröffentlichung im Jahr 2007 insgesamt 16,4 Mio. Stück abgesetzt. Bis zum April 2016 kauften die GamerInnen fast 62 Mio. Stück der unterschiedlichen Ausgaben von „Guitar

---

[7]Billboard, „Videogame Composer Christopher Tin Talks Historic Grammy Win", 14. Februar 2011: http://www.billboard.biz/bbbiz/industry/digital-and-mobile/videogame-composer-christopher-tin-talks-1005035312.story (abgerufen: 11.11.2019).

	Titel	Globaler Absatz (Mio. Stk.) für alle Konsolen	veröffentlicht von
1	Guitar Hero – alle Ausgaben	61.74	Activision/Red Octane
2	Just Dance – alle Ausgaben	58.40	Ubisoft
3	Rock Band – alle Ausgaben	27.96	MTV Games
4	SingStar – alle Ausgaben	22.09	Sony Computer Entertainment
5	Dance Dance Revolution – alle Ausgaben	21.68	Konami Digital Entertainment

Abb. 8.5 Die Top-5 musikbezogenen Videospiele, 2005–2016. (Quelle: Eigene Darstellung nach Video Games Charts, http://www.vgchartz.com/gamedb/ [letztes Update am 30. Mai 2016])

Hero", inklusive Band-Specials von Metallica, Aerosmith und Van Halen. Fast ebenso erfolgreich war das Video-Tanzspiel „Just Dance", von dem seit der Erstveröffentlichung rund 59 Mio. Einheiten verkauft wurden (Stand Mai 2016) (Abb. 8.5).[8]

Wird von deutschen Musikverlagen das Synchronisationsrecht für Videospiele lizenziert, können die Kosten bei EUR 0,80 pro Musikwerk und verkauftem Stück liegen, was bei einem Absatz von mehr als 1 Mio. Stück einen signifikanten Budgetanteil ausmachen kann. Zudem verlangen die Verlage auch Vorschüsse, die von EUR 1000–3000 pro Werk reichen können. Allerdings zeigt die Lizenzpraxis, dass, wie im Fall des Videospiels „SingStar", für das 30 Titel lizenziert werden mussten, der Spieleentwickler lediglich EUR 0,05 pro Werk und verkauftem Stück bezahlt hat (Baierle 2009, S. 455). Neben den klassischen Games, die über Konsole, DVDs oder über das Internet gespielt werden, gibt es noch stationäre Videospielgeräte (sogenannte Arcade-Spielautomaten), die z. B. in Casinos aufgestellt sind. Das Lizenzentgelt liegt bei solchen Geräten bei 1–3 % des Verkaufspreises bzw. bei einer Mindestlizenz von EUR 30 bis 70 (ibid., S. 457).

---

[8]„Guitar Hero III: Legends of Rock" (Platz 5) und „Rock Band" (Platz 9) zählen zu den meist verkauften Videospielen der letzten 25 Jahre. Siehe dazu Business Insider, „The 10 best-selling video games of the past 25 years", 2. November 2019: https://www.businessinsider.de/international/best-selling-video-games-call-of-duty-grand-theft-auto-2019-11/?r=US&IR=T (abgerufen: 13.11.2019).

8.6 Sponsoring- & Branding-Partnerschaften

Im November 1983 taten sich Michael Jackson und Pepsi zusammen, um die erste bahnbrechende Sponsoring-Kampagne im Musikbereich zu starten. Wie weiter oben bereits ausgeführt, war das Sponsoring von Musikprogrammen im Radio seit den 1930er-Jahren in den USA geübte Praxis, aber der Jackson-Pepsi-Deal stellte eine neue Qualität der Zusammenarbeit dar. Die 5 Mio.-US$ schwere Sponsoring-Partnerschaft umfasste die Werbekampagne „Pepsi. The Choice of a New Generation" mit Jacksons Hit „Billie Jean" als zentrale Werbe-Jingle, ein Tour-Sponsoring-Paket, die Nutzung des Michael Jackson Logos auf allen Pepsi-Getränkedosen, Werbematerial für Supermärkte und zahlreichen PR-Events mit dem Star. Die erste Kampagne half, den Umsatz für Pepsi Cola auf US$ 7,7 Mrd. zu steigern, was Pepsi veranlasste, einen zweiten weltweiten Sponsoring-Deal mit Michael Jackson über US$ 10 Mio. zu schließen, um dessen neues Album „Bad" und die angeschlossene Welttournee 1987/1988 zu sponsern[9] Durch die Sponsoring-Partnerschaft wurden die Softdrink-Marke und die Künstlermarke von Jackson untrennbar miteinander verbunden. Pepsi war Michael Jackson und Michael Jackson war Pepsi.

Andere Superstars des Musikbusiness folgten dem Beispiel von Michael Jackson und schlossen ähnlich gelagerte Sponsoring- und Branding-Partnerschaften mit großen Unternehmen ab. So sponserte Volkswagen die Europa-Tournee der britischen Rockband Pink Floyd (1994), der Rolling Stones (1995) und von Bon Jovi (1996), die von einer Spezialedition des VW Golfs mit den jeweiligen Band-Namen begleitet war (Meffert 2013, S. 713).

Heutzutage ist Musiksponsoring vor all im Musikveranstaltungsbusiness zum Standard geworden, der von vielen Markenartiklern wie Anheuser-Busch Beverages, die Pepsi Company, Brown-Forman, Millercoors, Coca Cola und Uber finanziert wird. Es gibt keine größere Konzerttournee oder Festival, das nicht von einem potenten Sponsor finanziell unterstützt wird.

Zahlen für Nordamerika belegen, dass die Gesamtausgaben für das Musiksponsoring in den letzten Jahren stetig angestiegen sind. Gaben die Sponsoren 2011 noch US$ 1,17 Mrd. für Musiksponsoring aus, so waren es 2017 US$ 1,54 Mrd. was einer Steigerung von 31,6 % entspricht (Abb. 8.6).

---

[9]Billboard, „Michael Jackson, Pepsi Made Marketing History", 3. Juli 2009: http://www.billboard.com/articles/news/268213/michael-jackson-pepsi-made-marketing-history (abgerufen: 13.11.2019).

Abb. 8.6 Ausgaben für Musiksponsoring in Nordamerika, 2011–2017. (Quelle: Eigene Darstellung nach Sponsorship.com, http://www.sponsorship.com/iegsr/2017/07/24/Sponsorship-Spending-On-Music-To-Total-$1-54-Billi.aspx [abgerufen: 13.11.2019])

Es findet bei diesen Kooperationen ein Markentransfer statt, der auch unter dem Begriff „Branding" Verbreitung gefunden hat. Hierbei treten KünstlerInnen als Testimonials für Markenartikel oder Unternehmen in der Werbung auf, um bestimmte Zielgruppen zu erreichen und/oder einen positiven Imagetransfer von der KünstlerInnen-Marke zu erzielen. Ein Sonderfall des Testimonials ist es, wenn MusikerInnen bei ihrer beruflichen Tätigkeit mit einem Markenartikel ausgestattet werden, um bestimmte Qualitätsvorstellungen zu erzeugen. Man spricht in diesem Zusammenhang vom Endorsement. Die ursprüngliche Form des Endorsements besteht darin, dass MusikerInnen mit Marken-Musikinstrumenten auftreten. Es handelt sich dabei um eine vertragliche Beziehung in Form von Endorsement-Verträgen, wonach die MusikerIn ihre Bekanntheit und ihre Expertise exklusiv in einem bestimmten Zeitraum gegen eine Geldleistung zur Verfügung stellt und darüber hinaus auch noch das Instrument geschenkt bekommt (Limper und Lücke 2013, S. 189–190). Eine weitere Ausformung ist das Auftreten der KünstlerIn als MarkenbotschafterIn, die nicht direkt den Markenartikel bewirbt, sondern diesen im Alltag – auch abseits des beruflichen Kontexts – verwendet. Die KünstlerIn stimmt dabei vertraglich zu, den Markenartikel nicht nur zu nutzen, sondern sich dabei auch fotografieren und filmen zu lassen. „*Dadurch wird in Bezug auf das Produkt, die Marke oder die Dienstleistung der Eindruck von Qualität, Vertrauen und beispielsweise Trendsetzung erweckt, durch die Bekanntheit des Künstlers in die Öffentlichkeit getragen und so eine positive Stimmung für das Produkt verbreitet.*" (Lücke und Limper 2013, S. 191).

Einige MusikerInnen gingen noch einen Schritt weiter, indem sie ihre KünstlerInnen-Marken dazu nutzten, um ganze Produktlinien zu branden, speziell im Bereich Mode und Parfümerie. Eine Vorreiterrolle spielte dabei Pop-Superstar Beyoncé, die mit ihrer Modelinie „House of Deréon" Bekleidung, Handtaschen und Schuhe in Nordamerika vermarktet. Als eine Cross-Marketingmaßnahme erwähnte Beyoncé die Marke „House of Deréon" in ihren Songs, wie z. B. in „Get Me Bodied" aus dem Album „B'Day" oder in „Single Ladies" aus dem Album „I Am … Sasha Fierce" (siehe Tschmuck 2016, S. 21).

Es lassen sich mittlerweile zahlreichen Beispiele für Branding-Aktivitäten von Superstars des Musikbusiness anführen. Neil Young promotete erfolgreich seinen Pono-Musikplayer, der über eine erfolgreiche Crowdfunding-Kampagne finanziert werden konnte.[10] Der Rapper Dr. Dre war einer der Mitbegründer von Beats Electronics, die den populären Kopfhörer gleicher Marke herstellte und zusammen mit dem gleichnamigen Musikstreaming-Service um US$ 3,2 Mrd. im Jahr 2014 an Apple Inc. verkauft wurde.[11]

8.7 Der Merchandisingmarkt

Ein weiterer immer wichtiger werdender sekundärer Musikmarkt ist das Merchandising. „*Unter Merchandising im Musikbereich werden die Produktion sowie die Vermarktung von Artikeln verstanden, die mit der Marke (…) bzw. dem Namen des Künstlers oder einem Titel (z. B. des aktuellen Albums bzw. der stattfindenden Tournee) versehen werden.*" (Limper und Lücke 2013, S. 184). Ziel ist es dabei, das Image bzw. die Marke einer KünstlerIn auf Konsumartikel zu übertragen, um dadurch ihren Verkauf anzukurbeln. „*Das klassische*

---

[10] Billboard, „Neil Young's Pono Raises $6 Million, Third Biggest Kickstarter Ever", 15. April 2014: http://www.billboard.com/biz/articles/news/digital-and-mobile/6054256/neil-youngs-pono-raises-6-million-third-biggest (abgerufen: 13.11.2019).

[11] Billboard, „Apple Buys Beats in $3 Billion Deal; Iovine, Dr. Dre to Join Tech Giant", 28. Mai 2014: http://www.billboard.com/biz/articles/news/digital-and-mobile/6099405/apple-buys-beats-in-3-billion-deal-iovine-dr-dre-to (abgerufen: 13.11.2019).

Fanartikel-Merchandising umfasst insbesondere T-Shirts, Sweat-Shirts, Lanyards, Poster etc." (Lyng et al. 2011, S. 182).

Im Merchandising-Geschäft sind insgesamt drei Parteien involviert: 1) die RechteinhaberIn bzw. LizenzgeberIn (in der Regel die KünstlerIn); 2) die Rechtenutzer bzw. Lizenznehmer (z. B. der Hersteller von Merchandisingartikel) und die Lizenzagentur (Korn 2010, S. 21–23). Das Ziel der RechteinhaberIn, d. h. der KünstlerIn ist es natürlich, zusätzliches Einkommen vom Verkauf der gebrandeten Artikel zu generieren und die eigene Marke dadurch noch zu verstärken. Die Rechtnutzer, also die Merchandiser, verfolgen hingegen ein Marketingziel, z. B. ein bestehendes Marktsegment zu bearbeiten, um Markenbewusstsein und Markensensibilität für die eigenen Produkte herzustellen. Die Lizenzagentur ist dabei der Vermittler des Merchandising-Deals und versucht, die Interessen der beiden Vertragsparteien zur Deckung zu bringen. In diesem Zusammenhang übernimmt die Agentur die Planung, Organisation und Umsetzung der Merchandising-Aktivitäten und erhält im Gegenzug dafür eine Serviceentgelt (ibid., S. 22). Der KünstlerIn wird in einem meist zwei- bis dreijährigen Merch-Deal ein nicht rückzahlbarer Vorschuss gewährt, der mit den zukünftigen Verkaufsumsätzen voll gegenverrechenbar ist. Die Umsatzbeteiligung beträgt um die 70 % der Bruttoeinnahmen (ohne Steuern) (Krueger 2019, S. 152).

Krueger (2019, S. 155) stellt folgende Rechnung an: Die Veranstaltungsstätte verlangt vom Merchandiser 20 bis 30 % an Kommissionsgebühr vom Bruttoumsatz, damit dieser seine Artikel überhaupt anbieten darf. Die Kommission wird aber meistens aus dem Umsatzanteil der KünstlerInnen bezahlt. Aus den verbleibenden 30 % des Umsatzes muss der Merchandiser dann das Produktdesign, die Herstellkosten und den Transport abdecken, sodass dem Unternehmen unterm Strich rund 10 % des Umsatzes nach Steuern als Reingewinn bleibt. Für ein T-Shirt, das am Merchandising-Stand um US$ 37.- (ohne USt.) verkauft wird, sehen die Zahlen wie folgt aus (ibid.) (Abb. 8.7):

Diese Rechnung gilt aber nur für arrivierte Stars. Weniger bekannter KünstlerInnen werden meist auf eigenes wirtschaftliches Risiko vom Merchandiser beliefert und müssen sich dann selbst um den Verkauf der Merch-Artikel kümmern (Lyng et al. 2011, S. 183).

Die meisten Merchandising-Artikel werden auf Tourneen bzw. im Rahmen von Konzerten verkauft, was rund 60–70 % der gesamten Umsätze ausmacht (ibid.). Nur ein kleiner Umsatzanteil entfällt auf das stationäre Geschäft (Einzelhandel) und auf den Onlinehandel, die allerdings in den letzten Jahren an Bedeutung gewonnen haben (ibid.).

8.7 Der Merchandisingmarkt

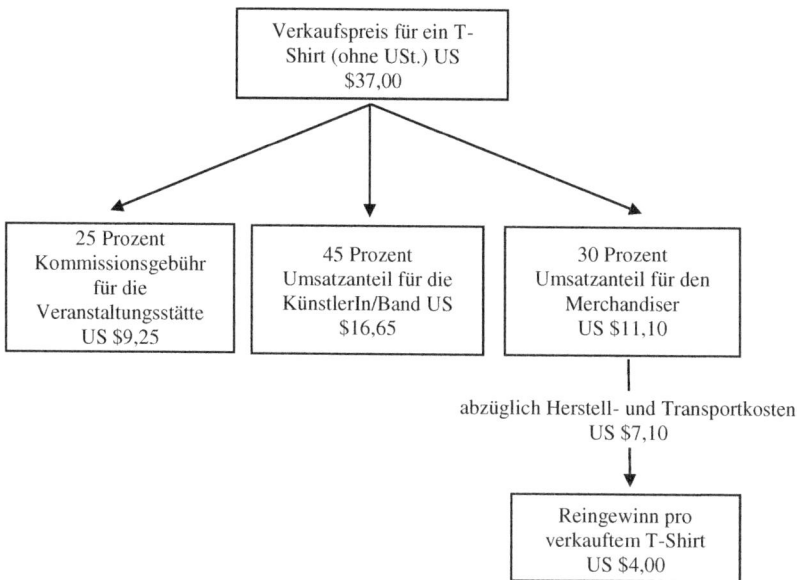

Abb. 8.7 Die Verteilung von Einnahmen aus dem Verkauf eines Merchandising-Artikels. (Quelle: Eigene Darstellung nach Krueger 2019, S. 155)

Es gibt allerdings nur wenige Stars, die wirklich viel mit dem Verkauf von Merchandising-Artikel verdienen (Krueger 2019, S. 157). So erzielte die Heavy Metal Band Bon Jovi 2014 mit dem Verkauf von Merch-Artikeln einen geschätzten Umsatz von US$ 2 Mio. was wesentlich mehr als die Einnahmen aus Download-Musikverkäufen in der Höhe von US$ 300.000 war.[12] Allerdings zeigt eine US-Studie der Future of Music Coalition[13], dass nur 6,6 % der Einnahmen von Rockbands aus dem Merch-Verkauf stammen. Dieser Anteil fällt bei Country Music, Jazz und Klassik noch wesentlich niedriger aus. Allerdings stellen

---

[12]Billboard, „Music's top 40 money makers 2014: the rich list", 10. März 2014: http://www.billboard.com/articles/list/5930326/music-s-top-40-money-makers-2014-the-rich-list (abgerufen: 21.11.2019).

[13]Future of Music Coalition, „MIDEM: Bands, Brands and Revenue", 31. Januar 2012: http://money.futureofmusic.org/the-new-power-trio-bands-brands-and-revenue/ (abgerufen: 21.11.2019).

Verkäufe von Merchandising-Artikel ein Nebeneinkommen dar und sie helfen, eine KünstlerInnen-Marke aufzubauen, die dann über Sponsoring- und Brandingaktivitäten monetarisiert werden kann. So zeigt sich, dass die sekundären Märkte des Merchandisings, Sponsorings und Brandings verflochten sind und gemeinsam durchaus einen wichtigen wirtschaftlichen Faktor im Musikbusiness darstellen.

Die Musikarbeitsmärkte

9

Gemäß der Forbes „World's Highest Paid Celebrity Top 100 List",[1] zählten 2019 MusikerInnen zu den bestbezahlten Stars aus dem Entertainment- und Sportbereich. 34 % der Top-100-Liste waren Musikschaffende. Mit US$ 185 Mio. führte die Singer/Songwriterin Taylor Swift die Liste an. Am 3. Rang landete mit US$ 150 Mio. der Rapper Kanye West, gefolgt von Ed Sheeran mit US$ 110 Mio. auf Platz 5 und den Eagles auf Rang 8 mit US$ 100 Mio.

Während die Forbes-Liste sämtliche Einkommen der Stars erfasst, fokussiert die „Billboard Money Makers List" auf musikbezogene Einkommensquellen. Hier führt Taylor Swift die Liste der Top-Verdiener im Jahr 2018 an. Sie konnte mit ihren Live-Auftritten, Musikverkäufen, Streaming- und Verlagstantiemen insgesamt US$ 99,6 Mio. einnehmen. An zweiter Stelle liegt Bruce Springsteen mit US$ 53,0 Mio. gefolgt vom kanadischen Rapper Drake mit US$ 52,5 Mio. (Abb. 9.1).

Die „Billboard Money Makers List" belegt, dass die SpitzenverdienerInnen im Musikbusiness den Großteil ihres Einkommens aus Konzerttourneen generieren. Alle Top-10-Stars waren in diesem Jahr auf Tour und erzielten im Musikveranstaltungsbusiness – bis auf eine Ausnahme – mehr als 75 % aller ihren Einnahmen. In den meisten Fällen sind die Konzerttourneen mit einem Anteil von mehr als 90 % die mit Abstand wichtige Einkommensquelle der MusikerInnen. Die Top-1-Verdienerin des Musikbusiness, Taylor Swift, erzielte sogar 90,9 % ihrer Einnahmen am Musikveranstaltungsmarkt. Alle anderen Einkommensquellen kommen zusammen nur auf 9,1 %. Die Streaming-Einnahmen waren

---

[1] Forbes, „Forbes' The World's Highest-Paid Celebrities", https://www.forbes.com/celebrities/list/#tab:overall (abgerufen: 17.12.2019).

© Springer Fachmedien Wiesbaden GmbH, ein Teil von Springer Nature 2020
P. Tschmuck, *Ökonomie der Musikwirtschaft*, Musikwirtschafts- und Musikkulturforschung, https://doi.org/10.1007/978-3-658-29295-9_9

KünstlerIn	Musik-verkäufe (physisch & digital)	%	Streaming	%	Verlags-tantiemen	%	Konzert-tourneen	%	Gesamt
Taylor Swift	1.500.000	1,5%	5.670.000	5,7%	1.900.000	1,9%	90.500.000	90,0%	99.570.000
Bruce Springsteen	498.600	0,9%	814.800	1,5%	790.100	1,5%	50.900.000	96,0%	53.003.500
Drake	1.600.000	3,0%	17.100.000	32,6%	3.100.000	5,9%	30.700.000	58,5%	52.500.000
Kenny Chesney	1.000.000	2,4%	2.600.000	6,1%	244.900	0,6%	38.600.000	90,9%	42.444.900
Ed Sheeran	1.700.000	4,1%	4.800.000	11,5%	2.500.000	6,0%	32.800.000	78,5%	41.800.000
Eagles	1.200.000	3,2%	2.200.000	5,9%	1.000.000	2,7%	33.100.000	88,3%	37.500.000
Justin Timberlake	1.400.000	3,7%	2.200.000	5,9%	895.600	2,4%	33.000.000	88,0%	37.495.600
Elton John	813.100	2,2%	1.500.000	4,1%	431.700	1,2%	33.500.000	92,4%	36.244.800
Billy Joel	362.800	1,0%	1.400.000	3,9%	1.000.000	2,8%	33.050.000	92,3%	35.812.800
P!nk	1.200.000	3,4%	1.500.000	4,2%	1.100.000	3,1%	31.700.000	89,3%	35.500.000

Abb. 9.1 Die „Billboard Money Makers List 2018", Top-10 KünstlerInnen (in US$). Quelle: Billboard, „Billboard's Money Makers: The Highest Paid Musicians of 2018", 19. Juli 2019: https://www.billboard.com/photos/8520668/2018-highest-paid-musicians-money-makers (abgerufen: 14.10.2019)

mit US$ 5,7 Mio. oder 5,7 % die zweitwichtigste Einnahmenquelle, waren aber im Vergleich zu den Konzerteinnahmen gering. Auch bei den anderen Musikstars liegt Musikstreaming noch im einstelligen Prozentanteil, wenn man einmal von Drake (32,6 %) und Ed Sheeran (11,5 %) absieht, die vor allem Streaming-affine, jüngere Fans ansprechen.

9.1 Superstartheorien

Die Forbes- und Billboard-Listen spiegeln allerdings nicht die ökonomische Realität der Arbeitsmärkte für professionelle MusikerInnen wider. Die Rankings repräsentieren nur ein sehr kleines Segment des Musikarbeitsmarktes und zwar das der Superstars. Sherwin Rosen (1981, S. 845) definiert Superstars als Personen, die ein extrem hohes Einkommen aus ihrer Tätigkeit beziehen, wodurch sie in diesem Tätigkeitsfeld dominant sind. Aber schon der Vater der Nationalökonomie Adam Smith hat auf die Besonderheit von Musikarbeitsmärkten im späten 18. Jahrhundert mit „(...) *exorbitant rewards to players, opera singers, opera dancers, &c.*" (Smith 1811, S. 163) hingewiesen. Smith erklärt das Starphänomen, indem er auf das besondere und seltene Talent dieser Personen verweist. Die exorbitant hohen Einkünfte locken weitere talentierte MusikerInnen auf den Arbeitsmarkt, was zu einem permanenten Überangebot an Arbeitskraft und im Durchschnitt zu niedrigen Einkommen führt. Smith erkannte bereits das „Winner-takes-it-all"-Prinzip von Musikmärkten, indem er die extreme Ungleichverteilung von Einkommen anspricht: *„In a profession where twenty fail for one that succeeds, that one ought to gain all that should have been gained by the unsuccessful twenty"* (ibid., S. 161).

Alfred Marshall, der Ende des 19. Jahrhunderts die moderne Volkswirtschaftslehre begründet hat, verwies in seinem Standardwerk „Principles of Economics" (1890, S. 728) auch auf das „Winner-takes-it-all"-Prinzip, das er allerdings auf damals erfolgreiche Unternehmer bezog. Kurioserweise diente ihm der Musikmarkt als Gegenbeispiel, indem er auf die Starsopranistin Elizabeth Billington – eine Zeitgenossin von Mozart und Beethoven – verwies: *„At the beginning of this century [19. Jahrhundert] a famous singer, Mrs Billington, is said to have earned £ 10,000 in a season; and so long as the number of persons who can be reached by a human voice is strictly limited, it is not very likely that any singer will make an advance on this to be compared with that which the business leaders of the present generation have made on those of the last."* Alfred Marshall konnte allerdings zu diesem Zeitpunkt noch nicht wissen, welchen technologischen Fortschritt die Musikindustrie dank der Erfindung des Tonträgers nehmen sollte.

Die Skaleneffekten (Economies-of-Scale), wie sie bereits in Kap. 3 bezüglich positiver Netzwerkeffekte beschrieben wurden, werden durch den technologischen Fortschritt massiv verstärkt. Während eine SängerIn im 19. Jahrhundert durch Live-Auftritte nur eine begrenzte Zuhörerschaft erreichen konnte, ist die Reichweite im Zeitalter von Massenmedien und Musikstreaming nahezu unbegrenzt.

Der zweite Bestimmungsgrund für das „Winner-takes-it-all"-Prinzip beschreibt Sherwin Rosen (1981) in seinem Superstar-Modell. Rosen verweist darin auf die unvollständige Substituierbarkeit von Arbeitskraft, wonach kleine Abweichungen im Talent zu großen Einkommensunterschieden führen, weil ein geringeres Talent größeres Talent nicht zu substituieren vermag (ibid., S. 846). Mathematisch gesprochen, lässt sich die Nachfrage nach Talent als eine konvexe Funktion beschreiben. D. h. wenn eine Person doppelt so talentiert ist wie eine andere, wird sie mehr als das Doppelte verdienen als die weniger Talentierten. Da die Nachfragefunktion nach Talent stark konvex ist, wird ein Superstar demnach ein wesentlich höheres Einkommen erzielen als durchschnittlich begabte Menschen (Abb. 9.2).

Talent ist für Rosen (1981, S. 856) nicht die einzige Bestimmungsgröße für die exorbitant hohen Einkommen von Superstars, sondern er verweist auch auf die Massenmedien, die eine wichtige Verstärkerfunktion haben, die die bereits angesprochenen Skaleneffekte vergrößern. Über die Medien lassen sich Millionen von Fans mit den etwa gleichen Kosten erreichen wie im Fall eines kleinen

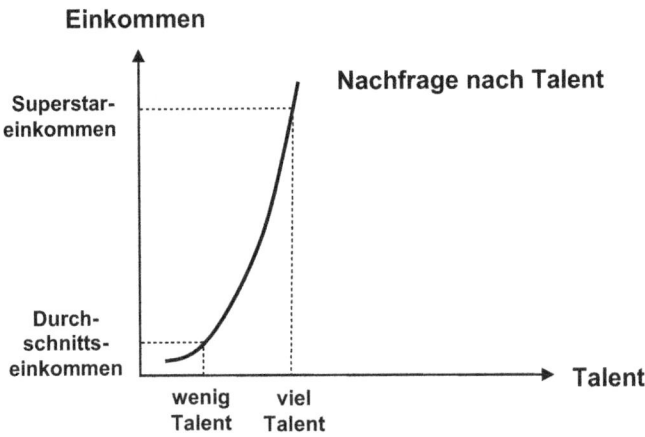

Abb. 9.2 Die konvexe Nachfragefunktion nach Talent. (Quelle: Eigen Darstellung)

Publikumskreises (z. B. bei einem Konzert). Die Massenmedien fungieren als Multiplikatoren, was sich in einer extrem ungleichen Einkommensverteilung auf Musikarbeitsmärkten niederschlägt.

Im Artikel „The Economics of Rising Stars", entwickelt MacDonald (1988) eine dynamische Variante von Rosens Superstarmodell. Da der Eintritt in den Musikarbeitsmarkt sehr einfach ist, überschwemmen junge talentierte MusikerInnen den Markt, der von Gatekeepern (Labels, Agenturen, ManagerInnen etc.) strukturiert wird. In diesen Gatekeeping-Prozessen scheiden viele aus dem Rennen nach dem Starstatus und dem damit verbundenen hohen Einkommen aus. Nun eine kleine Gruppe von besonders talentierten MusikerInnen kann letztendlich den Olymp erklimmen und verdient dann jenes Geld, das die Drop-outs liegen haben lassen.

Das Modell von Rosen weist aber zwei Schwachpunkte auf: 1) Es ist realitätsfern anzunehmen, dass Talent ohne Kosten beobachtbar ist und 2) gibt es keinen objektiven Maßstab für Talent bei KünstlerInnen (im Gegensatz zu SportlerInnen). So konnte Hamlen (1991, 1994) in seiner Studie über den Zusammenhang von Tonträgerumsätzen und Stimmqualität von US-amerikanischer SängerInnen im Zeitraum von 1955 bis 1987 keinen signifikanten Zusammenhang feststellen. Chung und Cox (1994) weisen Rosens These von den höher talentierten Superstars ebenfalls zu zurück, indem sie empirisch belegen, dass sogar bei gleichem Talent Superstareffekte auftreten können. Sie zeigen, dass die Wahrscheinlichkeit für einen CD-Kauf sehr hoch mit dem früheren Erfolg einer KünstlerIn korreliert, d. h. je höher die Verkäufe für eine frühere CD-Veröffentlichung desto höher die Wahrscheinlichkeit, dass ein Musikfan auch die neue CD der KünstlerIn kauft. Der künstlerische Erfolg hat demnach weniger mit Talent zu tun, sondern folgt einem zufälligen Schneeball-Effekt.

Moshe Adler modelliert in seinem Artikel „Stardom and Talent" (1985) genau diesen stochastischen Prozess und verwirft dabei Rosens Talent-Hypothese. Demnach investieren bestimmte MusikkonsumentInnen sehr viel Zeit aber durchaus auch Geld, um an Informationen über die von ihnen bevorzugten Stars zu gelangen, wodurch entsprechendes Konsumkapital aufgebaut wird. Je mehr Konsumkapital ein Fan aufbaut, desto weniger wahrscheinlich wird es, dass sie/ er die Gunst auf andere KünstlerInnen überträgt, weil die Opportunitätskosten des Wechsels zu hoch wären. Die Fans, die ein solches Konsumkapital aufgebaut haben, beeinflussen nun weniger informierte MusikkonsumentInnen, indem sie Empfehlungen für ihren Star abgeben. Daraus entsteht ein Schneeball-Effekt der Nachfrage nach dieser präferierten KünstlerIn, deren Musikprodukte und Konzerttickets überproportional stark gekauft werden, wodurch die KünstlerIn zum Superstar wird, die/der den Markt dominiert. Adler (1985, S. 208–209) versteht unter dem Superstar-Phänomen ein „*(...) market device to economise on learning costs in activities where ‚the more you know the more you enjoy'*". Die Herausbildung von Massenmedien (Tonträger, Radio & TV) haben diesen durch angehäuftes Konsumkapital ausgelösten Schneeball-Effekt beschleunigt und es kann davon ausgegangen werden, dass im digitalen Zeitalter der Superstar-Effekt vergrößert und damit die Einkommensungleichheit verstärkt worden ist. Zu diesem Schluss kommt zumindest Anita Elberse (2013, Pos. 2979): „*All in all, although advances in digital technologies may at first blush seem to have a ‚democratizing' influence, in reality they tend to have the opposite effect: they foster concentration and the winner-take-all dynamic.*" Das bestätigen auch die empirischen Befunde von Ordanini und Nunes (2015), wonach es 2003 immer weniger KünstlerInnen in die US-Singlecharts geschafft haben, nachdem Apple sein iTunes-Portal allgemein zugänglich gemacht hat.

9.2 Theorien zu MusikerInnen-Arbeitsmärkten

Da die Superstartheorien in erster Linie die Nachfrageseite des MusikerInnen-Arbeitsmarktes modellieren, braucht es auch eine angebotsseitige Erklärung für deren Funktionsweise. Das Standardmodell für den Arbeitsmarkt geht von der Annahme eines homogenen Arbeitsangebotes aus, wonach Arbeitskraft sehr einfach substituierbar ist. Wie die Superstartheorien aber bereits zeigen, funktionieren Arbeitsmärkte für KünstlerInnen bzw. MusikerInnen anders. Wenn man einmal von Orchester- und Studio-MusikerInnen absieht, ist die Arbeitskraft im Musiksektor sehr heterogen ausgeprägt. Es lassen sich nicht nur MusikerInnen mit mehr oder weniger Talent unterscheiden, sondern auch solche mit verschiedenen Fertigkeiten und Fähigkeiten. Es ist klar, dass eine ViolinistIn nicht durch eine FlötistIn oder vice versa in einem Orchester substituiert werden kann. Aber sogar MusikerInnen, die gleichartige Instrumente spielen, sind nicht immer gleichwertig ersetzbar, weil es Spezialisierungen z. B. auf historische Musikinstrumente gibt.

MusikerInnen müssen also sehr viel Zeit und Geld in ihre Ausbildung investieren, um hoch professionelle und spezialisierte SängerInnen und InstrumentalistInnen zu werden. Je höher der Grad an Spezialisierung und je intensiver die Konkurrenz um knappe Orchesterstellen, desto höher sind auch die Opportunitätskosten für die MusikerInnen. Es ist daher wenig verwunderlich, dass Portfolio-Karrieren bei MusikerInnen die Regel und nicht die Ausnahme darstellen. Sie können also ihren Lebensunterhalt nicht durch den MusikerInnen-Beruf alleine verdienen, sondern müssen auch Einkommen aus musiknahen Tätigkeiten wie Musikunterricht, Booking, KünstlerInnen-Management oder musikfernen Tätigkeiten wie Taxifahren und Kellnern beziehen.

Neoklassische Arbeitsmarkttheorien gehen von einem Trade-off zwischen der einkommensgenerierenden Arbeitszeit und Freizeit aus, d. h. je höher das Einkommen desto eher wird Arbeitszeit durch Freizeit substituiert bzw. umgekehrt. Nun steht aber die Bereitschaft von Personen, die im Musiksektor tätig sind, für wenig oder gar kein Geld zu arbeiten, im Widerspruch zum Standardmodell, was einen alternativen Erklärungsansatz nötig macht. Der Kulturökonom David Throsby (1994) hat einen solchen in Form eines Arbeitspräferenzmodells ausgearbeitet, um KünstlerInnen-Arbeitsmärkte besser verstehen zu können. Da KünstlerInnen einen innerlichen Antrieb haben, künstlerisch tätig zu sein, aber damit nicht in der Lage sind, ihren Lebensunterhalt zu bestreiten, sind sie bereit, eine nicht-künstlerische Beschäftigung auszuüben, um damit ihre künstlerische Tätigkeit zu „subventionieren". *„[N]on-arts work is simply a means of enabling as much time as possible to be spent at the (preferred) artistic occupation"* (Throsby 2001, S. 102). Im Arbeitspräferenzmodell ist Einkommen *„(...) a constraint that takes up labour time the artist would prefer to spend on art work that has cultural value"* (Towse 2010, S. 301). Deshalb tauschen MusikerInnen solange Einkommen aus nicht-musikbezogenen für musikbezogene Tätigkeiten ein, bis es ihnen gelingt, so viel Geld mit Musik zu machen, um sich allein auf die musikalische Tätigkeit zu fokussieren.

Eine andere Besonderheit von KünstlerInnen-Arbeitsmärkten ist es, dass langfristige und unselbstständige Arbeitsverhältnisse eher eine Ausnahme denn die Regel darstellen. Wenn man einmal von OrchestermusikerInnen und Ensemblemitglieder bei Opern- oder Musicalbühnen absieht, zeichnet sich der MusikerInnen-Arbeitsmarkt durch einen hohen Grad an selbstständigen und damit oft verbundenen prekärer Tätigkeiten aus. Die Arbeitsmarkttheorie unterscheidet in diesem Zusammenhang zwischen regelmäßigen Einkommen aus unselbstständiger Tätigkeit bei einem Anstellungsverhältnis und Einkommen aus selbstständiger Tätigkeit (Towse 2010, S. 298). Da MusikerInnen oft als selbstständige ProjektmitarbeiterInnen tätig sind, verhalten sie sich *„(...) like entrepreneurs managing small businesses and work portfolios and their labor market may be compared to a network of small ad hoc firms trading along matching processes from one project to the other"* Menger (2006, S. 704). Aronson (1991) zieht daraus den Schluss, dass das KünstlerInnen-Einkommen nicht nur vom Talent und den erworbenen Kompetenzen abhängig ist, sondern auch von ihren (Selbst-)Managementfähigkeiten.

Aufgrund des hohen Anteils von Selbstständigkeit im Musiksektor variieren die Einkommensniveaus für die MusikInnen über die Zeit hinweg und zwischen den MusikerInnen. Einige Studien[2] identifizieren sogar einen Einkommensnachteil („earnings penalty") für künstlerische Berufe gegenüber solchen mit gleichem Ausbildungsniveau (z. B. ManagerInnen, RechtsanwältInnen, ÄrztInnen etc.). Wenn es einen solchen Einkommensnachteil für künstlerische Berufe gibt, wie es zahlreiche Studien nahelegen (siehe dazu Towse 2010, S. 330), braucht es auch eine Erklärung dafür. Santos (1976) schlägt dafür ein Modell von KünstlerInnen als RisikonehmerInnen vor. Im Gegensatz zum Standardmodell, in dem Arbeitskräfte als risikoavers und gewinnmaximierend modelliert werden, treten KünstlerInnen in den KünstlerInnen-Arbeitsmarkt im vollen Bewusstsein sein, dass sie wahrscheinlich wenig mit ihrer künstlerischen Tätigkeit verdienen, unsichere Karrierepfade und längere Phasen der Arbeitslosigkeit haben werden, ein. Nichtsdestotrotz hoffen sie, all diese Hindernisse und Nachteile überwinden zu können. Ein anderer Ansatz, mit dem erklärt wird, warum KünstlerInnen einen Einkommensnachteil in Kauf nehmen, ist das Modell des „psychischen Einkommens", das aus der künstlerischen Tätigkeit bezogen wird. Demnach bieten künstlerische Berufe monetäre und nicht-monetäre Formen der Belohnung. Die nicht-monetäre Belohnung besteht in der persönlichen Autonomie, in flexiblen, frei einteilbaren Arbeitszeiten, einem geringen Ausmaß an Arbeitsroutinen, einem hohen Grad an Kreativität und Innovation und sozialem Ansehen, die eine Entschädigung für ein niedrigeres Einkommensniveau darstellen (Menger 2006, S. 777). Allerdings führen die Spezifika der KünstlerInnen-Arbeitsmarktes zu einem Überangebot von künstlerischer Arbeitskraft, d. h. es wir in der Regel weniger künstlerische Arbeitskraft nachgefragt als angeboten wird. (Towse 2010, S. 303), wie im nächsten Abschnitt analysiert wird.

9.3 Überschussangebot auf KünstlerInnen-Arbeitsmärkten

Menger (2006, S. 782–788) zählt noch weitere Ursachen für ein Überangebot von Arbeit auf KünstlerInnen-Arbeitsmärkten auf: 1) Innovationen, die zur Erhöhung der Skaleneffekte beitragen sowie 2) niedrigere Markteintrittsbarrieren.

---

[2]Alper und Wassell (2006) bieten einen sehr guten Überblick über Einkommensstudien im Kunst- und Kultursektor und diskutieren die unterschiedlichen und sogar widersprüchlichen Ergebnisse.

9.3 Überschussangebot auf KünstlerInnen-Arbeitsmärkten

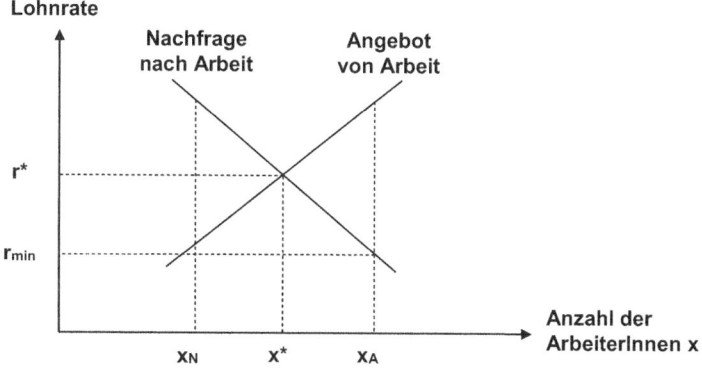

Abb. 9.3 Das Überschussangebot auf KünstlerInnen-Arbeitsmärkten. (Quelle: Eigene Darstellung nach Towse (2010, S. 294))

Im Zusammenhang mit der schon beschriebenen Unsicherheit, wer sich am Arbeitsmarkt durchsetzen kann und der damit verbundenen Hoffnung vieler KünstlerInnen, den Durchbruch zu schaffen und zu Stars aufzusteigen, werden in der Folge mehr KünstlerInnen in den Arbeitsmarkt eintreten als nachgefragt werden (Abb. 9.3).

Ein weiterer Erklärungsansatz für die Entstehung des Überschussangebots auf KünstlerInnen-Arbeitsmärkten ist die monopolistische Konkurrenz. Wenn KünstlerInnen sich erfolgreich am Markt positioniert haben, profitieren sie von einem zeitlich begrenzten Monopol mit einem damit verbundenen höheren Einkommen. Andere KünstlerInnen werden nun versuchen, ebenfalls in eine solche einzigartige Marktposition zu gelangen und erhöhen ihre Anstrengungen, dieses Ziel auch zu erreichen, was insgesamt aber zu einer Erhöhung des künstlerischen Outputs führt. Das Ergebnis ist ein Überangebot von Arbeit, was die weniger Erfolgreichen dazu zwingt, ihre Arbeitskraft zu einem geringeren oder gar keinem Lohn anzubieten. *„[T]his explains why so many creative artists, though working hard and being fully committed, may suffer from low or even very low income levels."* (Menger 2006, S. 787).

Wenn sich Industrie- und Organisationsstrukturen verändern, hat das auch Auswirkungen auf die Angebotssituation auf Arbeitsmärkten. Christopherson und Storper (1989) konnten zeigen, dass die flexible Spezialisierung der

Hollywood-Filmstudios dazu geführt hat, dass aus ursprünglich bei den Studios angestellten SchauspielerInnen, DrehbuchautorInnen, RegisseurInnen, FilmmusikkomponistInnen etc. freie DienstnehmerInnen wurden, die auf Werkvertragsbasis in einzelnen Filmprojekten mitwirkten. Auch die Musikindustrie war in den 1960er-Jahren von Desintegrationsprozessen betroffen, was vor allem SongwriterInnen und MusikproduzentInnen, die in den 1950er-Jahren noch Angestellte bei den Labels waren, zu selbstständigen WerkvertragsnehmerInnen werden ließ. Trotz der sich dadurch vergrößernden Autonomie, erhöhte sich aufgrund der instabilen Arbeitsverhältnisse die Abhängigkeit von den Plattenfirmen. Die Plattenfirmen profitierten von der steigenden Anzahl von Talenten, die mehr Werke als je zuvor produzierten. Allerdings erhöhen die industrielle Desintegration und der flexibilisierte Produktionsprozess die Unsicherheit für die phonografischen Unternehmen, die nun kreative Cluster wie z. B. in Los Angeles oder in Nashville etablierten, um die Transaktionskosten der Musikproduktionen zu senken. Diese Cluster wirken aber ihrerseits wieder als Magnete für Musikschaffende, die dort ihr Glück versuchten, was zur Bildung eines Angebotsüberschusses an Arbeitskraft in diesen Clustern führte (Menger 2006, S. 784–786). Zusammengefasst kann also festgestellt werden, dass der Angebotsüberschuss auf KünstlerInnen-Arbeitsmärkten nicht nur angebotsseitige Ursachen hat, sondern auch mit den besonderen Nachfragebedingungen nach talentierten MusikerInnen erklärt werden kann.

Wenn der Arbeitsmarkt von einem Überschussangebot geprägt ist, steigt der Informationsbedarf bezüglich der Qualität der Arbeitskräfte. In einem solchen Markt werden sich demnach Intermediäre etablieren, die die nötigen Informationen bereitstellen, um die Angebots- und Nachfrageseite zur Deckung zu bringen: KünstlerInnen-Agenturen, BookerInnen und KünstlerInnen-ManagerInnen. Diese Intermediäre können als „MarktmacherInnen" (Towse 2010, S. 304) bezeichnet werden, die die nötige Informationen über die Qualität des Arbeitsangebots verfügbar machen. Dabei sind die Gagenforderungen, die die Agenturen für eine KünstlerIn stellen, ein Qualitätsindikator. Je höher die geforderte Gage desto größer die Qualität der KünstlerIn. Die Agenturen sind an möglichst hohen Gagen interessiert, weil sich ihre Vermittlungsgebühren prozentuell daran bemessen (üblicherweise 15–20 %). Im Laufe der Digitalisierung wurde die Rolle der „MarktmacherInnen" noch relevanter, weil die Markteintrittsbarrieren gesunken sind und damit das Überschussangebot angestiegen ist, was den Informationsbedarf noch weiter erhöht hat.

9.4 Empirische Belege zum MusikerInnen-Arbeitsmarkt

9.4.1 Die soziale und wirtschaftliche Lage von MusikerInnen in Österreich

In der Studie zur „Soziale Lage der Kunstschaffenden und Kunst- und Kulturvermittler/innen in Österreich" (Wetzel et al. 2018) wurde auch die Arbeits- und Einkommenssituation der Musikschaffenden in Österreich erhoben. Dabei werden viele in der Theorie für KünstlerInnen-Arbeitsmärkte aufgestellte Thesen empirisch untermauert. So geben nur 4 % der Befragten im Tätigkeitsfeld Musik an, ausschließlich unselbstständig in einem Anstellungsverhältnis (z. B. in einem Orchester) tätig zu sein, wohingegen 73 % angaben, einer ausschließlich selbstständigen Beschäftigung im Musiksektor nachzugehen. Weitere 24 % sind sowohl unselbstständig als auch selbstständig tätig (Wetzel et al. 2018, S. 56). 65 % der Befragten im Musiksektor gaben an, dass sie langfristig – länger als ein halbes Jahr – unselbstständig beschäftigt waren. 35 % waren aber nur sehr kurz – bis zu einer Woche – unselbstständig beschäftigt (ibid., S. 62). Die Beschäftigungssituation der Musikschaffenden in Österreich ist also von vielen Diskontinuitäten geprägt, was auch die Dauer von Projektaufträgen belegt. 72 % der Befragten arbeiteten in sehr kurzfristigen Projekten (bis zu einer Woche) und 44 % in kurzfristigen Projekten mit einer Dauer von bis zu drei Monaten. Jeweils 14 % der Befragten gaben an, dass sie in mittelfristigen Projekten (drei bis sechs Monate) bzw. langfristige Projekten, die länger als sechs Monate dauern, involviert waren (ibid., S. 60).[3]

Portfolio-Karrieren von Musikschaffenden, d. h. die gleichzeitige Beschäftigung in unterschiedlichen Tätigkeitsfeldern, sind dabei die Norm. 17 % der Befragten gaben an, dass sie musikalische, musiknahe aber auch musikferne Tätigkeiten gleichzeitig ausüben.[4] Weitere 9 % verbanden eine musikalische mit einer musikfernen Tätigkeit, aber die große Mehrheit von 49 % war in die Lage, eine musikalische mit einer musiknahen Tätigkeit zu kombinieren. Lediglich 26 %

---

[3]Die Prozentsätze addieren sind nicht auf 100 %, weil Mehrfachnennungen bei dieser Frage möglich waren.

[4]Eine musiknahe Tätigkeit ist z. B. der Musikunterricht an einer Musikschule, wohingegen eine musikferne Tätigkeit wenig bis gar nichts mit dem Musikschaffen zu tun hat wie z. B. die Tätigkeit als TaxifahrerIn oder KellnerIn.

der Befragten konnten sich ausschließlich auf eine musikalische Beschäftigung fokussieren (ibid., S. 38).

Das Problem für viele MusikerInnen ist, dass sie zwar ideellen Schwerpunkt auf ihre musikalische Beschäftigung legen, ihr finanzieller Schwerpunkt aber außerhalb ihres Musikschaffens liegt, womit das Arbeitspräferenzmodell empirisch gestützt wird. Deshalb liegt das Gesamteinkommen der MusikerInnen deutlich über dem Einkommen, das sie aus musikalischer und musiknaher Tätigkeit beziehen (Abb. 9.4).

Während 14 % der befragten MusikerInnen angaben, mehr als EUR 15.000 pro Jahr mit ihrer musikalischen Tätigkeit zu verdienen, lag das persönliche Jahresgesamteinkommen für knapp mehr als die Hälfte der Befragten unter EUR 15.000. 27 % gaben sogar an, weniger als EUR 10.000 an persönlichem Jahreseinkommen zu beziehen. Für 73 % der Musikschaffenden liegt zudem das Einkommen aus ihrer musikalischen Tätigkeit unter EUR 10.000. D. h. die befragten MusikerInnen sind mehrheitlich nicht in der Lage, ihren Lebensunterhalt mit Musik zu verdienen und mehr als ein Viertel kann trotz Mehrfachbeschäftigung nicht mehr als EUR 10.000 verdienen und ist auf die finanzielle Unterstützung von Eltern, Familienmitgliedern oder FreundInnen angewiesen (ibid., S. 84) (Abb. 9.5).

Das jährliche Median-Nettoeinkommen der MusikerInnen lag demnach bei EUR 16.456, wobei das Median-Einkommen aus musikalischer Tätigkeit mit

Einkommenshöhe	Einkommen aus musikalischer Tätigkeit (netto)	Persönliches Jahreseinkommen (netto)	Haushaltseinkommen (netto)
kein Einkommen	9%	2%	0%
bis zu 2.000 Euro	20%	3%	1%
2.000-5.000 Euro	24%	6%	3%
5.000-10.000 Euro	20%	16%	9%
10.000-15.000 Euro	12%	22%	26%
15.000-20.000 Euro	5%	15%	20%
20.000-30.000 Euro	3%	13%	20%
30.000 Euro und mehr	6%	23%	21%

Abb. 9.4 Die Einkommenssituation Musikschaffender in Österreich, 2017. (Quelle: Eigene Darstellung nach Wetzel et al. (2018, S. 70, 71 und 73))

9.4 Empirische Belege zum MusikerInnen-Arbeitsmarkt

Einkommen	Einkommen aus musikalischer Tätigkeit (netto)	Persönliches Jahreseinkommen (netto)	Haushaltseinkommen (netto)
Median	5.000	16.456	17.518
Mittelwert	8.204	23.998	25.133

Abb. 9.5 Das Durchschnittseinkommen Musikschaffender in Österreich, 2017. (Quelle: Eigene Darstellung nach Wetzel et al. (2018, S. 198))

EUR 5.000 merklich niedriger ausfiel. Das Median-Nettoeinkommen der Haushalte, in denen MusikerInnen lebten, fiel mit EUR 17.518 nur unmerklich höher aus als das jährliche, persönliche Gesamteinkommen.

Es verwundert daher nicht, dass 35 % der Musikschaffenden in einkommensschwachen Haushalten[5] leben. In der österreichischen Gesamtbevölkerung wurden 2017 rund 14 % als einkommensschwache Haushalte erfasst, womit die MusikerInnen-Haushalte bezüglich Armutsgefährdung überrepräsentiert sind. Hingegen leben nur 8 % der MusikerInnen in einkommensstarken Haushalten,[6] was in etwa dem Anteil in der Gesamtbevölkerung von 9 % entspricht (ibid., S. 80–81).

Die soziale und wirtschaftliche Situation für die Musikschaffenden wird noch dadurch verschärft, dass vor allem das Einkommen aus der musikalischen Tätigkeit sehr unregelmäßig ist. 42 % der Befragten gab an, dass das Einkommen aus musikalischer Tätigkeit unregelmäßig und nicht planbar ist. Bei weiteren 29 % war das Einkommen ebenfalls unregelmäßig, aber planbar. Lediglich 28 % konnten mit einem regelmäßigen und gut planbarem Einkommen rechnen (ibid., S. 79).

Ein Grund dafür ist, dass nur 16 % der Musikschaffenden in Österreich ein Einkommen aus unselbstständiger Beschäftigung hatten. 70 % bezog ein musikbezogenes Einkommen aus dem Verkauf von Leistungen und Werken, was vor allem Konzerttätigkeit umfasste. Preise, Stipendien, Prämien und

---

[5]Als einkommensschwache Haushalte gelten jene, in denen das äquivalisierte Haushaltseinkommen unter 60 % des Medianwertes der Grundgesamtheit liegt. Dieser Wert liegt laut „EU Gemeinschaftsstatistik über Einkommen und Lebensbedingungen" bei 12mal EUR 2.060 netto/Monat. In dieser Gruppe ist von Armutsgefährdung zu sprechen.
[6]Von einkommensstarken Haushalten ist die Rede, wenn das Einkommen den Medianwert um zumindest 180 % übersteigt.

Einzelpersonenförderungen der öffentlichen Hand spielten nur bei 4 % der Befragten eine Rolle. 8 % der Musikschaffenden gab an, dass sie ein Einkommen aus der Verwertung von Urheber- und Leistungsschutzrechten in Form von Tantiemen und Ausschüttungen über Verwertungsgesellschaften bezogen haben (ibid., S. 78).

Schließlich stellt sich noch die Frage, ob Alter und Geschlecht einen Einfluss auf die Einkommenssituation der MusikerInnen haben? Betrachtet man das gesamte persönliche Jahreseinkommen der MusikerInnen, so zeigt sich eine steigende Tendenz. Lag das jährliche Medianeinkommen bei den unter 35-jährigen bei EUR 11.022, so stieg es in der Gruppe der 55–65-jährigen auf EUR 27.250 an. Das Einkommen aus musikalischer Tätigkeit wies hingegen keinen eindeutigen Trend auf. Es lag am höchsten in der Altersgruppe der 35–45-jährigen und am niedrigsten bei den 45–55-jährigen. Es scheint also so zu sein, dass mit steigendem Alter der Anteil des Einkommens aus nicht-musikalischer Tätigkeit steigt und sich dadurch auch soziale Lage der Betroffenen verbessert (Abb. 9.6).

Aus der Studie geht eindeutig hervor, dass es einen Einkommensnachteil für Frauen – einen Gender Pay Gap – gibt. Musikerinnen verdienten jährlich um 14,3 % weniger als Musiker, womit sie auch klar unter dem Medianeinkommen der Gesamtheit lagen. Beim Einkommen aus musikalischer Tätigkeit lag der Einkommensnachteil der Frauen gegenüber den Männern sogar bei 25,6 %. Als Grund für diesen Einkommensnachteil der Frauen wird in der Studie genannt, dass diese häufiger Teilzeit arbeiten und Betreuungspflichten in der Familie übernehmen (ibid., S. 63).

Insgesamt zeigt die Studie, dass die Arbeitssituation von Musikschaffenden in Österreich von einem hohen Grad an selbstständiger Beschäftigung, damit verbundenen Portfolie-Karrieren, Diskontinuitäten in der künstlerischen Berufstätigkeit und tendenziell niedrigem Einkommen geprägt ist.

9.4.2 Die Einkommenssituation für US-MusikerInnen

Alan Krueger (2018) hat für den Zeitraum von April bis Juni 2017 eine Studie zur Einkommenssituation von US-amerikanischen MusikerInnen durchgeführt. Dazu wurden 1.227 Personen befragt, die angaben, dass sie mit ihrem Musikschaffen (Komposition und/oder Interpretation) versuchen, ihren Lebensunterhalt zu bestreiten. Demnach betrug das gesamte Medianeinkommen für US-MusikerInnen US$ 35.000 pro Jahr, wobei das musikbezogene Einkommen mit US$ 21.300 rund 60 % des Gesamteinkommens ausmachte (ibid., S. 3).

9.4 Empirische Belege zum MusikerInnen-Arbeitsmarkt

Altersgruppe	Einkommen aus musikalischer Tätigkeit (Median, netto)	Persönliches Jahreseinkommen (Median, netto)
unter 35 Jahre	4.755	11.022
35-45 Jahre	6.000	16.032
45-55 Jahre	4.009	18.036
55-65 Jahre	5.000	27.250
65 Jahre und mehr	k.A.	k.A.
Gesamt	5.000	16.500
Geschlecht	Einkommen aus musikalischer Tätigkeit (Median, netto)	Persönliches Jahreseinkommen (Median, netto)
Weiblich	3.729	15.000
Männlich	5.010	17.500
Gesamt	5.000	17.000

Abb. 9.6 Die Einkommenssituation Musikschaffender in Österreich nach Alter und Geschlecht, 2017. (Quelle: Eigene Darstellung nach Wetzel et al. (2018, S. 199–200))

Im Durchschnitt bezogen die MusikerInnen in den USA aus drei verschiedenen Quellen ein Einkommen, wobei rund 81 % der Befragten angaben, Geld mit Konzertauftritten zu verdienen, was ca. 42 % zum musikbezogenen Einkommen beitrug. Das Medianeinkommen aus der Konzerttätigkeit betrug US$ 5.428. Die zweitwichtigste Einkommensquelle für Musikschaffende in den USA war das Erteilen von Musikunterricht (rund 42 % der Befragten). Im Durchschnitt machte Musikunterricht 12 % des Einkommensmix aus, was sich in einem jährlichen Medianeinkommen von US$ 4.000 niederschlug. Die Mitwirkung in einem Kirchenchor bzw. im Rahmen einer religiösen Veranstaltung wurde von 38 % der Befragten als Einkommensquelle genannt. Der Anteil kirchenmusikalischer Aktivitäten am durchschnittlichen, musikbezogenen Einkommen lag mit knapp 16 % sogar noch höher als der Musikunterricht, wobei das Medianeinkommen aus Kirchenmusik mit US$ 8.000 doppelt so hoch war als aus der Unterrichtstätigkeit. Diese drei Einkommensquellen – Konzertaktivitäten, Musikunterricht und

Kirchenmusik – waren also für mehr als zwei Drittel des durchschnittlichen Einkommens aus musikbezogener Tätigkeit verantwortlich (ibid.).

Alle anderen Einkommensquellen, die in der Studie erhoben wurden, spielten im Vergleich dazu eine untergeordnete Rolle. So betrug das jährliche Medianeinkommen aus dem Verkauf von Musikaufnahmen lediglich US$ 800, was einem Anteil am Einkommensmix von 3,6 % entspricht. Mit Musikstreaming wurde sogar nur ein Medianeinkommen von US$ 100 pro Jahr erzielt, was nur 1,5 % zum gesamten musikbezogenen Einkommen beitrug. Dieser Wert wurde nur noch von Einnahmen aus der YouTube-Verwertung unterboten, die ein jährliches Medianeinkommen von US$ 53 mit einem Einkommensanteil von 0,1 % erbrachte (ibid., S. 18). Am ehesten führte noch die Beschäftigung in einem Orchester bzw. einem Musikensemble/einer Band zu einem signifikanten Einkommen. Rund 18 % der Befragten gaben an, aus dieser Quelle einen Gehalt bezogen zu haben, was einem durchschnittlichen Anteil am musikbezogenen Einkommen von 4,9 % entsprach und sich in einem Medianeinkommen von US$ 4.000 niederschlug (ibid.) (Abb. 9.7).

Das Artist Revenue Streams-Projekt[7] ist eine sehr breit angelegte Studie zur Einkommenssituation von US-Musikschaffenden, die sich allerdings auf den Zeitraum von 2012–2014 bezieht und daher nicht mehr ganz aktuell ist. Dennoch lassen sich daraus einige interessante Erkenntnisse gewinnen, die in einem Artikel von Peter DiCola (2013) zusammengefasst wurden. Wie schon bei Krueger (2018) zeigen auch die Daten des Artist Revenue Streams-Projekts, dass die Konzerttätigkeit die wichtigste Einnahmequelle für US-MusikerInnen ist und 28 % zum gesamten musikbezogenen Einkommen beiträgt. Das Erteilen von Musikunterricht ist ebenfalls sehr wichtig und macht 22 % im Einkommensmix aus. Gehaltszahlungen aus Anstellungsverhältnissen zu Orchestern, Ensembles und Bands schlagen mit 19 % zu Buche und die Arbeit als Studio- bzw. SessionmusikerIn mit 10 %. Weniger wichtig sind Einkommen, die mit Kompositionstätigkeit/Songwriting (6 %), Verkauf von Musikaufnahmen (6 %) und Verkauf von Merchandising-Artikel erzielt wurden. Der Rest von 7 % entfällt auf andere musikbezogene Einkommensarten (Abb. 9.8).

Eine genauere Analyse der verschiedenen Einkommensgruppen deckt bemerkenswerte Unterschiede im Einkommensmix auf. So war der Einkommensanteil der Kompositionstätigkeit mit 28 % für die Top-VerdienerInnen mit mehr als US$ 330.000 Jahreseinkommen deutlich höher als bei den niedrigeren Einkommensgruppen. DiCola (2013, S. 34) zieht daraus dem Schluss: *„[T]his*

---

[7]Artist Revenue Streams, http://money.futureofmusic.org/ (abgerufen: 06.08.2019).

9.4 Empirische Belege zum MusikerInnen-Arbeitsmarkt

Einkommensquelle	Anteil Einkommensquelle	Anteil am musikbezogenen Einkommen*	Medianeinkommen in US$
Konzerttätigkeit (nicht religiös)	80,8%	41,6%	5.428
Kirchenmusik (Kirchenchor & religiöse Veranstaltungen)	38,2%	15,9%	8.000
Musikunterricht	41,8%	12,0%	4.000
Andere Quellen	14,6%	5,1%	7.000
Gehalt für Tätigkeit in Orchester & Bands/Ensembles	18,1%	4,9%	4.000
Songwriting/Komposition	28,8%	4,2%	850
Tätigkeit als Session- und Studio-MusikerIn	34,6%	4,0%	1.000
Verkauf von Musikaufnahmen	35,6%	3,6%	850
Verkauf von Merchandisingartikel	27,4%	2,7%	500
Musikproduktion	14,7%	2,3%	2.000
Musikstreaming	28,1%	1,5%	100
Unterstützung durch Fans & MäzenInnen	7,3%	1,3%	2.800
Musiksponsoring	5,0%	0,4%	2.000
Label-Vorschüsse	4,5%	0,3%	4.000
Verkauf von Musiknoten	6,0%	0,2%	113
YouTube-Monetarisierung	7,2%	0,1%	53
Verkauf von Klingeltönen	3,7%	0,0%	300

Abb. 9.7 Die Einkommenssituation von US-amerikanischen MusikerInnen 2017. [a]Der Anteil am musikbezogenen Einkommen errechnet sich als durchschnittlicher Anteil jeder Einkommensquelle über alle MusikerInnen hinweg. (Quelle: Eigene Darstellung nach Krueger (2018, S. 18))

simply tells us that composition revenue accompanies success." Im Gegensatz dazu überstieg 2012 das Einkommen aus dem Verkauf von Musikaufnahmen in keiner der oberen Einkommensgruppen die 5 Prozentmarke. Lediglich in der niedrigsten Einkommensgruppe machten Musikaufnahmen in etwa 9 % am Einkommensmix aus. Nichtsdestotrotz spielte der Verkauf von Musikaufnahmen – egal ob in physischer oder digitaler Form – nur eine untergeordnete Rolle für alle

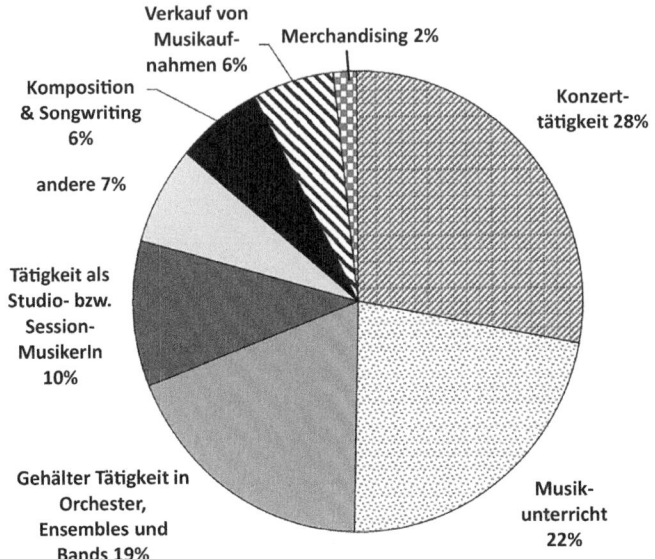

Abb. 9.8 Durchschnittlicher Anteil musikbezogener Einkommensarten. (Quelle: Eigene Darstellung nach DiCola (2013, S. 57))

Einkommensgruppen. Hingegen stieg mit sinkendem Einkommen die Relevanz der Tätigkeit als Studio- bzw. Session-MusikerIn, wobei auch in dieser Gruppe die Konzerttätigkeit die bei weitem wichtigste Einkommensquelle darstellte (Abb. 9.9).

Die Studie zeigt ebenfalls, dass es 2012 markante Einkommensunterschiede zwischen MusikerInnen verschiedener Genres – Klassik, Jazz, Rock/Pop und andere Genres – gab. So verdienten klassische MusikerInnen nur 10 % ihrer Einnahmen durch Konzerttätigkeit, aber 36 % aus Anstellungsverhältnissen sowie 33 % mit Unterrichtstätigkeit. Mit 10 % verdienten sie sich ein kleines Zubrot aus der Tätigkeit als Studio- und Session-MusikerInnen, wohingegen Einkommen aus Kompositionstätigkeit und dem Verkauf von Musikaufnahmen so gut wie irrelevant waren. Jazz-MusikerInnen waren vor allem auf Einnahmen aus der Konzerttätigkeit angewiesen, die 37 % zum Einkommensmix beitrugen. 15 % der Einnahmen waren Gehaltszahlungen aus Anstellungsverhältnissen und weitere 24 % aus Unterrichtstätigkeit. Nur ein kleiner Einkommensanteil entfiel auf die Kompositionstätigkeit (4 %) und den Verkauf von Musikaufnahmen (3 %). Die letztgenannten Einkommensquellen waren hingegen für Rock- und

9.4 Empirische Belege zum MusikerInnen-Arbeitsmarkt

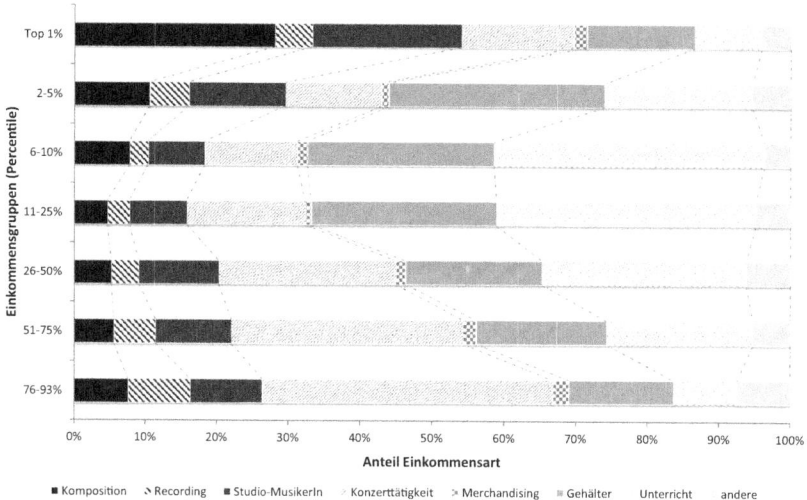

Abb. 9.9 Durchschnittlicher Anteil musikbezogener Einkommensarten nach Einkommensgruppe. (Quelle: Eigene Darstellung nach DiCola (2013, S. 59))

PopmusikerInnen sowie für alle anderen Genres mit 8 % (Komposition/Songwriting) bzw. 10 % (Musikaufnahmen) durchaus von Bedeutung. Aber auch in der Rock- und Popmusik war die Konzerttätigkeit mit rund 40 % die wichtigste Einkommensquelle. Das Erteilen von Musikunterricht (13 %) und die Arbeit als Studio- und Session-MusikerIn (9 %) waren hingegen weniger relevant (Abb. 9.10).

Die Auswertung zeigt aber auch Unterschiede im Einkommensmix nach Genre und Einkommensgruppe auf. Einnahmen aus Kompositionstätigkeit und Verwertung von Musikaufnahmen spielten 2012 in keiner Einkommenskohorte im Bereich Klassik und Jazz eine Rolle. Lediglich die SpitzenverdienerInnen (erstes Perzentil) unter den Jazz-MusikerInnen erzielten mit der Verwertung urheberrechtlich geschützter Werke und Leistungen ein relevantes Einkommen, das mehr als 25 % ihres musikbezogenen Einkommens ausmachte. Die Arbeit als Studio- bzw. Session-MusikerIn erbrachte hingegen nur für die unterste und auch für die oberste Einkommensgruppe im Bereich Klassik ein signifikant hohes Einkommen, wohingegen die mittlere Einkommensgruppe vor allem ein Einkommen aus der Erteilung von Musikunterricht bezog. JazzerInnen arbeiteten hingegen weniger oft als Studio- und Session-MusikerInnen, wodurch der Anteil aus dieser Einkommensquelle nur zwischen 5–10 % ausmachte. Für Pop- und

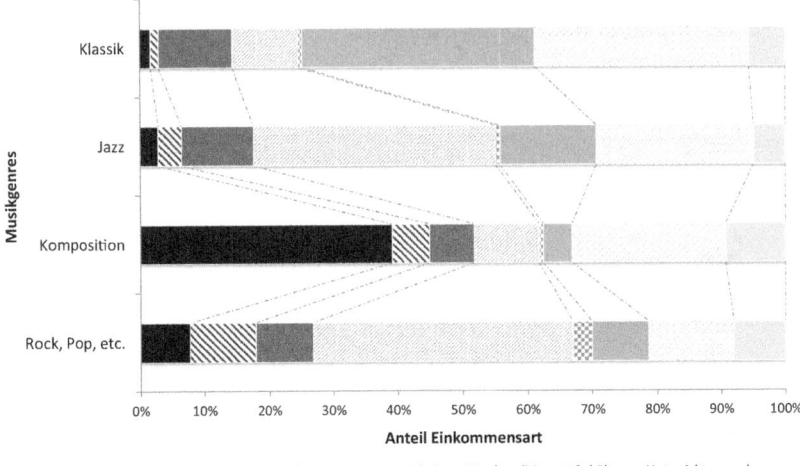

Abb. 9.10 Durchschnittlicher Anteil musikbezogener Einkommensarten nach Genre. (Quelle: Eigene Darstellung nach DiCola (2013, S. 60))

Rock-MusikerInnen war hingegen die Verwertung urheberrechtlich geschützter Werke eine wichtige Einkommensquelle. In den beiden obersten Einkommensgruppen spielten Einnahmen aus der Verwertung von Kompositionen und Musikaufnahmen mit einem Anteil von mehr als 25 % eine wesentliche Rolle. Allerdings ging der Anteil der Einnahmen aus der Verwertung urheberrechtlich geschützter Werke in den niedrigeren Einkommensgruppen markant zurück. Ähnlich war die Einkommenssituation bei der Arbeit als Studio- und Session-MusikerInnen: Für die oberen Einkommenskohorten war diese Einkommensquelle mit einem Anteil von 25 % wesentlich relevanter als für die unteren Einkommensgruppen im Bereich Pop- und Rockmusik.

Eine Sonderstellung nahmen die SongwriterInnen und KomponistInnen ein, die einen ganz anderen Einkommensmix hatten. Das Songwriting/Komponieren war für 40 % der jährlichen Einnahmen verantwortlich und ein weiteres Viertel stammte aus der Unterrichtstätigkeit. 10 % des Einkommens wurde über die Konzerttätigkeit lukriert und nur 5 % aus der Verwertung von Musikaufnahmen. Vor allem die Spitzenverdiener unter den KomponistInnen bezogen einen Großteil ihres Einkommens aus ihrem Werkschaffen, das 75 % zum gesamten Einkommensmix betrug. Mit sinkendem Gesamteinkommen ging auch der Anteil der Einnahmen aus der Verwertung von Kompositionen zurück und machte in der untersten Einkommensgruppe unter 40 % am Einkommensmix aus, wohingegen die Einnahmen aus der Unterrichtstätigkeit in den unteren Einkommensgruppen wesentlich wichtiger wurden.

Insgesamt zeigt die Studie, dass sich im Laufe der Digitalisierung die Einkommensströme der MusikerInnen stark diversifiziert haben. DiCola (2013, S. 43) zieht daraus den Schluss: „*Musicians play multiple roles in their music-related work. (…) Each musician is like his or her own small business; musicians have to be ready to adjust to different opportunities and changing consumer demand*". Und „*[p]olicymakers should expect musicians to adjust their allocation of time among roles in response to such changes.*"

Auch wenn die beiden Studien – Krueger (2018) und DiCola (2013) – aufgrund unterschiedlicher methodischer Zugänge nicht vergleichbar sind, bilden sie doch die massive Verschiebung der MusikerInnen-Einkommen von der phonografischen Industrie zum Musikveranstaltungsbusiness ab. Sie zeigen auch, dass vor allem für die unteren Einkommenskohorten der Musikunterricht eine wichtige Einkommensquelle ist. Die wirtschaftliche Lage der MusikerInnen könnte also durch ein stärkeres Engagement der Kulturpolitik in der Förderung von Musikveranstaltungen, Orchestern und Musikensembles sowie der Musikausbildung verbessert werden.

9.5 Sekundäre Musikarbeitsmärkte

Abgesehen vom primären Arbeitsmarkt für MusikerInnen sind noch viele weitere Personen in der Musikwirtschaft tätig (Abb. 9.11).

Eine deutsche Studie (Seufert et al. 2015) erfasste 2014 insgesamt 127.616 Beschäftigte im Musiksektor. 21,9 % oder 27.895 Personen bildeten den primären Arbeitsmarkt an selbstständigen KomponistInnen/SongwriterInnen und/oder InterpretInnen. Diese Gruppe trug 15 % zur Bruttowertschöpfung in der gesamten deutschen Musikwirtschaft bei. Der Rest von 78,1 % (fast 100.000 Beschäftigte) sind keine aktiven MusikerInnen und auf sekundären Musikarbeitsmärkten beschäftigt. Der größte Anteil – 25,6 % oder 32.629 Personen – war im Musikveranstaltungssektor tätig. 28.506 Personen (22,3 %) waren in der privaten Musikausbildung (in privaten Musikschulen und als freischaffende MusikpädagogInnen) tätig.[8] Die phonografische Industrie in Deutschland

---

[8]Würde man den von der öffentlichen Hand finanzierten Musikausbildungsbereich hinzurechnen, wäre das mit Abstand der größte sekundäre Musikarbeitsmarkt in Deutschland.

Sektoren	Gesamt	Selb-ständig	%	Unselb-ständig	%	Projekt-bezogene Freelancer	%
Musikveranstaltungssektor[a]	32.629	2.988	9,2%	29.641	90,8%	13.031	39.9%
Musikausbildung[b]	28.506	27.629	96,9%	877	3,1%	19.440	68.2%
Kreative	27.895	22.196	79,6%	5.699	20,4%	8.921	32.0%
Phonografische Industrie	19.866	4.404	22,2%	15.462	77,8%	3.101	15.6%
Musikinstrumentensektor	14.795	2.268	15,3%	12.527	84,7%	941	6.4%
Musikverlage	2.855	240	8,4%	2.615	91,6%	372	13.0%
Verwertungsgesellschaften	1.070	0	0,0%	1.070	100,0%	0	0.0%
Gesamt	127.616	59.725	46,8%	67.891	53,2%	45.806	35,9%

Abb. 9.11 Der Arbeitsmarkt der deutschen Musikwirtschaft, 2014. [a]Beschäftigte in öffentlich finanzierten Musiktheatern und Orchestern sind nicht inkludiert, [b]Beschäftigte in öffentlich finanzierten Musikschulen und Musikhochschulen bzw. Konservatorien sind nicht inkludiert. (Quelle: Eigene Darstellung nach Seufert et al. (2015, S. 14–15))

beschäftigte 2014 19.866 Personen (15,6 %) und der Musikinstrumenten-Sektor (Herstellung und Vertrieb) weitere 14.795 Personen (11,6 %). Ein kleiner Teil von 2.855 Personen (2,2 %) war im Musikverlagsbereich tätig und 1.070 Beschäftigte (0,8 %) wiesen die musikbezogenen Verwertungsgesellschaften auf. Die Zahlen belegen, dass die sekundären Musikarbeitsmärkte in Deutschland fast um das 3,6-fache größer sind als der primäre Musikarbeitsmarkt der KomponistInnen/AutorInnen und/oder InterpretInnen und eine Bruttowertschöpfung generieren konnte, die sogar 6-mal höher ist als jene des primären Musikarbeitsmarktes.

Die Studie belegt auch den hohen Selbstständigen-Anteil in der deutschen Musikwirtschaft, der 2014 bei 46,8 % lag. Der höchste Anteil von selbstständig Beschäftigten findet sich mit 97 % in der privaten Musikausbildung,[9] gefolgt von Musikschaffenden, von denen 80 % selbstständig tätig waren. Mit 100 % war der Anteil der unselbstständig Beschäftigten bei den Verwertungsgesellschaften am höchsten, gefolgt vom Musikverlagswesen (91,6 %), dem

---

[9]Der hohe Anteil von Selbstständigen im Musikausbildungsbereich ist dadurch verzerrt, dass Beschäftigte in öffentlich finanzierten Musikschulen und Musikhochschulen/Konservatorien nicht erfasst wurden.

9.5 Sekundäre Musikarbeitsmärkte

Musikinstrumenten-Sektor (84,7 %) und der phonografischen Industrie (77,8 %). Die meisten in der deutschen Musikwirtschaft Beschäftigten waren in mehreren Berufsfeldern gleichzeitig tätig. MusikerInnen arbeiteten gleichzeitig auch als MusikpädagogInnen, MusikproduzentInnen, BookerInnen aber auch für Labels, Musikverlage und Verwertungsgesellschaften. Insgesamt erweist sich der sekundäre Musikarbeitsarbeit als stark diversifiziert und fragmentiert. Neben selbstständig tätigen Label-EignerInnen, VerlegerInnen und Booking-AgentInnen, sind auch viele DienstleisterInnen wie RechtsanwältInnen, BuchhalterInnen, Marketing-ExpertInnen und ManagerInnen, die in ihrer Tätigkeit nur wenig oder gar keinen Bezug zum Musikschaffen haben, in der deutschen Musikwirtschaft aktiv.

Die Ökonomie des digitalen Musikbusiness

10

Die Digitalisierung in der Musikindustrie geht im Grunde genommen bereits auf die Markteinführung der Compact Disk (CD) durch Philips und Sony im Jahr 1982 zurück. Allerdings wurde die CD von den Labels damals noch als Tonträger mit größerer Speicherkapazität verstanden, die keine disruptive Technologie für das bestehende Wertschöpfungsnetzwerk darstellte. Die rasche Zunahme von schnelleren Breitband-Internetverbindungen und das Aufkommen der MP3-Technologie in der zweiten Hälfte der 1990er-Jahre schufen die technologischen Voraussetzungen sowohl für die Ausbreitung von Peer-to-Peer-Filesharingnetzwerken (P2P) als auch für ein digitales Musikbusiness. Da die Hauptakteure der damaligen Musikindustrie davon ausgingen, dass die kostenlose Nutzung von Musik über die P2P-Netzwerke nicht nur das bestehende physische Geschäftsmodell zerstören, sondern auch den nachhaltigen Aufbau eines legalen, digitalen Musikmarktes behindern wenn nicht sogar verunmöglichen würde, wurde der „Musikpiraterie" der Kampf angesagt. Vor allem die großen Tonträgerkonzerne aber auch Musikindustrieverbände und Verwertungsgesellschaften begannen Filesharing- sowie -hostinganbieter zu verklagen und waren, trotz einiger Rückschläge, schließlich auch erfolgreich beim Zurückdrängen der unautorisierten Musiknutzung.

Aber auch die Etablierung von voll-lizenzierten digitalen Musikservices sorgte dafür, dass die Nutzung von Filesharing-Software zurückging. Als Wendepunkt kann die flächendeckende Markteinführung von iTunes durch den Computerhersteller Apple im Jahr 2003 angesehen werden, wodurch sich ein legaler digitaler Musikmarkt entfalten konnte. Wie bereits in Abschn. 6.2.1 ausführlich dargelegt wurde, machen die digitalen Musikumsätze global schon mehr als die Hälfte des Gesamtumsatzes der phonografischen Industrie aus. Waren anfangs Klingeltöne und Musikdownloads die Wachstumsmotoren, so setzte sich ab den frühen 2010er-Jahren immer mehr das Musikstreaming als Haupertragsquelle durch.

Ökonomische Studien zeigen, dass Musikstreaming einen negativen Einfluss auf die Umsätze aus dem Verkauf von Musik (Tonträger und Downloads) hat. Dieser Kannibalisierungseffekt war auch ein zentrales Thema einer Anhörung vor dem Richtersenat des US-Copyright Royalty Board, in der das US-Musikstreamingportal Pandora geringere Lizenzentgelte für die Musiknutzung forderte, da der Promotionseffekt des Musikstreamings höher wäre als der Substitutionseffekt. Untermauert wurde diese Behauptung durch eine in Auftrag gegebene Studie, in der der Ökonomen Stephen McBride (2014) nachzuweisen versuchte, dass das Abspielen eines Albumtracks auf Pandora zu einem Anstieg von durchschnittlich 2,31 % beim physischen und digitalen Verkauf führt. In der Studie werden auch Veröffentlichungen von Majors und Indies miteinander verglichen. Dabei wird der Promotionseffekt eines Pandora-Plays für eine aktuelle Major-Produktion mit plus 2,82 % und für einen Backkatalogtitel mit plus 2,36 %. Keinen signifikanten Effekt konnte die Studie für einen Indie-Release feststellen, wohingegen um 3,85 % mehr von den Backkatalogtiteln der Indies verkauft werden konnten. McBride (2014, S. 20) kommt daher zum Schluss: *„The Music Sales Experiments confirm that the Pandora radio is promotional of music sales – that is, music sales are higher when music plays on Pandora. (…) We also present evidence that the promotional effect is greater for music with greater exposure on Pandora."*

Unabhängige Studien kommen zu differenzierten Ergebnissen. So zeigen Nguyen, Dejean und Moreau (2014, S. 328) *„(…) that streaming has no effect on physical sales of recorded music but does have a positive effect on live music from national or international artists".* Im Gegensatz dazu identifizieren Wlömert und Papies (2015) sehr wohl einen negativen Effekt, den Musikstreaming auf die phonografischen Umsätze hat. Die Nutzung des Streaming-Abomodells von Spotify führte sogar zu einem stärken Rückgang der Ausgaben für Musikkäufe (minus 24 %) als die Nutzung werbefinanzierter Angebote wie z. B. jenes von YouTube (minus 11 %): *„These results suggest that consumers rely less on streaming services as a tool for sampling or exploring music that they may later purchase. Rather, on average, the use of streaming services as a substitute for consuming and obtaining music from other channels appears to dominate"* (ibid., S. 324). Allerdings zeigen die Autoren auch, dass *„(…) the adoption of paid streaming services has a significant and substantial positive net effect on revenue",* während werbefinanziertes Streaming sich negativ auf die Erträge auswirkt. Wlömert und Papies (2015, S. 324–325) ziehen daraus den Schluss: *„Streaming services are net positive for the industry. This positive effect, however, only occurs because of the strong positive revenue contribution of paid streaming that offsets the net negative impact of free streaming."*

10.1 Die Ökonomie des Musikstreamings

Mit dem Musikstreaming wurde das vorherrschende Besitzmodell an Musik (z. B. in Form von Schallplatten, CDs, Musikdownloads) durch ein Zugangsmodell zur Musik abgelöst. Der Musikstreamingmarkt hat sich im letzten Jahrzehnt rasant entwickelt. Lag der Anteil der Einnahmen aus dem Musikstreaming am gesamten Digitalmarkt 2011 in fast ¾ aller von der IFPI erfassten Märkte noch bei unter 50 % (Abb. 10.1), so gab es 2018 nur wenige Märkte, in denen der Umsatzanteil von Musikstreaming am Digitalmarkt unter 80 % lag (Abb. 10.2).

Die Transformation von einem Tonträger- zu einem Musikstreamingmarkt verlief in den unterschiedlichen Ländern nicht gleichförmig. Während die skandinavischen Länder, allen voran Schweden und Norwegen, bereits 2011 einen ausgeprägten Musikstreamingmarkt hatten, lag der Digitalanteil am gesamten phonografischen Markt in Deutschland und Österreich unter 20 %. Die CD war noch immer der Hauptumsatzträger. Auch wenn in Deutschland und Österreich der Streaminganteil am Gesamtmarkt in den letzten Jahren stark gewachsen ist, lag er 2018 etwa bei dem schwedischen Wert von 2011. Das heißt, die Streamingmärkte der beiden Länder haben immer noch ein Wachstumspotenzial, wohingegen die skandinavischen Streamingmärkte bereits erste Anzeichen einer Stagnation aufweisen (Abb. 10.3).

Der Vergleich zeigt, dass zahlreiche Faktoren wie das durchschnittliche Pro-Kopf-Einkommen, der Breitbandinternetausbau, die Smartphone-Marktdurchdringung und rechtliche Rahmenbedingungen einen wesentlichen Einfluss auf die Entwicklung der Musikstreamingmärkte haben. Nicht zuletzt spielt auch die Verfügbarkeit eines nationalen Musikstreamingdienstes – Spotify in Schweden und WiMP/Tidal in Norwegen – eine wichtige Rolle für die Marktentwicklung. Es gibt unterschiedliche Musikstreamingdienste, die in der nachfolgenden Typologie genauer besprochen werden.

10.1.1 Eine Typologie der Musikstreamingangebote

1. Nicht-interaktive Internetradios und Webcaster

Internet- und Webradios senden konventionelle Radioprogramme, die ohne interaktive und/oder personalisierte Features genutzt werden können. Die meisten dieser Webradios können sind werbefinanziert und somit gratis. Für Deutschland hat das Marktforschungsinstitut Goldmedia (2017, S. 5) für das Jahr 2017 insgesamt 2399 Webradios erfasst, wobei die Zahl in den letzten Jahren am

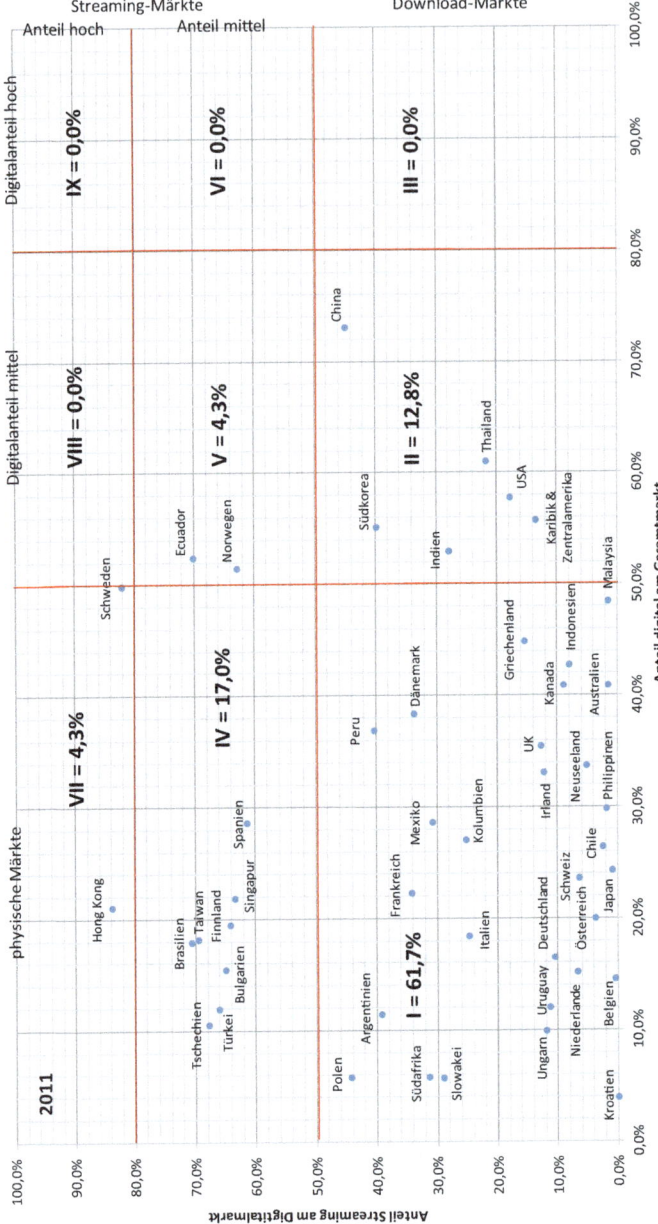

Abb. 10.1 Die internationalen Musikstreamingmärkte 2011. (Quelle: Eigene Darstellung nach IFPI Recording Industry in Numbers 2011)

10.1 Die Ökonomie des Musikstreamings

Abb. 10.2 Die internationalen Musikstreamingmärkte 2018. (Quelle: Eigene Darstellung nach IFPI Recording Industry in Numbers 2011 und IFPI Global Music Report 2018)

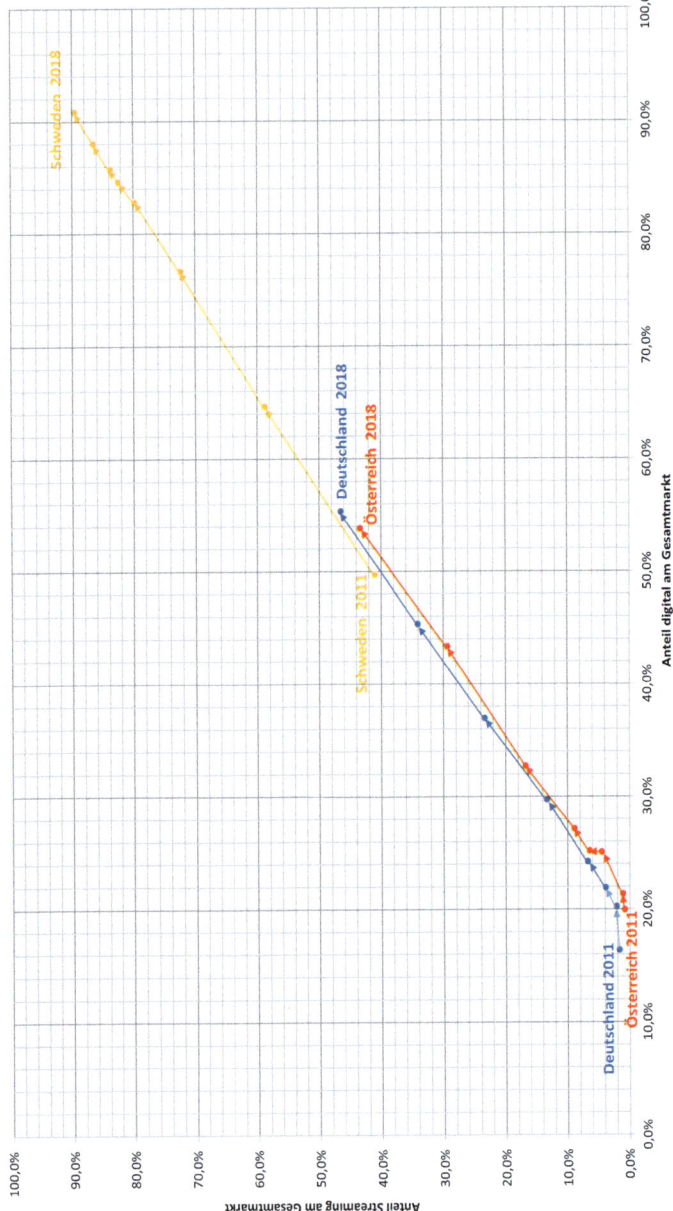

Abb. 10.3 Die Entwicklung der Musikstreamingmärkte in Deutschland, Österreich und Schweden im Vergleich, 2011–2018. (Quelle: Eigene Darstellung nach IFPI Global Music Report 2018)

Sinken ist. 2011 wurde in Deutschland mit mehr als 3000 Webradios ein Höchststand erreicht. Seitdem ist die Anzahl der Webradios um 21,5 % gesunken. 2017 waren 1624 Radios nur online verfügbar und weitere 775 Radiosender waren sogenannte Simulcaster, die mit traditionellen terrestrischen Radiostationen verbunden sind (ibid.).

2. Nicht-interaktive, personalisierte Streamingdienste

Ein Pionier des nicht-interaktiven aber personalisierten Musikstreamens ist das 2002 gegründete LastFM. Es basiert auf dem Musikempfehlungssystem Audioscrobbler, das ein detailliertes Nutzungsprofil anlegt und darauf beruhend, entsprechende Musiktitel vorschlägt. 2007 wurde LastFM vom US-Rundfunknetzwerk CBS um US$ 280 Mio. erworben und durch einen klassischen Musikstreamingdienst ergänzt, der allerdings 2014 wieder eingestellt wurde. LastFM wurde auf seine Musikempfehlungsfunktion begrenzt und in andere Dienste, wie z. B. Spotify integriert.[1] Ein ähnliches Angebot bietet der US-amerikanische Streamingdienst Pandora, der 2000 gegründet wurde und auf dem Music Genome Project beruht. Dabei gibt die NutzerIn einen Musiktitel ein, der mit ähnlichen Titeln auf Basis von mehr als 400 Attributen in der Datenbank abgeglichen wird und auf weitere ähnliche Titel verweist. Die NutzerInnen können über Likes und Dislikes ihren Musikgeschmack bestimmen, woraus sich ein automatisierter Programmablauf ergibt.[2] Allerdings kann ein Musiktitel nicht wiederholt werden, ohne dass das Programm neu gestartet wird. Damit zählt Pandora nach dem US-Copyrightgesetz zu nicht-interaktiven Radioangeboten und kann daher über eine Zwangslizenz (compulsory license), deren Tarif vom US-Copyright Royalty Board (CRB) festgelegt wird, das Musikrepertoire nutzen. Viele der nicht-interaktiven, personalisierten Web-Radios sind werbefinanziert, bieten meist aber auch ein Abo-Service.

3. Interaktive, personalisierte Streamingdienste

Interaktives und personalisiertes Musikstreamen ist mittlerweile zum Standardmusikkonsum geworden. Dabei können die NutzerInnen ohne Restriktionen aus einem riesigen Katalog von vielen Millionen Titeln auswählen, wobei meist Musikempfehlungssysteme helfen, neue Musik zu entdecken. Bahnbrechend

---

[1] Siehe Blog Last.fm, http://blog.last.fm/, 29. Januar 2014 (abgerufen: 30.11.2019).
[2] Layton, Julia, o. D., „How Pandora Radio Works", How Stuff Works Webpage: https://computer.howstuffworks.com/internet/basics/pandora.htm (abgerufen: 30.08.2019).

war das Freemium-Modell, das vor allem Spotify salonfähig gemacht hat. Dabei kann Musik werbefinanziert und somit gratis konsumiert werden, wobei es zeitliche Limits oder technologische Einschränkungen wie geringe Streamingraten geben kann. Das Gratisangebot ist mit einem werbefreien Premium-Abo-System verknüpft, in dem alle Restriktionen wegfallen. Das Geschäftsmodell besteht nun darin, über das Gratisangebot möglichst viele MusikkonsumentInnen zu gewinnen, die dann ins Premium-Abo umsteigen. Andere Musikstreamingdienste wie Apple Music, Tidal oder Amazon Music Unlimited verzichten ganz auf ein Gratis-Angebot und bieten nur ein Abo-Modell an, das von monatlich US$/EUR 4,99 für eine reine Desktop-Version bis zu US$/EUR 9,99 für ein vollwertiges Premiumservice mit Offline-Pufferung und mobilen Onlinezugang reicht. Einige Anbieter versuchen sich zudem über eine hohe Streaming-Audioqualität (z. B. Tidal oder der Klassikstreamingdienst IDAGIO), Musikempfehlungssysteme, Playlist-und Social Media-Features etc. zu differenzieren.

4. Videostreaming-Plattformen

YouTube ist das bei Weitem bekannteste Videostreaming-Angebot. Die Google Inc. (heute: Alphabet Inc.) hat die User-Generated Content-Plattform im November 2006 um US$ 1,65 Mrd. erworben. NutzerInnen können dabei ihre (selbst gemachten) Videos hochladen. Von Anfang an waren Musikvideos ein sehr beliebter Inhalt und es wurden immer öfter auch urheberrechtlich geschützte Inhalte von NutzerInnen hochgeladen, was zu Kritik durch die RechteinhaberInnen und schließlich auch zu gesetzlichen Maßnahmen (z. B. die neue Urheberrechtsrichtlinie der EU) geführt hat. Mittlerweile bietet YouTube die Möglichkeit, hochgeladene Inhalte über Werbung zu monetarisieren und hat mit YouTube Music einen voll-lizenzierten Abo-Musikdienst gestartet. Andere Videostreaming-Dienste wie Vevo oder Tape.tv sind keine User-Generated-Content-Anbieter und meist werbefinanziert. Vevo nutzt zudem YouTube als Plattform, um sein Angebot zu positionieren.

5. Cloud-Musikservices

Eine Sonderform von Musikstreaming stellen Cloud-Musikservices dar, die meist mit anderen digitalen Musikangeboten kombiniert werden. Dabei besteht für die NutzerInnen die Möglichkeit, Musik-Downloads in einem Webshop zu erwerben, die dann zum Streaming und/oder Download in einem Cloud-Server gespeichert werden, wie das bei Amazon Music der Fall ist. Dazu muss eine spezielle App verwendet werden, um das Streamen zu ermöglichen. Ähnliche Angebote bietet

Google mit „Play Music" oder Apple mit der „iCloud", wobei letztere auch die Synchronisation anderer Medieninhalte auf diversen Endgeräten ermöglicht. Die meisten Angebote erlauben die Gratisspeicherung von Inhalten bis zu einer bestimmten Datenmenge, ab der dann Entgelte fällig werden.

10.1.2 Das Content-Beschaffungsmodell der Musikstreamingdienste

Die zwei wesentlichsten Grundpfeiler des Geschäftsmodells von Musikstreamingdiensten sind die Content-Beschaffung und das Ertragsmodell. Bei der Content-Beschaffung geht es darum, sowohl die Urheberrechte an den Musikwerken als auch die Leistungsschutzrechte an den Musikaufnahmen zu lizenzieren. Die Rechte an den Musikwerken werden dabei in der Regel von Verwertungsgesellschaften oder speziellen Lizenzagenturen erworben. Die Leistungsschutzrechte an den Aufnahmen (Masterrechte) liegen hingegen bei den Labels und müssen von den Streamingdiensten direkt lizenziert werden, was bei den Majors – Universal Music Group, Sony Music Entertainment und Warner Music Group – direkt erfolgt, bei den Indies hingegen entweder über Content-Aggregatoren wie digitale Musikvertriebe (The Orchard, Believe Digital und Rebeat) oder über die Indie-Lizenzagentur MERLIN.

In den USA erfolgt die Lizenzierung der Aufführungs- bzw. Senderechte für nicht-interaktive Services wie Pandora, Sirius XM und iHeartRadio über die digitale Verwertungsgesellschaft SoundExchange. Die Entgelte sind dabei durch das Copyright Royalty Board (CRB) vorgegeben, wonach 50 % der Einnahmen an die Labels und 45 % an die InterpretInnen verteilt werden. Die restlichen 5 % werden durch die US-amerikanische Musikergewerkschaft AFM (American Federation of Musicians) sowie von der Screen Actors Guild (SAG) und der American Federation of Television and Radio Artists (AFTRA) an Background-SängerInnen und StudiomusikerInnen ausgeschüttet.

Damit die Streamingservices die Kataloge der Majors und im Fall der Indies von MERLIN überhaupt nutzen können, hat sich die Usance von Vorschusszahlungen, die mit den späteren Streamingeinnahmen der Musikdienste gegenverrechenbar sind, etabliert. Aus einem Vertrag zwischen Sony und Spotify aus dem Jahr 2011, der an die Öffentlichkeit drang, kann entnommen werden, dass sich der schwedische Musikstreaminganbieter verpflichtet hat, einen Vorschuss von US$ 42,5 Mio. an die Sony Music Entertainment über einen Zeitraum von drei Jahren zu zahlen. Gemäß Artikel 4(a) des Vertrags waren im ersten Jahr

Unternehmen	Anzahl der Aktien	Aktienanteil in %
Universal International Music BV	97.827	5,0%
Sony BMG Music Entertainment International Ltd.	117.392	6,0%
Warner Music Luxembourg S.à.R.L.	78.261	4,0%
EMI Records Ltd.	39.131	2,0%
Merlin BV	19.565	1,0%
Summe	**352.176**	**18,0%**
Gesamtanzahl der Spotify-Aktien	*1.956.531*	*100%*

Abb. 10.4 Die Aktienanteile der phonografischen Unternehmen an Spotify 2008. (Quelle: Eigene Darstellung nach Music Business Wordwide, „Here's exactly how many shares the major labels and Merlin bought in Spotify – and what those stakes are worth now", 14. Mai 2018: https://www.musicbusinessworldwide.com/heres-exactly-how-many-shares-the-major-labels-and-merlin-bought-in-spotify-and-what-we-think-those-stakes-are-worth-now/ (abgerufen: 30.11.2019))

US$ 9 Mio. fällig, im zweiten Jahr US$ 16 Mio. und in einem optionalen dritten Jahr US$ 17,5 Mio.[3]

Da Spotify nicht in der Lage war, die Musikkataloge der Majors und von MERLIN zu lizenzieren, wurde den Rechteinhabern eine Beteiligung am Unternehmen eingeräumt. 2008 waren daher die damals noch vier Majors mit insgesamt 17 % und die Indies über MERLIN mit 1 % an Spotify beteiligt (Abb. 10.4).

Der Anteilserwerb hat sich als ein sehr gutes Geschäft herausgestellt. Der 18-Prozentanteil der Majors und MERLIN, der 2008 zu einem Nominalwert von lediglich EUR 8804 (!) erworben worden war, war zum Börsengang von Spotify Anfang April 2018 rund US$ 2,6 Mrd. wert.[4] Die Spekulation hat sich also für die Plattenfirmen gelohnt und es kein Wunder, dass MERLIN gleich am ersten Tag nach dem Börsengang seinen gesamten Anteil an Spotify um US$ 100 Mio. veräußerte. Bald danach verkaufte die Warner Music Group ihr gesamtes

---

[3]The Verge, „This was Sony Music's contract with Spotify", 19. Mai 2015: http://www.theverge.com/2015/5/19/8621581/sony-music-spotify-contract (abgerufen: 27.11.2019).

[4]Music Business Worldwide, „Here's exactly how many shares the major labels and Merlin bought in Spotify – and what those stakes are worth now", 14. Mai 2018: https://www.musicbusinessworldwide.com/heres-exactly-how-many-shares-the-major-labels-and-merlin-bought-in-spotify-and-what-we-think-those-stakes-are-worth-now/ (abgerufen: 30.11.2019).

Aktienpaket von Spotify um US$ 504 Mio. und die Sony Music Entertainment stieß noch 2018 die Hälfte ihrer Spotify-Aktien im Wert von US$ 768 Mio. ab. Lediglich die Universal Music Group hat ihren Spotify-Anteil, der je nach Aktienkurs um die US $ 1,0 Mrd. wert sein dürfte, noch nicht verkauft.[5]

Aber auch ein anderes Investment in einen Musikstreamingdienst könnte sich noch bezahlt machen. 2012 investierte die US-Beteiligungsgesellschaft Access Industries, die auch Eigentümerin der Warner Music Group ist, US$ 130 Mio. in das französische Streamingservice Deezer. 2015 wurden weitere US$ 109 Mio. (gemeinsam mit dem französischen Telekommunikationskonzern Orange) ins Unternehmen gesteckt.[6] Im Fall eines Börsengangs von Deezer könnte sich das noch als gutes Investment erweisen.

Das Beispiel zeigt, dass sich in der Streamingökonomie die Monetarierungsstrategien gewandelt haben. Es geht den Labels – insbesondere den Majors – nicht mehr darum, möglichst viel Musik zu verkaufen, sondern ihre Kataloge mit Musikaufnahmen (d. h. die Masterrechte) flächendeckend zu lizenzieren. Ohne diese Rechte können keinen Streamingservices betrieben werden. Weil sich aber die Musikstreamingdienste die vertraglich üblichen Vorschusszahlungen nicht leisten können, erwerben die Labels Unternehmensanteile, die dann im Fall eines Börsengangs oder einer Unternehmensakquisition zu Geld gemacht werden können.

10.1.3 Das Ertragsmodell der Musikstreamindienste: Spotify

Spotify vermeldete für das dritte Quartal 2019 insgesamt 248 Mio. aktive NutzerInnen, wovon 113 Mio. für das Premium-Angebot zahlten.[7] Der Jahresumsatz für 2018 lag bei EUR 5,26 Mrd., wovon rund 90 % (EUR 4,72 Mrd.) vom

---

[5]Music Business Worldwide, „One reason why Spotify's deals with the major labels are balanced on a knife-edge", 13. November 2018: https://www.musicbusinessworldwide.com/one-reason-why-spotifys-deals-with-the-major-labels-rest-on-a-knife-edge/ (abgerufen: 28.11.2019).

[6]Music Business World Wide, „Deezer absorbs EUR 100 m investment from Orange and Access Industries", 20. Januar 2016: http://www.musicbusinessworldwide.com/deezer-absorbs-e100m-investment-from-orange-and-access-industries/ (abgerufen: 29.08.2019).

[7]Spotify-Pressemeldung, „Spotify Technology S.A. Announces Financial Results for Third Quarter 2019", 28. Oktober 2019: https://investors.spotify.com/financials/press-release-details/2019/Spotify-Technology-SA-Announces-Financial-Results-for-Third-Quarter-2019/default.aspx (abgerufen: 28.11.2019).

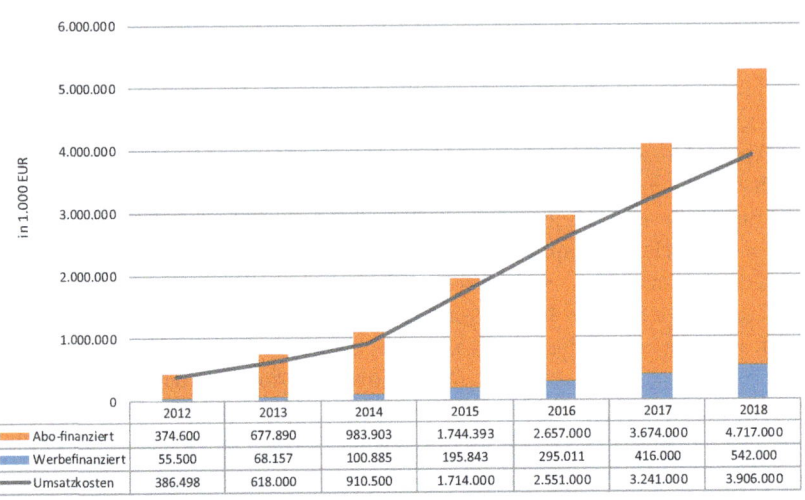

Abb. 10.5 Die Ertrags- und Umsatzkostenentwicklung von Spotify, 2012–2018. (Quellen: Für 2012–2013 siehe Music Business Worldwide, „How can Spotify become profitable?", 11. Mai 2015: http://www.musicbusinessworldwide.com/how-can-spotify-become-profitable/ (abgerufen: 28.11.2019); für 2014–2018 siehe Spotify (2019, S. 5))

Abo-Segment und 10 % (EUR 542 Mio.) durch Werbeeinnahmen lukriert werden (Spotify 2019) (Abb. 10.5).

Trotz des beeindruckenden Umsatzanstiegs um mehr als das 10-fache zwischen 2012 und 2018 sind auch die Kosten in diesem Umfang angestiegen und lagen 2018 bei EUR 5,30 Mrd. Allerdings konnte der Jahresverlust 2018 dank des Börsengangs auf EUR 43,0 Mio. reduziert werden, nachdem er im Vorjahr noch EUR 378,0 Mio. betragen hat (Spotify 2019, S. 5) (Abb. 10.6, 10.7 und 10.8).

Der wichtigste Kostenfaktor für Spotify sind die Lizenzentgelte, die an die RechteinhaberInnen zu bezahlen sind. Die Umsatzkosten, die neben Kundenservice, Zahlungsverkehrskosten und Anlagekosten vor allem die Lizenzzahlungen beinhalten, lagen 2018 bei 74,3 %, nachdem sie in den Anfangsjahren sogar über 100 % gelegen waren. Das bedeutet, dass fast ¾ des Umsatzes zur Bedeckung der unmittelbar mit dem Umsatz zusammenhängenden Kosten, die wiederum vor allem Lizenzkosten sind, aufgewendet werden muss.

Solange die Labels substanziell an Spotify beteiligt waren, war es auch für das Unternehmen schwer möglich, die Lizenzkosten zu senken. Genauso wenig konnte Spotify im heiß umkämpften Streamingmarkt die Marketing- und F&E-Kosten reduzieren. Mit dem Börsengang haben sich für den schwedischen Streamingdienst

10.2 Das Wertschöpfungsnetzwerk der digitalen Musikwirtschaft

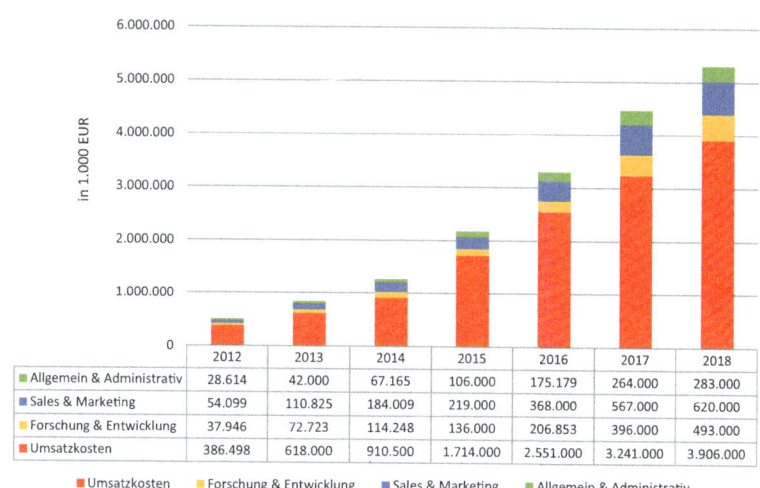

Abb. 10.6 Die Ausgabenentwicklung von Spotify, 2012–2018. (Quellen: Für 2012–2013 siehe Music Business Worldwide, „How can Spotify become profitable?", 11. Mai 2015: http://www.musicbusinessworldwide.com/how-can-spotify-become-profitable/ (abgerufen: 28.11.2019); für 2014–2018 siehe Spotify (2019, S. 5))

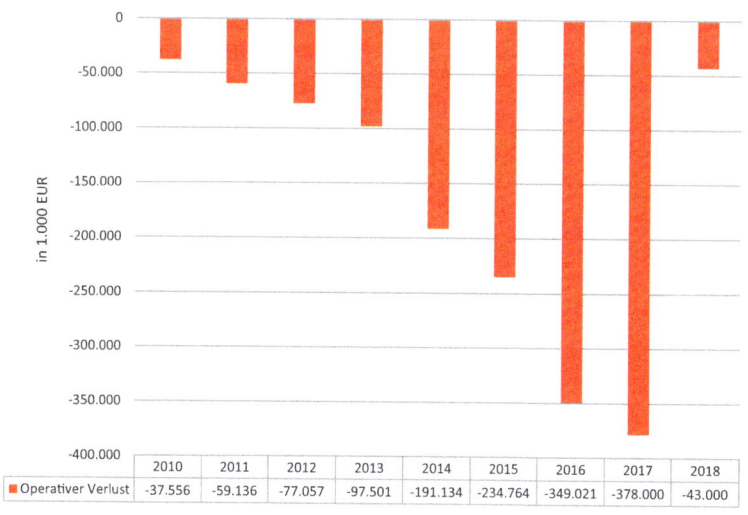

Abb. 10.7 Die Ergebnisentwicklung von Spotify, 2012–2018. (Quellen: Für 2012–2013 siehe Music Business Worldwide, „How can Spotify become profitable?", 11. Mai 2015: http://www.musicbusinessworldwide.com/how-can-spotify-become-profitable/ (abgerufen: 28.11.2019); für 2014–2018 siehe Spotify (2019, S. 5))

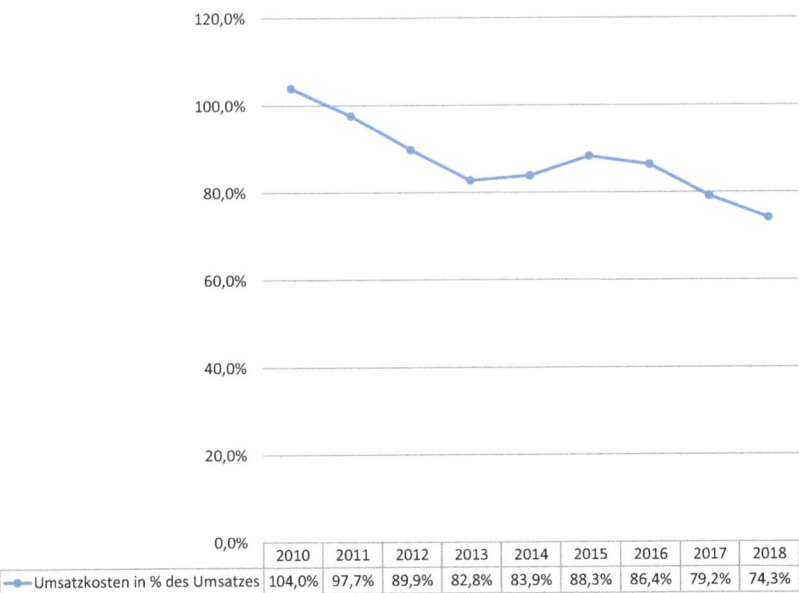

Abb. 10.8 Die Entwicklung der Umsatzkosten von Spotify, 2012–2018. (Quellen: Für 2012–2013 siehe Music Business Worldwide, „How can Spotify become profitable?", 11. Mai 2015: http://www.musicbusinessworldwide.com/how-can-spotify-become-profitable/ (abgerufen: 28.11.2019); für 2014–2018 siehe Spotify (2019, S. 5))

neue Handlungsspielräume eröffnet, die auch in den Neuverhandlungen der Lizenz-Deals mit den Labels genutzt wurden und zu einer leichten Reduktion der Lizenzzahlungen geführt haben.[8]

10.2 Das Wertschöpfungsnetzwerk der digitalen Musikwirtschaft

Die Digitalisierung der Musikwirtschaft beschränkt sich nicht nur auf die Musikdistribution, sondern hat das gesamte Wertschöpfungsnetzwerk der Musikwirtschaft grundlegend und nachhaltig verändert. Technologie- und Internetkonzerne

---

[8]Music Business Worldwide, „Spotify is on a collision course with the major record companies. Here's why", 16. August 2018: https://www.musicbusinessworldwide.com/spotify-is-on-a-road-to-collision-with-the-record-industry-heres-why/ (abgerufen: 29.11.2019).

wie Apple, Google und Amazon sind wesentliche Akteure im Musikbusiness geworden, indem sie Musik-Downloadshops und -Streamingdienste etabliert haben. Aber auch Unternehmen anderer Branchen leisten heutzutage einen Beitrag in der Musikwertschöpfung. Autohersteller liefern ihre neuesten Modelle bereits mit vorinstallierten Musikstreamingdiensten aus, Airlines bieten ihren Fluggästen Streaming- und Downloadangebote in ihren Customer-Relation-Programmen, Supermarktketten versuchen ihren Umsatz mit der Ausgabe von Sammelkarten, die zum Musikdownload berechtigen, anzukurbeln und die Kaffeehaus-Kette Starbucks hat sogar eine Zeitlang ein eigenes Plattenlabel betrieben, um Musik in ihren Shops zu promoten. Nicht alle diese Experimente waren nachhaltig, sie zeigen aber, dass sich der Musikvertrieb im digitalen Zeitalter weit über die traditionellen Distributionskanäle ausgeweitet hat.

Das wichtigste Ergebnis der digitalen Revolution in der Musikwirtschaft aber war, dass die MusikerInnen weniger stark von den traditionellen Strukturen und Prozessen des Musikbusiness abhängig wurden. Wie selbstverständlich laden heute MusikerInnen ihre Musikvideos auf YouTube hoch und nutzen Social-Mediakanäle wie Facebook, Instagram und Twitter, um direkt mit ihren Fans in Kontakt zu treten. Digitale Musikvertriebe wie Believe Digital, The Orchard, Finetunes und Rebeat ermöglichen es den KünstlerInnen, ohne Labelvertrag ihre Musik auf den Streaming- und Downloadportalen dieser Welt zu platzieren. Auf Online-Crowdfundingplattformen wie Kickstarter, Starnext, IndieGogo und We-Make-It können die KünstlerInnen für ihre Konzert- und Aufnahmeprojekte von den Fans Geld einsammeln, um im Gegenzug Konzertkarten, CDs oder Wohnzimmerkonzerte anzubieten. Auch wenn sich das Crowdfunding nicht als Substitut für die klassischen Finanzierungsmodelle der Labels hat durchsetzen können, ist es doch ein wichtiges Marketing- und Kommunikationstool gegenüber den Fans geworden, die an den jeweiligen Projekten beteiligt werden können. Darüber hinaus können erfolgreiche Crowdfunding-Kampagnen von den KünstlerInnen auch als Türöffner gegenüber Labels, Musikverlage, Konzertveranstalter, Konzertagenturen und andere Geschäftspartner genutzt werden, um ihren Marktwert zu erhöhen und sich bessere Vertragsbedingungen auszuverhandeln. Internet-basierte Services erlauben es heute den MusikerInnen, sämtliche Aspekte der Musikproduktion, -distribution und -marketing zu kontrollieren und zu monetarisieren.

In diesem Sinn hat sich das Wertschöpfungsnetzwerk in der Musikwirtschaft zugunsten der MusikerInnen verändert. Das traditionelle Wertschöpfungsmodell war hingegen rund um den Tonträger organisiert: „*Alle anderen Funktionen waren der Tonträgerproduktion und -distribution untergeordnet. Die PR- und Marketingmaßnahmen zielten darauf ab, möglichst viele Musikinteressierte zum Kauf einer CD anzuregen, und sogar Konzerte und andere Live-Events wurden lediglich als Promotionsinstrument für den Tonträgerabsatz angesehen. Mit dem Tonträger rückten die Verlage und Label spätestens seit den 1950er-Jahren ins Zentrum der Wertschöpfungsprozesse der Musikindustrie"* (Tschmuck 2013, S. 288) (Abb. 10.9).

Im Tonträger-zentrierten Wertschöpfungsnetzwerk fungierten die phonografischen Unternehmen und die mit ihnen oftmals verbundenen Musikverlage als omnipotente Gatekeeper. Sie kontrollierten die A&R-Funktion, den Musikproduktionsprozess, die Tonstudios, die Schallplatten- und CD-Presswerke, die physischen Vertriebswege, Marketing & Sales und die Musikpromotion. Es war für MusikerInnen höchst erstrebenswert, von einem Label – am besten von einem Major – für eine Albumproduktion unter Vertrag genommen zu werden. War das Album ein Verkaufserfolg, konnte die MusikerIn sehr gut von den Vorschusszahlungen und Verkaufsantiemen leben und ging auf eine Tournee, um das Album zu promoten. Zusätzliche Einnahmen konnten die UrheberInnen und InterpretInnen durch die Ausschüttungen von den jeweiligen Verwertungsgesellschaften erzielen.

Im digitalen Musik-Wertschöpfungsnetzwerk wurde der Computer zum zentralen Produktionsfaktor und es wurde möglich, marktfähige Musikproduktionen buchstäblich im eigenen Wohnzimmer durchzuführen. Mithilfe der bereits erwähnten und meist online-basierten Dienstleistungen (Crowdfunding, digitale Musikvertriebe, Social-Mediakanäle etc.) konnten sich die MusikerInnen bis zu einem gewissen Grad von den traditionellen Akteuren des Musikbusiness emanzipieren und rückten somit ins Zentrum der Wertschöpfung (Abb. 10.10).

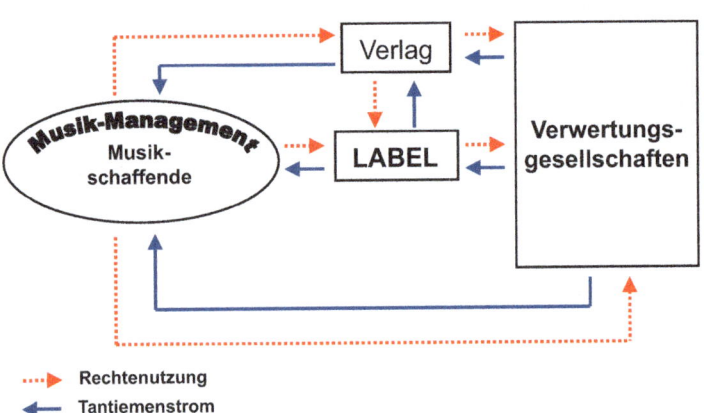

Abb. 10.9 Das traditionelle Wertschöpfungsnetzwerk in der Musikwirtschaft. (Quelle. Tschmuck (2013, S. 288))

10.2 Das Wertschöpfungsnetzwerk der digitalen Musikwirtschaft

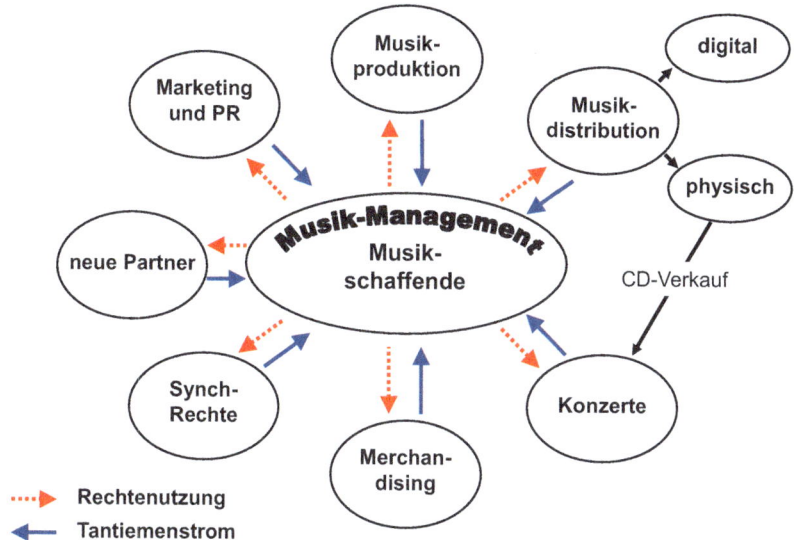

Abb. 10.10 Das digitale Wertschöpfungsnetzwerk in der Musikwirtschaft. (Quelle. Tschmuck (2013, S. 290))

10.2.1 Disintermediation und Re-Intermediation in der digitalen Musikwirtschaft

Der digitale Paradigmenwechsel in der Musikwirtschaft hat anfänglich bei zahlreichen AutorInnen euphorische Kommentare ausgelöst. So sagte Gerd Leonhard in „Music 2.0" (2008) eine Musikindustrie voraus, in der es keine Major-Labels oder andere Gatekeeper mehr geben würde, weil die KünstlerInnen direkt mit ihren Fans kommunizieren und Kontakt aufbauen könnten. Wissenschaftlich wurde dieses Argument unter dem Begriff Disintermediation abgehandelt und beschreibt einen Prozess, in dem vermittelnde Instanzen aus der Wertschöpfungskette eliminiert werden (Gellman 1996, S. 2). Die Disintermediation hat sich aber nur teilweise im Laufe der Digitalisierung der Musikwirtschaft materialisiert. Bernardo und Martins (2014, S. 25) zeigen, dass die Disintermedition im Wertschöpfungsnetzwerk nur in einer Übergangsperiode konkrete Formen angenommen hat und nur einige wenige Gatekeeper verschwunden sind bzw. andere Funktionen übernommen haben. Ähnlich argumentiert auch Tschmuck

(2003), indem er eine „systemfremde" Kreativität dafür verantwortlich macht, dass sich ein Produktions-, Distributions- und Rezeptionssystem in der Musikindustrie radikal verändert: *„[Es] erweitern sich in der Phase des Paradigmenwechsels die technologischen Möglichkeiten, neue Musikpraktiken entstehen, die Zahl der Handlungsakteure steigt und neue Geschäftspraktiken formieren sich."* (Tschmuck 2003, S. 287). In einem solchen Paradigmenwechsel erhöht sich schlagartig die Komplexität, was so viel bedeutet, dass es nicht mehr vorhersehbar ist, welche Akteure wie miteinander interagieren. Das erhöht wiederum die Unsicherheit. Die Akteure werden daraufhin versuchen, Unsicherheit dadurch abzubauen, dass sie bestimmte Interaktionen gegenüber anderen bevorzugen. Im Prozess der Reduktion von Unsicherheit entstehen neue Intermediäre, die als Gatekeeper die neuen Produktions-, Distributions- und Rezeptionsprozesse kontrollieren. Nach diesem Modell folgt auf jede Disintermediation eine Re-Intermediation durch neue Akteure, die das neue, konkret digitale, Paradigma der Musikindustrie definieren (ibid., S. 288–289).

Während also traditionelle Gatekeeping-Prozesse verschwinden, entstehen neue. Tonstudios haben die Kontrolle über die Musikproduktion verloren und viele mussten aufgrund wirtschaftlicher Probleme schließen. Die Majors haben einen Großteil ihrer CD-Presswerke und physischen Vertriebskanäle verkauft. Und sogar die A&R-Funktion, das kreative Herzstück jedes Labels, wurde an Talentshows, YouTube und Social Media Portale ausgelagert. Dennoch gelang es den „alten" Intermediären sich bis zu einem gewissen Grad neu zu erfinden und das digitale Musikbusiness wieder in Griff zu bekommen. Die Majors haben sich in Copyright-Aggregatoren verwandelt, die vor allem ihre riesigen Backkataloge an die Musikstreamingdienste lizenzieren und so ein neues Gatekeeping etablieren konnten. Indie-Labels stellen auch schon längst nicht nur mehr Musikaufnahmen her, sondern wurden umfassende Dienstleister, die ihren unter Vertrag stehenden KünstlerInnen Managementleistungen, Konzert- und Tourbooking und Social Media-Support anbieten. Die Musikverlage haben sich in Kooperation mit den Verwertungsgesellschaften in Lizenzierungsagenturen verwandelt, die mittlerweile auch Label-Managementleistungen anbieten. So lizenziert die deutsche BMG Rights Management in einem Joint-Venture mit der GEMA europaweit ihr anglo-amerikanisches Repertoire[9] und ist mit der Akquisition von Mute Records

---

[9]GEMA, „BMG Rights Management and GEMA sign deal for the licensing of Anglo-American Repertoire online across Europe", 23. Mai 2012: https://www.gema.de/en/news/press/bmg-rights-management-and-gema-sign-deal-for-the-licensing-of-anglo-american-repertoire-online-acros/ (abgerufen 30.11.2019).

und der Sanctuary Records Group von der Universal Music Group aufgrund regulatorischer Vorgaben[10] und dem Kauf von Broken Bow Records[11] auch wieder ins Label-Business eingestiegen. Der Musikveranstaltungskonzern Live Nation ist ebenfalls in den phonografischen Markt eingestiegen und hat zu diesem Zweck das Geschäftssegment Artist Nation gegründet, das den unter Vertrag stehenden KünstlerInnen Management- und Merchandisingleistungen anbietet.[12] Allerdings wurde Artist Nation 2017 wieder aufgelöst in andere Unternehmenteile integriert.

10.2.2 Artrepreneurship im digitalen Musikbusiness

Da die MusikerInnen im Laufe der Digitalisierung der Musikwirtschaft ins Zentrum der Wertschöpfung gerückt sind, benötigen sie nun auch Expertise über die Funktionsweise des Musikbusiness und im Selbst-Management. Das Selbst-Management erfordert aber nicht nur Basiswissen über die Normen, Regeln und Geschäftspraktiken, sondern es ist auch zeitintensiv. Sofern leistbar können sich die MusikerInnen diese Leistungen von professionellen Managementagenturen zukaufen. Es gibt aber mittlerweile Internet-Plattformen wie die in Israel beheimatete Revelator Ltd., die eine online-basierte Softwarelösung anbietet, in der Marketing & Sales-, Buchhaltung- und Data Analytics-Tools integriert sind, um den MusikerInnen zu helfen, sich selbst zu managen. Im August 2015 ist Revelator eine Kooperation mit der Kryptowährungsplattform Colu eingegangen, die unmittelbare Zahlungsvorgänge ohne kostenintensive Clearingmaßnahmen ermöglicht. Kryptowährungen wie die Bitcoin basieren auf der Blockchain-Technologie.

> „The blockchain is the technology underpinning bitcoin, a digital currency with a chequered history. It is an example of a ‚distributed ledger': in essence, a database that is maintained not by a single actor, such as a bank, but collaboratively by a

---

[10]Billboard, „Universal Sells Sanctuary Label to BMG", 14. Februar 2013: https://www.billboard.com/articles/business/1539263/universal-sells-sanctuary-label-to-bmg (abgerufen 30.11.2019).

[11]Music Business Worldwide, „BMG paid US$ 100 m for Broken Bow in ‚significant milestone' for its business", 30. Januar 2017: https://www.musicbusinessworldwide.com/bmg-paid-100m-to-buy-broken-bow-in-a-significant-milestone-for-its-business/ (abgerufen: 30.11.2019).

[12]Music Business Worldwide: „Live Nation companies now manage over 500 artists worldwide", 27. Februar 2017: https://www.musicbusinessworldwide.com/live-nation-companies-now-manage-500-artists-worldwide/ (abgerufen 30.11.2019).

number of participants. Their respective computers regularly agree on how to update the database using a ‚consensus mechanism', after which the modifications they have settled on are rendered unchangeable with the help of complex cryptography. Once information has been immortalised in this way, it can be used as proof of ownership. The blockchain can also serve as the underpinning for ‚smart contracts' – programs that automatically execute the promises embedded in a bond, for instance."[13]

So könnten also Smart Contracts in Kombination mit einer Kryptowährung direkte Geschäftsbeziehungen zwischen MusikerInnen und ihren Fans, die bislang über Intermediäre gelaufen sind, ermöglichen. Die Musikstreamingplattform Peertracks ermöglicht es KünstlerInnen, ihre Musik über das Blockchain-basierte P2P-Netzwerk SOUNDAC zum Streamen verfügbar zu machen, wobei jede Nutzung sofort und direkt an die KünstlerInnen remuneriert wird. Dazu werden verschiedene Token verwendet, über die die Tantiemenzahlungen abgewickelt werden und die auch handelbar sind.

Auch wenn die Blockchain-Technologie sich im Musikbusiness im Experimentierstadium befindet, stellt sie ein neues Wertschöpfungspotenzial dar, das vor allem den KünstlerInnen zugutekommen könnte. Es ermöglicht direkte Transaktionen zwischen MusikerInnen und ihren Fans ohne die damit verbundenen hohen Transaktionskosten.

Eine Blockchain-Pionierin ist die britische Singer/Songwriterin Imogen Heap, die am 15. Oktober 2015 die erste MusikerIn war, die einen Song – „Tiny Human" – über die Plattform Ujomusic auf die Ethereum-Blockchain gestellt hat. In einem Smart Contract hat die Künstlerin die Erlösanteile bei einem Download im Wert von US$ 0,60 und einem Stream im Wert von US$ 0,006 wie folgt definiert (Abb. 10.11):

Wenn der Song heruntergeladen oder gestreamt wird, erlaubt der Smart Contracts in Kombination mit der Kryptowährung Etherium, dass der Erlös sofort und direkt auf die virtuelle Wallets aller Beteiligten überwiesen wird, ohne dass es eines aufwendigen Clearings oder Reportings bedarf. Sicherlich muss Imogen Heaps „Tiny Human"-Projekt als Experiment betrachtet werden, in dem die technische Umsetzung belegt werden sollte, es zeigt aber auch, dass es grundsätzlich möglich ist, die Position der MusikerInnen im Wertschöpfungsnetzwerk der Musikwirtschaft zu stärken.

---

[13]Zur Definition der Blockchain Technologie siehe The Economist, „Hype springs eternal. Distributed ledgers are the future, but their advent will be slow", 19. Mai 2016: http://www.economist.com/news/finance-and-economics/21695068-distributed-ledgers-are-future-their-advent-will-be-slow-hype-springs (abgerufen: 30.11.2019).

Abb. 10.11 Die Erlösanteile für Imogen Heaps „Tiny Human" auf ujomusic. (Quelle: Ujomusic, „Tiny Human": https://alpha.ujomusic.com/#/imogen_heap/tiny_human/tiny_human)

Singer/Songwriterin	Imogen Heap	91.25%
1. Violine	Stephanie Appelhans	1.25%
2. Violine 2	Diego Romano	1.25%
Viola	Yasin Gündisch	1.25%
Violoncello	Hoang Nguyen	1.25%
Bass-Posaune	Simon Minshall	1.25%
Waldhorn	David Horwich	1.25%
Mastering	Simon Heyworth	1.25%

Auch wenn es noch eine Zeitlang dauern wird, bis sich Blockchain-basierte Anwendungen im Musikbusiness durchsetzen werden, besteht schon jetzt für die MusikerInnen die Möglichkeit, entweder in traditionelle Geschäftsbeziehungen mit Labels und Verlagen einzutreten oder mit neuen Geschäftspartnern zu kooperieren. Das Musikschaffen ist in der digitalen Musikwirtschaft zu einer 360°-Aufgabe geworden, die wirtschaftliche und rechtliche Kompetenzen von den MusikerInnen erfordert, die weit über die künstlerischen Kernkompetenzen hinausgehen. Engelmann et al. (2012) haben dafür den Begriff „Artrepreneur" geprägt. Demnach schaffen ArtrepreneurInnen sowohl künstlerische und ökonomische Werte, mit dem Ziel, eine nachhaltig erfolgreiche Karriere im Musikbusiness zu etablieren.

10.2.3 Prosumption im digitalen Musibusiness

Artepreneurship ist möglicherweise nur eine Übergangsphase zu einem noch fundamentaleren Wandel. Die Digitalisierung hat es mit sich gebracht, dass Musikfans nicht mehr rein passive KonsumentInnen sind, die die Produkte und Leistungen der Musikindustrie nachfragen. Sie haben begonnen, Musikblogs zu schreiben, RSS-Feeds zu nutzen, selbstgemachte Musikvideos auf YouTube zu stellen, bereits existierende Musik ihrer favorisierten MusikerInnen zu remixen und Playlists auf Musikstreamingplattformen zusammenzustellen. So ist es bezeichnend, dass 2018 TikTok vom chinesischen Internet-Techkonzern

ByteDance die am häufigsten heruntergeladene App weltweit war.[14] TikTok ist als Lippensynchronisationssoftware konzipiert, die es ermöglicht, einige Sekunden lange Musikvideos zu erzeugen, die dann massenhaft geteilt werden können. Die Fans partizipieren immer stärker an der Musikproduktion und an deren Verbreitung, was die frühere Push-Kultur in eine Pull-Kultur verwandelt hat, in der die KonsumentInnen entscheiden, was sie in welcher Form haben wollen (Winter 2012). Die Pull-Kultur ist dabei wesentlich mehr als nur ein Do-It-Yourself-Attitüde, sondern Ergebnis eines sich neu formierenden digitalen Wertschöpfungsnetzwerks der Musikproduktion, -distribution und -rezeption. Dafür hat Alvin Toffler bereits 1980 in seinem Bestseller „New Wave" den Begriff der „Prosumption" geprägt. Eine ProsumerIn konsumiert demnach, das was sie selbst herstellt und als kreativen Output an andere ProsumerInnen weitergibt. Kreativität wird somit zu einer Konsumform (Wikström 2020, S. 196), die sich in einem Netzwerk von kreativ Schaffenden verbreitet und dabei umgeformt wird. Diesen Prosumptionsprozess haben als erste die Medientheoretiker Marshall McLuhan und Barrington Nevitt in „Take Today" (1972) beschrieben. Sie haben schon sehr früh erkannt, dass elektronische Medien das Potenzial haben, KonsumentInnen in ProduzentInnen zu verwandeln und vice versa. Die digitale Revolution in der Musikindustrie hat diese Hypothese zu einem Faktum gemacht.

Das bereits weiter oben erwähnte Crowdfunding ist dafür ein gutes Beispiel.[15] Crowdfunding ist dabei nur ein Ansatz des wesentlich breiteren Konzepts des Crowdsourcing: *„Crowdsourcing is the act of taking a job traditionally performed by a designated agent (usually an employee) and outsourcing it to an undefined, generally large group of people in the form of an open call"* (Jeff Howe 2008, S. 281–282). Crowdsourcing beinhaltet neben Crowdfunding auch noch Crowdcreation, Crowdwisdom und Crowdvoting. Bei Crowdcreation sorgen kreative Prozesse innerhalb sozialer Netzwerke für die Entstehung neuer medialer Inhalte, wie z. B. auf YouTube oder bei der Erstellung von Playlists in Musikstreamingdiensten. Beim Crowdwisdom, auch als Schwarmintelligenz bezeichnet, schaffen kollektive Netzwerke neues Wissen, wie im Fall von Wikipedia. Crowdvoting schließlich ist ein kollektiver Bewertungsprozess von medialen

---

[14]TechCrunch, „TikTok surpassed Facebook, Instagram, Snapchat & YouTube in downloads last month", 2. November 2018: https://techcrunch.com/2018/11/02/tiktok-surpassed-facebook-instagram-snapchat-youtube-in-downloads-last-month/ (abgerufen: 30.11.2019).

[15]Beispiele zum Crowdfunded-A&R und zum Crowdinvestment finden sich in Abschn. 6.1.1.

10.2 Das Wertschöpfungsnetzwerk der digitalen Musikwirtschaft

Inhalten im Internet, wodurch Präferenzen sichtbar gemacht werden, wie z. B. die Likes auf Facebook. Allen diesen Anwendungsbereichen ist gemein, dass neue Leistungen und Produkte interaktiv und in der Regel Internet-basiert durch die Partizipation in sozialer Vernetzung entstehen.

In der elektronischen Musikszene ist die Prosumption schon längst integraler Bestandteil des kreativen Prozesses. Die DJs profitieren von den kreativen und finanziellen Inputs ihrer Fans bzw. der Community. Der Wertschöpfungsprozess in der Clubszene verbindet die materiellen und sozio-kulturellen Aspekte der Musikproduktion und -verbreitung (Lange und Bürkner 2010, S. 61–64). Da die MusikerInnen in ihren Live-Performances derivate Werke nutzen, agieren sie bereits als ProsumerInnen, deren Reputation und ökonomischer Wert in der elektronischen Musikszene geschaffen aber auch wieder zerstört werden kann, da die Fans direkt im Wertschöpfungsprozess partizipieren. KünstlerInnen und Fans schaffen gemeinsam und untrennbar miteinander verbunden ökonomischen Wert durch Branding, Sponsoring und durch die Verwertung von Synchronisationsrechten. In diesem Setting ist nicht mehr die Musikaufnahme das finale Produkt eines kreativen Schaffensprozesses, sondern eine Art Visitenkarte für die KünstlerIn. Damit löst sich auch das traditionelle Konzept von Musik als abgeschlossenes Werk auf und wird zu einem nicht endenden Strom von Kreation und Rekreation. Der Prozess des Musikschaffens ist das, was zählt, und nicht mehr der Song als finales Produkt. Musik wird im Prosumptionsprozess genutzt und weiter entwickelt, was weit über den passiven Musikkonsum hinauswirkt.

Literatur

Berichte, Studien und Statistiken

AOL Time Warner, 2003, Jahresbericht 2002. New York.
AOL Time Warner, 2004, Jahresbericht 2003. New York.
BDV – Bundesverband der Veranstaltungswirtschaft, 2018, Live Entertainment in Deutschland. Eine Studie des Bundesverbands der Veranstaltungswirtschaft (bdv), durchgeführt von der Gesellschaft für Konsumforschung (GfK), Hamburg.
BVMI – Bundesverband Musikindustrie, 2011, Musikindustrie in Zahlen 2010. Berlin.
BVMI – Bundesverband Musikindustrie, 2019, Musikindustrie in Zahlen 2018. Berlin.
CISAC, 2011, CISCAC Global Collections Report 2011 for 2010 data, Paris.
CISAC, 2012, CISCAC Global Collections Report 2012 for 2011 data, Paris.
CISAC, 2013, CISCAC Global Collections Report 2013 for 2012 data, Paris.
CISAC, 2014, CISCAC Global Collections Report 2014 for 2013 data, Paris.
CISAC, 2015, CISCAC Global Collections Report 2015 for 2014 data, Paris.
CISAC, 2016, CISCAC Global Collections Report 2016 for 2015 data, Paris.
CISAC, 2017, CISCAC Global Collections Report 2017 for 2016 data, Paris.
CISAC, 2018, CISCAC Global Collections Report 2018 for 2017 data, Paris.
CISAC, 2019, CISCAC Global Collections Report 2019 for 2018 data, Paris.
CTS Eventim, 2002, Geschäftsbericht der CTS Eventim AG 2001, München.
CTS Eventim, 2019, Geschäftsbericht der CTS Eventim AG 2018, München.
Department for Culture, Media and Sport (DCMS), 2015, Creative Industries Economic Estimates, Januar 2015, London.
Engelsing, Lutz und Marko Müller, 2010, Studie über die wirtschaftlichen Effekte des Beethovenfestes Bonn im Jahr 2009, herausgegeben von der DHPG Dr. Harzem & Partner KG, Bonn.
GEMA – Gesellschaft für musikalische Aufführungs- und mechanische Vervielfältigungsrechte, 2016, Geschäftsbericht für 2015. Berlin und München.
GEMA – Gesellschaft für musikalische Aufführungs- und mechanische Vervielfältigungsrechte, 2017, Geschäftsbericht mit Transparenzbericht für 2016. Berlin und München.
GEMA – Gesellschaft für musikalische Aufführungs- und mechanische Vervielfältigungsrechte, 2018, Geschäftsbericht mit Transparenzbericht für 2017. Berlin und München.

GEMA – Gesellschaft für musikalische Aufführungs- und mechanische Vervielfältigungsrechte, 2019, Geschäftsbericht mit Transparenzbericht für 2018. Berlin und München.
Gesellschaft für Innovative Marktforschung mbH, 2018, Der wirtschaftliche Effekt des Heidelberger Frühlings. Resultate einer Umwegrentabilitätsstudie aus dem Jahr 2016, Heidelberg.
GfK, 2014, Konsumstudie des Veranstaltungsmarktes 2013, Bundesverband der Veranstaltungswirtschaft und Musikmarkt.
Goldmedia, 2017, Webradiomonitor 2017. Online-Audio Angebote und Nutzung in Deutschland 2017, im Auftrag der Bayrischen Landeszentrale für neue Medien und Bundesverband Digitale Wirtschaft (BVDW).
GVL – Gesellschaft zur Verwertung von Leistungsschutzrechten, 2013, Geschäfts- und Transparenzbericht 2012. Berlin.
GVL – Gesellschaft zur Verwertung von Leistungsschutzrechten, 2014, Geschäfts- und Transparenzbericht 2013. Berlin.
GVL – Gesellschaft zur Verwertung von Leistungsschutzrechten, 2015, Geschäfts- und Transparenzbericht 2014. Berlin.
GVL – Gesellschaft zur Verwertung von Leistungsschutzrechten, 2016, Geschäfts- und Transparenzbericht 2015. Berlin.
GVL – Gesellschaft zur Verwertung von Leistungsschutzrechten, 2017, Geschäfts- und Transparenzbericht 2016. Berlin.
GVL – Gesellschaft zur Verwertung von Leistungsschutzrechten, 2018, Geschäfts- und Transparenzbericht 2017. Berlin.
GVL – Gesellschaft zur Verwertung von Leistungsschutzrechten, 2019, Geschäfts- und Transparenzbericht 2018. Berlin.
IFPI – International Federation of the Phonographic Industry, 2001, The Recording Industry in Numbers 2000. London: IFPI.
IFPI – International Federation of the Phonographic Industry, 2015, IFPI Digital Music Report 2015, London.
IFPI – International Federation of the Phonographic Industry, 2016, Investing in Music. The Value of Record Companies, London.
IFPI – International Federation of the Phonographic Industry, 2019, Global Music Report 2019, London.
Live Nation, 2006, Live Nation Inc. Jahresbericht für 2005. Los Angeles.
Live Nation, 2007, Live Nation Inc. Jahresbericht für 2006. Los Angeles.
Live Nation, 2008, Live Nation Inc. Jahresbericht für 2007. Los Angeles.
Live Nation, 2009, Live Nation Inc. Jahresbericht für 2008. Los Angeles.
Live Nation, 2010, Live Nation Entertainment Inc. Jahresbericht für 2009. Los Angeles.
Live Nation, 2011, Live Nation Entertainment Inc. Jahresbericht für 2010. Los Angeles.
Live Nation, 2012, Live Nation Entertainment Inc. Jahresbericht für 2011. Los Angeles.
Live Nation, 2013, Live Nation Entertainment Inc. Jahresbericht für 2012. Los Angeles.
Live Nation, 2014, Live Nation Entertainment Inc. Jahresbericht für 2013. Los Angeles.
Live Nation, 2015, Live Nation Entertainment Inc. Jahresbericht für 2014. Los Angeles.
Live Nation, 2016, Live Nation Entertainment Inc. Jahresbericht für 2015. Los Angeles.
Live Nation, 2017, Live Nation Entertainment Inc. Jahresbericht für 2016. Los Angeles.
Live Nation, 2018, Live Nation Entertainment Inc. Jahresbericht für 2017. Los Angeles.
Live Nation, 2019, Live Nation Entertainment Jahresbericht für 2018. Los Angeles.

McBride, Stephen, 2014, Written direct testimony in the matter of determination of rates and terms for digital performance in sound recordings and ephemeral recordings before the United States Copyright Royalty Judges, October 7, 2014.
Pandora, 2012, Jahresbericht für das Fiskaljahr mit Ende 31. Januar 2012. New York.
Pandora, 2013, Jahresbericht für das Fiskaljahr mit Ende 31. Januar 2013. New York.
Pandora, 2015, Jahresbericht für das Fiskaljahr mit Ende 31. Januar 2014. New York.
Rethink Music, 2015, Fair Music: Transparency and Money Flows in the Music Industry, Berklee Institute for Creative Entrepreneurship, Boston.
Seufert Wolfgang, Robert Schlegel und Felix Sattelberger, 2015, Musikwirtschaft in Deutschland. Studie zur volkswirtsch7aftlichen Bedeutung von Musikunternehmen unter Berücksichtigung aller Teilsektoren und Ausstrahlungseffekte. Herausgegeben vom Bundesverband Musikindustrie, Bundesverband der Veranstaltungswirtschaft, Deutscher Musikverleger-Verband, Europäischer Verband der Veranstaltungs-Centren, GVL, Live-Musik-Kommission, Society of Music Merchants, Verband der Deutschen Konzertdirektoren, VUT. Berlin.
Sony Corporation, 2009, Jahresbericht für das Fiskaljahr mit Ende 31. März 2009, Tokio.
Sony Corporation, 2013, Jahresbericht für das Fiskaljahr mit Ende 31. März 2013, Tokio.
Sony Corporation, 2014, Jahresbericht für das Fiskaljahr mit Ende 31. März 2014, Tokio..
Sony Corporation, 2015, Jahresbericht für das Fiskaljahr mit Ende 31. März 2015, Tokio.
Sony Corporation, 2016, Jahresbericht für das Fiskaljahr mit Ende 31. März 2016, Tokio.
Sony Corporation, 2017, Jahresbericht für das Fiskaljahr mit Ende 31. März 2017, Tokio.
Sony Corporation, 2018, Jahresbericht für das Fiskaljahr mit Ende 31. März 2018, Tokio.
Sony Corporation, 2019, Jahresbericht für das Fiskaljahr mit Ende 31. März 2019, Tokio.
Spotify, 2019, Jahresbericht der Spotify Technology S.A. für 2018.
UK Music, 2017, Measuring Music 2017 Report, London.
UK Music, 2018, Measuring Music 2018 Report, London.
United Nations Conference on Trade and Development (UNCTAD), 2010, Creative Economy Report 2010.
Vivendi, 2002, Jahresbericht für das Fiskaljahr mit Ende 31. Dezember 2001, Paris.
Vivendi, 2003, Jahresbericht für das Fiskaljahr mit Ende 31. Dezember 2002, Paris.
Vivendi, 2004, Jahresbericht für das Fiskaljahr mit Ende 31. Dezember 2003, Paris.
Vivendi, 2005, Jahresbericht für das Fiskaljahr mit Ende 31. Dezember 2004, Paris.
Vivendi, 2006, Jahresbericht für das Fiskaljahr mit Ende 31. Dezember 2005, Paris.
Vivendi, 2007, Jahresbericht für das Fiskaljahr mit Ende 31. Dezember 2006, Paris.
Vivendi, 2008, Jahresbericht für das Fiskaljahr mit Ende 31. Dezember 2007, Paris.
Vivendi, 2009, Jahresbericht für das Fiskaljahr mit Ende 31. Dezember 2008, Paris.
Vivendi, 2010, Jahresbericht für das Fiskaljahr mit Ende 31. Dezember 2009, Paris.
Vivendi, 2011, Jahresbericht für das Fiskaljahr mit Ende 31. Dezember 2010, Paris.
Vivendi, 2012, Jahresbericht für das Fiskaljahr mit Ende 31. Dezember 2011, Paris.
Vivendi, 2013, Jahresbericht für das Fiskaljahr mit Ende 31. Dezember 2012, Paris.
Vivendi, 2014, Jahresbericht für das Fiskaljahr mit Ende 31. Dezember 2013, Paris.
Vivendi, 2015, Jahresbericht für das Fiskaljahr mit Ende 31. Dezember 2014, Paris.
Vivendi, 2016, Jahresbericht für das Fiskaljahr mit Ende 31. Dezember 2015, Paris.
Vivendi, 2017, Jahresbericht für das Fiskaljahr mit Ende 31. Dezember 2016, Paris.
Vivendi, 2018, Jahresbericht für das Fiskaljahr mit Ende 31. Dezember 2017, Paris.
Vivendi, 2019, Jahresbericht für das Fiskaljahr mit Ende 31. Dezember 2018, Paris.

Warner Music Group, 2005, Jahresbericht für das Fiskaljahr mit Ende 30. September 2005, New York.
Warner Music Group, 2006, Jahresbericht für das Fiskaljahr mit Ende 30. September 2006, New York.
Warner Music Group, 2007, Jahresbericht für das Fiskaljahr mit Ende 30. September 2007, New York.
Warner Music Group, 2008, Jahresbericht für das Fiskaljahr mit Ende 30. September 2008, New York.
Warner Music Group, 2009, Jahresbericht für das Fiskaljahr mit Ende 30. September 2009, New York.
Warner Music Group, 2010, Jahresbericht für das Fiskaljahr mit Ende 30. September 2010, New York.
Warner Music Group, 2011, Jahresbericht für das Fiskaljahr mit Ende 30. September 2011, New York.
Warner Music Group, 2012, Jahresbericht für das Fiskaljahr mit Ende 30. September 2012, New York.
Warner Music Group, 2013, Jahresbericht für das Fiskaljahr mit Ende 30. September 2013, New York.
Warner Music Group, 2014, Jahresbericht für das Fiskaljahr mit Ende 30. September 2014, New York.
Warner Music Group, 2015, Jahresbericht für das Fiskaljahr mit Ende 30. September 2015, New York.
Warner Music Group, 2016, Jahresbericht für das Fiskaljahr mit Ende 30. September 2016, New York.
Warner Music Group, 2017, Jahresbericht für das Fiskaljahr mit Ende 30. September 2017, New York.
Warner Music Group, 2018, Jahresbericht für das Fiskaljahr mit Ende 30. September 2018, New York.
Wetzel, Petra, Lisa Danzer, Veronika Ratzenböck, Anja Lungstraß und Günther Landsteiner, 2018, Soziale Lage der Kunstschaffenden und Kunst- und Kulturvermittler/innen in Österreich. Ein Update der Studie ‚Zur sozialen Lage der Künstler und Künstlerinnen in Österreich' 2008, durchgeführt von L&R Sozialforschung, Österreichische Kulturdokumentation und Internationales Archiv für Kulturanalysen, Wien.

Monografien, Sammelbände, Buch- und Zeitschriftenbeiträge

Aaker, Jennifer L., 1997, „Dimensions of Brand Personality", Journal of Marketing Research, 34(3): 347–356.
Adler, Moshe, 1985, „Stardom and Talent", American Economic Review, 75: 208–212.
Allan, David, 2008, „A content analysis of music placement in prime-time television advertising", Journal of Advertising Research, 46: 434–443.
Alper, Neil O. und Gregory H. Wassell, 2006, „Artists' Careers and Their Labour Markets", in: Victor A. Ginsburgh und David Throsby (Hg.), Handbook of the Economics of Art and Culture, vol. I, Amsterdam: Elsevier, S. 813–864.

Andersen, Brigitte und Marion Frenz, 2007, The Impact of Music Downloads and P2P File-Sharing on the Purchase of Music: A Study for Industry Canada. Working Paper.

Andersen, Brigitte und Marion Frenz, 2010, „Don't Blame the P2P File-Sharers: The Impact of Free Music Downloads on the Purchase of Music CDs in Canada", Journal of Evolutionary Economics, 20: 715–740.

Aronson, Robert L., 1991, Self-Employment. A Labor Market Perspective, Ithaca: ILR Press.

Baierle, Christian, 2009, Der Musikverlag: Geschichte, Aufgaben, Medien und neue Herausforderungen. München: Musikmarkt-Verlag.

Bennett, Andy, Jodie Taylor und Ian Woodward, 2014, The Festivalization of Culture. Farnham and Burlington, Ashgate.

Bernardo, Francisco und Luís Gustavo Martins, „Disintermediation Effects on Independent Approaches to Music Business", International Journal of Music Business Research, 3(2): 7–27.

Brabec, Jeffrey und Todd Brabec, 2004, Music, Money and Success. The Insider's Guide to Making Money in the Music Industry, 4. Auflage. New York etc. Schirmer Books.

Buchanan, James M., 1965, „An Economic Theory of Clubs", Economica, New Series, 32(125): 1–14.

Budnick, Dean und Josh Baron, 2011, Ticketmasters. The Rise of the Concert Industry and How the Public Got Scalped. New York: ECW Press.

Carey, Christopher, 2007, „Pindar, Place, and Performance", in: Simon Hornblower und Catherine Morgan (Hg.), Pindar's Poetry, Patrons & Festivals. From Archaic Greek to Roman Empire, S. 199–210. Oxford: Oxford University Press.

Caves, Richard E., 2000, Creative Industries. Contracts between Art and Commerce, Boston: Harvard University Press.

Coase, Ronald H., 1937, „The Nature of the Firm", Economica, 4(16): 386–405.

Chapple, Steve und Reebee Garofalo, 1977, Rock 'n' Roll is Here to Pay. Chicago: Nelson-Hall.

Chung, Kee H. und Raymond A. K. Cox, 1994, „A Stochastic Model of Superstardom: An Application of the Yule Distribution", Review of Economics and Statistics, 76: 771–775.

Coase, Ronald, 1937, „The Nature of the Firm", Economica, 4 (16): 386–405.

Denisoff, Serge R., 1988, Inside MTV. New Brunswick: Transaction.

Diamond, Peter A. und Jerry A. Hausman, 1994, „Contingent Valuation: Is Some Number better than No Number?", Journal of Economic Perspectives 8 (4): 45–64.

DiCola, Peter, 2013, „Money from Music: Survey Evidence on Musicians' Revenue and Lessons about Copyright Incentives", Northwestern University School of Law, Law and Economics Series No. 13-01.

Döhring, Sieghart, 1990, „Dresden and Leipzig: Two Bourgeois Centres", in: Alexander Ringer (Hg.), The Early Romantic Era. Between Revolutions: 1789 and 1848, S. 141–159. Houndsmill und London: The Macmillan Press.

Ehrlich, Cyril, 1990, The Piano. A History, revised edition. New York: Oxford University Press.

Elberse, Anita, 2009, Blockbusters. Why Big Hits – and Big Risks – are the Future of the Entertainment Business, Kindle-Ausgabe. New York: faber & faber.

Elias, Norbert, 1969, Die höfische Gesellschaft. Frankfurt am Main: Suhrkamp.

Elste, Martin, 1984, „Zwischen Privatheit und Politik. Die Schallplattenindustrie im NS-Staat", in: Hanns-Werner Heister und Hans Günter Klein (Hg.) Musik und Musikpolitik im faschistischen Deutschland, S. 107–144, Frankfurt am Main: Fischer.

Engelmann, Maike, Lorenz Grünewald und Julia Heinrich, 2012, „The new artrepreneur – How artists can thrive on a networked music business", International Journal of Music Business Research, 1(2): 32–46

Fetthauer, Sophie, 2000, Deutsche Grammophon. Geschichte eines Schallplattenunternehmens im „Dritten Reich". Hamburg: von Bockel Verlag.

Foster Morell, Mayo, 2010, Governance of online creation communities: Provision of infrastructure for the building of digital commons. Dissertation, Europäisches Hochschulinstitut, Florenz und Fiesole.

Frith, Simon, Matt Brennan, Martin Cloonan und Emma Webster, 2010, „Analysing Live Music in the UK: Findings One Year into a Three-Year Research Project", Journal of the Association for the Study of Popular Music, 1(1): 1–30.

Garofalo, Reebee, 1997, Rockin' Out: Popular Music in the U.S.A. Upper Saddle River: Prentice Hall.

Gellman, Robert, 1996, „Disintermediation and the Internet", Government Information Quarterly, 13(1): 1–8.

Goldberg, Isaac, 1930, The Tin Pan Alley. A chronical of American popular music. New York: Day.

Griffin, Nancy und Kim Masters, 1997, Hit and Run: How Jon Peters and Peter Guber Took Sony for a Ride in Hollywood. New York: Simon & Schuster.

Hamlen, William A., 1991, „Superstardom in Popular Music: Empirical Evidence", Review of Economics and Statistics, 73: 729–733.

Hamlen, William A., 1994, „Variety and Superstardom in Popular Music", Economic Inquiry, 32: 395–406.

Hammond, Robert G., 2012, Profit Leak? Pre-Release File Sharing and the Music Industry, Working Paper, North Carolina State University, Mai 2012.

Hardin, Garret, 1968, „The Tragedy of the Commons", Science 162 (1968): 1243–1248.

Herget, Ann-Kristian, Holger Schramm und Priska Breves, 2017, „Development and testing on an instrument to determine Musical Fit in audio-visual advertising", Musicae Scientiae, 22: 362–376.

Höss, Georg, 2018, „Filmkomponisten- und Soundtrackverträge", in Rolf Moser, Andreas Scheuermann und Florian Drücke (Hg.), Handbuch der Musikwirtschaft, 7., völlig neu bearbeitete Auflage, S. 881–900. München: C.H. Beck.

Howe, Jeff, 2008, Crowdsourcing. Why the Power of the Crowd is Driving the Future of Business. New York: Three Rivers Press.

Hull, Geoffrey P., Thomas Hutchison und Richard Strasser, 2011, The Music Business and Recording Industry: Delivering Music in the 21st Century, 3. Auflage. New York und London: Routledge.

Hunter, David, 1986, Music Copyright in Britain to 1800. London: Music & Letters.

Huygens Annelies, Paul Rutten, Sanne Huveneers, Sander Limonard, Joost Poort, Jorna Leenheer, Kieja Janssen, Nico van Eijk, Natalie Helberger, 2009, Ups and Downs. Economic and Cultural Effects of File Sharing on Music, Film and Games. TNO rapport commissioned by the Ministries of Education, Culture and Science, Economic Affairs and Justice, 18. Februar 2009.

Klug, Daniel und Axel Schmidt, 2019, „Musikfernsehsender", in: Holger Schramm (Hg.), Handbuch Musik und Medien. Interdisziplinärer Überblick über die Mediengeschichte der Musik, 2., überarbeitete und erweiterte Auflage, Wiesbaden: Springer VS.

Korn, Kati, 2010, Musik Merchandising aus Konsumentenperspektive. Ein Ansatz zur Erklärung des Konsumentenverhaltens bei Fan-Artikeln von Musikacts. Wiesbaden: Gabler.

Kornfeld, Barry, 2011, Pop Song Piracy. Disobedient Music Distribution since 1929, Kindle-Ausgabe. Chicago und London: The University of Chicago Press.

Krasilovsky, William M., Sidney Shemel, John M. Gross und Jonathan Feinstein, 2007, This Business of Music, 10. Auflage. New York: Billboard Books.

Krueger, Alan B., 2005, „The Economics of Real Superstars: The Market for Rock Concerts in the Material World", Journal of Labor Economics, 23(1): 1–30.

Krueger, Alan B., 2019, Rockonomics: What the Music Industry Can Teach Us About Economics (and Our Future). London: John Murray.

Krones, Hartmut, 2011, „20. Jahrhundert und Gegenwart", in: Fritz-Hilscher, Elisabeth Th. und Helmut Kretschmer (Hg.), Wien. Musikgeschichte. Von der Prähistorie zur Gegenwart. Wien: LIT Verlag, S. 359–486.

Krugman, Paul und Robin Wells, 2012, Microeconomics, 3. Auflage. New York: Worth Publishers.

Landes, William M. und Richard A. Posner, 1989, „An Economic Analysis of Copyright Law, Journal of Legal Studies", 18(2): 325–363.

Landes, William M. und Richard A. Posner, 2003, The Economic Structure of Intellectual Property Law. Cambridge: The Belknap Press of Harvard University Press.

Lang, Michael, 2009, The Road to Woodstock. New York: Harper Collins.

Lange, Bastian und Hans-Joachim Bürkner, 2010, „Wertschöpfung in der Kreativwirtschaft. Der Fall der elektronischen Klubmusik". Zeitschrift für Wirtschaftsgeographie, 54(1): 46–68.

Leonhard, Gerd, 2008, Music 2.0. Essays by Gerd Leonhard.

Lessig, Lawrence, 2001, The Future of Ideas: The Fate of the Commons in a Connected World. New York etc.: Random House.

Liebowitz, Stan J., 2004, Peer-to-peer networks: Creative Destruction or just Plain Destruction? Working-Paper, University of Texas at Dallas, School of Management.

Liebowitz, Stan J., 2006, „File Sharing: Creative Destruction or just Plain Destruction?", The Journal of Law and Economics, 49(1): 1–28.

Liebowitz, Stan J., 2008, „Testing File-Sharing's Impact on Music Album Sales in Cities", Management Science, 53(4): 852–859.

Limper, Josef und Martin Lücke, 2013, Management in der Musikwirtschaft. Stuttgart: Verlag W. Kohlhammer.

Locke, Ralph P., 1990, „Paris: Centre of Intellectual Ferment", in: Alexander Ringer (Hg.), The Early Romantic Era. Between Revolutions: 1789 and 1848, S. 32–83. Houndsmill und London: The Macmillan Press.

Lyng, Robert, Oliver Heinz und Michael von Rothkirch, 2011, Die neue Praxis im Musikbusiness, 11., komplett überarbeitete Auflage. München: PPV Medien

MacDonald, Glenn M., 1988, „The Economics of Rising Stars", American Economic Review, 78: 155–67.

Mankiw, Gregory N., 2015, Principles of Microeconomics, 7. Auflage. Stamford: Cengage Learning.

Marshall, Alfred, 1890, Principles of Economics, 1. Auflage, London und New York: Macmillan & Co.

Martland, Peter, 1997, Since Records Began. EMI – The First 100 Years. London: The EMI Group.

McKenzie, Jordie, 2009, „Illegal Music Downloading and Its Impact on Legitimate Sales: Australian Empirical Evidence", Australian Economic Papers, 48(4): 296–307.

McLuhan, Marshall und Nevitt Barrington, 1972, Take Today. The Executive as Dropout. New York: Harcourt Brace Jovanovich.

McVeigh, Simon, 1993, Concert Life in London from Mozart to Haydn. Cambridge: Cambridge University Press.

Meffert, Heribert, 2013, Marketing. Grundlagen marktorientierter Unternehmensführung, 8. Auflage. Wiesbaden: Gabler.

Menger, Pierre-Michel, 2006, „Artistic Labor Markets: Contingent Work, Excess Supply and Occupational Risk Management", in: Victor A. Ginsburgh und David Throsby (Hg.), Handbook of the Economics of Art and Culture, vol. I, Amsterdam: Elsevier, S. 765–811.

Michel, Norbert J., 2006, „The Impact of Digital File Sharing on the Music Industry: An Empirical Analysis", Topics in Economic Analysis & Policy, 6(1), Article 18.

Müller, Stefan, 2018 „Die Zusammenarbeit der Verwertungsgesellschaften", in: Heker Harald und Karl Riesenhuber (Hg.), Recht und Praxis der GEMA: Handbuch und Kommentar, 3. Auflage. Berlin: De Gruyter.

Musgrave, Richard A., 1957, „A Multiple Theory of Budget Determination", Finanzarchiv 17: 333–343.

Musgrave, Richard A. und Peggy B. Musgrave, 1989, Public Finance in Theory and Practice, 5. Auflage. New York etc.: McGraw-Hill.

Neumeier, Marty, 2004, The Dictionary of Brand. AIGA Center for Brand Experience.

Nguyen, Godefroy D., Sylvain Dejean und François Moreau, 2014, „On the complementarity between online and offline music consumption: the case of free streaming", Journal of Cultural Economics, 38: 315–330.

Noonan, Doug, 2002, Contingent Valuation Studies in the Arts and Culture: An Annotated Bibliography. University of Chicago Cultural Policy Center working paper series, 18. Januar 2002.

Nordgard, Daniel, 2018, The Music Business and Digital Impacts. Innovations and Disruptions in the Music Industries. Heidelberg etc.: Springer.

Oberholzer-Gee, Felix und Koleman Strumpf, 2007, „The Effect of File Sharing on Record Sales: An Empirical Analysis", Journal of Political Economy, 115(1): 1–42.

Ordanini Andrea und Joseph C. Nunes, 2016, „From Fewer Blockbusters by More Superstars to More Blockbusters by Fewer Superstars: How Technological Innovation Has Impacted Convergence on the Music Chart", International Journal of Research in Marketing, 33(2): 297–313.

O'Reilly, Daragh, Gretchen Larsen und Krzysztof Kubacki, 2013, Music, Markets and Consumption. Oxford: Goodfellows Publishers.

Ostrom, Elinor, 1990, Governing the Commons. The Evolution of Institutions for Collective Action. Cambridge: Cambridge University Press.

Peacock, Alan T., 1994, „Welfare Economics and Public Subsidies to the Arts", Journal of Cultural Economics 18: 151–161, Reprint von den Manchester School of Economics and Social Studies, Dezember 1969: 323–35.

Peitz, Martin und Patrick Waelbroeck, 2004, „The Effect of Internet Piracy on Music Sales: Cross-Section Evidence" Review of Economic Research on Copyright Issues, 1(2): 71–79.

Peterson, Richard A., 1990, „Why 1955? Explaining the Advent of Rock Music", Popular Music, 9(1): 97–116.

Peterson, Richard A. und David G. Berger, 1975, „Cycles in Symbolic Production. The Case of Popular Music", American Sociological Review, 40: 158–173.

Piperno, Franco, 1984, „Opera Production to 1780", in: Lorenzo Bianconi und Giorgio Pestelli (Hg.), Opera Production and Its Resources, S. 1–79. Chicago und London: The University Press of Chicago.

Pitt, Ivan L., 2010, Economic Aspects of Music Copyright. Income, Media and Performances. Heidelberg etc.: Springer.

Riess, Curt, 1966, Knauers Weltgeschichte der Schallplatte. Zürich: Droemer-Knauer.

Rob, Rafael und Joel Waldfogel, 2006, „Piracy on the High C's. Music Downloading, Sales Displacement, and Social Welfare in a Sample of College Students", Journal of Law and Economics, 49(1): 91–114.

Rose, Frank, 1996, The Agency: William Morris and the Hidden History of Show Business. New York: Harperbusiness.

Rosen, Sherwin, 1981, „The Economics of Superstars", American Economic Review, 78(5): 845–858.

Rosenman Joel, John Roberts und Robert Pilpel, 1999, Young Men With Unlimited Capital. The Story of Woodstock, 3..Auflage. Western Ontario: Scrivenery Press.

Ryan, John, 1985, The Production of Culture in the Music Industry. The ASCAP-BMI Controversy. New York & London: Lanham.

Sachs, Joel, 1990, „London: the Professionalization of Music", in: Alexander Ringer (Hg.), The Early Romantic Era. Between Revolutions: 1789 and 1848, S. 201–235. Houndsmill und London: The Macmillan Press.

Samuelson, Paul A., 1954, „The Pure Theory of Public Expenditure". Review of Economics and Statistics, 36(4): 387–389.

Sanjek, Russell und David Sanjek, 1991, American Popular Music Business in the 20th Century. New York und Oxford: Oxford University Press.

Scherer, Frederik M., 2004, Quarter Notes and Banknotes. The Economics of Music Composition in the Eighteenth and Nineteenth Centuries. Princeton: Princeton University Press.

Schmidt, Manuela M., 2005, Die Anfänge der musikalischen Tantiemenbewegung in Deutschland. Eine Studie über den langen Weg bis zur Errichtung der Genossenschaft Deutscher Tonsetzer (GDT) im Jahre 1903 und zum Wirken des Komponisten Richard Strauss (1864–1949) für Verbesserungen des Urheberrechts. Berlin: Duncker & Humblot.

Schoppe, Siegfried, 1995, Moderne Theorie der Unternehmung. München und Wien: Oldenbourg.

Schulz, Peter F., 2018a, „Filmmusiklizenzverträge", in Rolf Moser, Andreas Scheuermann und Florian Drücke (Hg.), Handbuch der Musikwirtschaft, 7., völlig neu bearbeitete Auflage, S. 926–947. München: C.H. Beck.

Schulz, Peter F., 2018b, „Werbemusikverträge", in Rolf Moser, Andreas Scheuermann und Florian Drücke (Hg.), Handbuch der Musikwirtschaft, 7., völlig neu bearbeitete Auflage, S. 901–925. München: C.H. Beck.

Schulz-Köhn, Dietrich, 1940, Die Schallplatte auf dem Weltmarkt. Berlin: Reher.

Shapiro Carl und Varian, Hal, 1998, Information Rules: A Strategic Guide to the Network Economy, Boston: Harvard Business School Press.

Shaw Arnold, 1974, The Rockin' 50s. The Decade That Transformed the Pop Music Scene. New York: Hawthorne Books.

Somfai, Laszlo, 1989, „Haydn at the Esterházy Court", in: Neal Zaslaw (Hg.), The Classical Era. From the 1740s to the End of the 18th Century, S. 268–92. Houndsmill und London: The Macmillan Press.

Spangardt, Benedikt, Ann-Kristin Herget und Holger Schramm, 2019, „Musik in der Werbung", in Holger Schramm (Hg.), Handbuch Musik und Medien. Interdisziplinärer Überblick über die Mediengeschichte der Musik, S. 187–212, Wiesbaden: Springer VS.

Storper, Michael und Susan Christopherson, 1987, „Flexible Specialization and Regional Industrial Agglomerations: The Case of the U.S. Motion Picture Industry", Annals of the Association of American Geographers, 77(1): 104–117.

Suisman, David, 2009, Selling Sounds. The Commercial Revolution in American Music. Cambridge/MA und London: Harvard University Press.

Tanaka, Tatsuo, 2004, Does File Sharing Reduce Music CD Sales? A case of Japan, IIR Working Paper WP#05-08. Institute of Innovation Research, Hitotsubashi University Tokyo.

Throsby, David, 1994, „A work preference model of artists' behaviour", in: Alan Peacock und Ilde Rizzo (Hg.), Cultural Economics and Cultural Policies, Dordrecht: Kluwer, S. 69–80.

Throsby, David, 2001, Economics and Culture, Cambridge: Cambridge University Press.

Toffler, Alvin, 1980, The Third Wave. New York: Bantam Books.

Towse, Ruth, 2010, A Textbook of Cultural Economics. Cambridge: Cambridge University Press.

Tschmuck, Peter, 2001a, „The Court's System of Incentives and the Socio-Economic Status of Court Musicians in the Late 16th Century", Journal of Cultural Economics, 25(1): 47–62.

Tschmuck, Peter, 2001b, „From Court Composers to Self-Made Men. An Analysis of the Changing Socio-Economic Status of Composers in Austria from the Seventeenth to the Nineteenth Century", in: S. Janssen, M. Halbertsma, T. Ijdens und K. Ernst (Hg.), Trends and Strategies in the Arts and Cultural Industries, S. 157–172. Rotterdam: Barjesteh van Waalwijk van Doorn.

Tschmuck, Peter, 2002, „Creativity Without a Copyright. Music Production in Vienna in the Late Eighteenth Century", in: Ruth Towse (Hg.), Copyright in the Cultural Industries, S. 210–220. Cheltenham: Edward Elgar.

Tschmuck, Peter, 2003, Kreativität und Innovation in der Musikindustrie. Innsbruck: StudienVerlag.

Tschmuck, Peter, 2009, „Copyright, Contracts and Music Production", Information, Communication & Society, 12(2): 249–266.

Tschmuck, Peter, 2012, Creativity and Innovation in the Music Industry, 2. Auflage. Heidelberg etc.: Springer.

Tschmuck, Peter, 2013, „Das 360°-Musikschaffen im Wertschöpfungsnetzwerk der Musikindustrie", in Bastian Lange, Hans-Joachim Bürkner und Elke Schüßler (Hg.), Akustisches Kapital. Wertschöpfung in der Musikwirtschaft, S. 285–315, Bielefeld: transcript.

Tschmuck, Peter, 2016, „From Record Selling to Cultural Entrepreneurship: The Music Economy in the Digital Paradigm Shift", in: Patrik Wikström und Robert DeFillippi (Hg.), Business Innovation and Disruption in the Music Industry, S. 13–32, Cheltenham etc.: Edward Elgar.

Tschmuck, Peter, 2017, „Die Musikwirtschaftsforschung im Kontext der Kulturbetriebslehre – ein Vorschlag", in: Peter Tschmuck, Beate Flath und Martin Lücke (Hg.), Munsikwirtschaftsforschung. Die Grundlagen einer neuen Disziplin, S. 57–76, Wiesbaden: Springer VS.

Varian, Hal R., 2010, Intermediate Microeconomics. A Modern Approach, 8..Auflage. New York und London: W. W. Norton & Company.

Wang, Pinie, 2014, Musik und Werbung: Wie Werbung und Medien die Entwicklung der Musikindustrie beeinflussen. Wiesbaden: VS Verlag.

Weinmann, Alexander, 1956, Wiener Musikverleger und Musikalienhändler von Mozarts Zeit bis gegen 1860. Dissertation an der Universität Wien.

Wicke, Peter, 1998, Von Mozart zu Madonna. Eine Kulturgeschichte der Popmusik. Leipzig: Gustav Kiepenheuer Verlag.

Wierzbicki, James, 2009, Film Music. A History. New York: Routledge.

Wiesmann, Sigrid, 1990, „Vienna: Bastion of Conservatism", in: Alexander Ringer (Hg.), The Early Romantic Era. Between Revolutions: 1789 and 1848, S. 84–108. Houndsmill und London: The Macmillan Press.

Wikström, Patrik, 2020, The Music Industry, 3. Auflage. Cambrigde: polity.

Williamson, Oliver E., 1975, Markets and Hierarchies, Analysis and Antitrust Implications. New York: The Free Press.

Williamson, Oliver E., 1979, „Transaction-Cost Economics: The Governance of Contractual Relations", Journal of Law and Economics, 22(2): 233–261.

Wlömert, Nils und Dominik Papies, 2015, „On-demand streaming services and music industry revenues – Insights from Spotify's market entry", International Journal of Research in Marketing, 33(2): 314–327.

Zentner, Alejandro, 2006, „Measuring the Effect of File Sharing on Music Purchases", Journal of Law and Economics, 49(1): 63–90.

Internetquellen

Access Industries, http://www.accessindustries.com/industry/ (abgerufen: 13.12.2019).

AKM, 2007, Geschichte der AKM in Kürze. https://www.akm.at/wp-content/uploads/2017/05/ Infoblatt_Geschichte-der-AKM-in-K%C3%BCrze.pdf (abgerufen: 08.08.2019).

Anschutz Entertainment Group (AEG), https://www.aegworldwide.com/ (abgerufen: 21.10.2019).

Artist Revenue Streams, http://money.futureofmusic.org/ (abgerufen: 06.08.2019).

Artistshare, https://www.artistshare.com/About (abgerufen: 21.08.2019).

Billboard, „Michael Jackson, Pepsi Made Marketing History", 3. Juli 2009: http://www.billboard.com/articles/news/268213/michael-jackson-pepsi-made-marketing-history (abgerufen: 13.11.2019).

Billboard, „Sellaband Files For Bankruptcy", 23. Februar 2010: https://www.billboard.com/articles/business/1210847/updated-sellaband-files-for-bankruptcy (abgerufen: 21.08.2019).

Billboard, „Videogame Composer Christopher Tin Talks Historic Grammy Win", 14. Februar 2011: http://www.billboard.biz/bbbiz/industry/digital-and-mobile/videogame-composer-christopher-tin-talks-1005035312.story (abgerufen: 11.11.2019).

Billboard, „Universal Sells Sanctuary Label to BMG", 14. Februar 2013: https://www.billboard.com/articles/business/1539263/universal-sells-sanctuary-label-to-bmg (abgerufen 30.11.2019).

Billboard, „Warner Music Group Closes on Acquisition of Parlophone Label Group", 1. Juli 2013: http://www.billboard.com/biz/articles/news/global/1568720/warner-music-group-closes-on-acquisition-of-parlophone-label-group (abgerufen: 10.09.2019).

Billboard, „Music's top 40 money makers 2014: the rich list", 10. März 2014: http://www.billboard.com/articles/list/5930326/music-s-top-40-money-makers-2014-the-rich-list (abgerufen: 21.11.2019).

Billboard, „Neil Young's Pono Raises $6 Million, Third Biggest Kickstarter Ever", 15. April 2014: http://www.billboard.com/biz/articles/news/digital-and-mobile/6054256/neil-youngs-pono-raises-6-million-third-biggest (abgerufen: 13.11.2019).

Billboard, „Apple Buys Beats in $3 Billion Deal; Iovine, Dr. Dre to Join Tech Giant", 28. Mai 2014: http://www.billboard.com/biz/articles/news/digital-and-mobile/6099405/apple-buys-beats-in-3-billion-deal-iovine-dr-dre-to (abgerufen: 13.11.2019).

Billboard, „Sony/ATV Launches Pan-European Licensing Venture SOLAR", 25. September 2014: http://www.billboard.com/articles/business/6259381/sonyatv-launches-pan-european-licensing-venture-solar (abgerufen: 09.08.2019).

Billboard, „BMG, GEMA Ink New Pan-European Digital Licensing Deal", 10. Juni 2015: http://www.billboard.com/articles/news/6590840/bmg-gema-ink-new-pan-european-digital-licensing-deal (abgerufen: 09.08.2019).

Billboard, „Billboard's Money Makers: The Highest Paid Musicians of 2018", 19. Juli 2019: https://www.billboard.com/photos/8520668/2018-highest-paid-musicians-money-makers (abgerufen: 14.10.2019).

Blog Last.fm, http://blog.last.fm/, 29. Januar 2014 (abgerufen: 30.11.2019).

Blog of Music Business Research, „Music Streaming Revisited – The Superstars' Music Streaming Income" 13. Juli 2015, https://musicbusinessresearch.wordpress.com/2015/07/13/music-streaming-revisited-the-superstars-music-streaming-income/ (abgerufen: 06.12.2018).

Bloomberg, „Getting Up Close And Personal With Your Favorite Artist", 01.03.2005: https://www.bloomberg.com/news/articles/2005-02-28/getting-up-close-and-personal-with-your-favorite-artist (abgerufen: 21.08.2019).

Brunner, Horst, 1997, „Minnesang", in: Die Musik in Geschichte und Gegenwart (MGG) Online: https://www.mgg-online.com/article?id=mgg15720&v=1.0&q=Minnesang&rs=mgg15720 (abgerufen: 21.09.2018).

Businesswire, „The Nielsen Company & Billboard's 2011 Music Industry Report", 5. Januar 2012: http://www.businesswire.com/news/home/20120105005547/en/Nielsen-Company-Billboard%E2%80%99s-2011-Music-Industry-Report (abgerufen: 21.08.2019).

Chartmasters, „BTS Album and Songs Sales", 16. Oktober 2019: https://chartmasters.org/2019/10/bts-albums-and-songs-sales/ (abgerufen: 13.12.2019).

Copyright Royalty Board Decision, 74 F.R. 4529, 26. Januar 2009: https://www.govinfo.gov/content/pkg/FR-2009-01-26/pdf/E9-1443.pdf (abgerufen: 13.12.2019).

Creative Artists Agency (CAA), „Artist Roster", http://www.caatouring.com/Public/ArtistRoster.aspx (abgerufen: 10.10.2019).

Fantel, Hans, 1971, Johann Strauss. Father and Son and Their Era. London: Newton & Abbot.

Fanvestory, https://fanvestory.com/page/about-us (abgerufen: 21.08.2019).

Forbes, „Forbes' The World's Highest-Paid Celebrities", https://www.forbes.com/celebrities/list/#tab:overall (abgerufen: 17.12.2019).

Französisches Urheberrechtsgesetz in Primary Sources on Copyright (1450–1900): http://www.copyrighthistory.org/cam/tools/request/showRecord?id=commentary_f_1793 (abgerufen: 27.08.2018).

Future of Music Coalition, „MIDEM: Bands, Brands and Revenue", 31. Januar 2012: http://money.futureofmusic.org/the-new-power-trio-bands-brands-and-revenue/ (abgerufen: 21.11.2019).

Gelatt, Roland, 1955, The Fabulous Phonograph. From Tinfoil to High Fidelity. New York: J. B. Lippincott.

GEMA, „BMG Rights Management and GEMA sign deal for the licensing of Anglo-American Repertoire online across Europe", 23. Mai 2012: https://www.gema.de/en/news/press/bmg-rights-management-and-gema-sign-deal-for-the-licensing-of-anglo-american-repertoire-online-acros/ (abgerufen 30.11.2019).

Global Rockstar, https://www.globalrockstar.com/landing/terms-and-conditions (abgerufen: 21.08.2019)

GZ Media, http://www.gzvinyl.com/About-GZ/Summary.aspx (abgerufen: 23.08.2019).

HD Vinyl, https://hdvinyl.org/ (abgerufen: 23.08.2019).

Hitters, Erik, 2018, Live Music Ecologies and Value Creation for Musicians, Industries and Cities, Präsentation im Rahmen der 9. Vienna Music Business Research Days 2018 an der Universität für Musik und darstellende Kunst Wien: https://musicbusinessresearch.files.wordpress.com/2018/09/presentation-slides-hitters.pdf (abgerufen: 9.10.2019).

ICE, https://www.gema.de/die-gema/organisation/ice-international-copyright-enterprise/ (abgerufen: 09.08.2019).

Idagio, https://www.idagio.com/de/ (abgerufen: 27.08.2019).

Internationales Abkommen über den Schutz der ausübenden Künstler, der Hersteller von Tonträgern und der Sendeunternehmen (Rom-Abkommen) vom 26. Oktober 1961: https://www.wipo.int/treaties/en/text.jsp?file_id=289757 (abgerufen: 13.12.2019).

Kobalt, https://www.kobaltmusic.com/ (abgerufen: 13.12.2019).

Krueger, Alan, 2018, Inaugural Music Industry Research Association (MIRA) Survey of Musicians, https://themira.org/mira-survey-of-musicians (abgerufen: 05.08.2019).

Landrecht des Großherzogthums Baden von 1809 in Primary Sources on Copyright (1450-1900): http://www.copyrighthistory.org/cam/tools/request/showRecord?id=commentary_d_1809 (abgerufen: 27.08.2018).

Layton, Julia, o.D., „How Pandora Radio Works", How Stuff Works Webpage: https://computer.howstuffworks.com/internet/basics/pandora.htm (abgerufen: 30.08.2019).

LSG, http://www.lsg.at/info.html (abgerufen: 23.08.2019).

Media Research-Blog, „Taylor Swift, Label Services and What Comes Next", 22. November 2018: https://www.midiaresearch.com/blog/taylor-swift-label-services-and-what-comes-next/ (abgerufen: 22.08.2019).

MERLIN, www.merlinnetwork.org (abgerufen: 23.08.2019).

Mulligan, Mark, 2015, „Pandora's Rate Ruling Reveals The Cracks In Streaming Economics", musicindustryblog, December 17, 2015: https://musicindustryblog.wordpress.com/2015/12/17/pandoras-rate-ruling-reveals-the-cracks-in-streaming-economics/ (abgerufen: 13.12.2019).

Musically, „Kickstarter's Drip follow-up has been canned before launch", 17. Juni 2019: https://musically.com/2019/06/17/kickstarters-drip-follow-up-has-been-canned-before-launch/ (abgerufen: 21.08.2019).

Music & Copyright, „WMG makes biggest recorded music market share gains of 2015; indies cement publishing lead" 28.April 2016: https://musicandcopyright.wordpress.com/2016/04/28/wmg-makes-biggest-recorded-music-market-share-gains-of-2015-indies-cement-publishing-lead/ (abgerufen: 14.08.2019).

Music & Copyright, „Global recorded-music and music publishing market share results for 2018", 8. Mai 2019: https://musicandcopyright.wordpress.com/2019/05/08/global-recorded-music-and-music-publishing-market-share-results-for-2018/ (abgerufen: 09.09.2019).

Music & Copyright, „UMG and WMG make recorded-music market share gains; Sony outperforms in publishing", 15. Mai 2018: https://musicandcopyright.wordpress.com/2018/05/15/umg-and-wmg-make-recorded-music-market-share-gains-sony-outperforms-in-publishing/ (abgerufen: 14.08.2019).

Music & Copyright, „Global recorded-music and music publishing market share results for 2018", 8. Mai 2019: https://musicandcopyright.wordpress.com/2019/05/08/global-recorded-music-and-music-publishing-market-share-results-for-2018/ (abgerufen: 14.08.2019).

Music Business Worldwide, „How can Spotify become profitable?", 11. Mai 2015: http://www.musicbusinessworldwide.com/how-can-spotify-become-profitable/ (abgerufen: 28.11.2019).

Music Business Worldwide, „Kobalt lauches a collection society – and invites publishers to join", 8. Juni 2015: http://www.musicbusinessworldwide.com/kobalt-launches-collection-society-invites-publishers-join/ (abgerufen: 14.08.2019).

Music Business World Wide, „$25 billion: The best number to happen to the global music business in a very long time", 10. Dezember 2015: https://www.musicbusinessworldwide.com/25-billion-the-best-number-to-happen-to-the-music-business/ (abgerufen: 12.08.2019).

Music Business Worldwide, „Deezer absorbs €100m investment from Orange and Access Industries", 20. Januar 2016: http://www.musicbusinessworldwide.com/deezer-absorbs-e100m-investment-from-orange-and-access-industries/ (abgerufen: 10.09.2019).

Music Business Worldwide, „YouTube is paying less than £0.0009 per stream to UK record labels", 20. Mai 2016: http://www.musicbusinessworldwide.com/youtube-is-paying-less-than-0-0009-per-stream-to-uk-record-labels/ (abgerufen: 11.11.2019).

Music Business Worldwide, „BMG paid $100m for Broken Bow in ‚significant milestone' for its business", 30. Januar 2017: https://www.musicbusinessworldwide.com/bmg-paid-100m-to-buy-broken-bow-in-a-significant-milestone-for-its-business/ (abgerufen: 30.11.2019).

Music Business Worldwide: „Live Nation companies now manage over 500 artists worldwide", 27. Februar 2017: https://www.musicbusinessworldwide.com/live-nation-companies-now-manage-500-artists-worldwide/ (abgerufen 30.11.2019).

Music Business Wordwide, „Here's exactly how many shares the major labels and Merlin bought in Spotify – and what those stakes are worth now", 14. Mai 2018: https://www.musicbusinessworldwide.com/heres-exactly-how-many-shares-the-major-labels-and-merlin-bought-in-spotify-and-what-we-think-those-stakes-are-worth-now/ (abgerufen: 30.11.2019).

Music Business Worldwide, „Spotify is on a collision course with the major record companies. Here's why", 16. August 2018: https://www.musicbusinessworldwide.com/spotify-is-on-a-road-to-collision-with-the-record-industry-heres-why/ (abgerufen: 29.11.2019).

Music Business Worldwide, „One reason why Spotify's deals with the major labels are balanced on a knife-edge", 13. November 2018: https://www.musicbusinessworldwide.com/one-reason-why-spotifys-deals-with-the-major-labels-rest-on-a-knife-edge/ (abgerufen: 28.11.2019).

Music Business Worldwide, „PledgeMusic collapse: UK music industry unites to support affected artists & businesses", 5. Juni 2019: https://www.musicbusinessworldwide.com/pledgemusic-collapse-uk-music-industry-unites-to-support-affected-artists-businesses/ (abgerufen: 21.08.2019).

Music Business Worldwide, „Has Spotify given up on its emerging artist program, RISE?", 12. Juli 2019: https://www.musicbusinessworldwide.com/has-spotify-given-up-on-its-emerging-artist-program-rise/ (abgerufen: 21.08.2019).

Musikinformationszentrum (MIZ), „Konzertdirektionen und Künstleragenturen", http://www.miz.org/institutionen/konzertdirektionen-kuenstleragenturen-s60 (abgerufen: 10.10.2019).

New York Times, „Pandora Buys Next Big Sound to Track Popular Music", 19. Mai 2015: https://www.nytimes.com/2015/05/20/business/media/pandora-buys-next-big-sound-to-track-popular-music.html (abgerufen: 21.08.2019).

Pohlmann, Hansjörg, 1962, Die Frühgeschichte des musikalischen Urheberrechts (ca. 1400-1800). Kassel: Bärenreiter.

Pohlmann, Hansjörg, 1966, „Urheberrecht", in: Friedrich Blume (Hg.), Die Musik in Geschichte und Gegenwart (MGG), Band 13, Syrinx-Volkstanz, Sp. 1162-1171. Kassel, Basel und London: dtv-Bärenreiter.

Oxford Music Online, „music industry": http://www.oxfordmusiconline.com/subscriber/article/grove/music/A2262804 (abgerufen: 7. August 2018).

Page, Christopher, „Medieval", in: Grove Music Online.

Pollstar, „Booking Agency Directory", https://www.pollstar.com/booking-agency-directory-2019 (abgerufen: 10.10.2019).

PPL, „About us", http://www.ppluk.com/About-Us/Who-We-Are/Company-history/ (abgerufen: 23.08.2019).

PRS/MCPS, http://www.prsformusic.com/aboutus/ourorganisation/ourhistory/Pages/timeline.aspx (abgerufen: 06.12.2018).

Preußisches Urheberrechtsgesetz von 1837 (Gesetz zum Schutze des Eigentums an Werken der Wissenschaft und der Kunst gegen Nachdruck und Nachbildung) in Primary Sources on Copyright (1450–1900): http://www.copyrighthistory.org/cam/tools/request/showRecord?id=commentary_d_1837a (abgerufen: 27.08.2018).

PRS for Music, http://www.prsformusic.com/aboutus/ourorganisation/ourhistory/Pages/timeline.aspx (abgerufen: 27.08.2018).

Räkel, Hans-Herbert und Elisabeth Aubrey, 2016, „Troubadours, Trouvères", in: Die Musik in Geschichte und Gegenwart (MGG) Online: https://www.mgg-online.com/article?id=mgg16170&v=1.1&rs=mgg16170&q=Minnesang (abgerufen: 21.09.2018).

Reuters, „KKR, Bertelsmann plan music venture", 7. Juli 2009: http://www.reuters.com/article/bertelsmann-idUSN0735018520090708 (abgerufen 12.08.2019).

Richtlinie 2001/29/EG des Europäischen Parlaments und des Rates vom 22. Mai 2001 zur Harmonisierung bestimmter Aspekte des Urheberrechts und der verwandten Schutzrechte in der Informationsgesellschaft: https://eur-lex.europa.eu/LexUriServ/LexUriServ.do?uri=OJ:L:2001:167:0010:0019:DE:PDFm (abgerufen: 13.12.2019).

Richtlinie 2011/77/EU des Europäischen Parlaments und Rates vom 27. September 2011 zur Änderung der Richtlinie 2006/116/EG über die Schutzdauer des Urheberrechts und bestimmter verwandter Schutzrechte: https://eur-lex.europa.eu/legal-content/DE/TXT/PDF/?uri=CELEX:32011L0077&from=EN (abgerufen: 13.12.2019).

Richtlinie 2014/26/EU über die kollektive Wahrnehmung von Urheber- und verwandten Schutzrechten und die Vergabe von Mehrgebietslizenzen für Rechte an Musikwerken für die Online-Nutzung im Binnenmarkt vom 26. Februar 2014: https://eur-lex.europa.eu/legal-content/DE/TXT/PDF/?uri=CELEX:32014L0026&from=EN (abgerufen: 13.12.2019).

Richtlinie 2019/790 Europäischen Parlaments und des Rates vom 17. April 2019 über das Urheberrecht und die verwandten Schutzrechte im digitalen Binnenmarkt und zur Änderung der Richtlinien 96/9/EG und 2001/29/EG: https://eur-lex.europa.eu/legal-content/DE/TXT/PDF/?uri=CELEX:32019L0790 (abgerufen: 17.12.2019).

Sächsisches Urheberrechtsgesetz von 1844 (Königlich-sächsisches Gesetz vom 22. Februar 1844 zum Schutz der Rechte an literarischen Erzeugnissen und Werken der Kunst) in Primary Sources of Copyright (1450–1900): http://www.copyrighthistory.org/cam/tools/request/showRecord?id=commentary_d_1844 (abgerufen: 27.08.2018).

SACEM, „History": https://societe.sacem.fr/en/history (abgerufen: 06.12.2018).

Smith, Adam, 1811 [1776], An Inquiry into the Nature and Causes of the Wealth of Nations, in: The Works of Adam Smith, LL.D., Vol. II-IV. London: T. Cadell and W. Davies et al.; siehe: https://archive.org/details/worksofadamsmith03smitiala (abgerufen: 13.12.2019).

Sonny Bono Copyright Term Extension Act, Sonny Bono Act 1998, Pub. L. 105–298: https://www.congress.gov/bill/105th-congress/senate-bill/505/text (abgerufen: 13.12.2019).

Sony Corporation, „Labels", https://www.sonymusic.com/labels/ (abgerufen: 13.12.2019).

Sponsorship.com, http://www.sponsorship.com/iegsr/2017/07/24/Sponsorship-Spending-On-Music-To-Total-$1-54-Billi.aspx (abgerufen: 13.11.2019).

Spotify-Pressemeldung, „Spotify Technology S.A. Announces Financial Results for Third Quarter 2019", 28. Oktober 2019: https://investors.spotify.com/financials/press-release-details/2019/Spotify-Technology-SA-Announces-Financial-Results-for-Third-Quarter-2019/default.aspx (abgerufen: 28.11.2019).

Schmidt, Carl B., „Il pomo d'oro", in: The New Grove Dictionary of Opera Online.

TechCrunch, „TikTok surpassed Facebook, Instagram, Snapchat & YouTube in downloads last month", 2. November 2018: https://techcrunch.com/2018/11/02/tiktok-surpassed-facebook-instagram-snapchat-youtube-in-downloads-last-month/ (abgerufen: 30.11.2019).

The Economist, „Hype springs eternal. Distributed ledgers are the future, but their advent will be slow", 19. Mai 2016: http://www.economist.com/news/finance-and-economics/21695068-distributed-ledgers-are-future-their-advent-will-be-slow-hype-springs (abgerufen: 30.11.2019).
The Guardian, „Apple buys the British startup behind music analytics service Musicmetric", 21. Januar 2015: https://www.theguardian.com/technology/2015/jan/21/apple-buys-musicmetric-british-startup-beats (abgerufen: 21.08.2019).
The Hollywood Reporter, „BMG Buys Virgin, Famous Music Catalog From Sony/ATV", 21. Dezember 2012: http://www.hollywoodreporter.com/news/bmg-buys-virgin-famous-music-406080 (abgerufen 12.08.2019).
The Verge, „This was Sony Music's contract with Spotify", 19. Mai 2015: http://www.theverge.com/2015/5/19/8621581/sony-music-spotify-contract (abgerufen: 27.11.2019).
The Verge, „Apple reportedly acquires music analytics firm that claims it can ‚find the next Justin Bieber'", 15. Oktober 2018: https://www.theverge.com/2018/10/15/17977616/apple-acquires-asaii-machine-learning-music-analytics-spotify (abgerufen: 21.08.2019).
Ujomusic, „Tiny Human": https://alpha.ujomusic.com/#/imogen_heap/tiny_human/tiny_human (abgerufen: 13.12.2019).
United Talent Agency (UTA), „Full Roster", https://music.utatouring.com/full-roster/ (abgerufen: 10.10.2019).
Urheberrechtsgesetz des Norddeutschen Bundes von 1870 und des Deutschen Kaiserreichs von 1871 in Primary Sources of Copyright (1450–1900): http://www.copyrighthistory.org/cam/tools/request/showRecord?id=commentary_d_1870 (abgerufen: 27.08.2018).
Urheberrechtsgesetz des österreichischen Kaiserreichs von 1846 in Primary Sources of Copyright (1450–1900): http://www.copyrighthistory.org/cam/tools/request/showRecord?id=commentary_d_1846b (abgerufen: 27.08.2018).
Urheberrechts-Novelle 1980, BGBL 321/80 (Leerkassettenvergütung): https://www.parlament.gv.at/PAKT/VHG/XVII/III/III_00121/imfname_550715.pdf (abgerufen: 13.12.2019).
Urheberrechts-Novelle 2015, BGBL 99/15 (Speichermedienvergütung): https://www.ris.bka.gv.at/eli/bgbl/I/2015/99 (abgerufen: 13.12.2019).
Video Games Charts, http://www.vgchartz.com/gamedb/ (letztes Update am 30. Mai 2016).
Vivendi Organization Chart, http://www.vivendi.com/investment-analysts/key-figures-and-simplified-organization-chart/ (abgerufen: 13.12.2019).
Wikipedia, „Creative Commons Lizenzen", https://de.wikipedia.org/wiki/Creative_Commons#Lizenzen (abgerufen: 07.07.2019).
Wikipedia, „List of Video-Hosting-Services", https://en.wikipedia.org/wiki/List_of_video_hosting_services (abgerufen: 11.11.2019).
Wikipedia, „music industry": https://en.wikipedia.org/wiki/Music_industry (abgerufen: 7. August 2018).
Wikipedia, „Musikindustrie": https://de.wikipedia.org/wiki/Musikindustrie (abgerufen: 7. August 2018).

The manufacturer's authorised representative in the EU is Springer Nature Customer Service Centre GmbH, Europaplatz 3, 69115 Heidelberg, Germany. If you have any concerns regarding our products, please contact ProductSafety@springernature.com

Printed and bound by CPI Group (UK) Ltd, Croydon, CR0 4YY

25/03/2026

02078196-0005